과거는 살아 있다

| 생태문명총서 3 |

A LIVING PAST

과거는

ENVIRONMENTAL HISTORIES OF MODERN LATIN AMERICA

라틴아메리카
환경사

살아

있다

존 솔루리 · 클라우디아 레알 · 주제 아우구스투 파두아 엮음 | 김원중 · 김윤경 · 하상섭 · 이은해 · 황보영조 · 최해성 · 박구병 옮김

한울
아카데미

차례

자료/도표 차례

지도 차례

| 옮긴이의 말 |

이 책은 2018년에 존 솔루리, 클라우디아 레알, 주제 아우구스투 파두아가 공동 편집한 *A Living Past: Environmental History of Modern Latin America*를 우리말로 옮긴 것이다. 브라질, 캐나다, 콜롬비아, 쿠바, 에콰도르, 멕시코, 미국 등지에서 활동하는 여러 학문 분야의 연구자 15명은 이 책에서 19세기부터 21세기 초까지 라틴아메리카와 카리브해 지역의 환경사와 문화사·경제사·정치사·사회사의 조합을 시도한다. 그들은 지속가능한 도시, 열대 삼림 벌채, 광물 채굴, 목축업의 확대, 환경 보전, 농작물의 다양성, 기술과 과학 연구, 관광과 같은 다양한 주제를 다루면서 그 역사적·지리적 배경을 개관한다. 또한 새로운 문제와 설명틀을 소개할 뿐 아니라 국민국가의 부상, 사회경제적 불평등, 기술의 변화 같은 익숙한 문제들에 대해 새로운 시각을 제공한다.

이 책 『과거는 살아 있다: 라틴아메리카 환경사』에는 특정 국가와 권역에 초점을 맞춘 글뿐 아니라 특정 지역에 국한되지 않고 인간이 촉발한 자연 환경의 변화같이 더 폭넓은 주제를 다룬 글들도 있다. 저자들이 강조하는 대로 환경사는 자연 환경과 인간 사회의 역동적 관계와 상호 작용에 초점을 맞춘다. 다시 말해 그것은 인간의 역사에 영향을 미친 환경적 요인과 변수를 검토하고 인류가 어떻게 자연 환경을 바꿨는지를 추적하며 그런 상황을 가능하게 만든 자연관의 변화와 더불어 그 변화가 환경에 미친 여파를 탐구하고 기술하는 것이다. 저자들은 다양한 접근 방법을 제시하면서 라틴아메리카의 환경사 연구에서 드러나는 견해의 차이와 여전히 해결되지 않고 있는 갈등이 무엇인지 일러준다. 15세기 말부터 현재까지 모든 시기를 다루지는 않지만, 대다수 저자들의 서술에는 식민 시대 이전과 식민 시대로부터 유래한 유산과 연속성이 반영되어 있다. 저자들은 특히 라틴아메리카의 환경사를 이해하는 데 핵심적인 네 가지 연관된 특징, 즉 현존하는 식민 시대의 유산, 19세기 국민국가의 형성과 지속, 대양횡단을 통한 교환, 열대성 등에 주목한다.

환경사를 일관성 있게 정의하려는 작업은 어떤 연구자의 표현처럼 "죽음에 도전하는 시도a death-defying attempt"일 수 있지만, 저자들의 노력을 통해 우리는 환경사가 어떻게 생겨나고 자리 잡는지를 포착할 수 있게 될 것이다. 저자들은 20세기 말 인구 급증에 따른 교육, 건강, 주택 분야의 공적 투자와 더불어 산업화, 대규모 댐 건설, 사회 기반시설 건설 등이 확대되면서 천연자원의 개발과 환경 보전이라는 주제가 더욱 중요한 환경사의 쟁점으로 떠올랐다는 점을 강조한다. 이 책의 에필로그를 통해 거시적 조망을 제시하는 존 맥닐은 환경사 연구의 선구자로 손꼽히는데, 그가 2000년에 출판한 *Something New Under the Sun: An Environmental History of the Twentieth-Century World*는 한국에서 2008년에 『20세기 환경의 역사』라는 제목으로 번역되었고 같은 해 한국서양사학회는 '서양의 환경과 생태의 역사'를 주제로 연례 학술대회를 개최한 바 있다.

맥닐은 『20세기 환경의 역사』에서 20세기의 세 가지 주된 흐름을 화석연료 기반의 에너지 체제, 전 지구적 인구 급증, 경제 성장 우선주의와 군사력 증대 욕구의 결합으로 정리하면서 20세기를 방탕의 세기prodigal century로 규정한다. 또한 그는 경제 성장에 대한 숭배에 가까운 신념, 냉전 체제의 대립과 그것이 빚어낸 안보 경쟁 등이 어떻게 생태적 신중함을 등한시하면서 전례 없는 환경 파괴를 초래했는지를 보여준다. 그 과정에서 탈식민 운동의 기수와 새로운 독립국의 지도자들은 제국주의적 식민 지배자들과 다르지 않은 색채의 경제 정책을 답습했다. 체 게바라Che Guevara 역시 자녀들에게 "좋은 혁명가로 성장하라. 자연에 대한 지배를 가능하게 만드는 기술에 통달할 수 있도록 열심히 공부하라"라고 주문했다. 지구에서 가장 급진적인 혁명가 중 한 명인 체 게바라도 자연을 지배하려는 '인간중심주의'의 화신이었던 셈이다. 『과거는 살아 있다: 라틴아메리카 환경사』의 표현대로 '자연의 인류화'는 최근까지 인류 문명사의 중추로 인식되었지만, 지구의 생태사라는 관점에서 본다면 지속적인 착취와 만행이지 않았을까. 20세기에 자연은 그렇게 지쳐버리고 '번아웃' 상태에 빠졌다고 할 수 있다.

　『과거는 살아 있다: 라틴아메리카 환경사』는 20세기에 대한 복기를 넘어 훨씬 전에 아메리카가 유럽인들의 정복 대상이 되고 식민 지배와 단일재배를 확산시킨 시기까지 거슬러 올라가 과거의 흔적이 오늘날까지 어떻게 지속되어 왔는지를 추적한다. 유럽인들은 멀리 떨어진 곳으로 건너가 그곳을 정복하고 거기에 살던 이들을 강제 노역에 몰아넣으며 아낌없이 주는 자연에서 많이 퍼내고 쓰면서 상업적 단일재배를 확대했고 병충해가 들끓으면 그저 버리고 다른 데로 떠났다. 무책임한 이탈의 반복처럼 보이는 유럽인 주도의 전 지구적 개발 과정은 유대교-그리스도교의 유일신 전통과 더불어 자연을 인간이 통제할 수 있는 영역으로 인식하게 만들었다. 맥닐을 비롯한 저자들은 그런 주류적 시각이 최근까지 인간의 활동을 자연에서 떼어내고 여러 학문 분야와 자연의 연관성을 분리시키는 경향을 가속시켰음을 환기시킨다. 한때 그것을 효율이라 여기고 혁신으로 지칭했을지 모르지만, 이런 쓰라린 과거사에 대한 제대로 된 정리가 필요할 것이다. 1970년대 초에 우루과이의 언론인이자 작가인 에두아르도 갈레아노Eduardo Galeano는 자신의 저작에 '벌어진 정맥las venas abiertas'이라는 끔찍하게 생생한 제목을 붙인 적이 있다. 갈레아노가 밝힌 라틴아메리카 수탈의 역사는 심장에 연결되어야 할 정맥이 벌어진 채 혈액이 밖으로 유출되는 모습과 같았다. 『과거는 살아 있다: 라틴아메리카 환경사』는 그런 묵

직한 고발과 웅변에 구체적이고 통탄스러운 사례들을 더하면서 제대로 된 정리를 촉구한다.

1992년 6월 브라질 리우데자네이루에서 개최된 유엔환경개발회의는 지구의 대다수 국가들이 지속가능한 발전이라는 원칙에 합의했다는 점에서 새로운 시대로의 전환을 나타내는 이정표였다고 할 수 있다. 리우데자네이루 선언이 공표한 27개의 원칙 중 제25조에 따르면, "평화, 발전, 환경 보호는 상호 의존적이며 따로 떼어낼 수 없다." 20세기에 군대가 화학물질의 대량 소비처였고 1941년 이래 토양 오염의 핵심 당사자인 미국과 소련의 군대는 제2차 세계대전과 냉전 기간에 거의 아무런 규제를 받지 않았으며 냉전 시대에 미국과 소련이 수자원 개발을 놓고 국내외에서 과도하게 댐 건설 경쟁을 벌였다는 사실 등을 돌이켜 볼 때, 이런 원칙의 유지와 국제적인 협력은 더없이 중요해 보인다.

물론 '지구 정상 회의'로 명명된 유엔환경개발회의에서도 미국은 미국인의 생활양식이 협의의 대상이 아니라고 주장하고 일본은 노르웨이와 함께 포경 금지를 강력히 반대했다. 서남아시아의 원유 생산국들은 탄소 배출 협정에 저항했고 브라질은 세계 최대 열대 우림을 포함하는 아마존 지역 개발의 권리를 주장했다. 멕시코를 비롯한 여러 국가들은 자국의 환경법을 선진국 수준으로 강화시켜야 한다는 압박에 반발했다. 이견 조정의 과정이 순탄치 않았지만 그럼에도 지난 한 세대에 걸쳐 국제적인 협력과 연계는 조금씩 진전되었다. 현재의 생태적·사회적 위기를 지난 몇 세기 동안(특히 20세기)의 지배적인 삶의 양식과 떼려야 뗄 수 없다는 인식이 커지고 새로운 이행이 절박한 과제로 떠오르고 있는 시점에 『과거는 살아 있다: 라틴아메리카 환경사』는 우리가 지구의 생명 유지 체계를 인간사의 배경으로만 이해하고 서술해 온 경향에서 벗어나고 자연과 인간의 분리, 인간의 일방적 팽창에 대해 재고하도록 이끌어줄 것이다. 또 라틴아메리카의 주목할 만한 사례들을 소개하면서 지속가능한 미래를 위해 생각을 전환하고 '수막 카우사이', 즉 공동체에 뿌리를 두고 다른 이들뿐 아니라 자연과 조화를 이루는 좋은 삶의 존중을 요청한다.

『과거는 살아 있다: 라틴아메리카 환경사』의 번역 출판을 지원해 주고 산업 문명에서 생태 문명으로의 이행에 연구의 초점을 맞추고 있는 한국외국어대학교 중남미연구소에 감사의 말씀을 전한다. 중남미연구소가 진지하게 주의를 기울여왔듯이 2008년에 개정된 에콰도르의 헌법은 자연을 '파차마마 pachamama'로 규정하며 인간에게 '인권'이 있다면 자연에는 '자연권'이 있다고 선언했고, 볼리비아 역시 2011년에 '어머니 지구Madre Tierra'의 생존권 보장을 명문화하면서 비슷한 흐름을 이어갔다. 21세기의 인류가 16세기 초 이래 아메리카에서 황금을 찾으려던 유럽인들의 물질적 탐욕과 그것이 초래한 자연 환경의 파괴를 멈추는 대신에 지금까지 눈여겨보지 않았던 이들의 움직임에 호응하면서 자연을 권리의 주체로 받아들이고 지속가능한 발전을 넘어 생태적 전환을 이룰 수 있을까?

이 책의 번역 작업은 김원중, 김윤경, 하상섭, 이은해, 황보영조, 최해성, 박구병이 나눠 진행한 뒤 박구병이 용어 통일과 초고 전체의 검토를 포함해 내부 감수자의 역할을 맡았음을 밝힌다. 미지의 영역에 뛰어들어 고전을 면치 못하는 동안에 환경 분야의 용어와 브라질 관련 부분의 인명과 지명, 주요 단어의 표기를 손질해 준 최해성 선배와 뒤이어 세심하게 원고를 다듬어준 한울의 편집진에게 감사의 말씀을 전하고 싶다. 여전히 잘못된 번역과 거친 대목들이 남아 있다면 그것은 전적으로 감수자의 책임이다. 이 책이 그리 많지 않은 환경사 분야의 의미 있는 저작으로 독자들에게 다가가고 라틴아메리카의 과거와 현재의 문제들을 잘 이해할 뿐 아니라 저자들의 바람대로 인류의 가능한 미래에 대해 고민하며 준비하는 과정에 조금이나마 기여할 수 있기를 기원한다.

2022년 1월

박구병

| 들어가며 |

　이 해석적 성격의 논문집은 19세기부터 21세기 초까지 라틴아메리카와 카리브해 지역의 환경사와 문화사·경제사·정치사·사회사를 조합하고 있다. 이 책에 수록된 논문들은 학자들이 최근에 각 지역의 과거를 재해석하기 위해 발전시켜 온 연구 성과를 종합한 것이다. 하지만 이에 그치지 않고 새로운 주제와 참신한 해석을 제시함으로써 지금까지의 성과를 뛰어넘으려는 시도를 병행하고 있다. 또 이 책의 논문들은 지속가능한 도시, 열대 삼림 벌채, 광산 채굴, 환경 보전, 농업 다양성, 관광을 비롯해 다양한 분야를 대상으로 진행 중인 논의에 필요한 역사적·지리적 맥락을 제공한다.

　이 책을 계획하고 집필하는 과정에서 우리는 여러 인식론상 또는 기획상의 난관에 부딪혔다. 우리는 처음부터 이 책이 '안내서' 또는 '백과사전'이 되지는 않을 것이라는 점, 그리고 전체 지역과 전 기간을 다룰 수는 없다는 점을 알고 있었다. 그리고 일부 독자들은 지역의 과거와 긴밀하게 연계시키고 있는 생태계와 과정이 아예 빠져 있거나 충분히 다뤄지지 않은 것에 대해 이의를 제기할 수도 있을 것이다. 우리 저자들은 '재료의 제약'(페이지 제한) 때문에, 그리고 오늘날 필수적인 것으로 되고 있는 정치 구조 ─ 국민국가 ─ 에 집중하려는 바람 때문에 독립 이후의 시기에 초점을 맞추기로 의견을 모았다. 그렇기는 하지만 대다수 저자들의 분석에는 식민 시대 이전과 식민 시대로부터 유래한 유산과 연속성이 반영되었다. 그리고 본서에 담긴 글들은 근현대사이지만, 지나치게 현재주의적이지 않도록 유의했다.

우리는 처음부터 단일한 서술을 제공하는 대신 다양한 목소리와 접근 방법을 제시하고자 했고, 라틴아메리카와 카리브해 지역의 환경사 연구에서 감지되는 여러 견해의 차이와, 여전히 해결되지 않고 있는 긴장들을 그대로 보여 주고자 했다. 그리고 이 책은 다양한 시각에서 지역의 역사를 탐구하기 위해, 특정 국가(브라질과 멕시코) 또는 대단위 지역(카리브해 지역과 안데스의 열대 지역)에 초점을 맞추는 부분을 포함시켰고, 사회생태계(열대 삼림과 도시 지역)와 아울러 자연에 변화를 초래하는 인간의 활동(농업, 환경 보전, 광산 채굴, 목축 그리고 기술과학)에 관해 다루는, 특정 주제들에 초점을 맞춘 장들도 포함시켰다.

이론과 실천, 두 측면 모두에서 세계주의적 정서가 모든 저자들의 노력의 기반을 이뤘고, 그것은 브라질, 캐나다, 콜롬비아, 쿠바, 에콰도르, 멕시코, 미국 등지에서 활동하는 연구자들이 작업에 참여한 것으로도 알 수 있을 것이다. 이 책이 빛을 보게 되기까지 뮌헨에 소재한 '레이철카슨환경사회센터(RCC)'의 재정 지원을 받았는데, 이 책의 공동 편집인으로 참여한 클라우디아 레알Claudia Leal 교수와 주제 아우구스투 파두아José Augusto Pádua 교수는 이 연구소의 연구원으로 일하고 있다. 카슨 센터의 책임자인 크리스토프 마우치Christof Mauch 씨는 이 책을 구상하는 데 큰 도움을 주었고, 집필 과정에서도 지속적으로 열정적인 격려를 아끼지 않았는데, 이에 깊이 감사드리는 바이다. 또 우리는 카슨 센터의 케이티 릿슨Katie Ritson에게도 큰 빚을 졌는데, 그는 카슨 센터에서 발간하는 학술지 ≪관점Perspective≫에 이 책에 포함된 논문들의 압축되고 예비적인 판본들을 싣는 것을 허락해 주었다. 피터 코트스Peter Coates, 스테파니아 가이니Stefania Gallini, 장 카루더스Jane Carruthers는 이 책의 초고에 대해 유익한 조언을 제공해 주었으며, 이에 대해서도 사의를 표한다. 저자들은 2013년 콜롬비아의 사사이마와 2014년 아르헨티나의 차코무스에서 학술 모임을 가지면서 논문 초고, 열망, 좌절, 그리고 적지 않은 술잔을 함께 나눴다. 또 공동 편집인 세 명은 로스안데스 대학교의 호의 덕분에 2015년에 보고타에서 따로 만날 기회를 가질 수 있었다. 아드리안 구스타보 사리이Adrián Gustavo Zarrilli는 차코무스의 워크숍을 조직해 주었는데, 우리는 그가 제7차 '라틴아메리카·카리브해 지역 환경사학회(SOLCHA)'의 심포지엄을 준비하는 책임을 기꺼이 맡아준 것에 대해 깊이 감사한다.

이 책은 '라틴아메리카·카리브해 지역 환경사학회'의 일원으로 참여하고 있는 여러 국가의 많은 연구자들에게 지적으로 큰 빚을 지고 있다. 우리는 이 프로젝트의 과정과 산물 모두가 이 학술 공동체를 강화하는 데 기여할 것으로 믿는다. 그와 관련해 우리는 이 책에 기고해 준 연구자분들께 가장 큰 사의를 표하고자 한다. 그들의 격려와 박학, 그리고 인내가 없었다면 이 책은 빛을 보지 못했을 것이다. 마지막으로 총정리의 성격을 지닌 글을 기꺼이 기고해 준 존 맥닐John McNeill 교수에게 감사드린다.

이런 종합적 성격의 연구서가 갖는 가장 큰 가치는 그것을 열심히 읽는 독자들이 발견하는 견해의 차이, 침묵, 그리고 변형에 있다고 생각한다. 우리의 작업은 일단 완료되었다. 이제 라틴아메리카와 카리브해 지역 환경사를 더 진전시키는 과업은 이 매력적이고 전도유망한 분야에 관심을 가진 많은 학자들의 손에 달려 있다.

라틴아메리카 환경사에서
'라틴아메리카적인 것'을 발견하기

존 솔루리, 클라우디아 레알, 주제 아우구스투 파두아

어쩌다가 집 밖으로 나가면 고약한 냄새가 나고 목이 따끔거린다.
그것은 가스 냄새다. 어떤 날은 그 냄새가 집 안에까지 들어온다.[1]

이는 부에노스아이레스 대도시권에 있는 판자촌 비야 인플라마블레Villa
Inflamable의 주민들이 2004년 이웃 주민들에게 쓴 글의 일부이다. 비야 인플라
마블레는 아르헨티나에서 가장 큰 석유화학 단지 내에 있으며 주변에는 위험
한 쓰레기 소각장과 감시받지 않는 쓰레기 매립지가 있다. 토양, 공기, 물은
중금속으로 오염되어 있고, 많은 아이들이 혈액 속에 다량의 납이 함유되어
있어 질병에 시달리고 있다. 심히 오염된 마탄사-리아추엘로 강둑에 거주하는
비야 인플라마블레 주민들은 잦은 홍수에 시달리기도 한다. 2004년 일단의
주민들이 아르헨티나 정부와 민간 회사들을 상대로 오염 피해의 보상을 청구
하는 소송을 제기했다. 이 소송은 아르헨티나 대법원까지 올라갔고, 대법원은
2008년 아르헨티나 정부 당국에 대해 석유화학 단지 이전 계획이 포함된 적절

한 조치를 취해야 한다는 판결을 내렸다. 그렇지만 그 뒤 10년이 지난 지금까지도 정부의 조치는 깜깜 무소식이다.[2]

비야 인플라마블레의 이야기는 신자유주의 정책과 관련된 환경 차원의 사회 문제를 잘 보여준다. 1980년대 이래 아르헨티나에서는 도시 빈곤과 경제적 불평등이 극심해졌고, 그것은 빈곤층 사람들을 더욱 열악한 환경으로 몰아넣었다. 그러나 환경 악화와 오염의 원인은 그보다 훨씬 깊은 뿌리를 갖고 있다. 셸Shell 정유회사는 1931년 아르헨티나의 군부 통치자 우리부루José Félix Uriburu 장군의 환영 속에서 첫 번째 정유회사를 이곳에 세웠고, 우리부루 장군은 민간인 전임자前任者들과 마찬가지로 1907년 파타고니아에서 발견된 석유 자원을 활용하고 싶어 했다.[3] 64킬로미터에 이르는 이곳 물길의 이름 "마탄사-리아추엘로Matanza-Riachuelo"는 더 먼 과거로 거슬러 올라가는 역사를 말해주는데, 19세기 초, "작은 개울(리아추엘로)" 언덕에는 도살장(마탄사), 가죽 무두질 공장, 그리고 팜파스의 비옥한 초지에서 자란 가축들을 상품화하기 위해 물을 사용하는 많은 공장들이 차례로 들어섰다.[4] 당시 비야 인플라마블레 주민들의 핏속에 잔류한 납과 카드뮴은 아르헨티나의 국가 유산 — 신자유주의적 부에노스아이레스를 넘어 넓게 펼쳐져 있는, 복잡하게 얽힌 역사적 관계망 — 의 일부라 할 수 있다.

환경사는 인간 사회와 자연 간의 역동적 관계를 기술하고 분석하는 것이며, 비야 인플라마블레 같은 공장지대뿐 아니라 아마존 열대 우림, 카리브해 해안, 안데스 빙하지대처럼 외형적으로는 전혀 오염되어 보이지 않는 지역까지 연구 대상으로 삼는다. 환경사가들은 새로운 문제, 행위자, 그리고 설명틀을 소개하려고 노력할 뿐 아니라 국민국가의 흥기, 사회적 불평등, 기술의 변화 같은 익숙한 문제들에 대해 새로운 시각을 제공하려고 노력하기도 한다.[5] 다양한 학문적·지리적 배경을 가진 열다섯 명의 학자들이 연구하고 서술한 독창적 성과물로 구성된 이 책에는 종합적 성격을 가진 글과 시사적 성격의 글들이 모두 포함되어 있다. 브라질, 멕시코, 대카리브해 지역, 안데스의 열대 지역을 중심으로 서술하고 있는 글들도 있고, 특정 지역이나 장소에 국한되지 않고 더욱 광범한 주제에 초점을 맞춘 글들도 있다. 즉 도시 지역이나 정글 같은 환경을 다루는가 하면, 농업, 환경 보전, 광산, 목축, 그리고 과학 연구 같은 변화 과정을 다루기도 한다.

환경사는 미국과 유럽 일부 지역에서는 이미 견고하게 자리를 잡고 있지만, 라틴아메리카에서는 이제 모양새를 갖춰가는 과정 중에 있다. 1930년대에 일부 두드러진 학자들이 라틴아메리카의 인간사는 그를 둘러싸고 뒤엉켜 있는 물질적 환경과 연동해 고려될 때에야 더 잘 이해될 수 있다는 것을 입증했다.[6] 1980년대와 1990년대에 라틴아메리카와 미국 출신의 일부 연구자들이 모여 아르헨티나, 브라질, 멕시코 등지에서 인간이 추동한 환경의 변화에 관한 해석적 논문들과 서술적 역사 연구들을 발표하면서 이 분야 연구의 소중한 씨를 뿌렸다.[7] 라틴아메리카 환경사는 21세기 초 학술적 간행물, 학술회의, 그리고 대학원 과정 등의 형태로 꽃피우기 시작했다. 라틴아메리카와 세계의 환경사를 연구하는 학술단체 간의 소통과 교류·협력은 2006년에 공식 설립된 '라틴아메리카·카리브해 지역 환경사학회Latin American and Caribbean Society for Environment History(SOLCHSA)에서 볼 수 있듯이 크게 증가했다.[8]

그렇지만 방대하고 각양각색의 면모를 가진 이 지역을 관통하는 연구 성과물의 유통은 지리, 학문 풍토, 언어, 그리고 기술적 격차에 따른 장애물에 계속 부딪혀왔으며, 그에 따라 역사 연구는 파편화되고 불균등한 상태로 남아 있다. 더욱이 출간된 저서들은 일부 두드러진 예외를 제외하면 대부분 특정 지역이나 국민국가에 관한 것이어서 총체적인 그림은 아직 완성된 형태와 거리가 먼 형편이다.[9] 프롤로그에서는 이 분야에서 나타나고 있는 최근 연구 경향을 특징짓는 주요 주제들을 살펴보고, 이어 환경사 연구를 종합적으로 고찰할 때 '라틴아메리카적'인 것의 결정적인 네 가지 특성 — 식민 시대의 유산, 국민국가, 대양횡단 연결성, 그리고 열대성 — 을 탐구할 것이다.

라틴아메리카 환경사의 첫 번째 물결에서 가장 강력한 특징으로 지목될 수 있는 주제는 장차 이 대륙의 숲이 어떻게 될 것인가에 대한 관심이다. 브라질의 대서양 연안 숲에 관한 워런 딘Warren Dean의 포괄적인 역사(1994)와 쿠바 사탕수수 산업에 대한 레이날도 푸네스Reinaldo Funes의 연구(2004)는 숲의 소멸에 관한 장기적 과정의 중요성을 상세히 기록하면서 두 국가의 역사를 해석하고 있다.[10] 삼림 벌채의 중요성은 농업, 인간의 질병, 광산, 그리고 정치에 초점을 맞춘 다른 연구들에 의해 좀 더 많이 드러난 편인데, 그 연구들에서 삼림 벌채는 다른 사회환경적 변화를 촉발하는 핵심적 계기로 간주되고 있다.[11] 브라질, 칠레, 콜롬비아, 코스타리카, 멕시코의 사례 연구들은 벌목 산업과 아울러 그것을 규제하는 정책의 논리를 설명하기 위해 초점을 더 날카롭게 벼려왔다.[12]

이 같은 삼림에 대한 강조를 이해하기 위해서는 라틴아메리카 숲 생태계의 다양성과 지리적 광대함을 고려해야만 한다. 어떤 경우에는 숲의 역사를 쓰고자 하는 동기가 지난 200년 동안 많은 숲이 사라지거나 심히 파괴되었다는 부인할 수 없는 현실에서 비롯되었다. 유럽, 남아시아, 미국에 관한 환경사 연구와 대조적으로 라틴아메리카 역사에서는 칠레와 멕시코를 제외하고 공식적 삼림 관리 기구가 그리 중요하게 여겨지지 않았다(칠레와 멕시코에서는 정부가 20세기 초에 프랑스인 또는 독일인 숲 전문가를 고용해 온대 숲 관리를 감독하게 했다).[13] 그렇기는 하지만 숲 관리에 대한 상반된 정책에 관한 최근의 연구는 숲에 거주하는 공동체들의 관점, 그리고 국가나 다른 행위자들로부터 영토와 숲의 자원을 보호하려는 공동체들의 노력을 연구하는 라틴아메리카 이외 지역들에 관한 연구와 궤를 같이한다.[14]

라틴아메리카의 환경사가들은 농촌의 경관과 삶의 연구에 심혈을 기울여왔는데, 그것은 이 지역 수출 경제에 대한 장기적인 학문적 관심의 산물이라 할 수 있다. 그들은 특히 열대 상품의 플랜테이션 생산의 농업생태적 역동성에 대한 분석을 시도해 왔고, 광범한 삼림 벌채, 지역 주민 착취, 식물 병원균의 역할을 강조해 왔다.[15] 반면에 광산 채굴과 석유는 지금까지 상대적으로 관심을 덜 받아왔는데, 그 점은 예나 지금이나 대부분의 라틴아메리카 국가들의 정치 경제에서 광물 채굴이 차지하는 중요성을 고려할 때 상당히 기이한 불균형이라 할 수 있다. 주로 내수를 위한 식품, 에너지, 그리고 상품에 관한 환경사 연구도 아직까지 활발하지 않다.[16] 20세기 말 인구 급증에 대응한 교육, 건강, 주택 분야의 공적 투자와 아울러 수입대체산업화, 대규모 댐 건설, 운송 기반시설 건설 등이 확대되면서 천연자원의 국내 이용은 환경사에서 점점 더 중요한 분야로 떠오르고 있다.[17]

환경 보전의 역사는 라틴아메리카 환경사가들 사이에서 또 하나의 인기 있는 주제이다. 이 분야 연구의 성과물은 각 지역에서 보호 구역의 설치가 단지 '미국의 가장 좋은 견해'의 수입으로만 이해될 것이 아니라 그보다 설명이 필요한, 다양하고 가끔은 상충하는 힘의 산물로 이해되어야 한다는 점을 말해준다. 그 힘 가운데는 브라질, 아르헨티나, 칠레에서 나타난 변경 지역 장악의 욕망, 혁명기 멕시코의 농촌을 위한 정의의 수립, 코스타리카에서 나타난 국제적 관광 홍보 등이 포함되어 있다.[18] 과학사가들은, 과학자들과 박물학자naturalist 들이 천연자원 목록과 분류를 통해 자연을 "국유화"하고 정부 주도 보전 프로젝트를 옹호하는 데 결정적인 역할을 맡아왔음을 보여주었다.[19] 이와 관련된 분야에서 나온 성과물 중에는 환경과학 발전에 관한 연구들이 포함되어 있다.[20]

라틴아메리카는 대체로 현대 세계에서 가장 도시화된 지역으로 간주된다. '메가시티'(인구 100만 명 이상의 도시)의 출현은 최근 수십 년 동안의 현상이었지만, 멕시코시를 방문하는 이들이 아스테카 사회, 에스파냐 사회, 그리고 멕시코 사회의 건축물들이 뒤섞여 있는 현장에 가보면 알게 되는 것처럼, 라틴아메리카에서 도시는 결코 새로운 현상이 아니었다. 환경사가 가운데 지역 주민 대부분의 경험을 결정하는 공간과 관련된 주제 중, 도시용수와 급수시설에 대해 연구하는 사람들이 점점 많아지고 있음은 다행이라고 하겠다.[21] 게다가 도시는 식량, 에너지, 물, 건축 자재 등을 확보하기 위해 다른 지역들과의 관계망에 의존하기 때문에 도시의 환경사는 라틴아메리카 역사 연구에서 흔히 국제적 유대의 그림자에 가려 눈에 잘 띄지 않는 지역적 연계 또는 농촌과 도시 간 연계의 역사적 중요성을 드러내준다.

라틴아메리카에는 그 역사가 아직 충분히 연구되지는 않고 있는 여러 형태의 사회생태학적 관계와 체계가 존재한다. 강, 강어귀, 암초, 해안, 그리고 빙하를 포함하는 물 환경의 역사 연구는 매우 드문 편이다.[22] 초지草地는 곡물과 가축 생산에서 매우 중요하지만, 그것이 가진 역사적 중요성에 걸맞은 관심을 받지 못하고 있다.[23] 사막과 건조 지역 역시 일부 예외를 제외하면 환경사가들의 손길이 숲에 대한 열정의 수준에는 아직 미치지 못하고 있다.[24]

라틴아메리카 환경사들은 19세기와 20세기에 주로 관심을 집중해 왔다. 이처럼 최근 시기를 중시하는 경향 — 그에 대해 비판적인 견해를 가진 사람도 있다 — 은 부분적으로는 지구 환경의 변화가 1945년 이후에 극적으로 가속되었음을 보여주는 증거가 점점 많아지고 있다는 사실에서 비롯된다.[25] 적잖은 이들이 환경사를 동시대의 정책과 정치를 만들어내기 위한 '도구'를 생산할 수 있는 지식 생산의 한 형태로 이해한다는 사실이 가까운 과거에 대한 선호를 설명하는 데 도움을 주기도 한다. 하지만 앞으로 언급하겠지만 식민 시대 이전 또는 식민 시대의 유산은 19, 20세기의 변화나 연속을 설명하는 데 필수적이다. 더욱이 16세기 누에바에스파냐(멕시코)에 관한 최근 연구들은 근대 초 환경사가 가진 중요성을 잘 말해준다.[26] 아마도 비판적 고찰의 가장 가치 있는 점은 그 어떤 환경사도 식민 시대/공화국 시기의 구분을 가로지르거나 새로운 시기 구분을 제시할 수 없다는 사실일 것이다.

요컨대, 라틴아메리카 환경사는 이 분야에 뛰어드는 연구자들이 계속 증가하고 있다는 점, 그리고 지리적으로나 시기적으로나 다루는 주제의 영역이 계속 확대되고 있다는 점에서 볼 수 있듯이 최근 괄목할 만한 발전을 이루고 있다. 그렇기는 하지만, 더 많은 경험적·개념적 작업을 필요로 하는 과제들이 여전히 많이 남아 있다. 그러나 저자들은 프롤로그의 나머지 부분에서 '꼭 해야 할 작업들'의 목록을 제시하는 대신 라틴아메리카 환경사에서 '라틴아메리카'를 이해하는 데 꼭 필요한 네 가지 상호 연관된 특징들을 살펴보려고 한다. 그 네 가지 특징이란 여전히 남아 있는 이베리아반도 국가들의 식민주의의 유산, 19세기 국민국가의 형성과 지속, 대양횡단을 통한 교환, 그리고 열대성 등이다.

지속적인 식민 시대의 유산

오늘날의 라틴아메리카에서 인간의 존재는 약 1만 4000년 전으로 거슬러 올라간다. 그때부터 사람들은 식량 획득, 어로漁撈, 화력 채취, 농사, 수자원 관리, 광산 채굴, 그리고 주거지 건설 등을 통해 광범위한 환경을 변형시켜 왔다. 식물의 재배는 적어도 1만 년 전 멕시코, 안데스의 열대 지역, 아마존 지역에서 시작되었고, 옥수수, 감자, 코코아, 카사바manioc 같은 작물들을 생산해 왔다. 라틴아메리카 일부 지역에서 원주민 사회의 농업 기술력은 많은 인구를 가진 도시화된 사회의 형성을 이끌었다. 그러나 원주민 문화는 거의 모든 곳에 흔적을 남겼는데, 그중에는 아마존강 유역이나 바람이 몰아치는 파타고니아의 스텝 같은 황무지로 간주되는 생태계들도 포함되어 있다. 15세기 말~16세기 초 유럽인들이 이곳에 도착했을 때, 라틴아메리카와 카리브해 지역에는 수천만 명의 사람이 살고 있었고, 그들은 특히 메소아메리카와 안데스 지역에 집중되어 있었다. 1492년경 아메리카는 자연 그대로의 상태가 아니라 인간이 거주하는 땅과 수경waterscapes으로 이뤄져 있었다.[27]

이베리아반도 식민 지배자들의 도래는 라틴아메리카 문화와 환경에 불균등한 영향을 미쳤다. 유럽과 아프리카에서 온 사람들과의 첫 번째 접촉이 있고 나서 한 세기 동안 원주민들은 외부에서 유입된 병원균에 굴복했는데, 그 병원균이 가져온 파괴적인 효과는 정치적 동맹, 전쟁, 노예화 등을 통해 획득된 단기적인 군사적 승리를 오랜 세월 동안 유지될 식민지로 바꿔놓았다. 그 뒤 아프리카와 아시아에 대한 유럽인들의 제국주의적 모험과는 대조적으로 아메리카 식민 지배의 주요 결과 — 인구 붕괴 — 는 자원 지배 — 인도의 삼림이나 아프리카의 사냥 보호 구역 같은 — 를 목표로 하는 분명한 국가 정책의 산물이라기보다는 의도치 않은 우연의 결과물이었다.[28] 외부에서 유입된 병원균에 노출된 것은 20세기까지도 라틴아메리카 원주민 집단들에 영향을 미치게 될 터인데, 20세기 아마존 지역이나 티에라델푸에고 같은 고립 지역의 집단들은 북아메리카, 오스트레일리아, 그리고 뉴질랜드 등지와 같은 시기에 새로운 질병과 폭력에 직면해야 했다.[29]

인구 붕괴와 그에 따른 3세기에 걸친 이베리아반도인들의 식민 지배가 라틴아메리카와 카리브해 지역에 많은 변화를 가져다주기는 했지만, 그 지역을 동질화하지는 않았다. 중부 멕시코와 페루의 고원, 미나스제라이스 같은 광산 지대에서는 인간의 이주, 끊임없는 금은金銀의 추출 — 양은 적지만 수은, 다이아몬드, 그리고 다른 광물도 포함된다 — 은 상당한 삼림 벌채, 오염, 건강상의 위험 등을 가져왔다. 기록으로 남은 최초의 대규모 유독성 물질 오염 사례 가운데 하나가 1626년 유명한 은광 지역 포토시에서 발생했는데, 이때 저수지가 터져 홍수가 발생하고 그것이 여러 개의 공장을 덮쳐 19톤가량의 수은이 유출되었으며, 그 수은이 필코마요강 유역으로 흘러들어 가 인근 지역 토양을 유독성 물질로 심하게 오염시켰다.[30] 누에바에스파냐에서는 수 세기 동안 은 추출에 필요한 목탄 생산을 위해 방대한 규모의 숲이 사라졌고,[31] 브라질 동북부와 카리브해 열대 저지대 지역에서는 사탕수수 도입과 수백만 명의 아프리카 노예 때문에 숲이 사라졌으며, 특히 카리브해의 사탕수수를 생산하는 섬들에서는 동물의 절멸 현상이 나타나기도 했다.[32]

이베리아반도 국가들의 제국주의는 근대 라틴아메리카에 다수의 도시들을 유산으로 남기기도 했는데, 그 도시들 가운데 다수(멕시코시, 리마, 아바나, 보고타, 카라카스, 과테말라, 부에노스아이레스, 산티아고 데 칠레, 리우데자네이루 등)가 나중에 각국의 수도가 되었다. 에스파냐령 아메리카 제국의 중심이었던 멕시코시에서는 식민지 관리들이 '데스아구에Desagüe'의 형태로 장기간에 걸친 대규모 환경 변화의 과정을 시작했는데, '데스아구에'란 16세기 초 도시(멕시코시) 주변 호수의 물을 대부분 빼내는 거대한 기반시설 공사를 지칭하는 말이다.[33] 멕시코시에서 에스파냐인들은 도서관, 대성당, 수도원과 더불어 지구상에서 가장 큰 도시 녹지 가운데 하나로 남아 있는 차풀테펙 국립 공원을 조성했다. 이 책에 포함된 글에서 리지 세지레스Lise Sedrez와 헤지나 오르타 두아르치Regina Horta Duarte는 오늘날의 도시 환경 문제 가운데 얼마나 많은 것들이 입지 선정과 같은 근본적인 문제들을 포함해서 식민 시대에 취해진 결정에 뿌리를 두고 있는지를 설명하고 있다.

아마도 식민 시대 유산 가운데 가장 당연하게 여겨지는 것은 캘리포니아에서 티에라델푸에고에 이르기까지 아메리카 전역을 배회하고 있는 엄청난 규모의 소, 말, 돼지, 염소, 양, 황소, 닭일 것이다. 아프리카와 아시아에서는 유럽인의 식민 지배가 가축의 종種 구성 변화에서 아메리카만큼 큰 영향을 미치지 못했다. (식민화 이전의) 아메리카에는 소나 말처럼 덩치 큰 가축이 거의 없었고, 따라서 새로 (유럽에서) 도입된 가축들은 넓은 공간을 누릴 수 있었다.[34] 단지 오스트레일리아에서만 아메리카에서 발생한 것과 비슷하게 큰 변화가 나타났을 뿐이다.[35] 숀 반 오스달Shawn Van Ausdal과 로버트 윌콕스Robert Wilcox가 이 책에서 주장하고 있듯이, 가축 사육과 승마술은 이베리아인들의 지배가 끝난 뒤에도 존속했고, 지금도 라틴아메리카의 생태와 문화에 큰 영향을 미치고 있다.

그러나 이베리아인들의 식민 지배의 또 다른, 하지만 덜 분명한 유산도 있는데, 원주민들의 경작지 포기, 고의적 불태우기의 감소, 그리고 18세기 말에 가서야 회복되기 시작하는 인구 감소에 따른 삼림과 그 밖의 토착 생태계의 확대 등이다. 전체 면적에서 숲이 차지하는 비율의 정도와 구성을 확정 짓기에는 너무 많은 불확실성이 존재하는데, 그것은 현재 남아 있는 자료의 해석과 관련해서 근거와 이의 사이의 차이가 매우 크기 때문이다.[36] 그렇지만 남아 있는 증거에 따르면, 19세기 초에 라틴아메리카와 카리브해 지역의 68퍼센트가 숲으로 덮여 있었던 것으로 보인다.[37] 브라질 공화국이 "찬란한 요람"에서 탄생했다는 것처럼, 공화주의 담론과 풍부한 자연이라는 은유는 열대 자연

특유의 풍부함의 산물이지만 그에 못지않게 식민 지배의 산물이기도 했다. 민족주의 성향의 문필가들은 식민 시대 이후의 환경을 적대적으로 묘사하거나 아름답게 묘사하기도 했지만 거의 항상 그것을 방대하고 텅 빈 것으로 서술했다. 이는 파괴적인 생산 과정을 추동한 ─ 그리고 정당화한 ─ 이해이며, 여전히 지속되고 있는 문제이다.

마지막으로 이베리아인들의 식민 지배는 아메리카에 새로운 언어, 존재론과 인식론을 가져왔다.[38] 그리고 여기에는 그리스도교 교리와 의식儀式뿐 아니라, 자연을 어떻게 규정하고 재현할 것인가에 대한 계몽주의적 관념과 관행, 그리고 재산·주권·사회적 관계 등을 규정하는 법률까지 포함되었다. 생물 형태, 시간, 그리고 인간의 노동을 파악하고 평가하는 새로운 방식들의 결합은, 비록 그 결합이 일부분에 그칠지라도, 생명 문화적 자원의 보전을 비롯해 생태계 변화를 추동하는 요인들에 대해 숙고할 때에 매우 중요하다. 개발이란 문제를 재고再考하기 위해 "수막 카우사이Sumak Kawsay"("좋은 삶")라는 안데스 원주민의 개념을 언급한 것을 포함해, 현재의 정치적 토론들은 우리가 비인간적 자연에 관한 복잡하고 상호 연계된 원주민, 아프리카인, 유럽인의 생각과 관행의 역사를 해석하는 방식에 대단히 많은 것이 걸려 있다는 점을 보여주는데, 이는 니콜라스 쿠비Nicolás Cuvi가 이 책에서 다루고 있는 주제이다.[39]

자연에서 탄생한 국가

정치적 혁명이 대서양 세계 전체로 확산되면서 에스파냐령 아메리카 제국은 붕괴되었고, 19세기 초 일부를 제외한 모든 지역에서 제국은 주권을 가진 국민국가들로 바뀌었다. 1830년대부터 1950년대까지 수많은 아프리카인과 아시아인이 자신들의 땅과 자원을 지키기 위해 유럽의 식민 관료기구와 군대에 맞서 싸울 때, 라틴아메리카인들은 국가 건설과 국민 형성 ─ 거기에 그들은 자연을 포함시켰다 ─ 에서 새롭고 기이한 경험을 하게 되었다.[40] 환경은 아프리카와 아시아 대부분 지역에서 그랬던 것과 같이 제국의 약탈물이 아니라 국가의 재산이 되었다.

지배 엘리트들 — 이들은 통치 형태를 두고 자주 다투는 과정에서 폭력도 불사했다 — 은 자연을 국유화하는 국경선을 그으면서 국가 영토를 획정하기 위해 서로 싸웠다. 파두아와 클라우디아 레알이 이 책에서 주장하는 것처럼, 각국은 멕시코 북부의 사막, 파타고니아의 삼림과 초원 지역, 아마존과 오리노코강 유역의 밀림같이 광대하고 길들여지지 않은 지역의 소유권을 지도를 통해 주장했고(그 지도는 서로 겹치는 경우가 많았다), 그것은 지도상의 국경을 둘러싼 논란을 초래했다. 많은 경우 각국이 지배 영역을 결정하는 정확한 국경선에 합의하기까지는 수십 년이 걸렸다. 스튜어트 맥쿡Stuart McCook의 주장처럼 특정 동식물의 목록은 자연을 국유화하는 과정에서 근본적인 도구였고, 또 그것은 사실상 새, 나무, 그리고 그 밖의 유기체에까지 국적을 확대하는 것이었다. 정부들은 과학자들을 고용하고, 그 과학자들은 드넓은 지역을 돌아다니며 여러 동식물 종種을 찾아낸 다음 그 수효를 세고 종들을 그림으로 표현하며 동식물의 긴 목록을 작성해 그것을 국가적 위용을 과시하기 위한 수단으로 삼았다.[41] 이 초기 형태의 민족주의는 실질적인 영토 점유를 필요로 하지 않았고, 그 때문에 다양하고 광대한 지리에 대해 지배권을 주장하는 데 어려움을 느낀 신생국에게 유용했다.

"황무지" — 에스파냐어로는 대개 '데시에르토desierto'로 표현되었다 — 를 변형시켜야 한다는 각국의 당면 과제는 북대서양 지역의 산업화 경제의 확대와 시기적으로 겹쳤다. 역설적으로 가난한 국가들은 영토적 주권을 주장하기 위해, 그리고 자연자원을 수출 상품으로 전환해 자연을 더 국유화하기 위해, 점점 더 해외 투자자와 국제 시장에 의존했다. 19세기 라틴아메리카 국가들은 문자 그대로 자연에서 탄생했다고 할 수 있으니, 그 국가들은 새똥과 바나나, 소가죽과 양털, 커피와 구리를 토대로 삼고 있었던 것이다. 광물 채굴, 암석으로부터 얻은 영양소, 또는 생물을 재료 삼아 만든 상품에서 획득한 부는 각국이 세수를 늘리고 부족한 관료제를 확대할 수 있게 해주었다. 이런 부는 저절로 흐르지 않았다. "절개된 정맥"이라든지 "상품 복권" 등의 비유는 숲, 초지, 산, 수로를 비롯한 "찬란한 요람" — 여기에서 라틴아메리카 국민국가들이 태어났다 — 으로부터의 지대 수확을 직간접적으로 가능케 하는 국가 정책과 수백만 노동자의 끊임없는 노고를 그대로 전해주지 못한다.

크리스 보이어Chris Boyer와 미첼리네 카리뇨Micheline Cariño가 멕시코 사례를 통해 보여주는 대로, 수입이 부족한 국가들은 넓은 공유지의 존재를 이용해 (국민에게) 그 토지사용권을 제공하는 대신 (토지 측량과 도로 건설을 포함하는) 국가 건설 사업 계획을 추진했다. 상업화 또는 간단히 투기를 통해 숲을 부로 바꿀 수 있다는 전망은 토지사용권 소유자들에게 동기를 부여했다. 그러나 국가들이 강해지자(특히 1930년대 경제적 혼란 이후) 반대 방향으로 움직여 일부 천연자원을 공적 영역으로 돌렸는데, 그 과정이 가장 강제적 방식으로 표현된 곳은 혁명 이후의 멕시코였다. 미르나 산티아고Myrna Santiago가 이 책에서 서술하는 것처럼, 조직 노동은 전략적 자원이 필요하다고 주장하는 국가들의 노력을 지지했다. 전투적인 광부들과 석유 산업 노동자들은 노동 과정과 아울러 그들이 국가의 재산으로 간주하는 심토深土 자원에 대한 좀 더 많은 지배권을 확보하기 위해 정부에 산업을 국유화하도록 압력을 가했다. 예를 들어 멕시코 석유 산업 노동자들은 라사로 카르데나스Lázaro Cárdenas 정부에 석유 산업의 국유화를 요구했다.[42] 그 뒤 많은 라틴아메리카 국가들이 주요 광업과 에너지 분야를 국유화했고, 그를 통해 세계의 다른 지역들도 모방하는 사례를 남겼다.

주요 산업의 국유화는 환경 관리의 면에서, 더욱 적극적인 국가의 역할의 일부였는데, 그것은 20세기 중반 이후에 나타난 중요한 경관의 변화에 크게 기여했다. 1930년대 포퓰리즘의 성장은 제2차 세계대전과 냉전의 지정학과 더불어, 정부 지지를 받는 기술과학적 '발전' 프로그램의 창출을 가속화했고, 이 프로그램의 전체적 개요는 유럽, 아시아, 아프리카의 여러 지역에서도 비슷하게 추구될 터였다. 달리 말해 녹색 혁명을 통한 토지 개혁과 농업 근대화,

관개와 전력용 댐 건설, 고속도로와 대중교통 체계, 대중 교육, 그리고 공중보건 정책은 세계 전역에서 주민들의 삶에 변화를 가져다주고 생태계를 바꿔놓았다. 국가 주도의 발전이 라틴아메리카에서 사회적 불평등을 감소시키거나 민주주의를 증대하지 못하는 경우가 많았지만, 거의 항상 자원이용율의 급증을 가져왔고, 그것은 부분적으로는 정부의 사업 계획 역량을 압도하는 엄청난 인구 증가와 연관되었다.

그러나 20세기의 국가 정책과 사업 계획이 모두 자원의 소비를 증진시키지는 않았다. 에밀리 웨이킬드Emily Wakild의 연구가 보여주듯이, 라틴아메리카 국가의 정부들도 국립 공원을 만들고 삼림 관리 부서를 신설하며 동물보호법을 제정했다. 식민 시대 아프리카나 남아시아와 달리 (라틴아메리카) 엘리트들은 보호 구역을 외부에 의해 강제된 것이라기보다 국가 재산의 형태로 간주했다. 이런 조치들은 아르헨티나에서는 이미 1930년대 초에, 그러나 더 일반적으로 1960년대에 "자연 국가" — 자연을 관리하는 데 헌신하는 정부 활동의 독자적 영역 — 건설에 기여했고, 이 현상은 세계 다른 지역에서도 나타났다.[43]

대양횡단 무역과 생태적 교환

많은 학자들이 대양을 건너간 인간, 식물, 동물, 그리고 병원균의 이동에 대해, 그리고 그것들이 라틴아메리카의 생명 문화적 다양성에 미친 영향에 대해 기록해 왔다. 대양을 건너는 이동이 인도양 같은 다른 넓은 지역들을 연계시키고 변화시키기는 했지만, 아메리카와 아프리카, 유라시아, 그리고 태평양 사이를 오고 간 교환의 범위와 중요성은 그중에서도 특별하다고 할 수 있다. '콜럼버스의 교환'은 아직 끝나지 않고 있는 생태적 교환 과정의 서막에 불과했다. 사실 더욱 빈번하고 다면적인 교환의 잠재력은 19세기에, 달리 말해 아프리카 노예, 중국·인도·태평양 제도 출신 계약노동자들이 모두 라틴아메리카 지역에 집결하게 되었을 때 극적으로 증가했다. 이 같은 인간의 대규모 이동은 가축과 작물의 이동을 유발했고 또 쥐나 잡초를 비롯해 이에 편승한 다수의 생물군도 동반했는데, 이것들은 새로운 고향에서 급속히 퍼져나갔다.[44] 그보다 더 중요하게, 라틴아메리카에서 세계 다른 지역으로의 이동은 훨씬 광범위한 환경적 결과를 통해 생태계를 풍요롭고 다양하게 만들었다.

전신, 철도, 증기선에 의해 연결된 해외 투자자들과 국제 시장을 특징으로 하는 농산물 수출 산업의 발전은 인간과 비인간이 대양과 대륙을 이동하는 연계망을 강화하고 확대했다. 바나나, 소, 커피, 사탕수수, 양, 밀, 그리고 (좀 더 최근에는) 야자유, 포도, 연어, 대두 등의 생산은 대양을 통한 여러 생물체의 유입을 유발했다. 사료 작물, 농작물, 그리고 과수果樹는 육상의 경관을 바꿔놓았고, 송어, 연어, 베스를 비롯한 북반구 어류의 도입은 담수 생태계를 바꿔놓았다. 아프리카 풀과 남아시아 가축의 도입과 보급은 열대 가축 사육, 즉 후진적이지는 않았지만 정체 상태에 빠져 있었다고 여겨지던 경제 분야에 중요한 변화를 촉발했다. 아르헨티나에서는 양 떼가 비옥한 팜파스로부터 파타고니아의 스텝으로 이동함에 따라 목장주들이 오스트레일리아와 뉴질랜드에서 새로운 종의 양을 들여오지 않으면 안 되었고, 그 양들은 나중에 파타고니아로부터 안데스 지역으로 확산되어 갔다.

수출 경제는 점점 "일차산품 질병commodity diseases" — 그 강도와 확산, 그리고 의미가 상품화 과정과 긴밀하게 연동되어 있는 동물과 식물에서 나타나는 병 — 으로 나타나는 새로운 농업생태학적 역동성을 만들어냈다.[45] 농업 관련 사업체와 정부는 농작물과 동물에 피해를 주는 생명체의 확산을 막거나 제한하기 위해 여러 방식으로 노력했는데, 그 노력에는 내병성耐病性과 시장성을 함께 가지고 있는 변종이나 종자를 찾아 널리 돌아다니는 것이 포함되어 있었다. 식물병, 초식동물, 그리고 영양분 손실 또한 농약과 합성비료 사용 증가에 한몫했다. 바나나, 카카오, 커피, 설탕을 비롯한 주요 수출 작물의 일차산품 질병은 농장주 단체, 농업 관련 사업가, 그리고 각국 정부가 대학에서 훈련받은 과학자들의 지원을 요청하게 하고, 식물 병리학과 동물 사육에 관한 연구소를 설립하도록

만들었다.[46]

수출 경제는 농장과 목장에서 생산된 것에만 한정되지 않았다. 사람들은 숲에서도 부를 창출했는데, 거기에는 목재뿐 아니라 고무, 고무수지(치클레), 키니네, 타구아 씨, 코코넛, 브라질너트 등을 포함해, 살아 있는 숲에서 부를 만들어내는 것들도 포함되었다. 천연고무나 키니네 같은 나무나 야자수 생산물의 전략적 중요성 때문에 영 제국이나 미국 같은 강대국은 생산을 지배하고자 시도했다. 숲은 다른 종류의 생태계들과 함께 야생동물로부터 깃털, 가죽, 모피의 중요한 원천이 되었다. 재규어, 고래, 친칠라, 거북이, 물개, 여우, 레아rhea(남아메리카산의 날지 못하는 새 – 옮긴이) 등은 상업적 목적 때문에 광범위하게 포획 대상이 된 수십 종의 동물 가운데 일부에 불과하다. 그러나 야생동물의 거래는 일부 라틴아메리카 국가의 정부가 이미 19세기 말에 지구의 생물 다양성이 아닌, 국가 자원의 보호라는 이름으로 사냥을 규제하게 만들기도 했다.

라틴아메리카의 대양횡단 교역과 교환 참여는 생물학적 상품에 국한되지는 않았다. 19세기에 생겨난 첫 번째 수출 시장 중에는 채굴 비료(구아노와 질산염)가 포함되어 있었다. 산티아고가 제9장에서 설명하는 대로, 채굴 활동은 20세기에 더 늘었다. 석유와 가스 굴착 외에도 보크사이트, 구리, 금, 철, 주석 등의 채굴이 새로운 종류의 환경 위험을 불러일으켰다. 라틴아메리카의 20세기, 21세기 광산업과 석유 산업의 초국적 성격은 환경사가들에게 새로운 문제를 제기하는데, 그것은 생물학적 교환이라기보다 에너지 교환과 더 관련이 있었다. 브라질, 콜롬비아, 에콰도르와 함께 멕시코, 베네수엘라는 엄청난 양의 축적 에너지(그리고 열을 빠져나가지 못하게 가두는 탄소)를 미국과 다른 곳으로 옮겨놓았다. 주로 페루와 칠레에서 생산되는 구리의 채굴과 수출은 대규모의 전기 전송을 가능케 했고, 수십억 명의 일상생활의 여러 측면을 바꿔놓으면서 지역적 또는 전 지구적 생태 변화에 일조했다.[47]

대양횡단 이동은 새로운 시장(예를 들어 중국)과 새로운 생산물(예를 들어 콩과 리튬)의 출현과 함께 라틴아메리카의 여러 지역에서 계속 환경 변화의 중요한 원천이 되고 있다. 레이날도 푸네스가 관찰하는 대로, 크루즈선이나 비행기를 통한 국제 관광객의 이동이 대카리브해 여러 지역에서 농산물 수출품의 이동을 대체했다. 불법 마약 거래 또한 국경을 넘나드는 이동을 가속화했는데, 그것이 환경에 미치는 결과에 대해서는 아직 연구가 제대로 이뤄지지 않고 있다. 물론 대륙 간 교환만이 지속적인 생물학적 변화를 초래한 것은 아니다. 사실 주권을 가진 국민국가의 시민권과 관계된 권리와 제약은 국제적 이동보다 지역적 이동을 훨씬 더 빈번하게 만들고 있다. 그럼에도 수 세기에 걸친 생물물리학적 물질과 에너지의 대륙 간 교환은 ─ 다소 역설적이게도 ─ 라틴아메리카 환경사에서 '라틴아메리카적인 것'의 핵심이 되고 있다.

열대성: 상충하는 다양성

중앙아메리카 지협 전체, 카리브해, 그리고 멕시코 중부와 남부 외에, 남아메리카 대륙의 거의 4분의 3이 열대 지역에 해당한다.[48] 오늘날의 추정치는 놀랍게도 라틴아메리카 대륙의 44퍼센트가 우림 지역이라는 것을 보여준다. 다른 광대한 열대 생태계에는 초지와 대초원(16.4퍼센트), 건조한 열대림(8.8퍼센트)이 포함되어 있다. 이 열대 생태계에서 자연은 대단히 다양하다. 라틴아메리카와 카리브해 ─ 지구 육지의 10퍼센트에 못 미친다 ─ 는 보고된 세계의 유관속 식물 종vascular plants의 거의 3분의 1(아프리카나 아시아에서 발견되는 것보다 훨씬 많다), 모든 양서류의 절반, 그리고 지구상에 존재하는 파충류와 조류의 40퍼센트를 보유한다.[49]

그러나 아메리카 열대 지역의 생물학적 다양성에 경탄을 금치 못한 알렉산더 폰 훔볼트Alexander von Humboldt 같은 박물학자들도 이 대륙의 열기와 다산성이 인간 사회에서 에너지와 동기를 약화시켰다고 인식했다. 유럽과 미국에서 활동하는 문필가와 예술가, 그리고 과학자들은 열대 지역의 풍요로운 자연이

"인간의 노력을 압살했고" 그곳을 자연 자체로 바꿔놓았다고 생각했다.[50] 열대 지역에 대한 이 같은 몰역사적 사고는 카리브해 지역을 단지 '열등한 인종'에게나 적합한 곳으로 묘사하게 만들고, 그럼으로써 아프리카인의 계속적인 노예화, 그리고 노예 해방 이후 아시아 출신 계약노동자의 이용을 정당화하는 데 일조했다. 실제로 설탕, 럼주, 노예무역은 황열병과 그 매개체인 모기를 카리브해 지역에 들여와 이 지역의 환경을 근본적으로 바꿔놓았는데, 이 역사적 사건을 다수의 의사醫師와 다른 사람들은 열대 지역이 '백인들'에게 본질적으로 위험한 지역임을 말해주는 증거로 해석하곤 했다(레이날도 푸네스의 글 참조).[51] 이런 생각이 20세기 초까지 남아 있었고, 파나마 운하나 바나나 플랜테이션에서 일할 노동력으로 흑인 노동자들을 카리브해에 수입하는 것을 정당화하는 데 이용되었다.[52] 20세기 초 쿠바와 파나마에 주재한 미국 정부 관리들과 기업들이 주장한 "문명화의 사명"은 적도 아시아와 아프리카에 주재한 유럽인 식민지 관리들의 담론을 강하게 상기시켰다.

적도 지역 라틴아메리카의 여러 곳에서 나타났던 예속 노동의 역사는 정치 엘리트와 투자자들이 이 적도 지역을 거칠고 위험할 뿐 아니라 부의 원천으로도 생각했음을 상기시켜 준다. 적도 지역에 대한 개념을 대변하게 된 강우와 열기 — 적도 지역에는 사실 건조하고 추운 지역도 있다 — 는 수출용 설탕과 바나나 생산에 기여했다. 열대 플랜테이션은 태양광 에너지를 (숲과 토양과 함께) 효과적으로 열에너지로 바꾸었고, 또 채굴 경제는 (고무의 경우에서 볼 수 있듯이) 다양한 생물 형태에서 발견되는 유용한 요소들을 상품화했다. 그렇다면 적도 지역은 상상의 공간이었을 뿐 아니라, 전 지구적 교환 네트워크와 결합되었을 때 변화된 바로 그 물리적 장소이기도 했다.

라틴아메리카 엘리트들의 적도 지대 인식은 지나치게 양가적이었다. 20세기 초에 오라시오 키로가Oracio Quiroga, 로물로 가예고스Rómulo Gallegos, 호세 에우스타시오 리베라José Eustacio Rivera, 알레호 카르펜티에르Alejo Carpentier 같은 작가들은 적도 지대 숲을 조지프 콘래드Joseph Conrad가 『어둠의 심장Heart of Darkness』

에서 콩고강 분지를 서술할 때 가졌던 것과 비슷한 기분으로 설명했다. 리베라의 소설 『소용돌이The Vortex』(1925)가 통렬하게 보여주었듯이, 밀림은 그것을 지배하거나 순화하려고 한 이들에게 방향을 잃게 하고 궁극적으로 그들을 패배시켰다. 길들여지지 않은 열대 숲이 문명을 위협한다는 생각은 1970년대 라틴아메리카 각국의 정부들이 열대 지역 저지대를 식민화하려는 노력에 활기를 불어넣었다.[53] 그러나 20세기 초 브라질과 혁명 이후 멕시코는 점차 인종적 '퇴화' 이론을 거부하고, 열대 지역을 거대한 활기와 잠재력의 장소로 재해석하려는 혼성mestizaje(인종적 혼혈) ─ 그리고 '백색화' ─ 개념을 받아들였다.

레알과 푸네스가 이 책에서 주장하고 있듯이, 열대 자연과 경제 활동에 관한 엘리트들의 개념은 20세기 후반기에 극적으로 바뀌었다. 19세기 말 황열병을 통제하기 위한 공중위생의 발전은 사탕수수 수요의 감소, 그리고 미국과의 긴밀한 유대 관계 형성과 더불어, 수많은 관광객들(특히 미국인)이 태양, 럼주, 그리고 손son 음악을 찾기 위한 열망에 이끌려 쿠바에 찾아온 1930년대부터 탄탄한 관광산업의 창출을 위한 조건을 만들어냈다. 20세기 말 피델 카스트로Fidel Castro 지배 아래의 쿠바를 비롯해, 카리브해 섬들은 적도 농업보다 모래사장으로 더 잘 알려져 있었다. 유럽과 북아메리카의 관광객들은 카리브해 제도를 질병의 장소가 아니라 원기 회복의 장소로 간주했다. 하지만 역설적이게도 카리브해 지역의 많은 주민들은 지역 농업 경제가 붕괴되자 미국 등지에서 일자리를 찾기 위해 천국 같은 자기들의 섬을 떠나야 했다.

라틴아메리카 대륙의 적도 숲에 대한 사람들의 인식도 바뀌었다. 1980년대가 되면 예전에 위협적이었던 밀림이 생물학적 다양성의 '거점'이 되어 국제적 자연보호 운동, 정치 지도자, 그리고 대중 스타들의 관심 대상이 되었다. 더 이상 위협적이지 않게 된 정글은 이제 막연하게 인간 때문에 멸종 위기에 처한 '우림'으로 바뀌었다. 미국은 브라질, 콜롬비아, 에콰도르, 멕시코, 페루, 베네수엘라를 고도의 고유종을 보유한 '엄청난 다양성을 지닌' 국가들로 인정했다. 국제적 자연보호 네트워크들은 지역 단위로 조직된 이들과 힘을 합쳐 각국 정부에 우림뿐 아니라 그곳에 사는 인간을 보호하라고 압력을 가했다. 이런 운동들은 채굴 보류지 같은, 숲에 사는 주민들을 다른 데로 이동시키지 않고도 숲을 보호하는 새로운 형태의 보호 지역 설치로 이어졌다. 21세기 초 들어 아마존 지역의 삼림 벌채 비율은 감소하기 시작했다.

그러나 비록 라틴아메리카인 가운데 대다수가 열대 지역에서 살고 있고, 콜럼버스 이전과 식민 시대, 그리고 근현대까지 관통하는 놀라울 정도의 연속성이 존재하기는 하지만 열대 우림과 모래사장은 대다수의 인생 경험에서 작은 부분만을 차지할 뿐이다. 열대 지역 주민 대다수는 농촌이나 도시 지역에서 살아왔다. 존 솔루리와 쿠비가 이 책에서 설명하고 있듯이, 열대 고원은 원주민 공동체를 유지하고, 도시 시장에 공급하는 농업적 다양성의 중심이 되어왔다. 열대 고원은 또 '인간과 자연의 관계'에 대한 대안적인 우주론과 전망들이 계속해서 생겨난 장소이기도 하다. 마지막으로 안데스 산맥은 세계 열대 빙하 대부분의 고향이기도 하며, 그것은 다른 무엇보다 농촌과 도시 주민들에게 중요한 물의 원천이 되어왔음을 의미한다. 많은 빙하들은 열대 우림이 사라지기 훨씬 전에 사라질 것으로 보인다.

라틴아메리카 열대 지역의 다양성 안에는 학자들과 그 외 다른 사람들이 갖고 있는 열대성에 대한 고정관념 또는 결정론적 이해를 뛰어넘기 위해 반드시 극복해야만 하는 것이 존재한다. 생태적 관점에서 볼 때, 열대 지역 생태계의 생산성과 생물적 다양성은 온대 지역의 그것과 다르다. 그러나 브라질의 사탕수수 플랜테이션의 생산성, 에콰도르 고지대 감자의 다양성, 또는 중앙아메리카 커피 농장에서 발견되는 박쥐의 다양성 등은 대개 역사적 발전의 소산이다. 열대성(열대 지역의 문화적 의미와 그곳에 거주하는 생명체들)은 또한 매우 역사적이고, 경쟁적이며 중대하다.

수렴: 라틴아메리카와 전 지구적 환경

라틴아메리카 환경사를 다른 세계 지역의 그것과 구분해 주는 단일한 요인은 없다. 그보다 라틴아메리카 환경사의 특징은 하나의 복합적인 사회환경적 과정의 국면이라고 할 수 있는데, 여기에는 이베리아반도의 제국주의, 이르기는 했지만 허약했던 국가 형성, 지속적인 대륙 간 물질적 교환, 열대성 등이 포함되어 있다. 물론 이것들은 광범한 일반화이며, '라틴아메리카'라는 지리역사적 개념에 물질적 아름다움과 복잡성 — 일상생활을 규정하고, 그것에 의미를 제공하는 색깔, 맛, 질감, 소리, 냄새, 그리고 '감정 구조'의 거대한 팔레트 — 을 제공해 주는 풍요로운 다양성을 보지 못하게 할 위험이 있다. 이 책에 담긴 논문들은 라틴아메리카 지역 환경사를 특징짓는 균열, 긴장, 다양성, 그리고 침묵을 집단적으로 보여준다.

동시에 이 책은 라틴아메리카 환경사와 세계의 다른 여러 지역들의 환경사와의 수렴을 지향한다. 타 지역의 환경사들은 인구 증가(특히 도시 인구 증가), 각종 생물 형태와 생명 활동의 상품화 증대, 정치적 정당성을 유지하기 위해 자원 수익에 의존하는 정부, 소비자 중심의 (육식성의) 중산층 출현, 그리고 에너지 집약적 기술 체계 등을 특징으로 삼는다. 이 수렴의 결과 가운데 하나는 대략 1940년 이후 에너지와 자원 사용에서 나타난 엄청난 증가 또는 "거대 가속"이다. 그것은 일부 관찰자들이 "인류세"(인류의 출현에 따른 지구 온난화와 생태계 침범을 특징으로 하는 현재의 지질학적 시기 — 옮긴이)라고 이름 붙인, 인간에 의한 유례없는 환경 변화의 시기를 만들어냈다.[54]

그러므로 '라틴아메리카' 환경사는 그 특성이 배타적으로, 또는 주로 라틴아메리카의 국민국가들의 경계들로부터 나오는 것이 아니라 상호 연계된 역사들로 쓰여야 할 것이다. 더욱이 라틴아메리카의 여러 부분들이 새로운 방식으로 아프리카와 아시아와 연계되어 있기 때문에, 환경사가들은 연계와 비교를 끌어낼 때 새로운 방향을 모색하지 않으면 안 된다. 동시에 우리의 서술과 분석 렌즈는 인간이든 그렇지 않든 대부분의 삶이 펼쳐지는 지역에 초점을 맞추는 능력을 잃지 않기 위해서 거시적 확대와 미시적 축소를 지속해야 한다.

이 책의 저자들은 간단한 경고로 프롤로그를 마치고자 한다. 그것은 이 책이 현대의 환경 문제에 대한 해결책을 제시하려는 의도에서 쓰인 것이 아니라는 점이다. 이 책을 읽는다고 해서 비야 인플라마블레에 사는 아이들의 납 중독 수준을 낮출 수 있거나 안데스의 홍학을 보호할 수 있거나 대기 중 이산화탄소의 수준을 낮출 수는 없을 것이다. 그렇지만 우리는 라틴아메리카를 구성해 온 인간적 과정 이상의 것에 대한 관심을 환기시키고, 그럼으로써 성장, 순수성, 안정보다 지속성, 다양성, 회복 탄력성의 개념에 의해 인식되는 이 지역의 현재와 가능한 미래에 관한 대화를 촉발시킬 수 있기를 희망한다. 결국 유일하게 지속가능한 과거는 해석에 개방되어 있는 과거이다.

존 솔루리John Soluri는 카네기멜론 대학교 사학과 부교수이자 글로벌 연구global studies의 책임자이다. 『바나나 문화: 온두라스와 미국의 농업, 소비, 환경 변화 Banana Cultures: Agriculture, Consumption and Environmental Change in Honduras and the United States』 (텍사스 주립대학교 출판부, 2005)를 출간해 조지 퍼킨스 마시 상(2007)과 엘리노어 멜빌 상을 받았다. 그의 연구와 교육은 라틴아메리카의 농업, 식량, 에너지의 초국적 환경사와 인간 이외 동물들의 상품화에 초점을 맞춘다. 자신이 역설하는 바를 실천하려는 겸허한 노력의 일환으로, 중앙아메리카의 도농 주민들과 연대해서 일하는 비정부기구 '새로운 희망 건설Building New Hope'의 이사로 오랫동안 활동하고 있다.

클라우디아 레알Claudia Leal은 버클리 소재 캘리포니아 주립대학교에서 지리학으로 박사 학위를 받았고, 현재 보고타의 로스안데스 대학교 사학과 부교수로 재직 중이다. 레알은 뮌헨에 있는 '레이철카슨환경사회센터Rachel Carson Center for Environment and Society' 연구원과 스탠퍼드 대학교와 칠레 가톨릭 대학교 방문 교수를 역임했다. 주요 저서로는 『자유의 경관: 노예 해방 이후 서부 콜롬비아 사회의 형성Landscapes of Freedom: The Building of a Postemancipation Society in Western Colombia』이 있고, 카를 랑에백과 함께 『라틴아메리카의 인종과 민족의 역사 Historia de Raza y Nación en América Latina』를 출판했다. 또 윌코 그라프 폰 하덴베르크, 매튜 켈리, 에밀리 웨이킬드 등과 함께 『자연 상태: 환경 보전의 역사에 대한 재고찰The Nature State: Rethinking the History of Conservation』을 편집한 바 있다.

주제 아우구스투 파두아José Augusto Pádua는 리우데자네이루 연방대학교 역사연구소에서 브라질 환경사를 강의하고, '역사와 자연 실험실Laboratory of History and Nature'의 공동 책임자로 활동하고 있다. 2010년부터 2015년까지 '브라질 환경과 사회 연구 대학원 연구 협회Brazilian Association of Research and Graduate Studies on Environment and Society'의 회장을 역임했다. 환경사와 환경 정치 전문가인 그는 40개국 이상에서 강의하고 가르치며 현장 작업을 수행했다. 브라질뿐 아니라 다른 국가에서 여러 권의 책과 논문을 출간했고, 그중에는 존 맥닐, 마헤시 라가라잔과 공동 편집한 『환경사Environmental History: As If Nature Existed』가 있다.

제1장

멕시코의 생태 혁명

크리스 보이어, 마르타 미첼리네 카리뇨 올베라

멕시코에서 국가는 자연과 사회 간에 중요한 중재자로 활동해 왔다. 이는 국가의 힘과 안정성이 국경 내의 사람들, 사업 또는 관료 집단의 사회적·경제적 활동을 통제할 수 있을 정도였기 때문이 아니다. 멕시코에서 국가는 정치적·경제적·생태적 운명을 이끌어나갈 수 있을 만큼 강력한 역량을 지니지도 않았다. 그보다 멕시코 국가가 가진 영향력은 서로 다른 역사적 시기에 다양한 행위자 집단들에게 기회를 창출해 온 여러 정부와 변화하는 정치적 환경의 산물로서, 그것은 국민과 영토에 심대한 영향을 미쳤다. 또 국가는 19세기 투쟁적 자유주의의 수립, 1910년의 사회 혁명, 그리고 20세기 중엽에 시작된 개발 자유주의의 부활 때문에 급격한 변화를 경험했다. 한 시기에서 다른 시기로의 변화는 대부분 갑작스럽고 예기치 않은 형태로 진행되었다. 달리 말해 멕시코는 일련의 정치적 혁명을 겪었을 뿐 아니라, 캐롤린 머천트Carolyn Merchant가 제시한 의미로 여러 가지 "생태 혁명", 즉 사람들이 자기 주변과 국가의 이른바 천연자원을 생각하고 이용하는 방식에서 극적인 변화를 경험하기도 했다.[1]

이 생태적 혁명들은 비록 연속적이지는 않지만 점증하는 자연의 상품화라는 국면 속에서, 그리고 점점 불안정해지는 환경적 상황에서 발생했다. 그럼에도 많은 경우 그것들은 영토와 자원의 지속가능한 이용, 심지어 '새로운' 지속가능한 이용을 창출해 냈다.

국가가 강화되기 시작한 1854년부터 현재까지 멕시코의 영토는 세 단계를 거쳐 생태적 혁명에 이르게 되었다. 그것은 1854년 아유틀라에서 분출된 정치적·자유주의적 운동, 1910년의 사회 혁명, 그리고 1943년에 시작된 이른바 녹색 혁명 — 이는 1992년에 시작되는 신자유주의 국면을 예견케 했다 — 이었다. 이 혁명들 가운데 어느 것도 그 이전의 생태적·사회적·정치적 조건과 무관하지 않지만, 각각의 혁명들은 새로운 상황을 만들어냈고 거기에서 천연자원을 이용하는 각 사회 집단은 자신들의 주변에 대해 새롭게 이해하는 환경을 만들었으며 마찬가지로 환경적 변화로부터 영향을 받았다. 각 혁명은 장기적인 사회적·생태적 흔적을 남겼고, 그다음 혁명으로 이어지는 새로운 맥락을 만들어냈다. 그러나 각 혁명은 역류逆流, 다시 말해 장기적으로 집단 또는 개인이 자연을 평가하고 사용하는 예기치 않은 시작을 만들어내고 새로운 형태의 사회 조직을 만들어내는, 혁명 자체의 효과를 무효화할 수 있는 역사적 동력을 창출하기도 했다.

19세기 자유주의는 사유재산의 패권을 강화하고, 천연자원의 점증하는 상품화를 초래할 새로운 투자 기회를 만들었다. 그럼으로써 그것은 포르피리오 디아스Porfirio Díaz 체제(1876~1911) — 포르피리아토Porfiriato로 알려졌다 — 의 특징이 될 신식민주의적 채굴 체제, 즉 대개 외국 회사들에 의한 광물, 물, 숲, 석유의 약탈 체제에 기여했다. 사회 혁명은 비록 사유재산과 자연자원의 집약적 이용을 근절하지 못했지만, 토지 보유를 재편하고 토지의 집단적 이용을 가능케 했다. 천연자원은 녹색 혁명으로 새로운 착취의 시기에 직면하게 되었는데, 녹색 혁명의 표면상의 목표는 소규모 농업의 장려였지만 결과적으로는 개인 토지 보유자와 상업적 생산을 선호했다. 시간이 지나면서 그리고 신자유주의의 출현으로 시장 요인은 더 강해졌고, 1910년 혁명의 성과를 무효로 돌리고, 밭, 숲, 강, 바다, 광산, 해안 등에서 새로운 상품화의 물결을 만들어냈다. 자연의 상품화는 농민, 어민, 그리고 원주민 공동체에 대한 약탈의 증가와 궤를 같이 했으며, 그에 따라 사회적 평등은 더 분명해졌다. 도시들은 비공식적 경제에서도 일자리를 찾기 어려운 이주민들로 넘쳐났고, 불안은 증대했으며 오염은 도시와 농촌 모두에서 심해졌다.

이런 상황은 국가의 천연자원에 대한 지배권을 점진적으로 획득한 초국적 기업들에 신물이 난 사람들이 늘어나고 대중 시위가 점증하는 현상을 설명해 준다. 멕시코에서 토지와 수생 생태계의 광범위한 재사유화에 대한 반발 때문에 2000년 이래 유례없는 현상이 나타나서 천연자원의 과잉 이용과 유전자 변형 생물체에 대한 대안을 제시하고, 소농campesino 농업의 해체에 반대하는 도-농 연합이 서서히 그러나 분명히 강화되었다. 이 운동들은 생명 문화적 부富와 다양성에 입각해 국가를 재건하고자 새로운 방법을 모색한다.

생명 문화적 개요

멕시코는 2014년 현재 1억 1900만 명의 인구를 보유해 세계에서 열한 번째로 인구가 많은 국가이다. 국제보전협회Conservation International에 따르면, 멕시코는 세계 12개 거대 다양성 국가 가운데 하나이며, 국토의 전체 면적 가운데 13퍼센트가 177개 보호 구역에 속해 있다. 여기에는 생물권 보호 구역, 국립공원, 천연기념물, 천연자원 보호 구역, 동식물 보호 구역, 그리고 야생생물 보호 지역 등이 포함되어 있다. 국내총생산에서 멕시코는 세계 14위의 큰 경제 규모를 갖고 있지만, 인적개발지수에서는 61위에 머물고 있다. 멕시코는 수도와 31개의 주州로 구성된 연방공화국이고, 자연과 문화적 측면에서 예나 지금이나 풍요롭고, 지도 1.1에서 볼 수 있듯이 다섯 개나 되는 풍요로운 주요 생물군계를 갖고 있다. 이처럼 멕시코의 다양한 생태계는 역사적으로 엄청나

지도 1.1 멕시코의 주요 생물군계

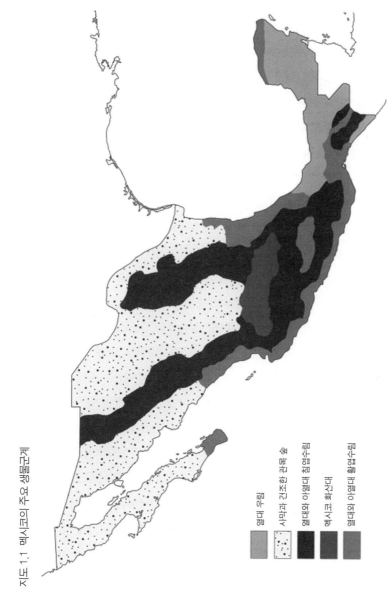

열대 우림

사막과 건조한 관목 숲

열대와 아열대 침엽수림

멕시코 화산대

열대와 아열대 활엽수림

Anthony Challenger, *Utilización y conservación de los ecosistemas de México: Pasado, presente y futuro*(Mexico City: UNAM/CNCUB, 1998), 그림 6.2(278쪽)와 그림 6.3(280쪽). 카밀로 우스카테기(Camilo Uscátegui)에 의해 단순화된 판본이다.

게 다양한 생산 전략을 촉발시켜 왔다. 그 가운데 가장 중요한 사례의 하나는 고대 농민들이 가장 품질 좋은 묘목에서 옥수수의 낟알을 고르는 습관을 갖고 있었다는 점이다. 발사스강 계곡에서 옥수수Zea mays가 재배되기 시작한 뒤 9000년 동안 메소아메리카 전역으로 확산되었고, 농민들은 41개의 재래품종과 1000개 이상의 지역 변종을 생산해 왔다. 이 놀라운 농업 다양성은 거주 지역의 기후 조건에 가장 적합한 품종을 찾으려 노력한 농민들의 종자 선택의 산물이다. 그 결과 옥수수의 농작물 다양성은 원주민 공동체의 다양성과 밀접하게 연관되며, 현재 멕시코 원주민 공동체는 적어도 67개 정도의 토착어를 사용한다고 알려져 있다.[2]

멕시코가 이처럼 다양한 기후와 문화를 가지고 있기 때문에, 독자적인 역사와 국가 발전에서 사회환경적 특징을 드러낸 수많은 생명 문화 지역들로 나뉘어 있다는 사실은 그리 놀랍지 않다. 멕시코-미국 국경부터 시작되는 방대한 북부 지역은 서북부, 즉 바하칼리포르니아반도와 캘리포니아만 — 자크 쿠스토 Jacques Cousteau는 언젠가 이곳을 "세계의 수족관"(한 국가만 소유하고 있는 유일한 바다)이라고 부른 적이 있다 — 을 향해 열려 있는 건조 지대이다. 이 북부 지역 대부분은 소노라 사막 식물지리 지역에 속해 있다. 이곳은 규모 면에서 아메리카의 4대 사막 가운데 하나이지만, 풍요로운 생물 다양성으로 유명하다. 이 지역은 건조하고 드넓어 이곳에 속한 주들은 중부와 남부의 주에 비해 인구 밀도가 낮다. 그럼에도 멕시코에서 가장 크고 가장 산업화된 도시 중 상당수는 바로 이 지역, 특히 국경 인접 지역에 있으며, 타후아나, 메히칼리, 에르모시오, 노갈레스, 시우닷후아레스, 몬테레이, 토레온, 살티요, 탐피코 등이 대표적이다. 북부에는 광활한 평원과 높은 산맥들이 있다. 평원에는 한때 거대한 소 떼가 드넓은 아시엔다에서 어슬렁거렸고, 그 아시엔다들은 멕시코 혁명기 동안 농지 분배의 특별한 표적이 되었다. 1960년대 이래 이곳은 농업 관련 산업의 발전에 유리한 평탄한 지형과 풍부한 수자원 때문에 녹색 혁명이 선호하는 지역이 되었다. 그리고 높은 산지에서는 삼림 벌채와 광산업 — 특히 소노라의 카나네아와 바하칼리포르니아 수르의 엘볼레오 구리 광산 — 이 19세기 이래 역동적인 경제를 추동해 왔고, 토양과 물을 오염시켰다.

멕시코 중부 지역은 고원으로 되어 있고, 시에라마드레옥시덴탈 산맥과 시에라마드레오리엔탈 산맥이 이곳에서 만난다. 여기에는 옛 식민 도시들이 집결해 있고, 그 가운데 다수가 세계 문화유산으로 지정되어 있다. 대표적으로는 모렐리아, 과나화토, 산루이스포토시, 케레타로, 푸에블라, 틀락스칼라, 그리고 멕시코시가 있다. 남부에서는 산맥들이 미스테카 산맥에서 만나며, 그것은 테완테펙 지협을 형성하고 있는 함몰 지역에서 끝난다. 고원과 그 지역의 계곡들은 에스파냐인들이 도래하기 전부터 수많은 상이한 원주민 집단들이 조밀하게 거주하는 지역이었고, 원주민들은 식민 시대에 대개 이 지역 금광과 은광에서 강제 노동에 종사해야 했다. 이곳은 인구와 권력의 중심으로서 멕시코 역사에서 중요한 사건, 특히 독립 전쟁, 개혁 전쟁(멕시코 역사 연구에서는 자유주의 혁명으로 알려져 있다), 그리고 멕시코 혁명 시기에 발생한 주요 사건들의 무대가 되었다. 예를 들어 독립 투쟁(1810)은 케레타로에서 계획되었고, 1867년 합스부르크 왕가 출신의 막시밀리안Maximilian이 총살당하고, 1917년 헌법이 작성되고 서명된 곳 역시 케레타로였다. 2000만 명이 넘는 인구가 집중되어 있는 멕시코시 대도시권은 세계에서 가장 규모가 큰 거대도시 가운데 하나이다. 이 중부 지역 산지와 계곡들은 오염과 토지 이용의 끊임없는 변화에도 불구하고 여전히 방대한 침엽수림을 보유하고 있으며, 침엽수림은 목재와 섬유소를 제공하면서 공원과 특정 구역 내에서 부분적으로 보호받고 있다. 이 지역은 또 풍부한 고고학적 유적과 더불어 주민들이 고유한 문화를 유지하고 있는 공동체들이 많은 것으로 유명하다.

멕시코만 열대 기후의 영향을 받는 동부에는 삼림 소기후대를 지닌 우아스테카 산맥이 있다. 푸에블라 산맥과 베라크루스 산맥에는 커피 생산 — 대개 유기농 생산 — 지역과, 여전히 최대의 곡물 다양성을 지닌 지역들이 있다. 멕시코만에는 (멕시코에서) 가장 큰 원유 매장지가 있고, 이 검은 황금은 여전히 멕시코의 수출을 이끌고 있다. 서부에는 태평양 해안이 부유한 평야 지대를 이루고 있으며, 해안 지역에는 수많은 호수, 맹그로브 숲, 야자수가 서 있는 해변, 그리고 아카풀코처럼 오랜 역사를 갖고 있거나 우아툴코같이 새로 생겨난 곳이 포함된 관광 지구들이 있다. 이 지역에는 또 멕시코의 가장 큰 항구들이 있는데, 엔세나다, 마사틀란, 만사니요, 라사로 카르데나스, 살리나크루스, 그리고 푸에르토 데 치아파스 등이 대표적이다.

남부에는 게레로, 오아하카, 치아파스, 타바스코, 캄페체, 유카탄, 그리고 킨타나로를 비롯해 가장 광범한 생명 문화적 다양성을 가진 주들이 있다. 그 가운데 마지막 세 주는 유카탄반도를 이루고 있는데, 이 지역의 석회암 평야 지대는 땅속을 흐르는 강들로 이뤄진 복잡한 지하구조를 품고 있고, 또 그것들은 세노테스cenotes라고 불리는 천연의 노천 샘들을 만들어놓고 있다. 여기에는 페텐 숲이 자라고 있는데, 이곳에는 마야 유적과 공동체가 많이 남아 있다. 남부의 일곱 주는 높은 산지에서 해안에 이르기까지 생물 다양성이 다른 울창한 열대성 생태계를 유지하고 있다. 이곳에는 또 미스테카, 사포테카, 올메카, 마야 문화의 유적, 값으로 따질 수 없는 풍요로운 고고학적 유산들이 있다. 태평양 방면, 멕시코만, 그리고 카리브해에는 아름다운 해변이 있고, 거기에는 헤아릴 수 없을 정도로 많은 석호, 맹그로브 숲, 만灣, 섬, 열대성 암초 — 그중에는 세계에서 두 번째로 큰 메소아메리카 암초가 포함되어 있다 — 뿐 아니라 거의 60개에 이르는 보호 구역 — 멕시코 전체의 35퍼센트에 해당한다 — 이 있다. 이 주들은 또 멕시코에서 가장 많은 원주민 집단과 원주민 언어를 포함하고 있으며, 이런 풍요로움 때문에 땅, 해안, 바다, 그리고 지하 광물을 이용하려는 사람들이 끊임없이 몰려들었다. 식민 시대로부터 대규모 농장들이 이 지역에 집중되어 있었고, 단일재배(단일경작)가 도입되었으며 다량의 목재가 유출되고 거대한 수력발전소 댐들이 건설되었으며, 해안은 자신의 연봉으로는 하룻밤 투숙비도 치를 수 없는 멕시코인 대다수에게는 그림의 떡인 휴양 시설들이 들어차 있다.

세계의 지정학에서 멕시코가 차지하는 위치는 멕시코 환경사에서 핵심 요인이 되어왔다. 식민 시대 이래로 멕시코의 (동서) 두 해안은 아시아와 유럽을 연결해 주었고, 식민 시대 에스파냐의 대양을 횡단하는 교통을 용이하게 하면서 멕시코를 가장 중요한 식민 통치의 중심지로 만들었다. 한편 멕시코의 풍요로운 천연자원 ─ 그중에서 은이 가장 중요하지만 코치닐, 진주, 카카오같이 다른 값비싼 상품들도 있었다 ─ 은 인간 정주의 위치 설정과 발전에, 그리고 채굴주의에 토대를 둔 경제의 제도화에 지대한 영향을 미쳤다. 19세기 중엽 이후 미국과의 지리적 근접성은 특히 북부에서 광산업과 목축, 그리고 대규모 농업에 기반을 둔 또 다른 산업이 발전하는 데 결정적인 요인이 되었다. 오늘날 미국과 멕시코는 전 지구적 북부와 남부를 가르는 세계에서 가장 긴 육지 경계를 공유하고 있다. 물리적으로 철조망과 리오그란데강으로 분리되고 있는 이 경계선은 지구에서 가장 역동적인 국경 지역 가운데 하나가 되고 있다. 엄청난 양의 상품 ─ 합법적 또는 불법적 상품 ─ 이 두 교역 상대국의 경계를 오가고 있으며, 또 멕시코뿐 아니라 중앙아메리카와 남아메리카로부터도 수백만 명의 승인 또는 미승인 이주민들이 미국으로 흘러들어 가고 있다.

멕시코는 대비와 모순을 지닌 나라이다. 그 대비와 모순은 사회환경적 갈등으로 바뀌었고 그 역사적 궤적은 이 장에서 검토되는 생태 혁명들로 절정을 이뤘다.

정치적·자유주의적 혁명: 멕시코 독립에서 포르피리아토의 붕괴까지

채굴에 의존하는 식민지 경제 체제는 1810년 미겔 이달고Miguel Hidalgo가 이끄는 반란으로 시작해서, 1821년 아구스틴 데 이투르비데Agustín de Iturbide의 군사 반란으로 끝나는 11년간의 무장 투쟁으로 크게 파괴되었다. 주요 광산들 (사카테카스와 산루이스포토시 광산)은 물에 잠겼고, 이때 붕괴된 광산업은 반세기가 더 지나고 나서야 회복되었다. 이 광산업의 몰락은 식민 시대 광산업이 초래한 환경 파괴를 일시적으로 중단시켰고, 수십 년 동안 삼림이 회복되는 효과를 유발했다. 16세기 이래 귀금속 채굴은 광산 주변의 삼림 벌채를 초래했고, 귀금속 채굴과 정제精製는 더 많은 목재를 필요로 했다. 또 광산업은 목탄을 생산하는 아시엔다나 소규모 목탄 판매상 같은 물품 조달업의 발전을 자극한 요인이기도 했다.[3] 로버트 웨스트Robert C. West가 65년 전에 입증한 바 있듯이, 광산이 필요로 하는 다양하고 대규모적인 투입은 광산이 갖는 생태적 영향을 크게 증대시켰고, 그것은 인간 정주의 위치와 숲·수자원·농업 자원의 이용(또는 과용)에 영향을 미치면서 멕시코 북부 여러 사막 지역의 사회환경사를 규정했다.[4] 19세기 초 독립 전쟁의 발발과 함께 반란군과 국왕군은 바히오 Bajío(과나화토, 케레타로, 할리스코, 그리고 미초아칸에 위치한 곡물이 많이 생산되는 지역)에 소재한 아시엔다들을 공격했고 에릭 반 영Eric Van Young이 입증했듯이, 농민들도 전쟁 기간에 아시엔다들을 습격했다.[5] 그에 따른 경제적 피해는 광물 시장의 소멸과 함께 많은 자산가들의 도산倒産, 란초rancho라는 소농의 출현을 유발했다. 가족 단위로 운영되는 이 소규모 농장은 곡물 생산의 감소와 가축 사육의 확산을 위한 조건이 만들어진 지역에서 지배적인 형태가 되었고, 그것은 다시 삼림 벌채, 토양 압밀壓密, 침식 증가의 형태로 생태에 큰 영향을 미쳤다.[6]

  장기간의 독립운동은 중앙 정부의 지배력을 약화시켰고 특히 새로운 국민 국가의 접경 지역을 중심으로 사회적으로나 생태적으로 큰 영향을 미쳤다. 유카탄에서는 수 세대에 걸친 원주민 탄압과 지역 엘리트들 간 경쟁으로 1847년 폭력적인 카스트 전쟁caste war(에스파냐 정복자들의 후손과 마야 원주민들 간의 50여 년에 걸친 내전 – 옮긴이)이 발생했다. 오늘날의 킨타나로에서는 상당수 원주민 공동체들이 1883년까지 계속 투쟁을 벌였다. 반란으로 상업 자산가들이 도산하고 수천 명의 주민이 쫓겨났으며 전염병이 발발했다.[7] 감시자들이 없었기 때문에 타바스코 해안 지역, 과테말라와의 국경 지역 모두에서 마호가니의 불법 벌채가 극성이었는데, 특히 영국 기업가들이 저지른 경우가 많았다.[8] 북부에서는 코만치족이나 아파치족 같은 집단들이 일으킨 여러 차례의 반란이 치와와, 소노라, 코아윌라 등지에서 끊임없는 불안을 조성했다. 북부의 원주민 집단들은 건조하고 인구가 희박한 지역에 거주하면서 말 사육에 의존한 경제(와 군사적인 생활 방식)를 만들어냈다.[9]

경제적 파탄은 정치적 불안을 낳았고, 멕시코를 두 제국주의적 모험가 집단, 즉 미국인(1846~1848)과 프랑스인(1862~1867)의 침입에 취약하게 만들어놓았다. 그러므로 인구가 1828년 680만 명에서 1868년 840만 명으로(연 0.6퍼센트) 대단히 더디게 증가한 것은 결코 놀랍지 않다.[10]

자유주의적 정치 혁명이 1854년 이그나시오 코몬포르트Ignacio Comonfort와 베니토 후아레스Benito Juárez 등에 의해 시작되었고 「개혁법」(1855~1857)과 개혁 전쟁(1857~1861)으로 정점에 이르렀으며, 이는 결국 독립 이후 불안정한 상황에 종지부를 찍었다. 자유주의 혁명은 공화국의 회복기(1867~1911)에 시작되었고, 포르피리오 디아스의 장기 지배 체제(1876~1911)와 더불어 끝나는 일련의 흐름으로 공고해졌다. 디아스 체제는 '포르피리아토porfiriato'로 불리면서 권위주의적인 정치 안정과 1880년부터 1905년까지 장기 경제 성장을 이룩한 시기로 알려져 있다. 자유주의 국가의 전형이라고 볼 수 있는 포르피리아토의 발전 모델은 채굴 산업, 철도를 비롯한 기반시설 구축, 농업과 목축업, 그리고 금융기관에 대한 외국 자본(특히 미국 자본) 투자에 기반을 두고 있었다. 이 모델은 외국인 투자자뿐 아니라 자본과 정치적 끈을 가진 멕시코인 사업가 또는 대토지 소유자들에게도 거대한 부를 가져다주었다. 그러나 경제 성장의 사회적·생태적 비용은 엄청나게 컸다. 수많은 이들이 공유지를 상업적 농업, 임업, 광업, 석유 산업, 그리고 운송업 분야에 빼앗겼다.

철도는 채굴 모델의 중추로서 매우 인상적인 증가율을 보여서, 포르피리아토 직전 650킬로미터에 불과하던 철로가 1910년경 2만 5000킬로미터로 연장되었고, 그 절반 정도의 소유주는 미국 회사들이었다. 철도의 확장은 투자자들이 철도 부설 예정지의 토지를 사들였기 때문에 원주민들의 공유지를 위협하곤 했다. 존 코츠워스John Coatsworth가 "선제적 강탈"이라고 부른 이 과정은 1877년부터 시작해서 적어도 쉰다섯 차례의 지역 소요를 불러일으켰다.[11] 숲은 또 가대架臺와 이음보 설치, 물막이, 그리고 1930년대 석탄 사용이 일반화되기 전 수많은 증기 기관에 연료를 대기 위한 개벌皆伐로 큰 피해를 입었다.[12] 어떤 경우에는 철도 회사가 자신의 목재 회사를 세우기도 했다. '멕시코 서북부 철도 회사'는 치와와에 캐나다와 미국의 컨소시엄으로 설립되었는데, 첨단 장비를 갖춘 엄청난 규모의 제재소 두 곳을 세웠다. 마데라Madera사는 관대한 특혜를 받았고 총 67만 헥타르가 넘는 원시림을 추가적으로 임대할 수 있었다. 이 회사는 하나의 제재소만 정규적으로 운영했음에도 불구하고 1909년 무렵 하루 50만 보드푸트board foot(두께 1인치에 1제곱피트인 널빤지의 부피 — 옮긴이)의 목재를 생산했다. 거의 모든 목재는 기차로 쉽게 접근할 수 있는 숲에서 조달되었고, 가용 목재의 급속한 파괴는 이 컨소시엄이 10년도 못 가 망하게 되는 원인이 되었다.[13] 디아스 시대의 개발은 철도 외에 다른 방식으로도 삼림에 영향을 미쳤다. 멕시코 중부의 여러 지역에서 광산에 목재를 공급하고 도시에서 건축 자재와 목탄 수요가 증가하자 이에 부응하려는 목재 회사들이 생겨났다.[14] 삼림 자원의 상업화는 삼림이 승인을 통해 사유화되고 벌목 회사들에 넘어가는 것으로 이어졌고 그 모든 과정은 전통적으로 숲을 이용하던 원주민 공동체들의 관행적 권리를 무시했다.

철도는 대체로 앞서 4세기 동안 멕시코 경제의 근간을 이뤄온 상품, 즉 광물의 운송을 위해 가설되었다. 디아스 시대에 부흥기를 맞이한 광산업의 발전은 외국인 투자, 신기술, 정치적 안정, 그리고 구리 같은 산업용 금속에 대한 미국의 수요 증대와 연계되어 있었다. 북부에 수십 개의 광산이 새로 개발되었다. 그중 가장 규모가 큰 것은 바하칼리포르니아의 엘볼레오El Boleo와 소노라의 카나네아Cananea 광산이었다. 광산업은 새로운 정주지뿐 아니라 도시와 광산을 위한 조명照明 수요를 증대시켰고 이 수요를 충족시키기 위해 향유고래의 기름이 사용되었다. 그리고 미국의 포경선들의 사냥 탓에 향유고래는 거의 멸종 상태에 이르렀다.[15] 멕시코 중부에서는 송진의 농축액인 테레빈유가 조명용으로 쓰였는데, 그것은 향유고래의 기름보다 좀 더 지속가능한 것으로 입증되었다. 국경 지역으로의 인구 이동은 농목축업의 발전을 자극하면서 환경적 변화를 초래했고 산업 폐기물에 의한 물과 토양의 오염도 늘었다.[16]

숲 외에 집단적으로 소유되던 다른 촌락의 자원들도 사유화되었고, 그 역시 환경과 사회에 중대한 영향을 미쳤다. 특히 농업의 상업화는 물 사용에 중대한 변화를 불러일으켰다. 모렐로스에서는 실제로 사용할 수 있는 이게론 강물의 100퍼센트 이상이 사탕수수 아시엔다(대농장)에 임대되었다.[17] 미초아칸의 개선된 아시엔다들은 오랫동안 주변 원주민 공동체들의 삶에서 중요한 부분을 차지해 온 갈대와 어류 서식지의 습지에서 물을 빼버림으로써 원주민들에게 엄청난 고통을 안겨주었다. 이전에는 공동체적인 이용까지는 아니었더라도 아시엔다와 원주민 공동체들이 공유해 오던 물의 흐름이 달라지면서 사회적 긴장이 나타났고 이는 1910년 이래 혁명기에 뚜렷하게 표출되었다.[18]

물을 통제하려는 욕구는 특히 멕시코의 수도(멕시코시)에서 분명하게 나타났는데, 이곳의 기술자들은 고질적인 범람을 통제하고자 했다. 10년에 걸친 공사 끝에 그들은 멕시코 계곡의 물을 빼내 메스키탈 계곡 방면으로 이동시킬 수 있는 거대한 운하와 터널을 건설함으로써 텍스코코 호수의 물을 거의 완전히 빼낼 수 있었다. 그러나 이 토목 기술의 승리는 범람 문제를 해결하지 못했다. 배수는 물 부족으로 이어져 지하수 개발을 부추겼고, 지하수 개발은 지속가능하지 않았을 뿐 아니라 멕시코시의 지하 기반을 약화시키는 부작용을 초래했다.[19]

포르피리오 디아스 시대의 경제 호황은 토지 이용, 특히 관개 토지의 이용을 늘렸다. 관개 토지는 1907년 기준으로 전체 농경지의 약 13퍼센트를 차지하고 있었다. 중부에서는 비록 그 기술이 기후 탓에 효과적이지 못한 경우가 있었지만, 증기 기관으로 작동되는 트랙터 같은 첨단 장비가 활용되었다.[20] 그럼에도 농촌 거주자들은 대부분 자료 1.1이 보여주듯이 소농이었다.

자료 1.1 1907년 톨루카. "옥수수 밭 둘레에 늘어선 용설란(maguey)"

Corn patches
fringed with
Maguay to prevent
washing as well as fencing
On the trail to Toluca.

SWM-I-D-179

옥수수 밭의 경계를 표시하고 침식을 최소화하기 위해 용설란을 주의 깊게 이용하고 있는 모습에 주목하라.
밀워키 공공 박물관 제공, Sumner W. Matteson Collection, 원화 번호 SWMI-D179.

디아스 시대의 농업 혁명으로 발생한 많은 사회적 결과에 대해서는 자세한 연구가 이뤄졌고, 특히 「레르도법Lerdo Law」(1856)에 의거한 공유지의 사유화와 그 법이 19세기에 수십 년 동안 원주민 공유지에 엄격하게 적용된 사실에 관한 연구가 적지 않았다.[21] 라라구나의 면화, 유카탄의 에네켄henequen, 모렐로스의 사탕수수처럼 여러 지역에서 단일재배가 이뤄진 것은 분명하지만, 그것이 생태적으로 어떤 영향을 미쳤는지에 대해서는 많이 알려져 있지 않다. 미국과 캐나다에서 농기계에 넣는 노끈에 대한 수요의 증대는 유카탄에서 마야 원주민들의 사실상의 노예화를 초래했고, 소규모 가축 사육이 지배하던 지역의 경관이 에네켄 아시엔다가 지배적인 경관 ― 이는 유카탄의 남아 있던 숲의 벌채로 이어졌다 ― 으로 바뀌었다.[22] 북부에서는 엄청난 규모의 목축 아시엔다들이 생겨났고 그중 대표적인 사례는 치와와에서 루이스 테라사스Luis Terrazas가 소유한 아시엔다였다. 이 아시엔다의 면적은 300만 헥타르에 가까웠다. 이 아시엔다들도 특정 사료 작물에 대한 선호, 토양 압밀 등으로 지역의 생태계에 변화를 가져왔을 것으로 보인다. 그러나 이런 변화가 초래했을지 모를 효과를 정확히 평가하기 위해서는 더 많은 연구가 필요하다.

지식인들은 디아스 시대의 생태적 영향을 인식했다. 생물학자, 공학자, 농경제학자 등은 천연자원의 과용이 장차 어떤 결과를 가져올지를 논의하기 위해 과학협회들을 조직했다. 여기서 특히 두드러진 인물이 수력 공학자 미겔 앙헬 데 케베도Miguel Ángel de Quevedo였는데, 그는 삼림 훼손과 도시 주변의 숲 ― 그는 숲이 공중 건강을 위한 핵심적 요소라고 생각했다 ― 의 점진적 소멸에 대해 자주 강력한 경고의 목소리를 냈기 때문에 "나무의 사도"로 알려지게 되었다. 이런 전문가들의 관심은 산림청과 숲 학교의 설립, 그리고 처음으로 전국 차원의 「산림보호법」 제정으로 이어졌다. 가장 심각한 환경 피해를 낸 회사들은 이 법을 무시했지만, 막 시작된 지식인들의 환경 보전 운동은 혁명 이후 나타나는 환경 운동의 전신이었다. 하지만 지식인들만이 자연 보호에 관심을 가진 것은 아니었다. 경우에 따라서는 사업에 도움이 되었기 때문에 사업가 자신들이 자원 보호의 필요성을 환기하기도 했다. 바하칼리포르니아 수르에서 '바하칼리포르니아 진주 양식 회사'의 책임자였던 가스톤 비베스Gastón Vives는 캘리포니아만에서 승인을 받아 세계 최초로 진주 생산용 굴 양식 방법을 개발했다. 이는 진주층의 남획을 막고 다량의 진주를 생산할 수 있게 해주었다. 진주 산업에서 비베스가 시작한 선구적 방식은 채굴 경제가 발전의 유일한 길이 아니라는 것을 입증해 주었다.[23]

사회 혁명과 카르데나스주의

디아스 시대의 사회적·정치적 탄압뿐 아니라 자연의 상품화와 공공재(물, 토양, 숲)의 사유화 탓에 대가를 치른 멕시코 사회의 일부는 20세기 초 분노의 목소리를 토로할 길을 찾아냈다. 1910년 대통령 승계 과정에서 포르피리오 체제의 종말이 찾아왔다. 디아스는 이미 다섯 차례나 대통령에 선출되었고 당시 80세였다. 2년 전인 1908년에 그는 대통령이 되면 민주주의의 시작을 용이하게 하고자 대통령직을 사임하겠다고 말함으로써 일련의 정치적 토론을 불러일으켰다. 그러나 그는 당선된 뒤 약속을 어기고 사임하지 않았으며 오히려 경쟁자 프란시스코 마데로Francisco I. Madero를 투옥시켰다. 이에 마데로는 1910년 11월 10일 반란을 선언하면서 사회 혁명을 촉발했고, 그 뒤 거의 10년에 걸쳐 내전이 발발했다. 이 기간에 약 100만 명이 죽거나 해외로 도피해서 멕시코 인구는 6.6퍼센트나 감소했다.[24]

혁명 투쟁에 개입한 여러 세력 가운데 가장 크게 사회환경적 영향을 미친 이들은 에밀리아노 사파타Emiliano Zapata가 이끄는 집단이었다. 그는 "토지와 자유"라는 대중적인 구호를 내걸고 대규모 농민 운동을 이끌었다. 이 운동의 주된 요구 사항은 아시엔다를 분할해 '농민 공동체pueblo'에 땅, 숲, 물을 돌려주자는 것이었다. 이 요구는 결국 혁명의 주요 성과 가운데 하나, 즉 1917년 헌법에서 토지 개혁을 입법화하는 데 기반이 되었다. 물론 그것의 실현에는 수십 년이 걸릴 터였다.

혁명 후 체제는 혁명기에 두드러진 활약을 펼친 대중의 기대에 부응하고자 했다. 토지 개혁은 처음에 더디게 시작되었으나 라사로 카르데나스Lázaro Cárdenas의 집권기(1934~1940)에 활발하게 진행되었다. 이 시기에 1800만 헥타르의 토지가 농업 공동체의 땅으로 바뀌었다. 또한 혁명 후에 정부들은 환경 보전 법안의 통과, 천연자원 관리를 위한 정부 기구 설치, 그리고 석유와 같은 전략적 산업의 국유화와 주요 철도 건설 등 환경과 관련된 다른 변화들도 후원했다.

농업 개혁은 비록 국가의 전 지역에 영향을 미치지는 않았지만, 토지 이용에서 근본적인 변화를 불러일으켰다. 모렐로스, 유카탄, 라라구나에서는 집약적이고 상업적인 토지 이용이 감소하고 소농 생산이 증대했다. 이런 생산의 변화가 생태계에 어떤 영향을 미쳤는지 보여주는 자세한 연구가 많지는 않지만, 지금까지 진행된 일부 연구들은 소농의 토지 이용이 상업적 농업에 비해 어떤 경우에는 더 광범위하기는 했지만 전체적으로 덜 해로웠다는 점을 시사한다.[25] 그러나 농업 관료제는 전문가들의 지식을 지역 주민의 지식보다 높게 평가하고 국가 관리들과 농민 공동체 간에 종속 관계를 수립함으로써 토지 개혁 공동체(에히도ejido)와 국가 간에 새로운 권력관계를 만들어냈다.[26]

농업 개혁은 농지뿐 아니라 삼림에도 영향을 미쳤다. 곤살로 아기레 벨트란Gonzalo Aguirre Beltrán이 1967년에 주장했듯이, 많은 원주민 공동체들은 숲에서 살았다. 그것은 (밀림과 사막 지역과 아울러) 삼림이 메스티소 인구 밀집 지역에서 멀리 떨어진 피난처를 대표했기 때문이다.[27] 따라서 일부 전문가들은 삼림 벌채가 불가피하게 될 것이고, 그다음에는 토양 침식과 수리 체계의 변화가 뒤따를 것이라고 우려하면서 삼림지의 재분배에 반대했다. 이런 우려 속에서 1926년에 제정된 「삼림법」은 생산 협동조합 설립을 통해 삼림 이용을 규제하려는 시도였다. 새로운 법의 조항들은 1934년 카르데나스가 자율적인 삼림청을 설립하고 케베도를 수장으로 임명하기 전까지 제대로 지켜지지 않았다. 삼림청은 그 법의 강제 시행을 위해 설치한 기구였다. 1935년 이전에는 멕시코에 협동조합이 여섯 개에 불과했지만, 1940년에는 860개로 늘었다.[28] 사실 협동조합은 부패한 정치 실세들의 지배, 상업적 목재 회사에 대한 점증하는 의존을 비롯해 여러 가지 문제를 갖고 있었다. 그럼에도 카르데나스가 도입한 그 실험은 오늘날 우리가 공동체적 삼림 관리라고 부르게 될 것을 세계 최초로 시도한 사례 중 하나였다. 더욱이 이를 통해 농민 공동체들은 여러 지역에서 자원을 관리할 수 있는 능력과 경험을 쌓게 되었다.

또 1917년 헌법은 멕시코인들을 위한 지하자원의 활용을 예고했다. 그러나 이 조치의 실제 적용은 20년 이상이 지난 뒤, 즉 1938년 석유 산업의 국유화 조치가 이뤄질 때까지 지연되었다. 20세기 초부터 미국과 영국의 회사들은 베라크루스의 우아스테카에서 원유를 생산했다. 이 회사들은 작은 산업 도시들을 조성하기 위해 숲을 개간했고 그곳에서 일하는 이들 — 대개 멕시코인 노동자보다 더 나은 급료를 받는 외국인들이었다 — 은 유정油井, 즉 지역 주민들이 사는 유독한 환경에서 멀리 떨어진 곳에서 거주했다. 멕시코 노동자들이 건강 상태와 임금에 대해 불만을 토로했으나 석유 회사들은 협상을 거부했고 이에 대해 카르데나스는 1938년 3월 18일 석유 산업의 국유화로 대응했다. 노동자들이 6개월 동안 그 회사들을 자체적으로 운영한 뒤 카르데나스는 원유의 생산과 정제, 판매를 책임지는 페멕스PEMEX라는 국영회사를 설립했다. 페멕스는 수년 동안 노동자들의 복지를 위한 조치를 취했지만 자연환경 보호에는 그다지 관심을 기울이지 않았다.[29]

1910년 혁명의 약속은 라사로 카르데나스 대통령 재임기 동안에 가장 광범위하게 적용되었다. 그는 장기적인 천연자원 보호를 위해 폭넓은 조치를 취한 최초의 국가수반이었다. 그는 40개의 국립 공원을 만들고 지속가능한 어로를 가능케 하며, 생산 협동조합을 장려하기 위해 파츠콰로 호수와 태평양의 어로에 관한 첫 번째 연구를 지원했다. 그의 행정부는 또 도시와 농촌 지역에서 수많은 기반시설(도로, 전기 공급, 식수 등)을 개선했다. 당대의 정서는 자연의 이용과 사회적 필요 간의 조화를 이루려는 것을 목표로 삼았고 특히 농업 부문에서 그랬다. 동시에 카르데나스주의자들은 자연 경관과 사회를 현대화하고 조직화했다.[30] 개혁에는 실수도 있었고 일부 조치들은 오래 지속되지 못했지만, 그것들은 인간을 생물권으로부터 멀리 떼어놓지 않으려는 전체론적 체제로 간주되었다. 불행하게도 이런 관점은 나타난 지 몇 년 못 가서 세 번째 혁명, 이른바 녹색 혁명에 부딪치게 되었다.

녹색 혁명과 국가 주도의 개발주의

1945년 이래 멕시코는 두 가지 대비되는 모델 사이를 오락가락했다. 한편에서는 혁명적 카르데나스주의자들의 식량 주권 약속과 소농 생산에 대한 지지가 뚜렷했고, 다른 한편에는 산업화, 천연자원의 상품화, 경제적·행정적 자산의 도시로의 유입을 기반으로 하는 근대적 자유주의 발전 모델이 존재했다. 전체 인구가 1950년 2830만 명에서 2010년 1억 1900만 명으로 증가하고 같은 기간에 도시 인구가 전체 대비 42.6퍼센트에서 76.8퍼센트로 늘어났음을 고려한다면, 시간이 갈수록 두 번째 모델이 더 유력해졌다는 것은 결코 놀랍지 않다.[31] 농촌에서 도시로의 인구 이동은 사회적·환경적 변화를 초래했을 뿐 아니라 1970년부터 두 부류의 학자들 간의 논쟁도 촉발했다. 로돌포 스타벤하겐Rodolfo Stavengagen 같은 이른바 농민주의campesinista 학자들이 농촌 사회가 멕시코 농촌의 경제적 저발전 덕분에 별로 피해를 입지 않고 살아남을 수 있으리라 주장한 반면에,[32] 로헤르 바르트라Roger Bartra 같은 탈농민주의de-campesinista 학자들은 농촌으로의 자본주의적 침입과 더불어 상대적으로 부유한 농민과 무토지 농민 간의 점증하는 불평등으로 농촌 사회가 점차 프롤레타리아화할 것이라고 예언했다.[33]

농민 사회의 생존가능성은 1940년대 초 생산성을 높이기 위해 새롭고 값비싼 농업 기술을 적용하면서(이 과정은 녹색 혁명으로 알려졌다) 손상되기 시작했다. 1942년 앙고스투라 댐이 소노라의 고지대 야키 계곡에서 가동되기 시작했다. 이 댐은 전에는 야키 원주민들에게 속했던 6만 헥타르의 토지에 관개용수를 공급해 주었다. 드넓은 영토가 집약적 농업 체계에 개방된 사례는 미국 농학자들의 관심을 끌었고, 이 학자들은 제2차 세계대전 초기 루스벨트Franklin D. Roosevelt 행정부가 추진한 '선린' 정책뿐 아니라 인도주의적 고려에 의해 이듬해 이 지역에 도착했다. 이 사업 계획은 록펠러Rockefeller 재단의 후원을 받아 에드윈 웰하우젠Edwin J. Wellhausen과 나중에 노벨상을 받게 될 노먼 볼로그Norman Borlaug 같은 미국 농학자들이 주도했다. 미국과 멕시코의 학자들은 국제옥수수밀연구소(에스파냐어 약어로는 CYMMIT)를 설립했는데, 이 센터는 1952년에 반쯤 작은 일본산 밀 품종(Norin 10, 소맥농림小麦農林 10호)을 도입해 멕시코 지역 변종들과 교배함으로써 비료를 주었을 때 이삭의 무게 때문에 꺾이지(즉, 쓰러지지) 않는 교배종을 생산해 냈다. 새로운 밀 품종은 폭발적인 생물학적 변화를 이끌었다. 그리하여 멕시코의 일부 지역뿐 아니라 나중에 아시아와 아프리카의 여러 곳을 고도로 생산적이지만 대규모 관개, 인공 비료, 농약 같은 산업적 투입에 의존해야 하는 농업적 경관으로 바꿨다.[34]

녹색 혁명은 멕시코의 건조한 북부 지역으로 확산되었고(관개를 통해 생산에 유리한 일부 고립 지역들을 만들어냈다), 상업적 농업과 농민 생산에 중요한 변화를 유발했다. 공유지 경작의 점진적 종식에도 불구하고 여러 국가 기관들은 농민들의 옥수수, 딸기, 커피 생산에서 농약과 화학비료 사용을 촉진했다. 예를 들어 에히도 은행의 대표들은 옥수수와 밀 생산에서 농약 사용을 권장했고, 멕시코국립커피연구소(INMECAFE) 같은 국영 기업들은 오아하카, 푸에블라, 베라크루스에서 커피 공동 생산에 유사한 방식을 시행했다. 녹색 혁명 기술의 적용은 많은 문제를 낳았다. 대다수 농민들은 적절한 훈련을 받지 못했고 이는 비료, 특히 농약의 과다 사용으로 이어졌다. 일부 소농들은 농업 기술 장비를 구입할 자금이 없어서 국가 보조금에 의존했고, 그 보조금은 서서히 줄어들다가 1980년대 신자유주의와 함께 사라졌다. 그리하여 녹색 혁명은 신기술을 이용할 자본 소유 상업농들을 선호했다. 이 부유한 생산자 가운데 다수는 딸기, 토마토, 채소, 그리고 (1990년부터) 아보카도 같은 수출 작물을 재배했다. 대개 농업 관련 산업의 종사자들은 노동자들이 비료와 농약을 사용하는지를 감독하지 않았고, 결국 환경과 농업 노동자들의 건강에 끔찍한 결과가 발생했다.[35] 미초아칸의 아보카도 생산 같은 일부 상업 작물의 발전 역시 대규모 삼림 훼손으로 이어졌다.

이런 상황이 농민적 생산과 녹색 혁명 기술이 본질적으로 양립할 수 없었음을 – 또는 여전히 양립할 수 없음을 – 의미하지는 않는다. 대부분 농민들은 연방정부의 농업 관료 조직이 제공하는 비료와 농약을 열렬히 채택했고, 그것을 자신이 먹을 옥수수뿐 아니라 커피와 아보카도 같은 다른 소규모 작물들에 사용했다. 다른 한편으로 신기술의 '혜택'은 모든 농촌 공동체들에 이르지는 못했고, 원주민 공동체들은 신기술에서 더 멀리 떨어져 있었다. 연방 정부의 열정 부족과 원주민 발전을 위한 행정의 미비도 이 실패에 부분적으로 책임이 있지만, 농업 생산에서 전통의 무게 또한 한몫했다. 여러 공동체에서 옥수수 재배 기술과 특정 옥수수 품종의 이용조차 지역 문화의 중추였다. 전국의 거의 모든 지역에서 옥수수의 경작과 수확, 그리고 거기에서 유래한 전통 요리(타말레tamale, 틀라코요스tlacoyos, 구운 옥수수, 코룬다corunda, 소페sope, 타코 등)의 준비는 여전히 멕시코인들의 경제적·문화적 삶의 주요 요소이다.

이는 농촌 공동체들이 변함없이 지속되어 왔다는 것을 의미하지는 않는다. 반대로 많은 농민들은 국제 시장에 참여할 방법을 모색해 왔다. 예를 들어 디아스 시대에 일부 '전통적인' 우아스테카 공동체들은 공유지를 사유화하기로 선택하고, 유럽 시장에 바닐라를 팔기 위해 **콘두에냐스고**conedueñazgo라고 부르는 일종의 공동 기업을 만들었다.[36] 다른 곳에서 농민들은 천연자원을 이용해 관광 시장을 겨냥한 수공예품을 만들기도 했는데, 미초아칸 파라초의 유명한 기타나 게레로 올리날라의 옻칠한 상자 등이 대표적이었다. 국제 시장에 판매하는 전략은 20세기 말에 다시 나타났다. 그중 하나의 사례가 잘 알려진 오아하카 지협 지역의 원주민 공동체 연합(UCIRI)인데, 이 조직은 공정무역 상표 아래 수출용 커피 같은 작물을 생산한다.[37]

녹색 혁명은 또 더 많은 자연의 상품화로 이르는 과정을 대변하면서 20세기 후반기 멕시코의 거의 전역에서 환경을 변모시키게 될 터였다. 포르피리오 디아스Porfirio Díaz 시대와 같은 유형의 승인이 재개되면서 삼림, 광산, 어업이 민간 기업에 개방되었다. 1952년에 미겔 알레만 발데스Miguel Alemán Valdés 대통령은 30만 헥타르의 부지를 그 자신이 익명의 동업자였던 치와와 삼림 회사에 승인했다. 해안 지역, 특히 남부 해안에서는 1960년 무렵 새로운 식민화 정책으로 수천 명의 농민이 멕시코 중부에서 킨타나로와 타바스코 같은 우림 지역으로 이주해야 했다. 새로운 정착민들은 목축에 필요한 노지露地를 조성하고자 나무들을 베어내면서 '전국 삼림 벌채 프로그램(PRONADE)'의 지원을 받았다. 거의 50만 헥타르의 숲이 "무용한" 것으로 분류되어 파괴되었다.[38] 원유의 경우는 페멕스(준準국영 기업)의 특징이라 할 수 있는 서툰 관리와 장비 투자 부족으로 여러 차례 기름 유출과 산업 재해가 발생했다. 1979년 익스톡Ixtoc 1 유정의 폭발로 엄청난 양의 기름이 유출된 사건이 널리 알려져 있는데, 이 사건의 영향은 오늘날까지 연안의 공동체에서 감지될 정도이다.[39]

놀라울 정도로 급속하게 진행된 도시의 성장은 전국적으로 새로운 건설 현장을 만들어냈는데, 특히 멕시코시의 인구는 2010년에 무려 2000만 명에 도달했다. 따라서 멕시코의 수도는 교통 체증, 범죄, 녹색 공간 부족, 수많은 임시 거주지 등 전 지구적 남부의 다른 거대도시들을 괴롭히는 동일한 환경 문제에 직면하고 있다. 하지만 해발 고도가 높은 석호潟湖 유역에 건설된 멕시코시의 입지적 특성 때문에 특별한 문제가 더해졌다. 그것은 심각한 대기 오염 지수를 초래하는 겨울의 열 역전逆轉(찬 공기가 더운 공기를 지표면으로 밀어내면서 찬 공기 위에 덥고 오염된 공기가 집중되는 현상), 우기(6월부터 10월까지)에 상습적으로 발생하는 홍수, 그리고 대수층帶水層(지하수를 품고 있는 지층 – 옮긴이)의 집중 이용과 맞물려 화산 석회와 점토로 구성된 토양이 빚어내는 도시의 부분적

침하 등이었다. 이런 조건은 1985년 9월 19일의 지진으로 크게 악화되었는데, 리히터 지진계로 진도 8.1을 기록한 지진의 진앙은 수도로부터 350킬로미터 떨어진 태평양 해안에 있었다. 그 지진은 인구 밀도가 높은 멕시코시에 대단히 파괴적인 피해를 초래했다. 멕시코시에서 약 1만 명의 사망자가 발생했고 70만 명이 주거지를 잃었으며 약 3000동의 현대식 건물이 파괴되었다. 그중에는 틀라텔롤코 주거 단지 내 종합 병원의 일부와 건물 두 곳이 포함되었다.[40] 이 '자연'재해에 대한 연방 정부의 부족한 대응은 대중의 분노를 자아냈고 그 분노는 수십 년 동안 감지되었다.

도시와 인근 농촌 간의 생태적 연계는 '농촌the rural'과 '도시the urban' 간의 긴밀한 관계를 분명히 보여준다. 예를 들어 19세기 말부터 시작된 수도의 물 부족은 더 악화되었다. 메트로폴리타나 대성당이나 예술의 전당같이 육중한 건물들은 대수층의 함양涵養 없이 물을 퍼 올리는 바람에 부실해진 토양에서 서서히 가라앉고 있다. 그러나 귀중한 물에 대한 수요는 계속 늘어나고 있기 때문에 '국가 수자원 위원회(CONAGUA)'는 멕시코시의 물 부족을 채우기 위해 훨씬 더 멀리 떨어진 강에서 물을 끌어와야만 한다. 농민 부문에 대한 공식적 방치는 공유지 농업에서 두드러진 생산성 하락을 야기했고, 그에 따라 멕시코는 기본적인 곡물의 순수입국이 되었다. 신자유주의 체제, 특히 캐나다, 미국과 체결해 1994년부터 발효된 북아메리카자유무역협정(NAFTA)은 문제를 더 악화시켰다. NAFTA는 멕시코가 옥수수의 3분의 1을 수입하게 될 정도로 시장을 개방했다. 보조금을 통해 멕시코인들이 소비하는 흰 옥수수는 자급할 수 있었지만, 대다수 작물들은 시날로아주의 기업식 농업을 통해 공급되었다. 공유지의 소생산자들은 국내 생산에 참여할 수 있는 자원과 기회가 부족했고, 더욱이 국제 시장에서는 말할 것도 없었다. 다른 한편, 도시 주민들은(반半도시 또는 도시 농업을 지지하는 운동에 참여하는 시민들을 제외하고) 도시 근교 농민들이 생산하는 농작물을 소비하기보다 가공 식품을 섭취하는 경향이 있다.

국가 유산의 생태적 보전이 필요하다는 인식의 지속적인 확대뿐 아니라 이런 모순은 1980년대에 19세기까지 거슬러 올라가는 환경적 전통이 소생하는데 기여했다. 오아하카, 킨타나로, 미초아칸과 다른 주에서 전문적인 삼림학자들과 지역의 지도자들이 숲의 지속가능한 이용에 관여하는 공동체 사업들을 전개하는 동안, 신자유주의는 숲 개발 부문을 지배해 온 허가와 혜택, 그리고 준정부 차원의 사업을 억제했다. '환경·천연자원부(SEMARNAT)' 같은 공식 기구들은 지역적이고 지속가능한 생산 정책을 지원했다.[41] 많은 다른 지속가능한 생산 활동 가운데 유기농 커피를 생산하고(치아파스와 푸에블라), 강에서 낚시하며(베라크루스와 바하칼리포르니아 수르), 대안적인 관광 활동을 제공(오아하카와 유카탄)하고자 협동조합들이 설립된 것에 주목할 필요가 있다. 도시 주민들의 조직도 출현했다. 1885년 3월에 시인 오메로 아리드히스Homero Aridjis는 생태주의 정책을 촉진하는 도시 지식인 모임, 즉 '100인 그룹'을 결성했다. 5년 뒤 이 조직은 바하칼리포르니아 수르의 태평양 해안에서 일본과 멕시코 자본으로 운영되는 엑스포르타도라 데 살Exportadora del Sal(소금 수출업체)의 확대를 저지하려는 국제 운동을 이끌었다. 이 업체의 사업은 향유고래 서식지에 영향을 미칠 수 있었다.[42]

2000년 즈음에는 식량 주권과 소규모 지속가능한 생산의 방안에 근거한 새로운 생태주의 활동이 등장했다. 초국적 농업과 유전자 이식 농작물에 대한 광범위한 반대 운동도 출현했다. 2002년과 2003년에는 "농촌은 더 이상 견딜 수 없다El Campo No Aguanta Más" 운동이, 최근에는 "옥수수 없이는 나라도 없다Sin Maíz No Hay País" 캠페인이 등장해 멕시코에서 소규모 유기농 생산의 유지와 유전자 이식 농작물 거부 운동을 제안했다. 지속가능한 토지 이용을 장려하는 농촌 공동체와 도시의 활동가들이 계속 존재하지만, 대체적으로 탈농민주의적 주장이 우세한 것으로 보인다.

결론

이 장에서 살펴본 혁명들은 각각 앞서 발생한 혁명의 성공과 실패로부터 비롯되었다. 이 혁명의 주역 중에는 물론 정치적 행위자들이 포함되어 있었지만, 도시와 농촌의 생산자와 소비자들뿐 아니라 과학자, 농학자, 생물학자, 경제학자 등도 있었다. 각 혁명은 생산성 증대와 집단적 복지의 향상을 약속했다. 모든 혁명은 첫 번째 목표를 이뤘으나, 사파타와 카르데나스가 이끈 혁명의 부분적 예외를 빼면 두 번째 목표의 달성에는 모두 실패했다. 두 가지 요인이 이 현상을 설명해 준다. (역시 사파타와 카르데나스가 주도한 운동의 부분적 예외를 빼면) 혁명의 옹호자들은 경제 성장과 지배 계급의 특권을 우선시하지만, 지속불가능한 발전의 사회환경적 결과를 축소하는 신식민주의적 진보 관념의 소유자였다. 그럼에도 멕시코의 혁명들이 만들어낸 일련의 사회적·정치적·경제적·환경적 조정과 재조정은 장차 멕시코 사회가 그 미래를 창조할 수 있는 역사적 경험의 비옥한 토대이다.

개발주의적 사고가 사회를 심각하게 양극화하고 환경을 엄청나게 파괴할 수 있다는 점은 입증되었다. 몇 세기에 걸쳐 누적된 천연자원 과용의 결과, 대농과 소농 모두의 잘못된 토지 관리가 초래한 토양 침식, 그리고 좀 더 최근의 전 지구적 기후 변화는 모든 멕시코인들에게 영향을 미치는 중대한 문제들을 낳았다. 하지만 생태계 붕괴의 비용은 불평등하게 분배되어 가장 빈곤하고 주변부로 밀려난 이들, 대개 원주민들이 가장 끔찍한 결과에 시달리고 있다. 1980년부터 2010년까지 1100만 명이 넘는 멕시코인들이 미국으로 이주했는데, 그중 대다수가 환경 난민으로 분류되어야 한다는 주장은 과장이 아니다.

그러나 심각성에도 불구하고, 생태적 문제들은 사파타, 카르데나스, 그리고 그 추종자들이 몇 세대 동안 내건 약속을 압도하는 데 성공하지 못했다. 공동소유지는 여전히 존재하고, 생산자 협동조합과 원주민들의 생산 방식은 사회·환경 운동에서 공감을 얻어 확산되고 있다. 운동의 참여자들은 토양, 물,

숲을 품위 있는 삶을 영위하고 미래 세대에 유산을 남길 수 있는 방식으로 이용하고자 시도한다. 사회환경적 정의正義를 바라는 대중의 요구와 원주민들의 세계관은 또 하나의 가능한 멕시코의 필수불가결한 구성 요소를 이룬다.[43] 사회적 투쟁의 결과는 서서히, 그러나 분명하게 연방의 환경 법률과 사회적으로 관련된 과학적·지적 전통에 스며들었고, 사회적 조직을 강화했다. 도시와 농촌 지역에서 멕시코 사회는 문명의 전 지구적 위기를 극복하고자 구체적인 대안을 제공하는 다양한 지속가능성의 지역적 표현을 이끌어내면서 영토, 생태계, 생명 문화적 유산과의 관계를 쇄신하고 있다. "옥수수 없이는 나라도 없다"와 "농민의 길Vía Campesina" 같은 도농 연계 사회 운동들은 수도와 지방에서 존재감을 드러내고 있고, 그 회원들은 유전자 이식 농작물 생산의 저지 같은 중요한 정치적 성공을 경험해 왔다. 게다가 대다수 주들에서 연대 운동들이 출현해 지역에서 유기농 방식으로 생산된 작물의 소비를 촉진하고 있다. 원주민 공동체들은 주들의 남용에 저항하면서 법적 투쟁을 벌일 뿐 아니라(예컨대 치아파스의 새로운 사파티스타 운동은 자급자족 조치로서 그들의 땅에서 지속가능한 생산을 수용했다),[44] 최근 미초아칸 체란Cherán의 경우 — 주민들은 2013년에 공유림에서 벌어지는 불법 벌채와 조직범죄와 공모한 당국에 맞서 궐기했다. 그 뒤 그들은 공유지 재식림 프로그램과 자치에 착수했다 — 처럼 조직범죄와 자원을 약탈하는 이들에 맞섰다. 새로운 생태 혁명이 일어나고 있다고 말한다면, 시기상조일 수 있다. 그러나 현재 눈에 띄는 역류가 머지않아 더 강력해질 수도 있을 것이다.

크리스 보이어Chris Boyer는 시카고 소재 일리노이 주립대학교의 사학과 교수이자 라틴아메리카와 라티노 연구 프로그램의 교수이다. 그는 최근 발표한 『물 사이의 땅A Land Between Waters』이라는 멕시코 환경사 관련 저서를 비롯해 멕시코의 사회사, 환경사에 관해 영어와 에스파냐어로 다수의 저서와 논문을 발표했다. 그의 최신 저서는『정치적 경관: 멕시코의 숲, 보전, 그리고 공동체 Political Landscapes: Forests, Conservation, and Community in Mexico』이다. 또 그는 애리조나 주립대학교 출판부에서 기획한 '라틴아메리카의 경관' 시리즈의 공동 편집인이다. 현재 그의 주된 관심 분야는 멕시코의 농업생태학과 식량 주권이다.

마르타 미첼리네 카리뇨 올베라Martha Micheline Cariño Olvera는 멕시코 바하칼리포르니아 자치대학교 전임 교수로서, 학부에서는 역사 강의를, 대학원 과정에서는 지속가능한 발전과 전 지구화 과정에 관한 연구를 담당하고 있다. 지금까지 지속가능성, 보전, 그리고 환경사에 관한 여러 연구 프로젝트에 참여해 왔다. 또 멕시코의 국립연구자조직Sistema Nacional de Investigadores의 회원이며, 라틴아메리카·카리브해 지역 환경사학회(SOLCHA)의 회장을 역임했다. 13권의 책을 썼고 100편이 넘는 논문과 공동 저서를 출판했다.

제1장의 영문 번역은 메리 엘런 피웨거Mary Ellen Fieweger가 맡았다.

제2장

대카리브해 지역과 열대성의 변화

레이날도 푸네스 몬소테

카리브해의 많은 섬과 대륙의 해안을 적셔주고 있는 공동의 바다는 대카리브해 지역을 아프리카 노예제와 플랜테이션(대농장)이라는 유산을 지닌 독특한 지리적 지역으로 만드는 요소 중 하나이다.[1] 열대 지대 내의 위치가 지역의 환경사에 영향을 미쳤고, 유럽이 지배하는 세계화가 국제 노동 분업을 낳기 시작했을 때, 그 위치는 생태계와 사회의 역할을 규정하는 데 기여했다. 피부색이나 기후 같은 요소에 근거를 둔 자칭 서양 문명의 지배에 관한 담론과 관행을 재생산한 패권적인 역내 강국과 더불어, 다른 위도에서 비롯된 제국의 시각들은 지속적으로 열대성을 강조했다.

태양에 기반을 둔 유기농 경제의 틀 내에서 작동한 앤틸리스 제도 플랜테이션의 황금시대는 열대 농작물을 얻기 위해 그곳의 생태계와 노예들이 제공한 '비교우위'에 의해 흔히 설명되었다. 그리하여 유럽의 식민 본국에 높은 배당금을 만들어내고 산업화가 시작되는 데 기여한 식민지 의존성이 구축되었다. 그럼에도, 사탕무 같은 새로운 경쟁 품목이 출현해 사탕수수에 피해를 입히자

산업적 신진대사와 새로운 생산, 운송 기술의 진전은 그렇게 추정된 생태적 우위에 의문을 제기했다. 먼 곳에 거주하는 이들의 식사에 칼로리를 공급하던 이 지역의 역할은 열대 자연을 즐기는 관광지의 역할로 점진적으로 바뀌었다. 그런 변화는 이주민, 외국 군대, 가끔 오는 방문객들의 높은 사망률을 초래한 황열병 같은 질병이 20세기 초에 박멸된 뒤 발생했다.[2]

열대 우림, 건조한 열대 삼림, 사바나, 습지를 포함하는 대카리브해 지역의 생태계는 높은 수준의 생물 다양성을 특징으로 삼는다. 이 지역은 북아메리카와 남아메리카의 생물군이 만나는 지역일 뿐 아니라 특히 섬들에서 고유종의 비율이 높다. 또 다른 중요한 지역적 특징은 자연재해가 빈번하게 발생해서 생태적·사회경제적 충격이 엄청나다는 점이다. 과거 여러 시기에 발생한 화산 폭발과 지진의 파괴적인 결과는 카리브해 지역의 지리에 흔적을 남겼다. 그러나 빈도와 범위를 고려할 때, 열대성 저기압이나 허리케인만큼 이목을 끄는 현상은 없다.[3] 가뭄 또한 허리케인이나 지진의 악영향보다 더 오래 지속될 수 있으므로 언급할 만하다.

유럽인들이 도래한 뒤 카리브해 전역에 있는 섬들에서는 전염병과 심각한 노동 착취 탓에 원주민의 인구가 극적으로 감소했다. 하지만 대륙 해안선을 따라 원주민의 존재는 중요하게 남았다. 여러 지역에서 온 사람들이 뒤섞이면서 서로 다른 문명과 문화가 조우한 장소로서 이 지역이 갖는 장기적인 특징 가운데 하나를 이룬다. 아프리카인들이 원주민을 대체하는 노동력으로 유입되었고, 이 두 집단이 유럽과 아시아, 특히 중국, 인도, 인도네시아 출신과 섞이면서 종족, 언어, 문화의 측면에서 엄청나게 다양한 사회들이 탄생했다.

유라시아와 아프리카에서 사육된 포유류의 급속한 확산은 광범위한 가축 생산으로 이어졌다. 처음에는 포유류의 생태적 영향이 제한적이었지만, 그 확산은 나중에 더 집약적인 형태의 농업과 목축을 위한 길을 용이하게 했다. 17세기부터 앤틸리스 제도 곳곳에 상업적 대농장이 확산된 것과 대조적으로 가축 사육은 생계 농업과 함께 19세기까지 남아메리카 대륙과 맞닿은 카리브해 지역에서 계속 중요하게 남았다.

광물 채굴과 값비싼 목재의 벌목은 식민 시대 초기에 시작되었다. 18세기까지 식민 본국은 선박 건조 — 예컨대 아바나의 조선소에서 — 와 본국의 건설을 위한 수출, 유럽 직물 산업의 염료 사용을 위해 목재 자원을 독점하곤 했다. 19세기부터 시작된 선택적 벌목은 성격상 더 상업적이었다. 아이티, 도미니카 공화국, 벨리즈 같은 국가에서는 마호가니처럼 세계 최고 수준으로 간주하는 많은 종을 수출했다. 다른 채굴 활동에는 가죽을 얻기 위한 카이만과 악어의 포획, 깃털을 얻기 위한 홍학 같은 새의 포획, 민물고기의 포획이 포함되어 있다. 맹그로브 같은 생물 다양성이 풍부한 생태계는 장작과 숯을 얻기 위해 이용되었다. 식민 당국은 맹그로브를 건강에 해로운 장소나 배수排水의 대상으로 보곤 했다.

늘 존재하는 바다는 수 세기 동안 지속된 선원의 전통을 낳았다. 식민 시대 초기부터 카리브해는 베네수엘라의 진주, 쿠바와 바하마의 해면, 거북이 같은 귀중한 자원을 제공했다. 바다에 둘러싸여 있지만, 카리브해 섬 주민들은 일상적인 식단에 어류를 포함하지 않는다는 인식이 널리 퍼져 있다. 열대의 바다는 해양 종 다양성이 풍부할지라도 개체군 밀도가 일반적으로 낮다는 것이 부분적인 이유일 수 있다. 앤틸리스 제도의 대다수 지역은 섬의 대지臺地(주위보다 고도가 높고 넓은 면적의 평탄한 표면을 갖고 있는 지형 — 옮긴이)가 좁고 영양소가 부족하기에 풍부한 어류 개체군을 유지할 수 없다. 이는 남아메리카의 해양 환경과 뚜렷이 다른 상황이다. 20세기에 산업적인 어업 방식의 사용은 남획으로 이어져 결국 해양 서식지의 파괴와 연안 해역의 오염을 초래하고 어촌들이 다른 경제 활동에 의해 밀려나기에 이르렀다.[4] 해상 교통과 통신은 국제 무역의 주요 흐름에서 멀리 떨어진 아메리카 지역의 역내 관계와 대륙 외부와의 연계에서 차이를 나타냈다. 이 지역은 다른 유럽의 군주들이 에스파냐 제국의 패권에 도전한 두드러진 무대였기 때문이었다. 영국, 프랑스, 네덜란드, 덴마크, 스웨덴이 이 지역의 영토를 점령하고 식민지를 세웠다.

이런 속박은 1804년 독립으로 이어진 아이티 노예들의 혁명 이후에 끊어지기 시작했다. 카리브해 연안에 있는 내륙의 에스파냐 식민지들이 그 뒤를 이었고 독립투쟁의 물결은 1820년대에 일단락되었다. 도미니카 공화국은 1844년에 아이티로부터 독립을 선언했다. 쿠바 공화국은 1902년에야 수립되었다. 영국령의 탈식민화는 훨씬 뒤늦었다(1962년 자메이카와 트리니다드 토바고, 1966년 바베이도스, 1981년 벨리즈). 그럼에도, 이 지역에는 식민 시대의 다양한 속박이 남아 있다. 20세기 내내 미국의 영향력이 커졌다. 미군이 1903년부터 1999년까지 파나마 운하 지대를 점령하고 1898년 이래 푸에르토리코에 머물렀지만, 주로 간접적인 신식민주의적 지배 구조를 통해 미국의 경제적·정치적 이해관계가 확대되었다.

카리브해 지역의 플랜테이션과 제1차 산업 혁명

3세기가 넘는 동안 카리브해 지역은 플랜테이션 체제를 통해 유럽의 식민 본국과 국제 시장에 열대 농산물을 수출하는 유명한 중심지였다.[5] 플랜테이션 체제는 지역의 역사를 관통하는 주된 특징으로 간주되는 관행이었다. 사탕수수는 특히 평평하거나 살짝 언덕진 곳에서 자라는 앤틸리스 제도의 주요 작물이었다. 사탕수수는 유일한 상업적 작물은 아니었지만, 규모가 크고 농공업적인 특성을 지니고 있었기 때문에 두드러졌다. 사탕수수는 수확되자마자 현장에서 가공되었다. 아프리카 출신 노예들은 사탕수수를 수확하고 설탕을 만들었다. 대량으로 몰살된 원주민들을 대체하기 위해 아프리카 출신 노예를 이용한 본래의 이유 외에, 아프리카의 남성과 여성들을 노예로 잔혹하게 거래한 구실 가운데 하나는 유럽인에 비해 그들이 열대의 태양, 열기, 습도에서 일하는 데 우수하다는 추정이었을 것이다.

노예가 투입된 최초의 설탕 플랜테이션은 라 에스파뇰라(이스파뇰라)섬에서 1520년경에 세워졌다. 그곳에서 플랜테이션들은 호황을 누리다가 1570년대에 쇠퇴하기 시작했다. 17세기 중엽에 영국이 점령한 일부 작은 섬들에서 "설탕 혁명"이 시작되었고 그것은 본국의 상업적이고 중상주의적인 우위와 결부되었다.[6] 상징적인 사례는 바베이도스(440제곱킬로미터)였는데, 그곳에서 농장주들은 다른 섬에서 복제된 모델인 설탕 단일재배를 신속히 확립했다. 더 많은 양의 경작지 덕분에 자메이카(영국령)와 라 에스파뇰라의 프랑스 영역인 생도맹그는 18세기에 사탕수수 생산의 선두 주자가 되었다. 세계 최대의 설탕과 커피 수출지로서 생도맹그는 "앤틸리스 제도의 진주"로 알려졌다. 그 뒤 1791년에 대규모 노예 반란이 발생했고 1804년에 아이티 공화국이 수립되었다.

아이티 혁명은 풍력과 수력 ─ 주로 영국과 프랑스의 식민지에서 쓰였다 ─ 의 도움으로 인간과 동물의 힘에 기반을 둔 산업화 이전의 유기농 경제의 틀 내에서 카리브해 플랜테이션이 누렸던 절정의 순간을 대변한다. 소앤틸리스 제도에서는 급속한 삼림 벌채, 장작 부족, 침식, 토지 비옥도 저하 같은 문제들이 생산의 혁신을 가져왔다. 그 혁신은 사탕수수를 더 효율적으로 끓이는 수단, 사탕수수 잔류물(당분을 짜고 남은 찌꺼기)의 연료 활용, 대농장의 토양을 비옥하게 만들려는 거름의 활용, 새로운 사탕수수 품종 도입과 관개 등이었다.[7] 급속한 삼림 벌채와 그것이 토양, 토착 동물군, 기후에 미친 영향은 왜 소앤틸리스 제도가 식물원, 삼림 보호 구역과 보호 지역의 조성을 포함해 보전 조치들을 채택하는 데 선구자로 떠올랐는지를 설명해 준다.[8] 사회생태학적 측면에서 플랜테이션에 기반을 둔 식민지들은 불리한 경제 상황에 직면해 심각한 취약성을 드러냄으로써 지나친 특화가 유발한 외부 세계에 대한 경제적 종속을 상징한다.

아이티 혁명은 설탕 시장의 공백을 만들었고, 자메이카 같은 앤틸리스 제도의 식민지들이 1805년 즈음에 가장 많은 수확량을 기록하면서 그 공백을 메웠다. 하지만 무엇보다 아이티 혁명은 쿠바가 19세기와 20세기에 엄청난 사탕수수 수출국이 되는 길을 열었다. 앤틸리스 제도에서 가장 큰 섬나라의 이런 부상은 설탕이 대량 소비 품목으로 전환된 것을 비롯해 산업 혁명이 만들어낸

자료 2.1 1840년 쿠바 마탄사스 콜론 평원에 설립된 '팅과로' 제당 공장

에두아르도 라플란테(Eduardo Laplante)의 석판화.
Justo G. Cantero, *Los ingenios: Colección de vistas de los principales ingenios de azúcar de la isla de Cuba*, Imp. Litográfica Luis Marquier, La Habana, 1857.

새로운 조건들과 동시에 발생했다.[9] 혁명이 발발한 아이티(45만 2000명)만큼 쿠바에 노예가 많지는 않았지만, 1830년부터 1870년까지 쿠바는 생도맹그가 예전에 생산한 설탕(7만 6000톤)의 10배를 생산했다. 제당 공장에 증기 기관을 도입한 것이 이 거대한 도약을 가능하게 한 결정적 요인이었다. 1827년부터 1869년까지 증기 기관으로 가동되는 공장의 수는 26개에서 949개로 늘었고, 쿠바의 공장들은 진공 통 열차와 원심 분리기의 도입으로 더욱 기계화되었다.

동시에 증기선 사용이 늘어나고 1837년부터 촘촘한 철도망 ― 라틴아메리카 최초이자 최대 규모 ― 이 건설되면서 최종 생산물의 운송에 대변혁이 일어났다. 쿠바의 광활한 평원은 생산 규모의 지속적인 확대와 신기술의 성공을 촉진했다. 노예들에 기반을 둔 농산업은 비옥한 토지와 연료, 건축용 목재를 찾아 숲이 우거진 변경 지대로 이동했는데, 이는 사탕수수 생산이 이런 자원들을 고갈시켰을 때 새로운 지역에서 반복되는 순환이었다.

이런 일상적 관행이 가속되자, 영향력 있는 과학자들은 노예 플랜테이션들이 숲을 베어내고 태우는 식으로 풍부한 유기 물질을 이용하면서 마치 노천 광산처럼 토양을 착취했다고 비난했다.[10] 사탕수수 대농장들이 쿠바 전역으로 퍼져나갔지만, 그 중심은 섬의 서쪽 절반에 있었다. 따라서 그 지역에서 삼림 벌채가 극심해져서 가뭄이 더 잦아지고 토착 생물, 특히 조류의 다양성이 감소했으며 이는 수질 오염, 외래 식물의 침입과 결부되었다.

쿠바의 주요 삼림 지역은 섬의 동쪽 절반에 남아 있었는데, 그곳은 주로 가축 사육에 집중했다. 도미니카 공화국의 상황도 비슷했는데, 그 나라의 주요 경제 활동은 가축 생산과 목재 판매였다. 같은 시기에 푸에르토리코 같은 카리브해의 다른 섬들은 설탕 플랜테이션을 세우고 약간의 경제 호황을 누렸지만, 일반적으로 그들의 설탕 산업은 강제 노동의 종식이나 제한된 기계화 탓에 한정되었다.

카리브해의 상업용 작물의 목록에는 생강, 담배, 카카오, 인디고와 면화가 포함되었다. 하지만 설탕 다음으로 중요한 품목은 커피였다. 아이티는 18세기 말까지 세계의 주요 커피 수출국이었는데, 19세기 초 수십 년 동안 쿠바와 자메이카가 그 지위를 접수했다. 커피 플랜테이션은 대규모 산업에 견줄 수 있는 설탕 플랜테이션과 비교하면 과수원 정도로 간주되곤 했지만, 산악 지역에서 커피 재배를 선호하는 농장주들 때문에 역시 삼림 벌채, 식물병해충, 침식의 증대로 어려움에 직면했다.

혁명 이후 커피는 아이티의 산악에서 소규모 농장 형태로 그 존재를 유지했고, 상업적 벌목과 아울러 그 지역 삼림 벌채의 원인이 되었다. 커피 생산은 자메이카의 블루 마운틴과 쿠바의 시에라 마에스트라 같은 산맥 지역에서도 지속되었다. 19세기 후반기에 푸에르토리코 중서부의 산악 지역은 커피 호황을 경험했다. 그것이 환경에 미친 영향은 허리케인에 대한 취약성 심화뿐 아니라 지역 숲 구성의 변화, 녹색 앵무새 같은 새의 둥지 틀기, 먹이섭취 습성의 변화를 포함했다. 토양 고갈과 침식과 관련된 문제들이 곧 발생했다. 1880년대와 1890년대에 푸에르토리코에서 절정에 다다른 커피의 집약적 재배는 생계 작물과 축산을 등한시하고 수입 식품에 대한 의존도를 높이면서 노동자들의 식사의 질을 떨어뜨리는 결과를 낳았다.[11]

플랜테이션과 카리브해 열대 지역의 정복

19세기 말부터 카리브해 전역으로 확산된 미국의 이해관계는 앵글로색슨과 유럽의 열강과 지식인 사회에서 공유된 관념, 즉 "백인"의 불가피한 "열대 정복"이라는 신념과 동시에 발생했다.[12] 이런 측면의 이정표는 쿠바 의사 카를로스 핀라이Carlos J. Finlay가 1881년에 제안한 가설의 확증이었다. 그 가설에 따르면, 1898년부터 1902년까지 미국이 쿠바를 점령한 동안 이집트숲모기Aedes aegypti 암컷이 황열병을 전파하는 매개체였다. 이어서 아바나에서 황열병이 박멸되었고 파나마 운하를 건설하는 동안 공중보건의 성공을 위한 길이 마련되었다. 먼저 쿠바에서, 나중에는 파나마에서 공중보건 책임자가 된 미국의 군의관 윌리엄 고거스William C. Gorgas는 1909년에 다음과 같이 썼다. "저는 쿠바와 파나마에서 우리의 과업이 백인이 열대 지역에서 번성할 수 있다는 것을 처음으로 입증하는 것이며, 이 지역에 백인종이 효과적으로 정착하는 출발점으로 여겨져야 한다고 생각합니다."[13]

1914년 파나마 운하의 개통은 카리브해 지역에서 미국의 패권 강화를 상징했다. 수많은 군사 기지들과 군사적 개입은 패권의 확실한 증거였다. "아메리카의 지중해"라는 구상의 출현은 대카리브해 지역이라는 개념의 기원임이 거의 틀림없었다. 새로운 대양 간 노선은 이 지역의 새로운 국면을 대변했다. 이 지역은 바야흐로 선박 항로와 밀접하게 연결된 운명을 지닌 세계의 중심지로 부상했는데, 그런 상황은 민간 항공이 등장할 때에야 비로소 바뀌게 될 터였다.

1870년대부터 카리브해 지역, 그중에서도 특히 쿠바에서 설탕 산업에 변화가 일어나기 시작했다. 제조업 부문에서 기계화가 확산되면서 규모가 더 큰 단위 — 중앙 제당 공장이라 부르는 — 로의 집중이 이뤄졌고 이는 (1880년과 1886년 사이에) 노예제의 종식과 시기적으로 일치했다. 그런 경향은 오래된 플랜테이션의 경작에 더 많은 관심이 쏠리게 하면서 제조업과 농업 부문을 분리할 터였다. 앤틸리스의 다른 식민지, 특히 프랑스령에서는 이미 중요한 역사가 있었다는 점을 기억해야 한다. 하지만 가장 큰 공장들은 지가가 더 저렴한 쿠바 중동부의 숲과 목축 변경 지대의 새로운 땅에 세워졌다. 비슷한 변화가 19세기 말에 설탕 생산이 유행한 도미니카 공화국에서 일어났고, 20세기 초에는 푸에르토리코에서도 그랬다. 앤틸리스 제도의 에스파냐령 식민지 세 곳에서 미국에 대한 새로운 의존의 시대는 결정적이었다. 미국은 주요 시장이었을 뿐 아니라, 미국의 대기업들은 가장 유력한 공장들을 매입하거나 세웠고 지배적인 자국의 설탕 왕국에서 대량 생산에 착수하게 되었다.[14]

세 경우 모두에서 생산의 급등은 그야말로 어지러울 정도였다. 쿠바는 1894년에 100만 톤을 수확한 뒤 독립 전쟁(1895~1898) 기간에 생산량의 뚜렷한 감소를 겪었으나, 제1차 세계대전 직전에는 약 250만 톤에 이르렀고 전쟁이 끝났을 때는 두 배 더 늘어났다. 1952년에 쿠바 노동자들은 700만 톤이 넘게 수확했다. 푸에르토리코는 1930년대에 100만 톤 이상의 사탕수수를 생산했고, 도미니카 공화국은 1929년경에 40만 톤을 넘겼다. 생태적 변화는 푸에르토리코에 비해 쿠바와 도미니카 공화국에서 더 두드러졌는데, 푸에르토리코에서는 공간의 제약 때문에 더 집약적인 재배 방법을 활용했다. 쿠바와 도미니카 공화국의 새로운 사탕수수 재배지는 노동 수요를 맞추기 위해 특히 앤틸리스 제도 노동자들의 대규모 이주에 의존했다.

대카리브해 지역은 "열대 정복"의 실현에서 일종의 첫 개척지였는데, 그 관념은 미국 대기업들이 만든 대농장들에 대한 직접 투자와 함께 미국에서 점점 더 인기를 얻었다. 사실 "열대의 정복Conquest of the Tropics"은 쿠바에 있는 미국 회사 유나이티드프루트사United Fruit Company의 대규모 제당 공장뿐 아니라 중앙아메리카와 콜롬비아의 카리브해 연안에 늘어선 그 회사의 바나나 플랜테

이선을 칭송하려는 책의 제목이었다.[15]

바나나 생산의 대규모 '폭발'은 미국 기업의 조직적·재정적 역량과 더불어 대개 제2차 산업 혁명과 관련된 기술의 적용 덕분이었다. 19세기 말에 자메이카가 바나나 수출을 주도했지만, 20세기 초에는 카리브해에 맞닿은 중앙아메리카에서 미국 기업이 운영하는 대농장들이 이를 능가했다. 설탕, 커피, 카카오, 담배와 달리, 바나나는 신선한 상태로 수출된다. 썩기 쉬운 바나나의 특성은 그것이 익기 전에 시장에 도착해야 한다는 것을 의미한다. 따라서 소비 시장으로의 운송망뿐 아니라 열대 지역에서 철도, 증기선, 냉장 보관의 조정과 협조가 결정적이었다.

미국과 다른 시장에서 바나나가 대량 소비 품목으로서 거둔 승리는 콜롬비아 북부의 광활한 해안 지역과 파나마, 코스타리카, 과테말라, 온두라스의 카리브해 연안에 거대한 농업 생태적 변화를 초래했다. 앤틸리스 제도에서 바나나는 자메이카, 도미니카 공화국, 트리니다드, 그리고 영 제국과 특혜 협정을 맺은 다른 섬들에서 생산되었다. 바나나 수출 지역은 플랜테이션 농업, 초국적 기업 관행, 중앙 정부, 사회적 저항, 그리고 철도, 병원, 전력망, 농업 연구센터의 형태로 기술적 근대화가 비슷한 형태의 상호 작용을 이루는 무대였다. 바나나 산업은 대카리브해 지역 내에서 노동의 이주를 촉진했는데, 그런 이주는 다문화 정체성을 강화하는 데 기여했을 뿐 아니라 갈등의 초점이 되기도 했다.

바나나 산업에 영향을 미친 두 가지 전염병, 즉 파나마 병과 시가토카sigatoka (진균의 일종이 원인이 되어 잎에 변색된 얼룩점이 생기는 병 – 옮긴이)는 사회경제적 변화와 생태적 변화 사이의 관련성을 예증한다. 바나나 산업은 파나마 병, 즉 19세기 말에 출현한 토양균에 맞서 싸웠다. 선택한 방식은 질병에 걸린 농장을 완전히 파괴하고 새로운 경작지를 개척하는 것이었다. 공기로 운반되는 해충인 시가토카의 방제는 1930년대 통제 방식으로서 살균제 대량 사용의 시작을 알렸는데, 노동 과정을 바꾸고 분무기로 살균제를 뿌리는 노동자들의 건강을 악화시켰다. 바나나 수출 지역 사이의 잦은 증기선 운항은 병원균의 지역적 이동을 용이하게 했다. 이 질병들을 근절하려는 시도를 제한한 하나의 요인은 그로 미셸Gros Michel 품종을 대량으로 소비하는 시장의 창출이었다. 그에 따라 대중이 원하는 이상적인 바나나의 이미지와 맛에 부합하지 않는 내병성耐病性 품종들은 더디게 채택되었다.[16]

외국 기업들은 담배 같은 다른 작물의 상업적 생산에 참여해 최종 생산물의 재배와 제조를 모두 통제했다. 도미니카 공화국과 트리니다드의 카카오라든가 파인애플과 감귤류가 중요한 사례였다. 일부 미국 회사들은 목축업에 투자했지만, 이 활동은 크레올Creole(앤틸리스 태생의 백인 또는 카리브해 지역에 사는 유럽인과 아프리카계 주민 사이의 혼혈인 - 옮긴이)의 통제 아래 남아 있었다. 소와 관련해 19세기 말부터 목장주들은 철조망 울타리, 외국산(흔히 아프리카산) 사료 종의 도입과 재배, 그리고 미국과 유럽, 아시아로부터 새로운 품종의 소를 수입하는 것 같은 혁신을 통해 더 집약적인 관리 기술을 받아들였다. 홀스타인Holstein은 가장 흔한 유용종乳用種 가운데 하나인 반면, 인도가 원산지로서 열대 기후에 더 잘 적응하는 세부Cebu는 선호되는 육용종肉用種이었다. 소 번식이 늘면서 목초지를 조성하기 위한 삼림 벌채도 늘어났다.[17] 트랙터를 비롯한 동력 운송 수단의 증가는 소라는 가축이 전적으로 동물성 단백질을 위해 사육될 수 있다는 것을 의미했다.

외국 회사들은 광업과 공업 활동에도 참여했다. 1880년대부터 미국 광산회사들은 철, 망간, 구리 같은 광물을 채굴하기 위해 쿠바에 지사를 설립했다. 1920년부터 후안 비센테 고메스Juan Vicente Gómez 행정부가 스탠더드 석유 회사Standard Oil와 그 밖의 미국 기업들에 채굴권을 승인한 뒤, 베네수엘라의 마라카이보 호수 지역에서 엄청난 석유 추출 호황이 시작되었다. 그 회사들은 인근의 네덜란드 식민지인 아루바와 퀴라소에서 원유를 정제했다. 주로 미국 기업들이 남아메리카 도시들의 석유 소비를 통제했기 때문에, 베네수엘라와 트리니다드 주변의 유정들은 라틴아메리카에서 미국의 지정학적 이해관계를 위

한 전략적인 중요성을 지니게 되었다.[18]

플랜테이션의 쇠퇴

20세기 후반기에 카리브해 농산물 수출 경제는 열대 과일 무역에서 존재감을 유지했지만, 그 비중은 새로운 땅에 접근한 대륙 생산자들의 비중에 비해 부차적인 경향이 있었다. 이런 양태는 19세기 중엽에 커피와 함께 시작되었고 카카오와 면화, 그리고 최종적으로 바나나와 설탕 같은 다른 작물들이 뒤따랐다.

1930년대의 세계 경제 위기가 쿠바와 도미니카 공화국의 설탕 산업에 큰 타격을 입혀 양국의 경제는 제2차 세계대전까지 회복되지 않았다. 푸에르토리코에서는 미국 시장에 접근할 수 있는 특혜 덕분에 대공황의 충격이 덜했다. 그러나 푸에르토리코의 농산업은 1950년대 토지 개혁과 산업화 가속을 위한 보상과 장려책을 통해 쇠락하기 시작했다. 그것은 또한 1959년 이후 쿠바가 선택한 길처럼 보였다. 당시 쿠바의 혁명 정부는 두 가지 농업 개혁법을 통과시키고 주요 제당 공장을 국유화하며 농업과 공업의 다각화를 지향하면서 경제 발전을 재설정했다.

하지만 미국 정부와 갈등이 격화하면서 1960년 쿠바 설탕의 할당량이 취소되었고 1934년 이래 시행된 무역 협정이 종료되었다. 쿠바 정부는 소련, 중국, 그리고 공산주의 진영과 긴밀한 경제적·정치적 연계를 확립함으로써 자국에 대한 미국의 경제 봉쇄(1960)와 외교 관계 단절(1961)에 대응했다. 1964년 소련과 새로운 무역 협정을 체결하면서 설탕이 경제의 원동력으로 복귀하게 되었다. 쿠바 정부는 1970년에 설탕 1000만 톤 수확이라는 야심에 찬 목표를 세웠다. 쿠바는 그 숭고한 목표를 달성하지 못했지만, 기록적인 850만 톤을 생산했다.

설탕 생산을 늘리기 위해 쿠바 정부는 농약의 대규모 사용, 기계화, 관개의 자료 2.2 쿠바 마탄사스의 콜론읍에 있는 센트랄 에스파냐 레푸블리카나 제당 회사(Sugar Central España Republicana, 예전의 명칭은 에스파냐 제당 회사)

2007년 6월 저자 레이날도 푸네스 몬소테가 촬영한 사진.

확대라는 세 가지 기둥에 근거해 농장을 확대하고 산출량을 늘리는 전략을 강구했다. 1970년대와 1980년대에 쿠바의 설탕 수확량은 700~800만 톤에 머물러 있었다. 동시에 더 특화된 가축 생산의 증대는 동물성 단백질 보급원의 다양화로 이어졌다. 소와 관련해서는 유제품 생산에 노력이 집중되었고, 돼지와 가금류 생산에서 큰 진전이 이뤄졌다. 그러나 이런 식량 생산 관행은 동물사료 수입과 다른 요소의 투입에 크게 의존했다. 그리하여 소련이 해체되었을 때, 쿠바의 산업형 농업은 급격한 쇠퇴를 겪었고 더 광범위한 위기에 봉착했다.

쿠바 혁명 이후 미국 시장에서 설탕 할당량의 재분배가 이뤄지면서 카리브해 지역의 다른 설탕 생산자들이 혜택을 입었다. 예컨대 1960년대와 1970년대에 도미니카 공화국은 더 많은 수확(연간 100만 톤 이상)을 경험했는데, 이는 국가 수출 소득의 90퍼센트 이상을 차지했다. 쿠바와 달리, 도미니카 공화국은 부분적으로 저임금의 아이티 노동자들을 활용할 수 있었기 때문에 농업 부문의 기계화 수준이 낮은 상태에 머물렀다. 1980년대부터 도미니카 공화국에서 설탕 생산이 줄어들었는데, 그 과정은 미국의 수입 할당량 감소에 뒤이어 1988년에 두드러졌다.

1980년 즈음까지 자당蔗糖(사탕수수로 만든 설탕 – 옮긴이)은 기아나, 자메이카, 벨리즈, 바베이도스, 트리니다드, 세인트 키츠, 수리남에서 주요 농업 수출품으로 남아 있었다. 수확의 대부분이 미국으로 가는 상황에서 1982년 미국의 관세 인상은 카리브해 지역의 생산자들에게 큰 타격을 입혔다. 10년 뒤, 유럽연합의 창설과 관련된 조치로 유럽 국가들의 옛 식민지에 부여된 특별 대우가 사라지면서 새로운 방해물이 나타났다. 수많은 제당 공장들이 문을 닫고 농산업은 고도의 기업 집중을 겪어야 했다.

20세기 중엽에 바나나 대농장들은 비슷한 호황과 불황을 겪었다. 자메이카의 수출은 제2차 세계대전 직전에 정점에 이르렀고 1950년대와 1970년대 사이에 어느 정도 회복되었지만, 그 뒤에는 생산량이 크게 줄었다. 그러나 1960년대부터 1990년대까지 소앤틸리스 제도의 국가들(도미니카, 산타 루시아, 세인트 빈센트, 그라나다)은 선호 시장인 영국으로의 수출을 늘렸다. 프랑스는 마르티니크와 과들루프의 바나나 생산자들에게 유사한 보호 조치를 연장했다.[19]

중앙아메리카와 남아메리카 대륙의 카리브해 연안에 조성된 바나나 대농장들도 제2차 세계대전 이후 변화를 겪었다. 1950년대 말부터 청과 회사들은 종이 상자에 담긴 다수확 캐번디시Cavendish 품종의 생산을 늘렸다. 다른 혁신으로는 수확된 바나나를 밭에서 포장 공장으로 운반하기 위한 굵은 밧줄의 사용과 전국 생산자 협회의 부상 등을 들 수 있다. 미국은 거의 모든 시기에 주요 시장으로 남아 있었다.

바나나 생산 지역의 고립적이고 이질적인 특성은 그들의 쇠퇴를 초래했다. 예컨대 리몬 항구 근처 코스타리카의 대서양 연안은 1929년 대공황의 결과뿐 아니라 바나나 대농장들이 태평양 연안으로 이전함에 따라 심각한 위기에 빠졌다.[20] 또 다른 예는 1960년대에 시작된 콜롬비아 막달레나 지역 바나나 플랜테이션의 쇠퇴였다. 대카리브해 지역의 환경사에서 바나나 무역의 호황과 불황 국면은 일종의 상수常數였다.

지역을 제한하는 특징 중 하나는, 특히 앤틸리스 제도에서 지역의 역사와 지리적 분열의 결과에서 비롯된 대외 의존이었다.[21] 설탕과 바나나의 형태로 수출되는 엄청난 양의 칼로리에도 불구하고, 식량과 기본 제품의 대량 수입은 변하지 않는 상수였다. 제2차 세계대전 이후 이런 의존성을 줄이기 위해 가축 생산을 통해 동물성 단백질을 늘리려는 노력이 이뤄졌다. 카리브해 지역 국가들의 정부는 우유 생산 잠재력이 큰 품종, 과학 연구 센터 설립, 목초지 개선이나 수입 사료 이용을 바탕으로 낙농업을 장려하는 프로그램에 전념했다. 가뭄이나 특정 품종의 젖소를 적응시키는 어려움과 같은 장애물에도 불구하고, 푸에르토리코, 자메이카, 트리니다드, 도미니카 공화국, 쿠바 같은 국가들은 성공을 거뒀다. 그 성공은 나중에 자유 무역과 경제 위기의 영향을 받게 될 터였다. 푸에르토리코의 경우가 두드러진다. 1960년경 낙농업에서 푸에르토리코가 이룬 성취는 열대 농업의 혁명으로 간주되었다.[22]

소고기 생산을 늘리기 위해 세부와 산타 거트루디스Santa Gertrudis(열대 지역에 적합하게 미국 텍사스에서 개발된 육우 품종 – 옮긴이) 품종이 도입되었다. 열대 기후에 적응한 이 품종은 쿠바, 도미니카 공화국, 자메이카를 비롯해 광활한 목초지가 있는 곳에서 성공할 가능성이 컸다. 육류를 위한 가축 사육은 카리브해와 접한 콜롬비아, 베네수엘라, 기아나, 중앙아메리카에서도 추진되었는데, 이곳은 식민 시대부터 가축들이 섬 시장으로 운송된 지역이었다. 20세기 중엽에 이 국가들에서 가축 생산이 미국의 패스트푸드 사업을 위한 소고기 공급처 역할을 맡으면서 "햄버거 커넥션hamburger connection"을 만들어냈다.[23] 동시에 달걀 생산을 포함해 돼지와 가금류로부터 동물성 단백질을 얻는 데 큰 진전이 이뤄졌다.

산업적 신진대사와 도시화

20세기 중엽부터 카리브해 지역 사회에서 플랜테이션의 역할은 점차 다른 형태의 천연자원 개발과 새로운 경제적 대안의 모색에 자리를 내주기 시작했다. 이런 과정은 석유와 연계된 사회에너지의 전환, 도시화, 농업과 공업의 근대화를 통해 발전을 이루려는 노력을 배경으로 발생했다. 산업적 신진대사로의 전환을 보여주는 한 가지 징후는 채굴 활동이었다.

제2차 세계대전 중에 쿠바는 전시 수요에 부응하려는 미국 회사들의 막대한 투자로 세계 2위의 니켈 생산국이 되었다. 1959년 혁명 이후 쿠바 정부는 광산 회사들을 국유화하고 소련과 협정을 체결했다. 1991년 소련의 해체는 캐나다 자본이 니켈 채굴에 가담할 수 있는 길을 열었다. 다른 중요한 니켈 광상鑛床은 도미니카 공화국에서 발견되었다. 양국에서 니켈은 노천 공정을 통해 채굴되면서 심각한 환경적 영향을 초래했다. 중요한 니켈 매장층은 쿠바의 최대 국립 공원인 알레한드로 훔볼트 공원을 비롯해 생태적 가치가 높은 지역에 위치해 있다.

보크사이트 역시 그 지역의 노천 광산에서 널리 채굴된다. 20세기 전반기에 기아나와 수리남의 매장층은 미국의 공업에 필수적이었다. 보크사이트 채굴은 1950년대와 1960년대에 호황을 맞이했다. 자메이카는 1970년에 세계 최대 수출국이 되었는데, 당시 자메이카 영토의 18퍼센트가 미국 기업 여섯 개와 캐나다 기업 하나가 통제하는 광산 채굴권 아래에 놓여 있었다. 대부분의 부가 가치 과정은 카리브해 지역 밖에서 이뤄졌다. 이런 상황에서 자메이카와 기아나 정부는 국유화를 제안하기 시작했고, 새로운 재분배세를 부과해 외국 기업들의 적대적인 반응을 불러일으켰다. 1960년대에 채굴된 세계 총량의 3분의 2를 차지한 카리브해 지역의 보크사이트 생산량은 20년 뒤에 총산출량의 6분의 1로 떨어졌다. 채굴의 유산은 오염된 땅에 남겨진 구식 장비였다. 자메이카에서 생태계의 악화는 저항을 유발해 「환경 보호법」의 제정과 버려진 광산 지대의 복원으로 이어졌다.

1990년대부터 도미니카 공화국(금과 니켈)과 쿠바(니켈) 같은 국가에서, 그리고 무엇보다 온두라스, 니카라과, 과테말라 같은 중앙아메리카 국가들에서 새로운 광업의 물결이 발생하고 있으며, 이에 따라 여러 사회적 갈등을 일으키고 있다. 캐나다와 미국의 기업들이 산업을 지배하고 있고, 중국 같은 신흥 강국의 수요 역시 하나의 요인이다.

베네수엘라와 트리니다드는 카리브해 지역에서 가장 중요한 화석 연료 추출의 중심지로 남아 있다. 카리브해 지역은 서아시아와 아프리카의 생산자뿐 아니라 미국 시장에서 석유를 팔고 있는 지역 생산자들과의 석유 지정학 속에 존재한다. 생산물의 일부는 아루바, 퀴라소, 트리니다드, 미국령 버진 아일랜드, 푸에르토리코의 정제 공장에서 가공된다. 우고 차베스Hugo Chávez가 이끄는 베네수엘라 혁명의 석유 정책은 '페트로카리베Petrocaribe 프로젝트'를 통해 카리브해 지역 국가들에 석유를 지원함으로써 그 지역에서 미국의 패권에 도전했다.

산업화는 20세기 중엽 이래 시행된 경제 개발 정책의 목표였다. 가장 전형적인 사례는 1940년대 말부터 시작된 푸에르토리코의 "부트스트랩 작전Operation Bootstrap(에스파냐어로는 Operación Manos a la Obra)"이었다. "초청에 의한 산업화" 정책을 통해 당국은 미국 기업들에 대한 재정적 장려책을 제공하면서 설탕 단일재배를 산업 부문에 대한 민간 투자로 대체하고자 했다. 그 과정이 엄청난 이주, 급속한 도시화, 점진적인 농업 포기를 초래해서 푸에르토리코 식량의 90퍼센트 이상을 수입해야 했다.[24] 21세기 초 푸에르토리코 인구의 94퍼센트가 도시에 거주하면서 그 섬은 세계에서 제곱킬로미터당 인구 밀도가 가장 높은 곳 중 하나가 되었다.[25]

20세기 중엽에 푸에르토리코는 수력 발전 댐을 기반으로 한 에너지 공급에서 화력 발전으로 빠르게 전환해 20세기 말에 화력발전소는 전체 에너지의 99퍼센트를 공급했다. 푸에르토리코는 주로 운송 부문(주민 1인당 0.75대로 미국 관할권 중에서 가장 높은 비율) 때문에 카리브해 지역에서 화석 연료의 소비 수준이 가장 높은 편이다.[26] 초국적 기업들이 푸에르토리코 전력 공급의 상당 부분을 소비한다.

푸에르토리코의 공업은 처음에 섬유와 식품 부문에 집중되었고, 1960년대에 석유 화학, 금속과 기계 생산으로 바뀌었다. 이는 결국 첨단 기술, 제약과 전자 산업으로 대체되었다. 비교적 취약한 환경 보호 규정을 통해 수많은 공장들이 혜택을 누렸지만, 생태계와 천연자원에는 심각한 피해를 입혔다.[27] 여러 지역 공동체와 환경 운동 단체들은 환경을 보호하고 오염 문제를 안고 있는 가난한 지역 사회들을 지원하기 위해 '푸에르토리코 산업 사절단'(1969) 같은 조직들을 구성했다.

실제 산업화 정도에 관계없이 카리브해 지역의 도시들은 높은 도시 집중 지수를 기록했다. 1920년에 산토도밍고의 주민은 3만 1000명(전체 인구의 4퍼센트)이 채 되지 않았지만 21세기 초에 그 수치는 약 300만 명(전체의 40퍼센트)까지 상승했다. 같은 기간에 농촌 주민은 전체 인구의 84퍼센트에서 30퍼센트 이하로 감소했다. 아이티의 수도인 포르토프랭스의 인구는 1950년 15만 명에서 50년 뒤 250만 명 이상으로 증가했다. 일부 작은 섬에서는 인구의 90퍼센트 이상이 도시 지역에 살고 있다.[28] 남아메리카의 카리브해 연안에는 베네수엘라의 카라카스와 마라카이보, 콜롬비아의 바랑키야와 카르타헤나 데 인디아스를 포함해 주민이 최소한 100만 명 이상인 도심지가 산재해 있다. 이와 대조적으로 중앙아메리카의 카리브해 연안에는 도시화가 거의 이뤄지지 않았는데, 이는 부분적으로 코스타리카, 니카라과, 파나마에서 카리브해 연안이 지니는 미미한 지위 때문이다. 그러나 온두라스에서 산 페드로 술라(70만 명)는 20세기 말 중앙아메리카에서 가장 빠르게 성장하는 도시 지역 중 하나였다.

대중 관광의 새로운 열대성

20세기 중엽부터 시작된 대중 관광의 호황기는 대카리브해 지역의 환경사에서 이른바 굴뚝 없는 산업과 서비스 경제가 주목을 받는 새로운 시기를 나타낸다. 이런 변화를 설명하는 요인 중에는 열대 지역에 대한 이미지의 변화가 있다. 그 이미지는 '백인'의 질환과 죽음의 장소로부터 수정같이 맑은 해변, 이국적인 경관, 쾌락주의적 즐거움으로 가득 찬 지상 낙원, 달리 말해 얼어붙은 겨울과 현대적 삶의 긴장에서 벗어날 수 있는 장소로 바뀌었다. 동시에 산업 국가에서 관광이 점차 더 이상 엘리트층의 특권이 아니게 되었다. 이는 여객 항공 운송과 유람선(크루즈)의 혁명과 함께 일어난 변화였다.

20세기 초 미국 회사들이 설립한 대농장들은 관광객의 유입을 촉진했다. 예컨대 유나이티드프루트사와 그 선단은 바나나와 다른 열대 과일을 운송하는 선박으로 유람 여행을 제공했다. 1959년까지 주요 행선지는 쿠바였고, 1920년대부터 미국을 출발하는 항공편이 정기적으로 운항했다. 관광객 수는 1914년 3만 3000명에서 1957년 27만 2256명으로 늘었고 그 가운데 85퍼센트는 미국인이었다. 당시 쿠바는 전체 방문객의 약 25퍼센트를 맞아들였다. 관광객들은 대부분 매력적인 도시일 뿐 아니라 카리브해 지역의 도박과 매춘 중심지로도 유명한 아바나에 머물렀다. 1959년 쿠바 혁명 이후, 1962년에는 방문객이 겨우 361명에 지나지 않을 정도로 관광 활동이 붕괴했다.[29] 20세기 전반기에 두 번째로 인기 있는 행선지는 자메이카였는데, 그곳에서는 식민 당국이 투자자들에게 유인책을 제공했고 1920년대에 관광은 이미 네 번째로 중요한 소득원이 되어 있었다.[30]

1950년대에 카리브해 지역에서는 대중 관광이 결정적인 도약을 맞이했는데, 이는 선호하는 여행지가 산에서 햇살 가득한 해변으로 바뀐 덕분이었다. 1960년대에 영국령 여러 섬들의 독립 과정에서 국제 관광은 경제 발전을 위한 지렛대로 여겨졌다. 자메이카와 바하마 같은 기존의 행선지는 1980년대부터 특히 인기를 얻게 된 바베이도스, 안티과, 버진 아일랜드, 푸에르토리코, 산마르틴, 도미니카 공화국 등과 새로운 경쟁에 직면했다. 1990년대의 심각한 경제 위기를 겪은 뒤에는 쿠바도 유입되는 관광객의 물결을 기회로 활용하기 위해 카리브해 지역에 기반을 둔 관광에 다시 합류했다.

이런 상황에서 행락객의 수는 1970년 350만 명에서 1980년에 1280만 명, 2000년 2040만 명으로 늘어났다.[31] 대부분이 미국, 캐나다, 서유럽에서 왔는데, 이는 전 지구로 확산된 신자유주의 질서의 새로운 특화 논리에 따라 "쾌락의 주변부"가 창출되면서 관광 활동을 식민주의의 새로운 향락적 국면으로 동일시하는 데 기여했다.[32] 그리하여 외국인 방문객들을 위한 지상 낙원의 이미지가 강화되는 동안, 지역 공동체 구성원들은 서비스 경제의 종업원으로 격하되거나 자국의 자연과 문화가 상품화된 결과로서, 예전 생활 방식의 일부였던 해변과 다른 소유물의 향유에서 분리되는 상황에 처하게 되었다.[33]

이에 상응해 카리브해 지역에서는 대중 관광의 시대에 옛 식민 본국과 이른바 선진국으로의 대규모 이주가 증가했다. 이 현상은 초국적 카리브해 문화 공동체의 형성으로 이어졌고, 그 구성원들은 나중에 방문객으로서 고향에 돌아왔다. 덜 알려진 주제는 더 부유한 집단의 국내 관광이나 대륙 국가의 도시 주민들의 카리브 해변 방문 여행이다. 많은 경우에 그런 여행은 폭넓은 연주 목록을 지닌 카리브 댄스 리듬의 향유와 더불어 외국 여행객들을 움직이게 만드는 유사한 고정 관념에 토대를 두고 있었다. 한 가지 사례로 산타 마르타와 산안드레스섬 같은 장소를 포함해 콜롬비아 카리브해 연안의 관광 개발을 들 수 있다. 비슷한 관계가 부유한 베네수엘라인들과 마르가리타섬 사이에 형성되었다.

해안의 고립 지역에서 태양과 해변을 즐기는 것은 지역 관광의 지배적인 요소로서, 이는 지역 사회로부터 어느 정도의 분리를 의미한다. 대개 그런 분리는 '일괄 거래'에 의해 강화된다. 게다가 유람선 여행의 호황 — 1980년 방문객의 35퍼센트에서 2001년 44퍼센트로 증가 — 은 지상의 호텔 시설과의 경쟁 심화를 의미한다. 그리하여 관광객 1인당 소득이 더 낮아지고 외부 사업자에 대한 종속

이 강화되면서 유람선의 폐기물이 결국 해저에 쌓이는 경향이 있다.[34]

관광과 환경의 관계는 복잡하다. 긍정적 측면 중 하나는 자연환경에 대한 재평가인데, 이는 보호 지역에 소득원을 제공하면서 관리 방식을 개선한다. 관광지 근처의 주민들에게 일자리를 제공하면 생계 경제 내에서 천연자원에 대한 압박을 줄일 수 있다. 관광업이 지역의 식량 생산을 다각화하는 동기로 작용할 때 유사한 상황이 발생한다.[35] 그러나 해변 침식, 토착 생물 다양성의 상실, 급속히 퍼지는 외래종 동식물의 유입, 자연 배수의 변화, 토양과 물의 오염, 시각적 경관의 변화, 식수를 둘러싼 지역 사회들과의 경쟁 등 직접적인 부정적 영향이 많다. 태양과 해변 관광은 많은 환경 서비스를 제공하는 맹그로브 같은 취약한 생태계에 대한 지속적인 위협이다.

카리브해 지역의 관광 호황 초기 수십 년 동안 관광이 환경에 미친 영향이 간과되는 경향이 있었다. 최근에는 관광 기반시설의 규모가 더 작아지고 사구沙丘에서 더 멀리 떨어지며, 지역 생태계에 더 잘 통합되는 경향이 있다. 토지와 수질 오염 같은 문제뿐 아니라 불필요한 물 사용, 고체와 액체 폐기물의 효율적인 처리 부족, 맹그로브 파괴와 산호초 손상, 고에너지 전력 수요의 감소 등도 제기된다. 기후 변화가 대변하는 불확실성 또한 오늘날 선호되는 관광지인 저지대 해안 지역에 심각한 위협으로 인식되고 있다.

지속가능성과 관련해 대중 관광은 세계 경제의 수요와 연관된 호황과 불황의 주기와 함께 플랜테이션의 역사에 여러모로 영향을 미친다. 그러나 관광업의 취약성은 수출 농업과 관련된 취약성보다 훨씬 더 클 수 있다. 왜냐하면 그것은 바다 저편에서 값싼 칼로리를 섭취하는 문제가 아니라 현지 자연과 문화(또는 민속)를 소비하도록 관광객들을 끌어들이는 문제이기 때문이다. 그리고 그것이 가능하기 위해서는 카리브해 지역에 전례 없는 에너지 투입과 배분이 필요하다. 관광 경제로의 변화는 개발을 이룬 뒤 자연 그대로의 경관과 접촉하려는 내재적 충동의 결과가 아니라 단순한 생존의 문제이다.[36] 그것은 예전의 역사적 종속 구조를 강화하는 세계화의 새로운 단계에서 자본주의 강대국

들이 예약한 자리를 차지하는 문제일 뿐이다.[37]

지역 공동체들의 자원에 대한 접근 제한이나 탈취 때문에 심각한 모순이 없는 것은 아니지만, 엄청난 잠재력을 지닌 관광 유형 중 하나는 생태 관광이다. 전문가들은 이 관광이 투입량이 적고 양보다 질을 중시하며 지역 생태계와 문화에 대한 민감도가 높은, 이상적인 관광에 더 가깝다고 생각한다. 코스타리카에서는 생태 관광과 모험 관광이 지배적인 유형이 되었고 이는 보호 지역을 지지하는 정책에 부합한다.[38] 생태 관광의 두드러진 특징은 막대한 투자가 필요하지 않고 주변 환경과 조화를 이루는 설계와 재료를 사용한다는 점이다. 생태 관광은 더 나은 교육을 받고 지역의 관습을 존중하는 관광객을 끌어들이고 소규모 기업들이 그런 활동에 참여할 수 있도록 하며, 모든 생명체에 대한 존중을 장려하고 환경 보전을 위해 기부한다. 동시에 생태 관광은 국가의 자연환경을 배우고 더 잘 인식함으로써 그것을 보전하려는 동기를 대변한다.[39]

보전과 지속가능한 발전

카리브해 지역의 열대 관광이 호황을 맞이한 것과 동시에 환경 정책의 시행뿐 아니라 환경 보전의 구상과 실천에 관한 국제적인 진전이 이뤄지고 있다. 소앤틸리스 제도의 경우, 우리가 살펴봤듯이 제한된 공간의 영토에 플랜테이션들이 영향을 미치게 되면서, 특히 지역의 기후 조건과 토양 비옥도에 삼림 벌채가 악영향을 미치게 되자 이에 대응해 매우 일찍부터 보호 지역이 조성되기 시작했다.

대앤틸리스 제도에서는 조선용 목재를 보존하고자 쿠바에서 고안된 조치(17~18세기), 1876년에 공포된 푸에르토리코와 쿠바에 관한 몬테스 조례, 도미니카 공화국의 삼림을 보호하는 1884년 법 같은 이른 조치들이 있었지만, 자연 유적지에 대한 공식적인 보호는 훨씬 늦게 이뤄졌다. 1902년 푸에르토리코는 최초의 삼림 보호 구역인 루키요 숲 — 1907년에 국유림으로 지정 — 을 보유하고 있었다. 1926년에 도미니카 공화국에서는 야케 수생 보호 구역과 시범 숲이 조성되었다. 쿠바에서는 1930년에 시에라 데 크리스탈 국립 공원이 세워졌다. 아이티의 산 라파엘 국유림은 1936년에 조성되었다. 20세기 전반기에는 카리브해 지역 국가들의 정부도 쿠바의 홍학과 과테말라의 케찰quetzal(꼬리가 긴 고운 새로 과테말라의 국조이기도 함 - 옮긴이) 같은 멸종 위기종을 보호하기 위해 동식물 보호 구역을 만드는 조치를 채택했다.

최근에 보전 정책이 인기를 끌면서 동시에 플랜테이션의 중요성이 줄어들었고, 그에 상응해서 농촌의 공간이 유기遺棄되는 상황이 생겨났다. 푸에르토 리코에서는 토지의 8퍼센트만 보호 구역으로 지정되었지만, 임상식물林床植物의 회복은 1940년 5퍼센트에서 1990년 30퍼센트로 늘었다. 반면 건축 지역이 늘어 15퍼센트에 이른 것은 우려할 만하다. 도미니카 공화국은 임상식물을 1967년 14퍼센트에서 30퍼센트로 늘렸고, 그중 거의 3분의 1이 보호되고 있다. 그 상황이 목가적인 것과는 거리가 멀지만, 영토가 거의 완전히 벌채되고 침식 수준이 높은 아이티의 상황에 비해서는 분명히 훨씬 낫다. 쿠바에서는 1959년부터 1980년대까지 임상식물의 회복이 국토의 14퍼센트에서 18퍼센트로 더디게 늘었다. 그러나 1990년대와 2000년대 초의 경제 위기 동안 삼림은 전국의 25퍼센트를 덮을 정도로 확대되었다. 삼림의 확대가 항상 보호 지역에 상응하는 것은 아니지만, 조림지나 2차 초목을 지칭할 수도 있다. 쿠바에서는 국토의 22퍼센트가 다양한 보전 범주에 속하며 그 대부분(국토의 14.5퍼센트)이 해양 생태계이다.

대륙의 카리브해 연안 지역은 더 잘 보존되고 있는 것처럼 보인다. 이는 대부분 낮은 인구 밀도 때문이다. 이 전경全景은 유카탄에서 마라카이보만에 이르는 해안선 대부분의 특색을 나타낸다. 콜론같이 활기찬 항구 도시조차 파나마시와 그 호화로운 고층 건물들과 비교할 때 버려진 것처럼 보인다. 다른 한편 베네수엘라 인구의 약 80퍼센트가 대산맥과 카리브해 연안 사이의 좁고 긴 땅에 집중되어 있는데, 그곳의 경제 활동은 바다로 더 향하고 있다.[40]

중앙아메리카 카리브해 연안의 상대적 고립은 보전 지역의 존재에 기여한다. 한 가지 사례는 1990년에 제안된 '흑표범의 길 프로젝트'이다. 그것은 생태 관광과 산림농업agroforestry(산림을 이용하는 농업으로 '혼농임업'이라고도 부름. 농업과 임업, 때로는 축산업까지 결합시킨 복합 영농을 의미함 - 옮긴이) 같은 활동을 통해 생물 다양성을 보호하고 경제 회복에 기여하고자 평화적 과정과 통합주의적 시도의 틀 속에서 제시되었다. 중심축은 카리브해 방면 전체를 따라 조성된 경로인데, 야생 동물이 이동할 수 있는 중앙아메리카의 생물학적 통로를 만들기 위해 보호 구역의 절반 정도를 할애했다.[41]

서비스와 관광 경제의 현행 국면이 직면한 난제 가운데 하나는 주민들이 농업을 포기하고 그에 따라 토지를 경작하고 식량을 생산하는 데 필요한 능력과 지역 특유의 지식을 상실하는 상황이다. 1990년대 극심한 위기 동안 쿠바가 겪은 경험은 투입의 부족에 직면했을 때 기업적 농업이 얼마나 취약한지를 보여주었다. 쿠바는 유기농 생산에 바탕을 둔 덜 종속적인 농업 모델로 바꾸지 않을 수 없었는데, 이는 동물을 이용한 수송, 도시 정원, 국영 기업에 속한 토지의 분배로 복귀하는 과정을 포함했다.[42] 하지만 앤틸리스 제도에서 가장 큰 쿠바는 단연코 카리브해 지역의 모든 섬 중에서 경작지와 인구 사이에 가장 좋은 상관관계를 지니고 있다. 그렇다면 만약 비슷한 정도의 위기가 화석 연료의 지속적인 공급에 의존하지 않는 삶의 창출과 전혀 양립할 수 없는 인구 밀도를 가진 섬 중 하나를 강타한다면 어떤 일이 벌어질까?

간략한 평가

대카리브해 지역의 사회들과 그것이 속한 자연 세계 사이의 상호 작용을 따져 보는 것은 환경 악화 선언으로 환원될 수 없는 복합적인 변수를 지닌 주제이다. 그렇다고 해서 우리가 노예제, 계급, 인종, 전반적 불평등 또는 식민지 종속과 제국주의 같은 사회적 결과로 채색되는, 단선적인 발전과 경제 성장의 역사에 만족해야 한다는 의미는 아니다. 열대 지역 내 여러 국가들의 위치, 그리고 그들이 패권 세력과 관계 맺는 방식의 변화는 그 지역 생태계의 구체적인 물질적 변화와 그것이 인식되는 방식과 뒤섞여 있다.

카리브해 지역의 플랜테이션들은 처음에 토양의 숲과 유기물뿐 아니라 햇빛, 고온, 연간 강수량을 이용하는 열대의 잠재력에 의존했다. 그러나 이 조건들은 영구적이지 않았고 비료, 관개, 기계화, 과학적 지식에 의지할 필요가 있었다. 카리브해 지역의 상업용 작물 호황은 수확량을 크게 늘려준 천혜의 '비교우위'라는 표현보다 훨씬 더 대단했다. 집약적 농업 모델의 채택이 플랜테이션과 가축 생산성에 제동을 건 생태 현실을 극복하는 데 도움이 되었지만, 장기적으로 그 모델은 농산업이 강화되면서 기술과 에너지에 대한 의존이 증대했기 때문에 새로운 문제들을 일으켰다.

열대의 정복이라는 생각은 미국이 대카리브해 지역으로 경제적·지정학적 팽창을 거듭하면서 생겨난 상상의 일부였다. 물론 그것은 담론의 문제일 뿐 아니라 구체적인 경관에 개입하는 방식이었다. 그런 개입은 무엇보다 원료의 원천이자 제품의 시장으로서 대카리브해 지역을 미국의 산업적 신진대사의 흐름에 통합하려는 것이었다. 새로운 국제적인 유기적 조직체나 진영 간의 경쟁에 의해 추진된 냉전과 발전 정책의 맥락 속에서 열대의 정복이라는 은유는 대부분 자연의 정복이나 자연에 대한 지배로 대체되었다. 그럼에도 아무리 산업화 모델을 적용하려고 시도하거나 식량 주권을 위해 투쟁하더라도, 열대성은 예전 식민 본국들의 추운 겨울과 현대적 생활에서 벗어나기 위해 지상 낙원을 갈망하는 형태로 예기치 않은 힘을 갖고 되돌아온다. 열대 질병들에 대한 두려움이 극복된 뒤, 카리브해 지역의 이미지와 그곳에 대한 인식은 주민들과 지역 생태계에 대한 뿌리 깊은 고정 관념을 버리지 않으면서 지옥의 인상보다 에덴의 관념을 강화했다.

그러나 국제 관광은 해변과 이국적인 경관 이상의 것에 의존한다. 국제 관광에는 일광욕과 휴양지의 냉방 장치를 결합한 지상 낙원이라는 기묘한 발상

을 실현하는 것뿐 아니라 이동 가능성과 산업 사회의 물자 및 에너지 운송이
필요하다. 카리브해 지역의 사회, 그리고 무엇보다 식민 시대뿐 아니라 식민
시대 이후의 관계에서 가장 많은 혜택을 누린 강력한 집단들은 더욱더 연계되
는 세계의 패권 중심지에서 입수할 수 있는 기회들을 이용했다. 어쨌든 우리
는 지금까지 카리브해 지역의 자원 이용이 인간과 다른 종들이 의존하는 생태
계와 농업 생태계에 큰 변화를 가져왔다는 사실을 무시할 수 없다. 또한 우리
는 현대 사회에서 여러 독립 국가들과 인민 주권의 확립이 대카리브해 지역
대부분의 제한된 자원과 함께 시작된 지속불가능한 물자의 흐름에 토대를 두
고 있다는 역설적인 사실도 간과할 수 없다.

레이날도 푸네스 몬소테Reinaldo Funes Monzote는 아바나 대학교에서 공부하고
2002년 에스파냐 발렌시아의 하우메 1세 대학교에서 박사 학위를 받았다. 그
는 쿠바의 누녜스 히메네스Núñez Jiménez 재단에서 지구사 연구 프로그램의 책
임자를 맡고 있으며 아바나 대학교의 사학과 교수이다. 그의 책 『숲에서 사
바나로: 쿠바의 설탕, 삼림 벌채, 자연환경, 1492~1926De bosque a sabana: Azúcar,
deforestación y medio ambiente en Cuba, 1492~1926』(Siglo XXI, 2004)은 개정판을 내고,
영어로 번역되었다. 영역판의 제목은 『열대 우림에서 사탕수수 밭으로: 1492년
이래 쿠바의 환경사From Rainforest to Cane Field: A Cuban Environmental History since 1492』
(노스캐롤라이나 대학교 출판부, 2008)로 멕시코와 미국에서 여러 차례 수상했다.
또 그는 2015년부터 2019년까지 예일 대학교 맥밀런 센터MacMillan Center의 방
문 교수를 역임했다.

제2장의 영문 번역은 메리 엘런 피웨거Mary Ellen Fieweger와 존 솔루리John Soluri가
맡았다.

제3장

안데스 열대 지역 원주민들의 자취와 흔적

니콜라스 쿠비

2008년 에콰도르와 2009년 볼리비아는 '수막 카우사이sumak kawsay'와 '수막 카마냐sumaq qamaña'(잘 살기, 아름다운 삶 또는 좋은 삶)라는 개념을 통합해 헌법을 개정했다. 에콰도르는 세계 최초로 자연의 권리를 인정했다. 그런 개혁은 원주민의 사상과 대화하려는 의도를 잘 보여주는 것이기 때문에 안데스 지역 안팎에서 큰 관심을 불러일으켰다. 그 개혁들은 양국 내에서 문화적 다양성과 그 표현을 인정하고 그것들을 21세기 사회를 재검토하기 위한 핵심적 요소로 소중하게 여긴다.

그런 담론의 공식화는 주로 에콰도르와 볼리비아에 밀집해 거주하고 있는 원주민의 존재 때문에 가능했다. 1990년대부터 원주민 활동가들은 열정적으로 공식적인 정치 세력과 연계하고 현재까지 살아남은 원주민의 특정한 신념, 지식, 관행을 검토함으로써 발전과 사회를 재고할 필요가 있다고 확신하는 이들과도 유대 관계를 맺었다.

일부 관찰자들은 수막 카우사이와 수막 카마냐가 "구체적으로 명시하기 어

표 3.1 2009~2015년 안데스 고산 지대의 원주민 인구

국가	전체 원주민 인구*	안데스 지역의 원주민 인구*	안데스 지역 거주 원주민 인구의 비율 (퍼센트)	전체 인구**	안데스 지역 전체 인구 대비 원주민의 비율***
볼리비아	5,002,646	4,535,066	90.65	10,027,254	45.23
페루	3,920,450	3,696,509	94.28	27,412,157	13.48
에콰도르	582,542	415,061	71.24	14,483,499	2.87
콜롬비아	1,392,623	372,538	26.75	42,888,592	0.87
아르헨티나	600,329	143,757	23.94	40,117,096	0.36
칠레	692,192	78,889	11.39	16,572,475	0.48
베네수엘라	534,816	9,722	1.81	28,946,101	0.03
합계	12,725,598	9,251,542		180,447,174	

* Inge Sichra, "Andes," in *Atlas sociolingüístico de pueblos indígenas en América Latina*, ed. Inge Sichra, 513~644(Cochabamba: UNICEF and FUNPROEIB Andes, 2009), 516.
** 각국 인구에 대한 최근 조사이다.
*** 백분율은 근사치이다. 일부 인구 조사는 시크라(Sichra)의 연구 이후에 시행되었기 때문이다.

럽고 다면적이며 양가적이고 모호한 개념"이며, "이념적이고 정치적인 이용에 따라 수렴되거나 서로 갈라지는 개념"이라고 주장하지만,[1] 그것들이 현대의 헌법에 명기된 것은 특이성을 보여주는 징후이다. 안데스 열대 지역 국가에는 라틴아메리카의 개발, 진보, 근대성 프로젝트에서 패권을 장악해 온 유럽 중심적인 세계관과 실천에서 비롯된 것과 다른 생존/존재/사고/행동 방식이 역사적으로 존재했으며 여전히 존재한다.

유럽인들의 정복과 관련된 질병과 전쟁이 원주민을 몰살시킨 지역들과 대조적으로, 안데스 열대 지역에는 원주민들이 많이 살아남았다. 누가 원주민인지(또는 아닌지)를 정의할 때, 전국 인구 조사가 직면하는 어려움을 감안해야 하지만, 2009년 안데스 지역의 (주요 언어가 케추아어와 아이마라어인) 원주민 인구는 900만 명을 넘어섰다(표 3.1).

안데스 공화국들의 역사에서 원주민들은 다양한 역할을 맡아왔다. 예를 들어 원주민으로 구성된 군대는 19세기 볼리비아에서 발생한 몇 차례 혁명에서 결정적이었는데, 그들은 공유지 상실을 막으려는 일념으로 혁명에 가담했다.

또한 그들은 스스로 조직해 공화주의자들이 때때로 무장 집단을 통해 그들의 영토와 문화에 개입하는 데 맞서 싸웠다.

원주민과 그 밖의 사회 구성원들의 공존은 때때로 협상과 강제가 교차하고, 때로는 평화적이거나 폭력적이었다. 예를 들어 그런 긴장은 야와르Yawar 축제에서 상징적으로 드러난다. 그 축제는 페루에서 매우 인기가 있고, 특히 콘도르와 황소 간 싸움을 포함한다. 이는 안데스 문화와 에스파냐 문화 간 전투의 재현이라 할 수 있는데, 황소의 등에 묶인 콘도르는 몇 분 동안 싸울 기회를 가지며 싸움으로 피범벅이 된 뒤에야 풀려난다.

이런 관계로부터 수백 종의 혼혈mestizaje, 혼성적 정체성과 혼합주의가 출현했는데, 그것은 보통 크리오요criollo 문화와 동일시되지만, 항상 그렇지는 않다. 이런 혼합의 대표적인 표현은 에콰도르의 '차그라chagra,' 즉 산악 지대의 목부(카우보이)들이다. 그들은 원주민의 판초(커다란 천 가운데 머리를 내놓는 구멍만 있는 외투 ─ 옮긴이)와 에스파냐의 사마로zamarro(가죽 바지)를 섞어 입고, 두 가지 문화 모두를 높이 평가하며 그들의 결합을 어려워하지 않는다. 그런 경향은 인디헤니스모indigenismo(원주민 보호주의)를 옹호하는 작가들의 작품에서도 포착된다. 『갈색 인종Raza de Bronce』(알시데스 아르게다스, 1919), 『안데스의 폭풍Tempestad en los Andes』(루이스 에두아르도 발카르셀, 1927), 『우아시풍고Huasipungo』(호르헤 이카사, 1934), 『깊은 강Los ríos profundos』(호세 마리아 아르게다스, 1958) 같은 소설에는 원주민, 크리오요, 메스티소 사이의 관계에 대한 견해들이 표현되었다.

인도-유럽과 지중해, 그리고 안데스의 기술이 한데 섞여 밀, 보리와 함께 감자를 재배하거나 돼지, 닭, 소와 함께 야마, 알파카, 쿠이(기니피그)를 사육했다. 흙과 도자기 타일, 유리와 돌, 짚과 금속을 연결하는 건축술에서도 같은 경향이 포착된다. 많은 원주민들은 식사에 통조림 생선, 쌀, 국수를 포함하거나 치차chicha(발효한 옥수수로 만드는 술 ─ 옮긴이)를 맥주로 대체했다. 그들은 서양의 통신 기술, 기계, 종자, 현대적인 농기자재, 오염을 일으키는 소모적 관행을 흡수했다. 그리고 많은 사람들이 공화주의 세력과 그들의 정부 형태에 가담했다.

이런 혼합에도 불구하고 원주민(또는 크리오요)들이 모두 같지는 않다. "'원주민'²이라는 범주 뒤에 감춰진 이질적인 세계"를 고려해야 하는 "탄력적인 종족적 경계"가 있지만, 이 장에서는 원주민과 크리오요 사이의 차이들을 중시하는 환경사를 제안한다. 그 차이들이 특이하고 뚜렷이 구별되는 경관과 인공물을 낳았기 때문이다. 나는 원주민들이 "저항과 배제 때문에 산업 세계의 문화적·기술적 팽창을 어떻게 해서든 회피해 온 국가들의 농촌 지역에서 수천 년 전에 비롯되어 새 천년 초까지 여전히 존재하는, 자연과 관련된 다른 양식들"을 갖고 있다는 생각을 공유하려고 한다.³

오랫동안 안데스 열대 지역의 사회적·정치적·문화적 역사의 대리인으로 인식된 원주민들은 그 지역의 환경사에서도 줄곧 핵심적인 행위자였다. 그들은 생각과 물질적 관행의 영역에 자취와 흔적을 남겼다. 그것은 특정한 형태의 사회관계들과 연관된 다른 요소 중에서도 어떤 경우에는 오늘날까지 남아 있는 동물, 씨앗, 토양과 숲의 관리, 물 사용, 산비탈, 고지의 경사면, 도구들과 농업 관행이다. 간단히 말해, 이는 원주민이 무엇을 의미해 왔는지의 역사가 아니라 안데스 열대 지역의 환경사를 설명하기 위한 핵심적인 접근법으로서 원주민이 남긴 지리적 자취에 주의를 기울이는 역사이다.

그렇기는 하지만, 지난 200년 동안 가장 눈에 띄는 흔적들이 원주민들의 덕분이었다고 주장하는 것은 아니다. 여러 공화국들의 영토를 주요 수출 경제로 전환하는 기획은 무엇보다 크리오요의 영역이 주도해 왔기 때문이다. 수출 경제에 대해서는 적잖은 글이 출판되었고 그중 일부를 이 장에서 종합하려고 한다. 안데스 열대 지역의 공화국들이 형성된 뒤 그 정부가 자유주의적이든 보수적이고 독재적이며 카우디요caudillo가 지배하든, 좌파든 우파든 관계없이, 시몬 볼리바르Simón Bolívar에게 영감을 준 프랑스식 모델에 따라 영토를 조직하려는 열망이 있었다. 정부 기관들과 크리오요 사회는 북대서양 사회가 규정한 근대성을 지속적으로 추구했다.

그러나 국가나 민간 부문 기획의 틀 속에서 발생한 사회환경적 변화는 긴장 없이 우연히 생겨나지는 않았다. 왜냐하면 이 국가들 내의 영토에서는 식민 체제에 의해 전체적으로 또는 부분적으로라도 바뀌지 않은 정부 형태, 정착 유형, 그리고 자원 이용이 존재했기 때문이다.

마지막으로 나는 원주민의 관행들을 순수하고 지속가능한 것으로 옹호하거나 강조하지 않으려 하고, 크리오요 사회를 안데스 국가들에서 모든 부정적인 사회환경적 외부 효과의 근원으로 묘사하지도 않는다. 나의 전제는 원주민의 기호학적·물질적인 자취와 흔적들이 존재해 왔고 여전히 존재하며, 그것들이 원주민들이 밀집해 살고 있는 라틴아메리카의 다른 지역(에컨대 멕시코)과 안데스 열대 지역의 환경사와 관련이 있다는 것이다.

이 장은 네 부분으로 구성된다. 첫 번째는 공간의 수직적 이용 같은 고산 지대에 대한 원주민의 적응 중에 일부 중요한 점과 안데스 열대 지역의 생물 지구 물리적 맥락을 설명한다. 두 번째 부분은 대략 1820년 이후 발생한 일부 엘리트와 국가 주도의 변화, 특히 수출과 내수 시장을 위해 생산에 필요한 원료를 확보하고 노동력을 동원하려는 시도를 살펴본다. 세 번째 부분은 식민 시대에 그랬던 것처럼 이런 어지러운 변화 가운데(때때로 그 일부로서) 안데스 지역의 원주민들이 농업 다양성, 물 관리 기술, 토양, 숲, 심지어 도시와 도시 주변 정착지까지 영향을 미쳤던 적응의 관행들을 어떻게 유지했는지 강조한다. 나는 안데스 원주민들의 생활양식의 회복과 가시성可視性을 높일 것을 요구하면서 마칠 것이다. 이를 위해 환경사는 시기적절한 서술일 뿐 아니라 도구의 역할도 담당할 수 있다.

산악 환경에 대한 적응

북부와 중부 안데스로도 알려진 안데스 열대 지역은 칠레와 아르헨티나의 북부에서 베네수엘라 서부까지 이어진다. 여기에는 볼리비아, 페루, 에콰도르, 콜롬비아의 광범위한 지역이 포함된다. 경사와 위도에 따라 다양한데, 가장 높은 지점은 해발 6768미터에 있는 눈 덮인 봉우리 우아스카란Huascarán이고, 가장 낮은 고지들은 안데스 산맥 양편의 해발 약 600미터에 있다.

이 지역의 면적은 150만 제곱킬로미터가 넘는데, 그중 78퍼센트는 자연 생태계에 해당하고 나머지는 인간의 활동으로 변형된 땅이다. 이 지역은 지구상에서 찾을 수 있는 가장 큰 미기후微氣候(주변의 지역들과 다른 좁은 지역의 기후 − 옮긴이)와 생물학적 다양성을 가진 지역 중 하나이다. 지구 대륙 질량의 1퍼센트에 4만 5000종의 유관속維管束 식물(그중 2만 종은 고유종)과 3400종의 척추동물(1567종의 고유종 포함)이 있다.[4]

안데스 열대 지역의 네 국가(볼리비아, 페루, 에콰도르, 콜롬비아)는 세계 고유종과 단위 면적당 종의 수에서 세계 1위를 기록하고 있다.[5] 이 다양성은 대체로 산이 만들어낸 장벽과 경사면으로 야기되는 진화의 과정 덕분에 존재한다. 예컨대 타피루스Tapirus속의 맥貘, tapir, danta(라틴아메리카와 서남아시아에 살며, 코가 뾰족한 돼지처럼 생긴 동물 − 옮긴이)은 아마존 지역 종, 해안 종, 그리고 안데스 종을 포함한다.

히말라야와 동부·중앙아프리카의 산악 지대와 대조적으로, 안데스 열대 지역은 남쪽에서 북쪽까지 이어지며, 태평양 방면의 해안에는 적도에서 모이는 두 개의 해류(한류와 난류)가 흐른다. 그리고 안데스 지역의 남쪽 부분(주로 아르헨티나와 칠레)과 달리, 이 지역은 기온이나 광도의 심각한 계절적 변화에 영향을 받지 않는다. 그 대신에 연중 매일 낮과 밤의 시간이 거의 같은 미기후가 두드러진다. 이곳은 무엇보다 가장 높은 고도에서 건기 동안 매일 급격한 온도 변동을 겪는다. 안데스 열대 지역은 대부분 건기와 우기가 있지만, 건기와 우기는 이 지역 전역에서 연중 시기나 강우량이 일치하지 않는다. 간헐적인 엘니뇨 현상(안데스 열대 지역의 서해안을 따라 흐르는 바닷물이 몇 년에 한 번씩 유난히 따뜻해지는 이상 현상 − 옮긴이)은 연간 강수 주기의 가변성을 더한다.

그런 다양성, 복잡성, 불확실성에 대처하는 것은 이 지역의 다양한 거주자들, 즉 수천 년에 걸쳐 지역에 역동적으로 적응한 원주민, 에스파냐 출신 식민지 개척자, 그리고 나중에 산악 지대를 국가, 세계, 그리고 유럽식 근대성과 연결시키겠다고 결심한 공화국의 주민들에게 하나의 도전이었다.

한 가지 극단적인 도전은 티베트의 조건과 유사하게 낮은 산소 농도, 혹독한 추위, 높은 자외선 일일량이 특징인 해발 4000미터 이상의 고도에 있는 장소들을 이용하는 것이었다. 해발 4355미터의 푸쿤초Pucuncho의 고고학적 유적지는 최소한 1만 2800년 전에 세워졌고, 해발 4480미터에 위치한 쿤카이차Cuncaicha, 즉 1만 2400년 전의 임시 사냥 야영지는 인간이 오랫동안 안데스 세계의 지붕을 점령했다는 증거이다.[6] 볼리비아의 엘알토El Alto시에는 85만 명 이상의 주민들(대부분 원주민)이 해발 4070미터의 고지에서 살고 있다.

그러나 지난 수천 년 동안 대부분의 안데스 주민들은 해발 2000~3500미터에 있는 지역에서 살았다. 정복 이전 시대, 식민 시대, 그리고 공화정 시대의 정치와 행정 권력의 중심지들은 이 범위의 고도에서 형성되었는데, 아레키파, 보고타, 코차밤바, 쿠엔카, 쿠스코, 라파스(아이마라어로 추키아고마르카Chuquiagomarka), 파스토, 키토 등을 사례로 들 수 있다.

안데스 고산 지대의 삶은 주로 영토의 수직적 통합을 허용한 주위의 산기슭 언덕과 더운 평원의 연결 덕택에 가능했다. 다양한 고도의 생태 층ecological floor에 집단과 가구들이 정착하고 최대의 영향력을 미치면서 감자, 옥수수, 채소 같은 고산 지대의 생산물을 중간 지대의 생산물(예컨대 고추, 코카, 커피), 그리고 면화, 소금, 강과 바다의 어류를 포함하는 저지대 생산물과 교환하게 되었다. 자원을 위해 일부 미기후에 의존함으로써 안데스 열대 지역의 주민들은 제약, 불확실성, 위험을 극복해 왔다.

생태 층을 통합하는 이런 관행에 각기 다른 이름들이 붙여졌다.[7] 인류학자 존 뮤라John Murra는 "수직 군도"라는 용어를 만들어냈지만, 그 개념이 지역에서 새로운 것이 아니라는 점을 인정했다.[8] 그렇지만 안데스 열대 지역 전체에 걸쳐 수직 군도가 다르게 기능했기 때문에, 고지의 경사면에 의해 연속적이거나 단속적으로 분리된 "섬들"이라는 개념은 더 엄밀한 정확성을 요구한다. 예를 들어 그 개념은 뮤라가 연구한 지역, 즉 안데스 제국이 자리 잡은 광활하고 비교적 건조한 고산 지대에서는 북부 안데스(오늘날의 콜롬비아와 에콰도르)의 더 습한 파라모páramo(미주 4)와 다르게 작동했다. 파라모 지역의 특징은 조밀한 생태적 경사지와 종족적 영지señoríos étnicos(족장 사회)로 조직된 원주민 사회였다.[9]

서로 다른 가까운 수직 지역 간의 이런 생산물 교환은 대가족과 공동체의 관계망이 (반드시 그것에 의해 결정되지는 않았지만) 추진하고 통제했다. 그 관계망은 그 지역의 역사적 흐름 속에서 다양한 강도로 작동했다. 북부 안데스 지역에서 융보Yumbo로 알려진 이들은 주로 고지대 사이의 교환을 담당했다. 남부 안데스 지역에서는 차스키chasqui들이 바닷가에서 쿠스코로 해산물을 운반했다. 안데스 열대 지역의 고산 지대와 저지대 시장에서는 여전히 인접한 고지대에서 온 음식, 섬유, 목재, 의약품, 염료, 향수가 섞여 모자이크를 이루는 것을 볼 수 있다. 이제 거기에는 콜럼버스의 교환이 시작된 뒤 도입된 수백 가지 식물과 동물이 포함되어 있다.

에스파냐의 식민지 개척자들은 포토시의 높은 봉우리에서 은을 채굴하고 키토와 그 주변에서 양을 기르며 보고타, 리마, 과야킬, 카르타헤나에 부왕령의 수도와 항구를 건설하면서 독자적으로 수직적인 지형에 적응했다. 에스파냐인들은 가장 높은 지대를 활용해 식량을 생산했는데, 그곳의 원주민들은 대부분 살아남았기 때문에 고산 지대는 어느 고도에나 위치해 있던 광산과 대규모 아시엔다(대농장)를 위한 '예비 인력의 집결지'로 기능했다.

식민 통치가 끝난 뒤 북부 안데스의 일부 아시엔다들은 여러 생태 층을 지속적으로 착취했다.[10] 이 생태 층들은 여러 아시엔다들의 경작지였는데, 오히려 불연속적인 섬들처럼 보였다. 이들은 "수직 경사면을 다른 고도의(따라서 다른 미기후를 가진) 농축산 지대로 모으려는, 주목할 만하지만 드물지는 않은 노력이 이뤄낸 것으로 이는 전체적인 생산 계획에서 서로를 보완했다."[11]

고산 지대를 해안의 평원(그리고 세계)과 연결하려는 공화파의 열망은 19세기 중엽에 시작된 철도 건설에서도 입증되었다. 이 철도는 통합된 내수 시장을 아우르고 특정 상품이 수출 시장으로 이동할 수 있게 해주었다. 볼리비아의 철도는 은 광산과 이후 주석 채굴의 필요를 충족시키기 위해 만들어졌다. 페루에서는 철도가 비슷하게 구리, 아연, 납, 은의 생산에 부응해 확대되었다. 철도는 전신선과 아울러 통일된 근대 국가를 건설하려는 꿈과 나란히 발전했다. 노동자들은 보고타의 사바나에 200킬로미터의 철도를 건설했고 콜롬비아 전역에 3000킬로미터가 넘는 철도를 놓아 산지와 저지대를 연결했다. 기차는 바랑키야, 과야킬, 리마, 보고타, 키토, 메데인, 아리카, 라파스 등의 도시들을 견고하게 만들었다.

철도는 통과하는 장소에 중요성을 부여하면서,[12] 공간의 확장과 인구 증가에 기여했다. 20세기 중엽까지 철도는 가장 중요한 연결 고리로 남아 있었는데, 그 시기에 역시 다양한 지역들을 연결했던 고속도로가 세계 경제에서 석유와 자동차의 부상과 함께 철도를 대체하게 되었다.

수직적 통합은 또한 도시를 파괴하고 대규모 이주를 초래한 지진과 화산 폭발에 대처하는 데 전략적으로 중요했다. 태평양에서 거대한 판상板狀 지각 표층이 남아메리카판의 서쪽 끝 아래로 들어가면서 지진들을 야기했는데, 1906년 지진은 콜롬비아와 에콰도르 해안을 강타해 거의 1000명의 사망자를 낸 강력한 해일을 일으켰다.

북쪽에 있는 수십 개의 활화산은 잠재적인 위험을 보여준다. 위험도가 높은 곳 중 하나는 라타쿵가Latacunga시와 그 주변으로, 과거에 몇 차례 완전히 파괴되었는데, 1877년 코토팍시Cotopaxi 화산의 분출에 따른 파괴가 마지막 사례였다. 더 오래되고 더 높은 산들이 있는 남쪽에서는 화산 활동이 덜하고, 특이한 고원altiplano이 있는데, 그곳에는 한때 바다 밑에 있었다는 사실의 증거, 즉 습하고 건조한 푸나puna(미주 4), 우유니와 코이파사 소금 평원 같은 생태계들이 존재한다.

일부 산악 지역 – 활화산 또는 사화산이 있는 – 은 빙하를 품고 있는데, 그 빙하는 해발 약 4500미터 부근에서 나타나기 시작하지만, 최근 들어서 끊임없이 감소하고 있다.[13] 녹은 얼음 덩어리가 터지면, 아르메로Armero읍과 그 주변을 파괴하고 2만 명이 넘게 사망하게 한 1985년의 네바도 델 루이스 같은 산사태가 발생할 수 있다. 1970년에 우아스카란 봉우리에서 퍼부은 산사태가 융가이 Yungay시를 묻어버리고 2만 명이 넘는 사망자를 낸 것처럼, 지진 역시 얼음과 바윗덩어리를 흐트러뜨릴 수 있다.

안데스 지역의 또 다른 핵심적인 특징은 물이었다. 산악 지역은 깊은 개울과 강바닥의 형태로 두드러진 자취를 남기면서 아마존 유역, 태평양, 리오 데 라플라타 유역으로 물을 모으고 분배한다. 안데스 지역의 고산 지대에는 티티카카Titicaca호와 포포Poopó호가 있다. 해발 3800미터에 있는 티티카카호는 표면적이 3800제곱킬로미터에 이르며 포포호는 점차 말라붙고 있다.

습한 푸나, 파라모, 운무림 같은 안데스의 생태계들은 인간의 소비, 관개, 수력 발전을 위해 물을 저장하는데, 폭우는 산사태와 홍수를 일으킬 수 있다. 일부 푸나는 때때로 가뭄에 시달리기 때문에 원주민들이 배수와 관개 체제뿐 아니라 돋움 모판 농법과 아무나amuna들을 비롯해 집수 체제를 유지하고 복원했다(이하 내용 참조).

크리오요의 대전환

1820년경 이래 발생한 안데스 열대 지역의 경관 변화는 대부분 수출 지향적 국가 경제를 강화하고 내수 시장과 인구 중심지들의 성장을 촉진하려는 크리오요의 전망과 활동에서 비롯되었다. 정부, 엘리트, 안데스 지역 공화국들의 광범위한 부문이 원료를 채굴하거나 생산하기 위해 영토의 통합을 촉진하면서 심각한 삼림 벌채와 오염을 유발하는 동시에 단일재배와 채굴 지역들이 지배하는 경관을 만들어냈다.

20세기 중엽에 강화된 이 모델은 호황과 불황의 주기를 거치면서 농업, 목장, 벌목, 도시, 석유 산업과 변경의 광산 지대의 발전으로 드러나는 역동성을 창출했다. 다른 세계와의 불평등한 물자 교환은 물질의 흐름이라는 측면에서 무역 수지의 적자로 입증된다. 1970년부터 2010년까지 안데스 지역의 국가들은 수입한 것보다 훨씬 더 많은 원료를 선진 산업 세계에 수출했다.[14]

1800년 무렵 고산 지대의 여러 곳이 개벌되었지만, 그 뒤부터 파괴의 리듬이 빨라졌다. 예를 들어 콜롬비아에서는 해발 1000미터의 안데스 삼림에서 가장 큰 파괴가 발생했다. 1800년과 1850년 사이에는 매년 약 2만 헥타르의 삼림이 개벌되었다. 그 뒤 70년 동안 해발 1000미터에서 2000미터 사이의 생태계들은 주로 목축업 때문에 연간 1만 2000헥타르의 비율로 삼림이 벌채되었다. 1920년에는 1850년에 있었던 소 35만 두가 다섯 배로 늘어났다. 1920년과 1970년 사이에, 콜롬비아 안데스 지역의 모든 생태계에서는 주로 커피 생산과 소 사육을 위해 매년 4만 헥타르 이상의 숲이 벌채되었다. 그 뒤 콜롬비아 안데스 지역의 연간 삼림 벌채 비율은 해발 2000미터가 넘는 곳의 삼림 5만 헥타르를 포함해 17만 헥타르 이상으로 증가했다. 2000년에 콜롬비아 안데스 전역에서 1100만 두 이상의 소가 사육되었다.[15] 안데스 삼림의 대부분은 기관차 보일러의 연료뿐 아니라 철도의 침목을 공급하기 위해 개벌되었다.[16]

20세기 말에 이르면 해발 3000미터에서 3500미터 사이에 있는 안데스 파라모의 30퍼센트 – 관목, 덤불 또는 나무가 우세한 지역을 포함해 – 가 완전히 변형되거나 손상되었다. 약 40퍼센트가 바뀌었고 30퍼센트 – 모두 접근할 수 없는 지역에 있는 – 만이 자연 상태로 남아 있었다.[17]

안데스 지역의 지식인들은 삼림 벌채의 결과를 간과하지 않았다. 후안 몬탈보Juan Montalvo는 에콰도르의 안데스 계곡 사이 지역에 토지 개간이 미친 영향을 목격하고 1895년 소설 『세르반테스가 빠뜨린 장들Capítulos que se le olvidaron a Cervantes』에서 이렇게 썼다. 돈키호테가 편백나무 두 그루를 자르는 한 남자를 보았을 때, 그는 왜 나무를 베어내면서 "자연이 만들어내는 데 오랜 세월이 필요한 작품을 한순간에 파괴하는지" 물으면서 "이런 대학살을 피할 수 있는 …… 방법이 있지 않을까요"라고 덧붙였다. "편백나무의 가치가 걱정된다면 내가 돈을 지불할게요. 그러면 그 나무들이 계속 서 있게 되겠죠. …… 그것들을 잘라내면 아무런 가치가 없어요. …… 살아 있고 그 자체로 아름다운 나무들은 이집트의 피라미드보다 더 가치 있죠. 그래서 나는 당신에게 마음을 바꿔 대자연에 선물하는 게 낫다고 생각해 주기를 애원하고 간청합니다. 대자연은 그 자식들의 그늘을 즐긴답니다."[18]

19세기 말에 무엇보다 유칼립투스를 심어 고지대 삼림 벌채의 부정적인 결과를 개선하려는 시도가 이뤄졌고, 이를 통해 노란색 경관이 공통된 특징이 되었다. 그 나무들은 습지를 말리기 위해 심기도 했다. 당시 인기가 있었던 다른 외래 수종은 침엽수, 편백나무, 플라타너스 등이었다.

삼림 벌채의 원인이 되는 수출 품목 가운데 안데스 열대 지역의 고유종 식물 두 가지, 즉 코카와 기나幾那나무cinchona가 눈에 띄는데, 전자는 재배 작물이고 후자는 야생 식물이다. 코카는 공식 시장과 비공식 시장을 연결한다. 신성한 의미를 지닌 코카는 진통제이고, 잎을 씹으면 고지대에 적응하는 데 도움이 된다. 코카 재배는 일반적으로 해발 800미터에서 2000미터 사이의 고도에서 이뤄지며(콜롬비아에서처럼 예외가 있는데, 거기에서는 1980년 이래 코카인을 생산하기 위해 코카 대부분을 해발 600미터 미만에서 재배했다), 식민 시대에 오늘날의 페루와 볼리비아에 해당하는 지역에서 코카 재배가 늘어났다(자료 3.1).

19세기 초에 발생한 폭력 사태로 코카 생산량이 하락했음에도 불구하고, 부분적으로는 미국의 인기 있는 청량음료의 필수 성분이었기 때문에 코카는 곧 해외 시장으로 돌아왔다. 1900년경 미국은 주로 페루에서 연간 최대 1000톤의 코카 잎을 수입했다. 20세기 말에 안데스 전역에서 코카 생산이 급증한 것은 코카인 생산의 호황 때문이었고, 코카와 비교해 실행가능한 상업적 농업의 대안을 거의 제공하지 못한 토지 식민화의 예기치 못한 결과였다.[19] 공식적인 감

자료 3.1 볼리비아의 코카 잎 채취

GATHERING THE COCA PLANT (Erythroxylon coca) IN BOLIVIA.

1867년 목판화. Henry Walter Bates, *Illustrated Travels*(London, 1867~1875), Wellcome Library, London (V0043210).

시 프로그램에 따르면, 2000년대 초 볼리비아에서 코카 재배 면적은 거의 3만 헥타르에 이르렀다. 콜롬비아에서 코카 재배는 삼림 벌채를 유발했고, 논란이 많은 제초제 글리포세이트로 훈증 소독해 코카 생산을 근절하려는 노력이 안데스의 생태계들을 오염시켰다. 크리오요와 원주민 농민들 모두 코카 사업에 참여한다.

안데스 열대 지역(지도 3.1) 주변에 퍼져 있는 기나나무 종 역시 지역의 호황과 불황의 주요 원인이었다. 말라리아를 예방하고 치료하는 데 도움이 되는 알칼로이드, 특히 키니네의 함량 때문에 기나나무 껍질은 서로 다른 강도로 몇 세기 동안 여러 안데스 지역에서 채취되었다. 17세기에 로하 숲에서 시작된 기나나무 숲은 그것이 자라는 생태계들과 함께 파괴되었다. 기나나무들은 고도가 다른 곳에 있는 작은 임분林分들에 흩어져 있어서 나무가 자란 곳에 접

지도 3.1 남아메리카의 기나나무 서식지

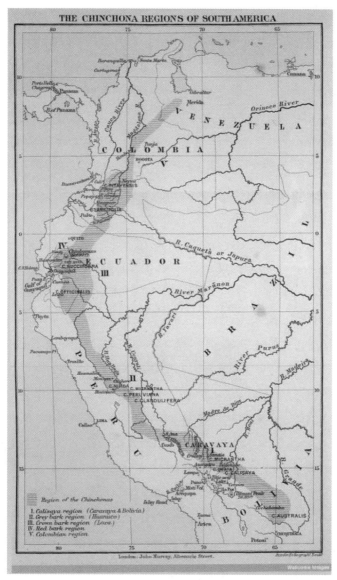

Clements Robert Markham, *Peruvian Bark: A Popular Account of the Introduction of Chinchona Cultivation into British India, 1860~1880*(London: John Murray, 1880), Wellcome Library, London(L0025458).

근하면 부수적인 파괴가 이뤄졌다. 나중에 볼리비아에서 키니네 농도가 가장 높은 노랑 기나피幾那皮, C. calisaya 종이 발견되어 개발되었다. 마지막으로 콜롬비아에서 발생한 임분의 전환을 들 수 있는데, 19세기에 더운 땅 열병fiebre de tierra caliente 기간에 집중적으로 개발되었다.[20] 남아메리카의 기나나무 껍질 생산은 1860년대까지 지속되어 수천 가지 종자가 안데스 열대 지역에서 동남아시아의 영국과 네덜란드 식민지로 연이어 밀수출되었다. 수십 년 만에 영국 플랜테이션의 생산은 제국의 수요를 채우기에 충분했고 네덜란드인들은 전 세계의 생산을 독점했다. 1910년에 자바는 90퍼센트, 인도는 8퍼센트를 생산했지만, 안데스 공화국들의 실적은 지구상에서 생산된 2500만 파운드의 나무 껍질 중 2퍼센트에 불과했다.

제2차 세계대전으로 안데스 열대 지역 숲의 임분에서 나오는 기나나무 껍질의 수요가 짧은 기간에 부활했는데, 멕시코에서 볼리비아에 이르는 기나나무 재배 대농장들의 생산으로 보충되었다. 호황기가 5년만 지속되었는데도, 그 짧은 기간에 미국이 안데스 지역에서 나오는 약 4000만 파운드의 마른 기나나무 껍질을 수입했기 때문에, 생태적 파괴의 정도는 엄청났다. 라틴아메리카의 공장들에서 가공된 나무껍질과 전쟁이 끝났을 때 파괴된 나무껍질의 양을 제외하고도, 미국의 수입량은 에스파냐가 18세기에 안데스 지역의 기나나무 껍질을 독점하고 왕립 약국에 38년간 보낸 35만 파운드에 비해 막대했다. 달리 말해, 수출은 연간 약 9000파운드에서 많게는 800만 파운드로 늘었는데 이는 1940년대 이래 천연자원 개발이 얼마나 격렬해졌는지를 보여주는 또 다른 증거였다. 그리고 이는 제2차 세계대전 기간에 시행된 기나나무 프로그램, 즉 단일 약용 식물을 찾는 최대의 과학적 특명의 결과로 빚어진 것이었다.[21]

안데스 지역의 공화국들은 집약적인 채굴을 장려하기도 했다. 볼리비아의 가장 높은 고도에서는 은, 주석과 다른 광물들을 찾기 위해 지표면이 파헤쳐졌다. 페루에서는 라 오로야La Oroya의 금속 가공 단지가 가장 눈에 띄는 곳 중 하나이다. 해발 3700미터에 이르는 그곳에서 인듐, 비스무트, 금, 셀레늄, 텔

루룹, 안티몬과 함께 구리, 아연, 은, 납이 채굴되었다. 그 결과 라 오로야는 세계에서 가장 오염된 장소 중 하나로 꼽힌다.

자원 채굴의 과정에서는 대부분 노동력의 동원이 요구되었다. 1950년대에 노동 이주가 뚜렷해졌는데, 그것은 수천 년 동안 사람들이 살아왔음에도 불구하고 "황무지"라고 불린 지역을 식민화하려는 정부의 장려책으로 추동되었다. 예를 들어 전쟁이 끝난 뒤 정부의 정책들은 볼리비아의 산타크루스 지역, 페루의 아마존 지역, 에콰도르의 산토도밍고 지역의 식민화를 권장했다. 이 과정은 긴 녹색 혁명과 관련된 농업 개혁과 다른 과정들로 강화되었다.[22]

사람들은 볼리비아의 엘 차파레 등지로 이주했다. 그곳에서는 토양의 30퍼센트 미만이 농업에 적합하다는 사실에도 불구하고, 지역의 생태 조건에 대한 적합성이나 시장의 잠재력에 대한 분석 없이 파인애플 같은 새로운 작물이 도입되었다. 수확 가능 작물이 필요한 많은 농민들은 코카 재배로 전환했다. 다른 이들은 석유 개발이 시작되고 토양이 집약적 농업에 적합하지 않은 아마존 지역으로 이주했다. 또한 농촌에서 광산 지역으로의 이주와 더불어 농촌에서 도시로의 상당한 이주, 그리고 파라모와 푸나가 있는 고지대로의 이주가 이어졌다. 고지대에서는 아시엔다가 제한적으로 존재했고 농업 개혁 조치에 따라 집약적인 농업과 목축업 체제가 도입되어 있었다.

원주민들은 코카나 파인애플을 재배하고 기나나무 껍질을 채취하면서, 또는 광산에서 힘들게 일하면서 크리오요가 주도한 공간의 전환 중 많은 부분에 참여했다. 그들은 철도와 고속도로, 그리고 신도시의 건설에도 기여했다. 그들 가운데 일부는 국민과 근대성이라는 꿈에 참여해 전통적인 관습을 잃었지만, 주변부에 살고 정치적으로 배제되었거나 저항을 선택한 다른 이들은 관습을 유지했다. 그 과정들은 발상과 경관의 영역 모두에서 찾을 수 있는 자취와 추적가능한 흔적을 남겼다.

원주민들의 자취와 흔적

"코무나comuna"라고 불리는 공동체들은 주민들이 생활하는 데 필요한 조직과 결속에 참여하도록 장려(와 의무화)하고 공통된 지역의 이해관계에 기반하고 있었기 때문에 특정한 원주민의 관행들을 유지하는 데 필수적이었다. 19세기 내내 공화주의 정부들은 공동체들을 없애려고 시도했다. 볼리비아에서는 토지를 사유화하고 그것을 개인별 재산으로 나누려는 시도들이 반복되었는데, 1820년대에 시몬 볼리바르가 공동 재산을 폐지하는 법령을 공표한 것을 시작으로 1874년 「한사상속 폐지법」까지 지속되었다. 「한사상속 폐지법」은 아이유ayllu(지역 조직의 한 형태, 이하 내용 참조)를 폐지하고 토지 소유를 사유화하며 대규모 아시엔다의 확립으로 이어지게 될 토지 시장의 창출을 의도하는 것이었다.[23] 안데스 지역의 공화국들은 라티푼디오latifundios(대규모 아시엔다)와 그것의 주요 변형인 아시엔다의 창출을 장려했는데, 그것은 사회경제적 관계와 권력의 문제에서 분명한 종족적 차이에 근거한 체제에 의해 지배되었다.

이런 조치에도 불구하고, 안데스 열대 전역에서, 특히 볼리비아에서 일부 공동체들은 아이유 같은 조직 형태를 유지(또는 복원)했는데, 그 아이유에서는 집단 소유, 호혜성, 공동 작업, 영토와 관련된 상징주의, 지구의 연간 주기와 관련된 작업 리듬, 공간의 수직적 사용, 야생의 재생, 약용 식물의 사용, 가족 관계망, 그리고 개인보다 집단에 대한 강조가 지속되었다.

아이유와 다른 형태의 공동체 조직에서 노동은 산과 강에 의해 (분리되지 않고) 역동적으로 만들어진 영역에서 집단적으로 이뤄진다. 공동체에서 많은 재화, 서비스와 노동은 임금 지급이나 다른 화폐 형태의 교환뿐 아니라 상호적 관계에 의해 분배된다. 아이마라족은 아이니ayni(호혜성을 바탕으로 한 가족 내 상호 봉사), 추쿠chuqhus(노동 축제)와 밍카minkas(회원들이 수확량의 일부를 지급받는 작업 조)를 유지했다. 다른 곳에서 밍카는 도로, 관개 수로 또는 공동체의 식량 경작지의 건설 같은 공동체 사업 노동과 관련이 있다. 20세기 말 볼리비아에서 아이유는 토지 보유권의 중요한 구성 요소로 재등장했지만, 일반적으로 안데스 열대 지역에는 적용되지 않는다. 예를 들어 에콰도르의 일부 지역에서는 자원이나 노동에 대한 공동체 수준의 규제가 어떤 생태 층에도 더 이상 존재하지 않는다.[24] 그러나 아이유들이 지속되는 곳에서 공동체적인 구조는 숲의 파편들을 보전하고 물과 토양을 관리하며 재배된 식물의 다양성을 보존하는 실천의 존재에 필수적이고, 그런 점에서 안데스의 옛 원주민들은 "아마 어떤 다른 사회보다 더" 선진적이었을 것이다.[25]

고원에 있는 아이유들은 반복되는 분할 때문에 두 개의 생태 층에만 걸쳐 있다. 하지만 그렇다고 해서 다양한 지역에서 혜택을 얻는 중요성의 상징적 의미가 줄어들지는 않았다. 볼리비아 우아차카야Huachacalla에서 소읍 광장의 네 모퉁이는 그 지역의 아이유 네 곳, 즉 우린사야urinsaya 또는 고도가 높은 보유지의 아이유 두 곳, 그리고 아난사야anansaya 또는 고도가 낮은 지대의 아이유 두 곳을 대변한다.[26] 페루의 파우카르탐보Paucartambo에서도 일부 가구들은 가장 높은 고도의 밭에는 감자를 심고 가장 낮은 밭은 옥수수를 위해 예비하는 수직적 특화를 유지해 왔다. 그들은 또한 20세기 농업 근대화의 일부 측면들을 통합하면서 다양한 작물에 서로 다른 차크라chacra(식량 경작지)를 할애하는 전략을 유지한다.[27]

이런 공동체적 접근과 비화폐적 관계는 상업적 중요성이 거의 없는 농산물 시장에서 분명하게 드러나는데, 이는 "주로 소량의 생산물을 수집하고 교환하는 구조이다. 이런 시장들은 프레스테preste 같은 호혜성의 표현이자 선물의 재분배인 공동체의 축제들과 같은 시기에 열린다."[28] 쿠스코의 라레스 계곡에서 찰라이플라사chalayplasa로 알려진 물물 교환 시장은 호혜성, 재분배, 자급자족의 원칙을 기반으로 한다. 그 시장들은 생물 다양성의 보전, 토양의 질, 해충 방제를 촉진하는 동시에 중요한 영양소와 비타민을 공급하는 기능을 담당한다.[29]

원주민 경작자들은 변화하는 환경에서 농업의 생존 능력에 필수적인 지속적인 실험을 통해 농업 다양성을 유지해 왔다. 이런 실험에는 다양한 고도에 차크라들을 만들고 각기 40종이나 되는 다양한 작물들을 재배하는 것이 포함된다. 각 차크라 내의 다양성 외에도 한 가족이 흉작에 대비하기 위해 생태적 경사면을 따라 분산된 30개 이상의 차크라를 가질 수 있는데, 이는 "대규모 병행"으로 알려진 전략으로서 예상치 못한 일들을 해결할 수 있는 가장 넓은 범위의 생태적 조건에서 여러 가지 활동을 수행하는 것이다. 잉카인들은 이런 식으로 다양한 고도에 작물들을 적응시켰는데, 그 흔적들은 쿠스코 근처의 모라이 같은 곳에서 여전히 볼 수 있다. 그곳에서 잉카인들은 독자적인 관개 체제를 갖춘 농업 실험장의 형태를 유지했다.

기본적인 생각은 결정을 내리기 전에 반복적인 시행착오의 과정을 통해 많은 변수를 고려하는 것이었다. 예컨대 그들은 높은 고도에 하나의 작물을 심어 추운 날씨에 작물의 산출량이 어떻게 변하는지를 실험했다. 오늘날에도 "모의 훈련과 실험은 안데스 원주민 농민들에게 일상적인 관행이다."[30] 지속적인 실험은 또한 서리, 가변적인 강우량 또는 해충에 대처하기 위해 한 해 내내 시차를 두고 작물을 파종하는 것을 시사한다. 독특한 경관과 환경을 조성한 그런 원주민들의 관행은 토지 소유자가 토지 없는 노동자들에게 생계에 보탬이 되도록 주변부의 땅을 넘겨주는 가혹한 우아시풍고huasipungo 체제 아래서도 유지되었다.

이런 역동적인 환경의 생존은 20세기 후반기에 농업 현대화를 촉진하려는 정부 측의 반복적인 노력이 왜 항상 완전히 받아들여지지 않았는지를 설명하는 데 도움이 된다. 정부 측의 노력은 안데스의 전통적인 삶을 유지하고 재생산하는 데 적합하지 않았다. 과학적 접근은 원주민의 경험과 지식을 감추거나 무시했다. 역설적이게도 라틴아메리카 국가 중에서 안데스 지역의 국가들은 농업과 식습관의 경우에 수입 대체 정책들이 달성할 셈이었던 것과는 정반대의 일을 벌였다. 정부의 정책들은 단일재배에 토대를 둔 농산물 수출사업의 길을 닦기 위해 식량 생산자들을 빈곤과 절망으로 몰아넣은 반면, 우유나 밀 등을 포함해 안데스 지역에서 생산할 수 있는 식량을 수입했다.

그렇기는 하지만, 일부 지역에서는 원주민 경작자들이 과학적으로 변형된 종자나 다른 산업적 투입물들을 사용하지 않았다. 역사적으로 그 지역들은 경작자 — 대부분 여성 — 가 선택한 지역 종자를 사용하고 복합 양식의 실천을 선호했다. 이런 종자와 식량의 관리 덕분에 안데스 지역에서는 다른 토종 작물과 더불어 거의 4000종의 감자들이 재배된다.[31] 더욱이 원주민 공동체들은 식품 저장과 가공, 해충 퇴치, 가뭄이나 서리에 대한 대처에서 전통적인 방식을 유지해 왔다.[32] 많은 곳에서 안데스 주민들은 계속 수출이나 시장 수요와 관계가 없는 재료들을 사용해 음식을 준비한다. 예를 들어 안데스의 원주민 공동체들은 높은 영양가를 점점 더 인정받고 있는 식물 퀴노아를 보전한다.

페루 고산 지대에서 케추아어를 사용하는 원주민들의 관행은 1960년대의 긴 녹색 혁명의 출현으로 복잡한 역동성을 경험했지만, 도입된 체계로 전통적 관행들이 완전히 상실되지는 않았다. 크기와 품질을 토대로 종자를 고르는 여성의 역할은 농업 다양성 보전의 근본적인 요소였다. 경작자들은 정기적으로 시장 교환에 참여하고 독성이 강한 농약들을 사용하면서도 농민들 사이의 종자 교환, 작물 순환, 다양한 고도의 식량 경작지 같은 관습을 유지했다. 전통적 방식과 현대적 방식 사이의 긴장 속에서 일부 원주민들은 부침의 변화를 겪고 있는 두 체계를 모두 (가능한 정도까지) 최대한 활용하고자 노력해 왔다.[33]

공동체 조직 체제와 관련된 많은 기술이 정복 이후 허물어진 것이 사실이라면, 다른 기술들은 오늘날까지 보전되었는데,[34] 이는 다른 기술들의 개선이 가능하지 않았다는 점을 암시한다. 인류학자 존 얼스John Earls에 따르면, "세부적인 것은 매우 다르지만 …… 기본적인 원칙은 어디에서나 같다고 볼 수 있다. …… 공간의 이질성은 정교한 구획화 절차와 기술들로 줄어드는데, 그 대부분은 기후의 불확실성을 줄이는 데 기여하기도 한다. 가족의 차크라에서 잉카 제국이 모라이에 조성한 밭까지 실험, 작물 선택과 환경에 대한 순응이 농업적 일상의 내재적 특징이다."[35]

또한 원주민은 여러 종의 식용 기니피그cuy, 검은 오리, 페루산 털 없는 개perro

viringo와 그 사촌 격인 털 많은 개, (야생 비쿠냐, 과나코와 관련이 있는) 야마와 알파카를 비롯한 토종 동물들을 계속 길러왔다. 안데스 공동체들은 이 낙타과 종을 단백질과 섬유질의 공급원이자 짐 운반용 동물로 활용한다. 식민 시대에는 야마와 알파카의 개체 수가 늘었지만, 공화국 시대에는 감소했다. 오늘날 남아메리카에는 300만 두 이상의 알파카와 300만 두 이상의 야마가 있는데, 대부분이 페루와 볼리비아에 있다.[36] (고기의 공급원이었을 통통하고 다리가 짧은 품종을 포함해) 일부 종의 야마와 알파카는 현재까지 살아남지 못한 반면, 최근 수십 년 동안 페루 북부의 '검은 산맥Cordillera Negra' 같은 곳으로는 동물들이 다시 도입되었다. 알파카를 다시 들여온 결과, 다육 식물들로 이뤄진 인공 습지가 만들어졌는데, 그 경관은 크리오요나 국가 기관들이 아니라 오로지 원주민들이 지켜온 동물 덕분에 가능했다.

원주민들의 자취는 물 관리 전략에서도 볼 수 있다. 고지대에 널리 퍼져 있는 돋움 밭(에스파냐어로 카메요네스camellones, 아이마라어로 수카 코유suka kollu, 케추아어로 와루 와루waru-waru)은 토양을 비옥하게 할 뿐 아니라, 무엇보다 배수와 관개, 열 보전, 어류와 물새의 번식에 기여했다. 안데스 열대 지역에는 보고타의 사바나에서 볼리비아의 고원까지 이 기술의 자취들이 존재한다. 에콰도르 북부의 고지대에는 2000헥타르의 돋움 밭이 있고 티티카카호 유역에는 해발 3800~3900미터에 12만 헥타르가 있다. 이들은 대부분 15세기 이전에 버려졌지만, 대가족과 공동체들은 그곳을 계속 생계 농업에 활용했다. 1980년대에 시작된 돋움 밭 농업의 부흥 계획은 높은 산출량을 생산했지만, 회복된 420헥타르의 약 90퍼센트가 "농학자, 기술 인력, 인류학자, 고고학자, 지역 공동체들 사이의 심각한 개념적 차이와 의사소통의 간극 탓에" 다시 버려졌다.[37]

'아무나amuna,' 즉 저지대 농업 지역에서 샘물을 공급하기 위해 고지대에서 빗물과 유출수를 모으는 옛 체계는 (다른 용도 중에서도) 물 관리 기술의 또 다른 중요한 형태이다. 돋움 밭과는 대조적으로, 아무나는 식민 시대 이전부터 계속 사용되었다.[38]

산비탈의 계단식 밭, 대지臺地(층계참) 또는 수백만 헥타르에 퍼져 있는 경사면taqana도 마찬가지로 계속 이용되었다. 20세기 말에 페루에는 25만 6950헥타르의 경사면이 있었는데, 이는 페루의 생산 토지의 4.4퍼센트에 해당하며 그중 절반 이상이 생산에 활용되었다.[39]

또 페루의 공동체들에서 여전히 볼 수 있는 "공동으로 규제되는 휴경" 제도가 토양을 보전하는 데 활용되었다.[40] 감자 재배에 이용되는 고산 지대의 밭에서 이 휴경 제도는 무엇보다 작물을 감염시키는 선충을 통제하는 데 도움이된다. 토양이 쉴 기회를 얻으면, 그 선충이 죽게 된다. 아이누카aynuqa나 아이노카aynoka — "꽤 오랜 역사를 가진 안데스의 매우 복잡한 농업 생산 기술" — 도 주목할 가치가 있다.[41] 이 제도는 정착지에서 멀리 떨어져 있는 공동체의 식량 경작지를 관리하고 지속적으로 감시하는 데 사용되며, 그 수확물은 가족과 시장 사이에 나뉜다. 아이누카는 공동체의 잔치를 일컫는 것이기도 한데, 그것의 한 가지 근본적인 목적은 모두에게 만족감을 주는 것이다.[42]

많은 공동체들이 10월과 11월의 강우량을 예측하고, 그것을 통해 언제 심고 생산하며 얼마나 저장해야 할지를 추산하기 위해 플레이아데스 성좌(케추아어로 쿨카Qullqa, 곡물 저장고를 의미)를 관찰하는 관행을 보전했다. 1976년에 미스미나이Misminay 공동체에서 한 연구원은 공동체의 모든 구성원이 밤마다 쿨카를 주의 깊게 지켜보는 모습을 관찰했다. 우기의 시작은 매우 느렸고 소수의 구성원만이 감자를 파종했다. 곧 감자 심기를 시작하지 않으면 절박한 상황에 몰릴 수 있었다. 연구원이 그의 젊은 안내원에게 왜 모두 별을 그렇게 열심히 보고 있는지 물었을 때 안내원은 "살고 싶기 때문"이라고 답했다.[43] 오늘날에도 일부 공동체들은 농업에 관한 결정을 내리기 위해 쿨카와 다른 별들을 관찰한다.[44]

자생 삼림의 경우, 원주민들은 "식민 시대와 그 뒤에도 삼림을 무심코 사용하거나 파괴하는 것과 대비되는 의도적이거나 전략적인 방식으로" 조림지를 조성했다(여전히 조성하고 있다).[45] 안데스 고산 지대 삼림이 위축된 원인은 식민 시대의 채굴 활동이나 공화국 시대의 소나무와 유칼립투스의 도입이라기보다 토지의 공동 보유 형태의 붕괴와 삼림 관리의 약화 탓이라고 흔히 언급되었다. 케추아어에서는 일부 재배된 나무mallki에 해당하는 단어가 일부 관련된 야생 나무sacha에 해당하는 단어와 다르다. 안데스 지역의 다양한 사람들이 나무를 심었다는 사실은 초기 유럽의 연대기 작가들이 왜 안데스 고지대 계곡의 울창한 임상식물에 관해 썼는지를 부분적으로 설명해 준다. 식민 지배가 시작된 지 수십 년 뒤에 그 울창한 숲은 급격하게 줄어들었다. 안데스 전역에서 폴리레피스Polylepis(안데스 열대 지역의 고지대 원산의 관목과 나무 종들로 구성된 속 — 옮긴이) 숲(케누아quenua 또는 종이나무)의 흔적이 보전된 것은 아마 보호 구역이 지정되기 훨씬 전에 원주민들이 관리한 덕분일 것이다. 꼬투리에도 타닌이 풍부한 가시 관목에서 추출한 타라검Tara gum은 그런 숲의 보전이 제공하는 혜택의 사례이다.

도시에도 원주민의 자취들이 있다. 안데스 고지대의 도시 지역은 20세기 초까지 느리게 성장한 뒤 20세기 후반기에 폭발적으로 성장했는데, 이는 부분적으로는 농촌의 개혁 과정으로 촉발된 이주 때문이다. 도시들은 무질서하게 성장했고 도시 계획이라기보다 비공식성에 의해 형성되었다. 결과적으로 많은 도시인들은 지진, 화산 활동, 산사태, 홍수에 취약하고 에너지, 물, 그리고 다른 자원에 적절하게 접근하기 어렵다. 안데스 지역 인구의 구조는 압도적으로 농촌 주민들이 많았다가 대부분 도시 주민들로 바뀌었는데, 보고타는 2010년에 700만 명 이상의 인구를 보유하면서 안데스 고지대의 최대 도시 중심지를 대표했다.

도시들은 농촌의 물을 전용했고 강과 토양을 오염시켰으며 농경지와 삼림지로까지 확대되었다. 보고타, 라파스, 키토 같은 도시에서 포착되는 심각한 대기 오염은 부분적으로는 차량에 나쁜 연료를 사용하기 때문인데, 그 고도에서는 자동차 엔진이 연료를 완전하게 연소시키지 못한다. 건축 자재의 채굴과 기반시설 파괴는 유독성 초미세 먼지를 대기 중으로 방출한다. 이 퇴화된[46]

도시 중심지들은 다소 멀리 떨어진 장소에서 가져온 자원에 의존해 왔는데, 농촌 저지대와 고산 지대는 도시 중심지들에 구리, 금, 주석, 사탕수수, 커피, 어류, 꽃, 석유, 쌀, 새우, 야자유, 바나나 등을 공급한다.

이런 도시의 팽창 과정은 부분적으로는 특이한 역학을 가진 공유지의 존재 때문에 모든 장소에서 동일하지 않았다. 하나의 사례는 키토 동쪽의 근교에서 찾아볼 수 있다. 얼마 전까지만 해도 그 지역은 원주민과 농민 공동체, 농경지, 아시엔다, 주말 휴양지로 구성되어 있었다. 오늘날 그곳은 유복한 지역 엘리트들의 주택이 지배하고 있다. 부유한 이들이 토지를 구입해 금속, 유리, 콘크리트로 만든 호사스러운 건축 모자이크는 흔히 흙벽돌로 만들고 노동자들이 거주하는 시골 주택과는 뚜렷하게 대비된다. 이런 부동산 매입 광란 속에 룸비시Lumbisí 같은 공동체가 존재한다. 룸비시는 600헥타르가 넘는데, 그곳에는 "룸비시 코무나에 오신 것을 환영합니다, 우리는 이곳의 땅을 팔지 않습니다"라고 쓴 출입구 표지판이 세워져 있다. 식민 시대 이래 코무나는 도시 근교의 경관에 영향을 미치면서 코무나의 토지를 전유하려는 지속적인 시도에 저항해 왔다.

보고타의 교외에서 주거 지역을 확장하려던 무이스카Muisca 원주민 집단처럼, 예기치 않은 장소에 원주민의 정체성을 표현하는 공간들도 있다.[47] 볼리비아에서는 모든 도시 거주자의 51퍼센트가 스스로 케추아족이라 부르고 아이마라어를 사용하는 이들의 60퍼센트는 전통적인 호혜성의 방식이 지속되는 도시들에 거주한다.[48] 농촌이나 숲에서처럼 엘알토 같은 도시들에서는 원주민 세계에서 비롯된 관행과 연관된 독특한 역학이 작동된다.

안데스 열대 지역의 지식과 관행의 회복을 향해

여기에서 서술된 구상과 특히 관행들은 안데스 열대 지역의 특정한 환경사가 역사적 특수성을 지닌 두 가지 사고와 행동 방식이 남긴 자취와 흔적을 통해 표현될 수 있다는 점을 드러내는 듯 보인다. 이 지역의 크리오요와 원주민들의 역사는 동화와 혼합의 역사였을 뿐 아니라 다양한 존재/생존/사고/행동 방식으로 국민국가 내부에 영토를, 공화국 내부에 국민을, 국민 내부에 공동체를 건설한 사람들의 역사였다.

안데스 열대 지역과 다른 문화권과 사람들은 또한 다른 존재론의 기반 위에서 생각하고 행동하곤 했다. 심층 생태학deep ecology, 체계적이고 복잡한 사고, 존재론적 인류학, 원근법주의와 로맨티시즘은 이런 생각에 주어진 이름 중 일부이다. 그러나 적어도 라틴아메리카에서는 원주민들이 살아남은 곳에서만 이런 신념과 사고 형태가 분명하게 생명 문화적 경관을 빚어낸 것같이 보일 것이다. 이는 정복, 식민 시대, 공화파의 통치가 가혹하게 개입한 뒤에도 공간, 식물, 동물들을 창조하고 재창조한 실천의 결과였다.

볼리비아에서는 최근에 다국민성plurinationality이 헌법에 반영되었는데, 이를 통해 5세기 동안 배제되고 멸시당하며 식민 지배를 겪으면서도, 생물 다양성과 토지, 영토와 그 순환 주기에 대한 타당하고 복원력 있는 생각을 유지해 온 원주민들에게 외관상으로는 영토에 대한 의사 결정권이 부여될 가능성이 열렸다. 볼리비아의 원주민들은 한 세기가 넘도록 영토와 권리를 회복하기 위해 국가 정책을 담당하는 기관들에 영향을 행사하려고 애써왔다. 1927년에 아이마라족 지도자 마누엘 차차와이나Manuel Chachawayna는 이렇게 선언했다. "우리는 유권자일 뿐 아니라 (우리에게 좋은) 당선자도 될 수 있습니다. 우리가 다수이기 때문에 국회 의원직(입법부)부터 시작해 공화국의 대통령직을 차지해 봅시다."[49] 2006년 에보 모랄레스Evo Morales가 볼리비아 대통령으로 당선되면서 그 바람이 이뤄졌다. 에콰도르에서도 1990년대 이래 원주민 운동이 정치에서 공식적인 대표자들을 얻었다. 하지만 정치적 승리가 이들에게 물, 종자, 농업, 토지와 영토 문제에서 국가에 대한 전통적인 저항 활동을 포기하도록 이끌지는 못했다.

특정한 존재/생존/사고/행동 양식이 역사적으로 지속되고 있다는 점에 대한 증명은 여러 가지 이유로 중요하다. 근대 세계가 "전체 종을 전반적인 기억 상실 상태의 가장자리로, 은유적 뇌사로 이끌고 있다"는 것이 틀림없다면,[50] 사회환경적 정의를 포함하는 유토피아적 지속가능성으로 향하는 길은 수천 년에 걸쳐 적응해 온, 우리가 말하고 있는 원주민의 특정한 신념, 지식, 태도와 관행에 있을지도 모른다. 예컨대 먼 곳에서 들여온 독성 농약으로 재배하고 다양성이 부족한 생산물을 섭취한 결과에 대해, 또는 농작물 종자에 대한 주권 유지의 중요성을 더 많은 사람들이 인지하게 될 때, 자주적이고 건강한 식량 생산에 대한 몇 가지 대안들을 원주민의 지식과 관행에서 찾을 수 있을 것이다. 한때 '악마의 음식'으로 여겨진 감자가 전 세계인들의 기본적인 식료 품이 되었듯이, 다른 원주민의 생각과 관행들은 점점 더 가치 있고 현명하다고 인식되고 있다. 나는 이런 지혜들을 연구하고 강화해야 할 필요가 있다고 생각하는데, 거기에는 근대성을 현재와 미래와 연결하고, 과거를 야만성과 연계하는 식의 단선적인 시간 이해를 다시 처방하는 일이 포함된다. 우리는 원주민들의 그 개념과 다른 개념들에 더 관심을 기울여야 하지만, 근대성의 기존 모델과 신화에 맞추기 위해 그것들을 빨아들이거나 그 의미를 마음대로 사용하려고 하지는 말아야 한다.

예를 들어 안데스 열대 지역의 전통적인 농업 전략, 그리고 경제 성장과 이윤을 추구하는 발전 모델 간의 기술적·환경적·문화적 비#호환성을 곰곰이 생각한다면 유익할 것이다. 무엇보다 20세기 말 이래 그런 노선들을 따라 연구하려는 일부 좋은 의도들이 있었지만, 그것의 적용은 어려움에 직면해 있다. 원주민들의 기술 회복을 목표로 하는 많은 기술 지원 프로그램들의 실패는 문화적 문제에 더 큰 원인이 있는 듯하다. 왜냐하면 학문적인 분석이 "기술과 도구를 이용하는 관행의 생태적 중요성과 그것들이 생생한 현실의 구축에 어떻게 적용되는지에 대한 면밀한 숙고 없이" 기술과 도구의 존재를 기록하는 것에 국한되어 있었기 때문이다. "안데스 지역의 지식은 …… 전통적인 사회조직 형태, 그리고 그들의 공간과 시간 개념과 분리될 수 없다."[51] 그것은 현재의 경관 변화뿐 아니라 새로운 환경사에도 중요한 교훈인 듯 보인다.

수천 종의 감자(그리고 다른 농작물 종과 품종)를 돌보는 데 현대 생명 공학의 진흥이나 그것들의 현지 외 보전을 담당하는 국제 감자 센터로는 충분한 듯 보이지 않는다. 적응은 문화와 물질계, 차크라와 그것들의 경작 방식, 종자 교환과 예측 불허의 기후 변화, 해충의 위협과 끊임없는 싸움 모두에 존재해 왔다. 갈등이 없지는 않았지만, 지식들의 대화에 더 가까워진 하나의 계획은 쿠스코에 있는 감자 공원이다.[52] 적응할 수 있는 목표를 세우고 (전 지구적 상보성뿐 아니라) 수직적 상보성과 대규모 병행의 회복을 강화할 필요가 있을 것이다. 불안정성과 기후의 불확실성이라는 맥락 속에서 천 년 동안 안데스 문화가 축적해 온 지혜는 적응력이 있는 듯 보인다. 그런 지혜가 실험실이 아니라 땅에서 실제로 나타나고 있고, 오래 지속된 자취와 흔적들을 통해 추적할 수 있기 때문이다.

그러나 무엇보다 우리는 원주민들의 모든 관행이 지속가능하지는 않았고, 사회환경적 관점에서 크리오요의 모든 관행이 파멸적이지는 않았다는 점을 인정해야 한다. 유럽 중심적이고 크리오요적인 세계관 — 500년이 넘는 시기 동안 협상을 통하기보다 강요된 견해 — 이 지배적이었고, 그것이 안데스 열대 지역에 중요한 자취를 초래했다는 사실을 숨기지 않으면서 구체적인 상황을 고려한 분석이 요구된다.

니콜라스 쿠비|Nicolás Cuvi는 에콰도르에 있는 라틴아메리카 사회과학대학(FLACSO)의 개발·환경·지역학과의 연구교수이다. 그는 지속가능성으로의 이행이라는 틀 속에서 과학사와 과학사회학과 아울러 환경사, 도시생태학, 정치생태학, 환경 윤리, 농업생태학, 종족생물학, 생태경제학 등 다양한 사회환경적 인식론의 경계와 공통 영역에 관해 연구하고 있다. 2010년부터 ≪녹색 문자Letras

Verdes: Revista Latinoamericana de Estudios Socioambientales≫라는 학술지의 편집장을 맡고 있다. 최근의 출판물은 2017년 5월 *Etnobiología*에 게재된 "Las ciudades como mosaicos bioculturales: el caso del Centro Histórico de Quito"이다.

제4장

"찬란한 요람"의 딜레마
브라질 건설 과정의 자연과 영토

주제 아우구스투 파두아

브라질에서 공간에 대해 잊는 것은 현재든 과거든 아무것도 이해하지 못한다는 것으로 비난받아 마땅하다. _ 페르낭 브로델Fernand Braudel(1943)[1]

영토, 열대성, 국가 건설

20세기의 가장 영향력 있는 브라질 지리학자 중 한 명인 미우통 상투스Milton Santos는 "브라질은 영토를 토대로 한 새로운 이론"을 개발해야 한다고 주장했다.[2] 이런 지적 도전의 중요성을 인식한다면 ─ 환경사, 역사 지리학, 기타 학문 분야 사이에 새로운 대화의 통로가 열릴 뿐 아니라 ─ 우리는 현재 국제무대에서 브라질의 존재가 드러내는 핵심적 측면 중 하나를 살펴볼 수 있다.

신흥국 개념의 보급과 2001년 '브릭스BRICs'(브라질, 러시아, 인도, 중국) 구상의 발명이라는 역사적 맥락에서 볼 때, 영토의 크기는 여러 국가들의 전 지구적인 정치적 이미지에서 점점 더 중요해졌다. 브릭스 국가들은 모두 넓은 영토를 갖고 있고, 규모는 다양하지만 대체로 많은 인구를 보유하고 있다. 중국과 인도의 경우, 인구 규모는 단기적으로 그들의 경제에 결정적인 요소였다. 러시아와 브라질의 경우, 각각의 상당한 인구 규모에도 불구하고, 각국의 가장 중요한 지정학적 특징은 영토 팽창의 규모이다. 이 국가들의 전국적 공간은 방대한 지역을 포함하는데, 통신과 교통 체계를 통한 현저한 국가적 통합 수준에도 불구하고 각국의 인구는 상대적으로 제한된 영토의 일부를 사용하고 있다. 브라질 같은 국가의 인구 밀도(제곱킬로미터당 23.8명)는 인도 같은 국가의 밀도(제곱킬로미터당 376.1명)와 극명하게 대비되는 표준 수치를 나타낸다.[3]

어쨌든 이 국가들에 대한 분석은 영토 규모에 국한되어서는 안 된다. 더 중요한 것은 그들의 생태적 내용의 문제이다. 환경사 연구를 정초하는 원칙 중 하나는 '정치 지도'와 오로지 인간의 활동에 의해서만 채워지는 '비어 있는' 추상적 공간으로서의 영토 개념 모두를 넘어서야 할 필요성이다. 영토는 결코 비어 있지 않다. 오히려 항상 다양한 생태계로 가득하며 장식되어 있다. 사회적 역동성은 이런 채워져 있는 공간들과 상호 작용하면서 자연과 사회문화적 다양성이 매우 복잡한 방식으로 섞이는 장소들을 창출한다.[4]

브라질이 하나의 국가로서 건설된 대륙의 공간은 두드러진 부와 생태적 다양성을 특징으로 한다. 세계에서 가장 넓은 영토를 가진 다섯 국가 중에 브라질이 전적으로 열대와 아열대 위도에 위치하고 있는 유일한 국가라는 점에 주목하는 것이 중요하다. 브라질은 남아메리카 아마존 지역의 거대한 수림水林 복합체의 약 60퍼센트를 아우른다. 따라서 브라질은 넓은 영토(약 850만 제곱킬로미터)를 보유하고 있을 뿐 아니라 천연자원이 매우 풍부한 곳이다. 현재 지구 전체의 환경 위기와 기술 연구가 도달한 새로운 한계를 모두 고려하면서 이는 새로운 의미를 띠게 되었다. 브라질에는 열대 우림(전 세계에 남아 있는 초목의 약 30퍼센트), 생물 다양성(세계의 생물 집단의 10퍼센트에서 20퍼센트 사이), 물(세계의 사용가능한 담수원淡水源의 약 12퍼센트)이 집중되어 있다. 또 브라질은 태양 광선의 강력한 존재뿐 아니라 생물량biomass(에너지원으로 이용되는 생물 자원 또는 특정 지역에 있는 생물의 양 – 옮긴이)의 풍부한 생식 능력과 탄소 저장 능력 등 지구 온난화 조절의 필수적 요소들을 지닌 공간이다. 더욱이 8개의 주요 배수 유역에서 한데 모인 강들의 거대한 연결망이 순환하고 있다. 달리 말해 브라질의 영토는 재생 에너지를 끌어낼 수 있는 엄청난 자연력을 지니고 있을 뿐 아니라 최근에는 중요한 석유 비축량까지 확인되었다.[5] 따라서 현대 브라질의 국제적 이미지가 생태적 풍부함에서든 생태적 파괴가 초래한 부정적 측면에서든 대체로 큰 규모의 영토와 동일시되는 것은 그리 놀랍지 않다.

브라질에 존재하는 만화경 같은 다양한 생태계의 일반적 양태를 이해하는 것이 중요하다. 더 이해하기 쉽고 종합적인 개관을 시도한다면, 이 다양한 생태계는 여섯 가지의 큰 생물군계로 분류되어 왔다. 분명히 이런 범주화 계획은 생물 물리학적 세계가 영속적인 활력으로 존재하는 것처럼 엄격하고 절대적인 방식으로 이해될 수는 없다. 각 생물군계는 상당한 정도의 유사성을 지닌 서로 다른 생태계들의 집합체이다. 서로 다른 생물군계에서도 다른 종류의 식물들과 함께 많은 전환의 영역이 존재한다. 지역적 차원의 분석을 수행하려면 더 상세하고 구체적인 방식으로 지역 생태계들과 그 상호 작용에 초점을 맞출 필요가 있다. 그렇지만 브라질 역사 전체를 포괄하는 분석적 관점에서 보면 여섯 가지 생물군계의 분류는 상당히 의미가 깊다. 16세기에 유럽의 식민지 개척자들이 도착했을 때, 오늘날 브라질 영토의 북부 지역과 대서양 연안의 동북부-남부 축에 위치한 지역에서는 두 개의 웅장하고 연속적인 열대림 지대가 뚜렷했다. 그것은 (오늘날 브라질에 해당하는 지역만을 고려하더라도 원래 약 400만 제곱킬로미터에 걸쳐 있는) 아마존 삼림 지대와 (원래 약 130만 제곱킬로미터에 이르는) 대서양 삼림 지대였다. 이 두 삼림 지대 사이에는 다양한 유형의 사바나(대초원)가 드넓게 펼쳐져 있는데, 특히 뒤틀린 나무들과 산성 토양이 특징적인 (약 200만 제곱킬로미터의) 세하두Cerrado, 주기적으로 가뭄을 겪는 지역(약 84만 제곱킬로미터)을 포함하는 반건조 지대 카칭가Caatinga, 그리고 넓은 습지와 풍부한 동물 서식지(약 15만 제곱킬로미터)를 아우르는 판타나우Pantanal

가 있다. 마지막으로 남단에는 아르헨티나와 우루과이와 공유하는 팜파스의 탁 트인 초원 약 17만 6000제곱킬로미터가 펼쳐져 있다. 8000킬로미터가 넘는 모래톱(포르투갈어로 헤스칭가restinga), 맹그로브 습지, 그리고 다른 해안층이 뻗어 있는 해안 지대 역시 주목할 만하다.[6]

문자 그대로 물리적 공간뿐 아니라 비유적으로 말하자면 하나의 구상을 통해 하나의 국가로서 브라질을 형성하는 과정에서 이런 영토적 현실의 중요성을 강조하는 것은 당연하다. 1906년에 작곡된 브라질 국가國歌의 가사는 브라질이 "영원히 찬란한 요람 안에 누워 있고" "고유한 자연이 만든 거인"이라는 사실을 칭송한다. "고유한 자연이 만든" 브라질의 광대함이라는 생각이 단지 이데올로기적 수단이라는 점은 분명하다. 브라질은 다른 모든 국가들과 마찬가지로 사회적 구성물이다. 그러나 이런 구성물이 상호 작용하는 대륙적 공간의 특성을 드러내는 것은 중요하다. 아메리카에서 유럽 식민 제국의 붕괴로부터 새로운 국가들이 형성되는 맥락에서 전개되었듯이 이런 구성의 과정이 드러낸 독특한 역사적 특징 중 일부에 주목해야 한다. 첫째, 에스파냐령 아메리카 식민지들과 달리 19세기부터 브라질은 용케 포르투갈령 아메리카의 여러 지역들을 단일한 정치 단위로 포괄해 왔다. 둘째, 미국과 달리, 브라질은 엄청난 영토의 팽창을 이루고자 조약에 근거한 협상이나 군사적 정복을 통해 확대될 필요가 없었다. 브라질은 적어도 기술적으로 말하면 현재의 규모에 가까운 영토적 공간, 즉 포르투갈령 아메리카 모두를 정치적 유산으로 받았기 때문이다. 따라서 식민 시대 이후 브라질은 조숙한 영토적 거인증의 사례로 설정되었다고 말할 수 있다. 그렇지만 19세기 브라질의 국가 주권을 대부분 우리가 오늘날 "가상의"라고 부르는 것으로 간주할 수 있다는 점 또한 사실이다. 당시 브라질의 국가 영토는 대개 단지 불완전한 지도에 대한 형식적인 지배권으로서, 그리고 에스파냐와 포르투갈 제국 사이의 예전 외교 협상 속에서 존재했기 때문이다. 국가와 지배적인 유럽인의 후손들이 이룬 사회가 효과적으로 영토를 점유하는 것은 매우 제한적이었다.[7] 그리하여 19세기에 독립 국가의 건설 과정은 외부적 영토 확장을 위한 정치적 열망에 의해 이끌리지 않았다. 오히려 그것은 국가의 분열을 막고 관할권 아래에 있는 거대한 공간의 점진적 보유를 촉진하기 위한 노력을 통해 이뤄졌다.

오늘날 브라질은 인구와 경제적 밀도의 측면에서 극도로 불평등하지만, 상당히 진전된 수준의 제도적·지리경제적 통합에 이르면서 국토에 대한 통치권을 성취했다. 브라질은 이제 다른 우려에 직면하고 있다. 국가 영토 내에 존재하는 생물군계의 다양성과 상호 작용하면서 구축해 온 사회경제적 구조의 생태적 지속가능성과 인간 삶의 질적 수준은 어떠한가? 대륙 차원에 가까운 라틴아메리카 국가의 정치적 정체성은 무엇이어야 하는가? 브라질의 정치적 책임 영역 내에서 발견할 수 있는 방대한 생태적 자원들의 운명은 어떻게 될까? 이런 질문들은 고정 관념과 단순한 대답에서 벗어나기 위해 피상적인 수준을 넘어 검토되어야 한다. 작곡가 안토니우 카를루스 조빙Antônio Carlos Jobim이 즐겨 말했듯이, "브라질은 초보자들을 위한 나라가 아니다." 브라질을 깊이 이해하려면 시간과 공간 모두에서 복잡한 사회환경적 과정들에 대한 치밀한 맥락화가 필요하다. 그 과정들은 국가 건설 궤도의 일부이자 브라질의 미래를 위해 겪게 되는 딜레마이기도 하다.

영토의 건설과 다양한 환경의 역사

1822년 이래 브라질이 독립 국가로 건설되기 시작한 시기에 에스파냐령 아메리카의 파열로부터 출현한 이웃 국가들은 대개 18세기에 포르투갈과 에스파냐 식민 제국이 협상을 통해 결정한 국경들을 받아들였다. 이 국경들이 대체로 확실하지 않았고 불충분하게 규정되었으며 어떤 군사적 존재도 거의 완전히 없는 상태이기는 했지만, 그것은 사실이었다. 브라질의 새로운 '국가 영토'는 유럽인의 후손들이 지배하는 사회에 의해 거의 점유되지 않았다. 공식적으로 확장된 국가의 공간 규모에 비해 '브라질인들의' 사회에 포함된 인구는

1822년에 약 460만 명으로 매우 적었다는 점에 주목할 필요가 있다. 1900년에 인구는 약 1740만 명에 이르렀다. 그러나 이 수치는 유럽인 후손들이 지배하는 사회의 영향을 거의 받지 않고 광대한 공간에 살고 있었던 다양한 원주민 사회들은 포함하지 않는다. 이 원주민 사회들은 현대 세계가 브라질이라고 여겼던 넓은 영토에 거주했지만, 그것은 사실 정치적 실체로서 브라질의 일부가 아니었다. 이는 시간이 흐르면서 대개 하위subaltern 신분으로 브라질 사회로 편입되도록 강요당한 원주민 사회들의 경험과 다른 상황이었다. 그러나 오늘날에도 아마존 지역의 범위 안에는 '브라질'의 존재를 알지 못하는 수십 개의 원주민 집단들이 존재한다.[8]

유럽인, 아프리카인, 아메리카 원주민들을 포함해 유럽의 식민 통치 아래 출현한 정착자들은 불평등하고 단편적인 방식으로 브라질의 공간 곳곳으로 퍼져나갔고, 그렇게 형성된 영토적 점유지는 일종의 군도처럼 보였다. 이 정착지들은 해안과 가까운 대서양 삼림 지역에 집중되었고 사바나 지대와 아마존강을 따라 덜 밀집된 점유지도 생겼다. 이 정착지들에 대한 통제권은 지역 엘리트들의 수중에 있었고 다양한 천연자원의 경제적 착취에 토대를 두고 있었다. 하지만 '군도'를 이루는 이런 지점들을 고립된 섬들로 생각해서는 안 된다. 한편에서 정착지들은 가톨릭교의 지배와 포르투갈어 같은 몇 가지 종류의 공통된 문화적 특성으로 연결되었고, 다른 한편에서는 생산물, 사람 또는 문화적 관습 사이의 교류가 다양한 수준의 강도로, 그리고 다른 지리적 확장과 함께 이뤄졌기 때문이다. 예를 들어 노새들이 끄는 짐수레의 행렬과 소 떼의 이동은 대륙 내부와 해안의 점유 지역들을 연결하는 중요한 흐름을 생성했다. 또한 브라질의 해안을 따라 선박들이 끊임없이 이동했다.

흔히 노예 노동에 의존한 이 점유 지점들은 유럽인 후손들의 지배를 거의 받지 않았던 방대한 공간에 에워싸였다. 오늘날 일부 지리학자들은 이 지역들을 "영토 기금," 즉 국가 주권의 경계 내에 있지만 국가가 여전히 이용하지 못했던 토지와 천연자원을 일컫는 용어로 부른다. 식민 시대부터 이 지역들은 세르탕sertão이라고 불렸는데, 이 단어는 내륙의 오지를 지칭하며 '큰 사막' 또는 데세르탕desertão에서 유래되었다.[9] 이 지역들은 야생 동식물의 밀도가 높은 공간으로서 이곳의 원주민들은 오랫동안 독자적으로 존재했고 때때로 킬롱부 quilombo(노예 상태에서 탈출한 아프리카 출신 이주자들의 공동체)뿐 아니라 비공식적 점유를 위해 자유로운 지역을 찾으려던 유럽 출신의 농촌 주민들과 교류하고 있었다. 따라서 원주민 공동체 외에도 세르탕에는 상대적으로 자율적인 메스티소 집단이 형성되었고 다양한 자연계와 밀접하게 공존하고 있었다. 카이피라caipira(숲을 의미하는 투피-과라니어 단어 카아caá에서 파생된 것으로 '숲의 주민들'을 의미함) 같은 일부 단어들은 도시 엘리트들과 정책 당국에 의해 자주 폄하된 그 주민들을 명명하는 데 사용되기도 했다.[10] 하지만 '세르탕/문명'의 이원성은 엄밀하게 이해될 수 없다. 세르탕의 개념은 균일하지 않았고 브라질의 지도 위에 명확하게 나타난 장소들에 적용되지도 않았다. 유럽에서 유래한 지배적 '문명'이 거의 차지하지 않은 지역으로서 세르탕은 도시들의 주변에서조차 다양한 장소들로 표현될 수 있었을 것이다. 그에 비해 '문명화된' 것으로 간주된 공간들의 사회경제적 밀도는 사실 많이 다를 수 있었다. 유럽인들로부터 파생된 문화적 형태가 더 잘 드러나는 대규모 해안 도시들부터 커다란 소 떼 방목장과 작은 시골의 소읍에 이르기까지 매우 다양했다. 시골의 소읍들은 해안의 관점에서 흔히 세르타네자sertaneja — 세르탕에서 비롯된 — 라고 불리기도 했다. 게다가 세르탕의 다양한 주민들은 완전히 고립되지는 않았고 그들끼리, 그리고 인구 밀도가 더 높은 '문명화된' 지역들과 접촉하고 관습을 교환했다.[11]

1822년부터 1889년까지 수도 리우데자네이루를 지배한 군주정 체제와 함께 시작된 국민국가의 건설 과정을 수행한 정치 엘리트와 지식인들에게 이런 세르탕에 대한 공식적 지배의 유지는 필수적이었다. 그들이 보기에 세르탕은 문화적으로 '비어 있는' 영토였고, 후진적이고 무지한 이들에 의해 희귀한 방식으로 점령된 지역이었다. 그러나 그 공간의 엄청난 규모와 브라질의 길들여지지 않은 자연의 풍부함은 미래의 경제적 '진보'를 위한 분명한 잠재적 자원을 낳았다.[12] 사실 "영토 기금"이라는 개념은 이런 이중적 의미를 시사한다. 한편으로 오지의 공간이지만, 다른 한편으로는 점진적으로 소비될 부의 원천이었다. 지역 엘리트들에게 이미 점유된 지역의 관점에서 인접한 야생의 지역들은 경제의 수평적 확대를 위한 공간을 제공했고 토지와 농촌의 지주 가문들의 유산을 둘러싼 갈등을 완화해 주었다. 초보적이고 생태적으로 파괴적인 식민 시대의 기술 수준을 거의 항상 유지하고 기술 혁신을 통한 생산의 증대가 결여된 경제에서 새로운 토지의 통합을 통한 수평적 성장은 극히 중요했다. 잦은 불태우기 같은 무분별한 관행의 결과로 토양이 고갈되면서 새로운 고유 식생 지역이 철과 불로 열릴 수 있었고, 그런 식으로 파괴의 범위가 확대되었다.[13]

국토의 정치적 통합은 이런 과정을 크게 촉진시켰다. 브라질 제국은 특히 1830년대 지역적 분쟁으로 위협받았고 그 뒤에도 지속되었다. 폭력적인 지역적 분쟁이 벌어졌을 때조차 그 분쟁들은 통일 국가의 일부가 되기를 선호한 지역 엘리트층 내부의 다수파와 군주제 국가 사이의 동맹을 통해 마무리되었다. 달리 말해 이 엘리트들은 브라질 제국이 노예제, 사회 질서, 세르탕에 대한 지속적인 정복의 가능성을 유지하면서 자신들의 이해관계를 더 잘 보증하리라고 믿었다. 군주는 나름대로 보수적인 기반 가운데 정치적 신뢰를 얻기 위해 공을 들였고, 자신을 영토적 통합의 보증인으로 드러내면서 예술과 과학 같은 수단에 의해 국가 정체성의 상징적 발명을 독려했다.

국민국가의 건설 과정 속에서 동시에 국민도 형성되기 시작했는데, 일반적으로 사회·정치 엘리트들은 그 과정을 업신여겼다. 황야의 국경 지대뿐 아니라 인구 밀도가 높은 지역들에서는 다양한 상호 작용과 문화적·물리적 혼합을 통해 새로운 구성원들이 나타났다. 자연의 다양성은 브라질의 여러 다른 지역에서 싹튼 물질생활과 사회적 상상력의 기본적인 구성 요소였다. 열대의 생물 다양성은 많은 이들이 일과 여가의 도구들을 발전시키는 데 도움을 준 원료였다. 노예제를 유지하는 국가에서 권력 행사의 특징을 이룬 억압, 불평등, 엘리트주의에도 불구하고, 도시와 농촌에서 활기차고 혼성적인 대중의 문화적 관행이 발전하기 시작하고 있었다. 하지만 국민으로서의 감정은 사회적 상호 작용의 네트워크에서 아주 미약하게 존재할 뿐이었다.

국가의 개념은 브라질의 통합된 영토가 지닌 위대성이라는 이미지에 많이 의지하면서 하향식으로 발명되고 있었다. 이미 1824년에 브라질의 독립에 대한 포르투갈과 영국의 인정을 요구하는 외교 문서에서 새로운 국가의 지도자들은 브라질이 광활한 영토와 자연의 풍요로움 때문에 독립국이 되어야 한다고 주장했다.[14] 19세기 내내 브라질은 국가로서 재정적 기반이 매우 취약했는데, 이는 특히 부의 생산의 중심축인 농촌의 토지 자산에 대한 직접적인 과세가 결여되었기 때문이다.[15] 지역적 수준에서 사회경제적 생활에 구체적으로 개입할 수 있는 브라질 정부의 역량은 제한적이었다. 식민 시대에 이미 존재했던 모델을 얼마간 재생산한 사회 질서는 중앙 정부와 지역 엘리트 사이의 비공식적 합의를 통해 유지되었다. 어느 정도의 자치와 확실한 특권을 대가로 지역 엘리트들은 국가의 제도적 통합을 수용하고 자신들의 지배 영역에서 질서를 유지했다.

사법부, 군대 등의 기본적인 소요 비용을 충당하는 역할 외에 중앙 정부는 "정치 문화"라고 부를 수 있는 것과 관련해 특히 결정적이었다. 예를 들어 브라질의 중앙 정부는 1838년에 설립된 '브라질 역사·지리 협회(IHGB)'를 후원해 브라질의 역사적 연속성과 영토의 합법성에 대한 서술에 착수했다. 19세기 후반기에 안정성이 증대되면서 군주정 체제는 외교적·교육적 목적이나 현실적 활용을 위해 더 정확하고 상세한 국가 지도의 제작을 지원했다. 동시에 군주정은 국민으로서의 감정 속에서 지역 엘리트들을 '교육할' 수 있는 예술과 문학 작품을 지원했다. 이런 문화 운동들에는 강력한 환경적 차원이 존재했다. 브라질의 풍부한 자연환경은 문학 작품, 시각 예술, 과학과 공식적인 권력의 도상학에서 중심 주제나 모티프로 등장했다. 식물과 열대의 산물로 장식된 브라질 제국의 이미지 생산은 인쇄물이든 물건의 제작이든 공통적이었다. 박물관들은 보편적인 과학적 가치를 지닌 장엄하고 생생한 자연의 모습을 전파하면서 브라질의 다양한 동식물들을 강조하고자 했다. 국제 박람회장에서 브라질의 전시관은 외국인들의 문화적 찬사와 경제적 관심을 고취하기 위해 어느 정도의 이국정서를 활용하면서 원주민의 공예품 제작과 함께 자국의 풍성한 숲에 초점을 맞췄다.[16]

브라질의 국가적 공간에서 전개된 대부분의 사회적 과정과 지역적 영토화의 원동력은 중앙 정부의 통제 아래 있지 않았고 그 과정에 개입하거나 감독하려는 정부의 역량 내에서도 없었다. 그렇지만 식민 시대 포르투갈령 아메리카에서 이미 예측된 운동들로부터 출현한 것처럼 이런 과정과 지역적 원동력을 지리적으로 근거가 있다고 이해함으로써 우리는 독립 이후 브라질의 환경사, 아니 더 정확하게는 다양한 환경의 역사를 구체적으로 시각화할 수 있을 것이다. 따라서 군도와 같은 인간의 정착지들을 사회와 생물 물리학적 조건 사이의 복잡한 상호 작용의 집합체로서 간주할 필요가 있다.

고정 관념이나 손쉬운 일반화를 넘어 그 존재를 분석해야만 하는 사회적 행위자 중 하나는 원주민들이다. 원주민들의 다양한 언어, 문화, 영토적 환경을 감안하면서 그들의 구체적인 생존 양식을 분석하는 것이 중요하다. 식민 시대 이전에는 국가의 구조나 촘촘한 사회적 계층화는 존재하지 않았고, 매우 다양한 자율적인 농촌 마을이나 수렵 채집자 집단들이 있었다. 이들의 사회에서는 동물과 식물, 물리적 공간에 대한 지식이 매우 중요했다. 이 사실을 입증하는 하나의 지표는 원주민들의 언어에서 파생된 생물 다양성, 지리에 관한 현대 브라질 포르투갈어 단어의 분량이다.[17]

그러나 대륙의 공간성은 유럽인들의 원주민 사회 정복의 결과를 결정하는데 중요했다. 일반적으로 원주민들은 유럽인들의 도래와 함께 크게 감소했다. 폭력이나 예전 원주민들의 면역 체계에 잘 알려지지 않은 미생물의 유입이 초래한 전염병의 충격이 주된 원인이었다. 식민주의 진전의 결과로서 원주민들은 직접적 대립과 유럽인 후손들이 지배하는 사회에서 거의 항상 종속적인 위치에 머무는 방식의 공존 사이에서 결정해야 했다. 세 번째 선택은 대륙 내부로의 이주였다. 해안에서 가장 멀리 떨어진 지역, 특히 세하두와 아마존 밀림에서 일부 종족들은 다양한 수준의 자율성을 유지하며 생존했다. 하지만 20세기 후반기에 새로운 점유의 물결이 그 지역에 이르면서 그들의 삶에 크게 영향을 미쳤다.[18] 그러나 브라질의 영토 구축은 거의 모든 지역에서 고르지 않았고 분리된 채 진행되었고, 유럽인 후손들이 지배한 지역의 팽창과 원주민 집단 사이에 새로운 마찰이나 공공연한 갈등을 가져온 상황은 약해졌지만 19세기와 20세기 내내 지속적으로 발생했다.

20세기 중엽 이전에 브라질의 경제 활동의 팽창은 대서양 삼림 지역에 집중되었고, 다른 생물군계들로의 침투는 덜 격렬한 편이었다. 정착지들은 광물(18세기 금과 다이아몬드 채굴의 정점 이후) 채굴뿐 아니라 사탕수수, 면화, 담배, 카카오, 커피 플랜테이션을 통해 세워지고 보완되며 확장되었다. 게다가 육류, 우유, 마니옥manioc(카사바) 가루, 사탕수수 증류주(카샤사cachaça)와 다른 식품의 생산은 여러 지역에서 영토화의 원동력에 필수적이었다. 최근 수십 년 동안 브라질의 역사 서술은 열대 산물의 수출에 전적으로 의존하는 경제라는 지나치게 단순화한 이미지를 넘어 내부 소비를 위한 생산과의 관련성에도 관심을 기울여왔다.

다양한 경제 활동과 영토 점유의 과정에도 불구하고 환경을 대하는 일부 관행은 거의 모든 곳에서 활용되었다. 예를 들어 불의 사용은 공통분모로 간주될 수 있다. 삼림이 농업 생산의 장벽이자 구성 요소였다는 점을 이해하는 것이 중요하다. 나무를 태우는 것은 땅을 개간하고 토양을 비옥하게 하는 주요 방법이었다.[19] 그렇지만 바이아의 동북부 지역에서 담배 재배를 포함해 몇 가지 예외가 있었다는 점을 떠올릴 수 있다. 그곳의 경작자들은 소 떼의 야간 방목(이른바 말랴다malhada)을 통해 얻은 거름으로 토양을 비옥하게 했고, 바이아의 남부 지역의 카카오 생산은 카브루카cabruca로 알려진 방법을 사용했다. 이는 숲의 가장 낮은 지층을 부분적으로 개방하고 더 큰 나무들의 그늘에 카카오나무를 심는 것이었다.[20]

불태우기의 적극적 활용은 환경적 요인과 사회적 요인의 결합에 토대를 둔 것으로 이해할 수 있다. 경제적 행위자들의 눈에 녹색의 대양처럼 비친 대서양 삼림의 풍부함 때문에 나무 심기나 보전 조치들의 채택을 위해 어떤 장려책도 제공되지 않았다. 점유의 우려가 없는 토지의 충분한 가용성 때문에 경제 발전을 위해 항상 열린 변경이라는 개념이 만들어졌다. 토양이 고갈되었을 때 새로운 많은 삼림을 태워야 했다. 토양의 신중한 관리와 보전 방법에 투자하는 것보다 삼림을 파괴하는 것이 더 쉽고 실익이 컸다. 값싼(기본적으로 노예) 노동력의 가용성 덕분에 삼림 벌채와 낮은 품질의 경작이라는 힘든 노동을 충당할 수 있었던 반면에, 또 다른 농업 모델은 더 많은 숙련 노동자들을 요구했을 것이다. 이런 계산의 유형은 특정한 방식으로 20세기 초 수십 년 동안 지배적이었다. 브라질의 노예제는 1888년에 막을 내렸지만, 저렴한 노동력을 활용할 수 있는 가능성은 크게 달라지지 않았는데, 브라질인과 이주민을 가릴 것 없이 다수의 농촌 빈민들이 존재했기 때문이다.

가장 전형적이고 정치적으로 영향력이 있었던 화전 농업의 사례는 리우데자네이루시와 상파울루시 사이의 파라이바두술강 계곡을 따라 커피 재배지가 확대된 19세기 — 20세기에 커피 재배지는 상파울루주 서부와 파라나주 북부로 이동했다 — 에 발생했다. 19세기에 낮은 품질의 브라질산 커피는 국제 시장에 밀려들면서 도시-산업 세계의 노동자들을 위한 대량의 자극제로 변모했다. 계곡에 있는 일련의 작은 산들은 피카리아picaria(열대 숲의 얽힌 상태를 없애기 위해 큰 나무들을 베어내고 비탈 아래로 굴리는 것)로 불린 체계와 함께 불에 태워져 그 경사면들의 바닥을 드러냈다. 눈에 띌 정도의 토양 침식과 이런 플랜테이션의 지속불가능성은 새로운 삼림 벌채의 물결을 위해 오래된 커피 생산 지역들이 끊임없이 유기遺棄되는 상황을 빚어냈다. 고단한 노예들의 노동을 용이하게 감시하기 위해 산비탈을 따라 수직선으로 커피나무를 심으면서 토양 손실을 초래했다. 19세기 말 전반적인 환경의 악화는 리우데자네이루주의 파라이바 계곡 중앙에 있는 커피 대농장들이 겪었던 경제적 붕괴의 원인이 되었고 결국 노예제의 종식과 공화정의 선포, 그리고 커피 생산의 축이 상파울루주로 이동하는

데 영향을 미쳤다.[21]

18세기 말 이래 수십 명의 과학자들은 이런 삼림 벌채와 화전 기법에 의존한 농업 생산의 부정적 결과를 맹렬히 비난하면서 더 합리적이고 신중한 토지 이용 방법의 도입을 옹호했다. 농업 생산 방식에 어떤 변화도 거의 없었지만, 그들은 그 시기의 천연자원 파괴에 대해 지적으로 일관되고 깊이 있는 비판을 확립하고자 애썼다.[22] 예를 들어 1858년 브라질 제국의 커피 생산이 한창일 때, 길례르미 카파네마Guilherme Capanema는 항상 새로운 "처녀지"를 찾고 "고갈되고 비생산적인 지역"을 남겨두는 "농업 체제"를 비판했다. 그의 말에 따르면, 이 체제를 바꾸지 않으면 철도는 결국 "대대적인 파괴의 도구"가 될 터였다.[23] 사실 파라이바 계곡 중앙을 가로질렀던 철도는 그 지역에서 커피 생산이 그 뒤에 몰락하면서 실제로 버려졌다. 그러나 새로운 철도는 상파울루주 서부 지역의 열대 우림과 사바나에서 새로운 농장들과 도시들의 개발을 촉진시켰다. 그리하여 농업 생산의 수단으로서 화전 관행은 계속 지배적이었고 커피 수출 역시 20세기 초까지 브라질 경제의 중심으로 남게 되었다.[24]

1884년부터 1940년까지 약 470만 명의 이주민, 특히 이탈리아, 포르투갈, 에스파냐, 독일, 일본 출신의 이주민들은 대서양 삼림 지역에서 새로운 삼림 벌채 전선을 여는 데 매우 중요한 역할을 맡았다.[25] 상파울루의 새로운 커피 농장들에서 노동자로 근무하는 것 외에 많은 이주민들은 브라질 남부 주들의 산간 삼림에서 소규모 토지의 소유자가 되었다. 무엇보다 팜파스 생물군계에서 가축 사육을 통해 더 낮은 지역들을 지배한 지방의 과두 지배층은 이주민 농부들을 빽빽하고 가치가 덜한 고지대 삼림 지역으로 떠밀었다. 그곳에서는 원주민과 메스티소 거주자들이 생업 경제에서 생계를 꾸리고 있었다. 문화적 마찰이나 심지어 직접적인 대립도 끊이지 않았다. 오래된 토양 보전 기술에 익숙한 유럽 출신 농부들은 지방 당국의 지침이나 실용주의 때문에 특히 남양 삼나무(아라우카리아araucaria)를 이용한 목재 산업뿐 아니라 화전 농업을 경제의 기반으로 채택했다. 그럼에도 정부와 민간 척식拓殖 회사들은 이주 정착민들을 계속 브라질 남부 주들의 삼림 지역으로 떠밀었고, 그 후손들은 나중에 이 남부 주들의 서쪽에 위치한 사바나 지대로 이주했다.[26]

대서양 삼림 지역을 넘어 브라질의 다른 곳에서 전개된 영토화 과정은 상당한 환경적 변화를 초래했지만 인구 밀도가 더 낮았다. 그 과정들은 브라질의 영토 구축에서 사바나 지대를 구체적으로 시각화하도록 도와준다. 주요 촉매제는 신선한 육류, 말린 고기, 유제품과 가죽 제품의 생산을 위한 소 사육과 더 작은 규모로 동북부에 더 집중된 염소 사육이었다. 대서양 삼림 지역과 아마존 삼림 지역은 대규모 가축 사육에 적합하지 않은 환경을 지니고 있었다. 결국 목초지로의 대대적인 전환은 삼림 벌채의 비용을 메우지 못하는 경향이 있었다. 따라서 가축 사육은 아마존 지역에 존재하는 일부 자연 노지露地뿐 아니라 해안에서 더 멀리 떨어진 내륙의 오지(세르탕), 즉 세하두, 카칭가, 팜파스같이 더 개방된 생물군계 유형이 지배하는 지역으로 실용적으로 재조정되었다. 또한 식민 시대에 금 채굴을 통해 개발이 시작된 브라질 중서부의 점유 지역들은 그 뒤 유지되었고 가축 사육이 늘면서 서서히 확대되었다(반 오스달과 윌콕스의 제8장 참조).

오지의 사바나 지역에 이렇게 목축업이 집중되면서 특히 환경에 두드러지게 미친 결과는 농업과 가축의 공간적 분리 경향이었는데, 이는 복합 경작과 가축 분뇨를 활용한 토양의 시비施肥와 비옥화의 확산을 막았다. 더욱이 광범위한 가축 사육은 화전의 반복에 따른 자연 목초지의 퇴화와 과도한 방목에 따른 토양의 진압鎭壓같이 적잖은 구체적 환경 문제들을 유발했다.[27]

지리적으로 광범위한 지역에서 발생하지만, 주로 낮은 인구 밀도를 특징으로 하는 영토 구축, 즉 토지 점유 과정의 또 다른 거시적 유형은 동식물들의 구성 요소나 성분을 직접 추출하는 것이었다. 이런 유형의 활동은 매우 다양한 생물군계에서 발생했다. 생계유지의 목적이 아닌 상업적 용도의 사냥은 충분히 연구되지 않은 역사적 현상인데, 19세기에서 20세기로 접어드는 전환기에 대서양 삼림의 일부 지역에서 중요해졌다. 예를 들어 20세기 초 수십 년 동안 수십만 마리의 조류가 포획되어 모자와 의복의 장식품으로 수출되었다. 이런 유형의 활동을 통제하도록 압력을 행사하기 위해 국제 과학자 네트워크가 설립되었다.[28] 식물 자원의 추출 역시 더 영구적인 영토화 과정을 자극하기에 이르렀다. 한 가지 중요한 사례는 1880년 이래 남부와 서남부의 삼림 지역에서 원주민과 메스티소 노동자들을 이용하고 소수의 대기업들이 넓은 땅에 대한 통제권을 발휘하면서 진행하는 마테maté의 상업적 추출이었다.[29]

그렇지만 주목할 만한 규모에 이른 가장 특별한 식물 추출의 사례는 1850년부터 1915년까지 아마존 지역을 휩쓴 고무의 호황이었다. 브라질 고무나무Hevea brasiliensis에서 추출한 유액乳液(라텍스)이 해외의 산업화 과정, 특히 신흥 자동차 산업의 타이어 생산에 이용되기 시작할 때 브라질 북부 지역에서는 새로운 사회환경적 상호 작용 체제가 출현했다. 당시까지 큰 강줄기의 가장자리에 집중된 경제는 동식물 추출, 어업, 그리고 일부 농산물, 특히 카카오의 상업적 경작에 토대를 두고 있었다. 새로운 체제는 세링가우seringal — 고무나무seringueira라는 단어에서 유래했다 — 라고 부르는 사유지 — 사실상 고무 농장 — 들로 나뉜 삼림 내부의 드넓은 지역들을 전 지구적 자본주의의 선두에 있는 부문들과 연결시켰다(클라우디아 레알의 제5장 참조). 이런 전 지구적 흐름은 국제 해운 회사, 브라질 북부의 중심 도시들에서 해외 무역에 관여한 사업체, 강을 통해 삼림 지역으로 뚫고 들어가 값이 비싸게 매겨진 소비재들을 고무로 교환한 지방의 상업 대리인, (세링갈리스타seringalista라고 부르는) 세링가우의 소유주, 그리고 직원들을 포함하는 교환의 사슬 — 사실 부채의 사슬 — 을 통해 발생했다. 그 사슬의 끝에는 어떤 법적 보호도 받지 못한 채 삼림 곳곳에 흩어져 그들이 채취하는 고무에 대해 아주 적은 보수만 받고 고용주에게 심각하게 착취당하는 고무나무 수액 채취자 또는 세링게이루seringueiro가 존재한다.[30]

아마존 지역의 광활한 공간에서 식민 시대 이래로 유럽인들의 후손인 엘리트들의 지배 체제에 편입된 이들은 그리 많지 않았다. 하지만 고무 추출의 주기 동안 이 지역은 가난한 이주 노동자들, 특히 브라질 동북부의 카칭가 지역에서 주기적으로 발생한 가뭄 탓에 이주할 수밖에 없었던 이들의 큰 물결을 받아들였다. 여러 국가 출신의 전문가와 모험가들도 아마존 지역으로 유입되었다. 1900년에 고무 개발이 집중된 주들(파라, 아마조나스, 아크리)의 공식 인구는 약 120만 명이었다. 그러나 고무 추출은 나무들의 제거를 요구하지 않았다. 반대로 매일 유액의 추출을 지속하기 위해 고무 수액 채취자들은 단지 고무나무들뿐 아니라 그들에게 생태적 지원을 제공한 삼림의 경관도 유지해야 했다. 보전은 경제의 실제적인 필요조건이었다. 더욱이 1920년 무렵 동남아시아에 심은 나무에서 생산된 고무의 전 지구적 패권이 증대된 결과로 브라질의 호황기가 끝났을 때 환경에 미치는 영향력은 훨씬 더 약화되었다. 강력한 삼림 벌채의 주기가 시작된 1970년대 초에 브라질의 아마존 밀림은 여전히 원래 초목들의 약 99퍼센트를 보유했다.[31]

"찬란한 요람"의 거대 가속과 딜레마

브라질의 인구는 1900년부터 1억 7000만 명에 도달한 2000년까지 10배가 증가했다. 그러나 거대 가속은 1950년 이후에 이뤄졌다. 1950년의 인구는 5190만 명이었고, 기대 수명 43년, 문맹률 50.6퍼센트, 도시화 비율 36.2퍼센트를 기록했다. 이 수치를 2010년의 동일한 지표와 비교해 보면, 60년 동안 발생한 변화의 차원을 이해할 수 있는데, 인구 1억 9900만 명, 기대 수명 73.4년, 문맹률 9.02퍼센트, 도시화 비율 84.3퍼센트였다.[32]

20세기 중엽까지 브라질은 대부분 19세기에 확립된 모델의 연장이었다. 이는 우리가 역사를 영속성과 변화의 끊임없는 시합이라고 간주한 때조차 그렇다. 중요한 변화가 일어난 것은 사실이다. 군주정은 1889년에 끝났고 군주제를 대신해 브라질은 지방의 과두 지배층의 권력이 강화된 연방 공화국이 되었다. 그러나 농촌 지역의 생산은 커피 수출 부문을 중심축으로 하는 과두 지배층의 경제적 기반으로 계속 기능했다. 대농장에서는 예전의 노예들이 공식 교육 체제에서 사실상 배제된 극도로 빈곤한 노동자들로 대체되었다. 그럼에도 일정한 수준의 도시 성장이 이뤄졌고 적절한 위생 시설이 없는 도시들의 팽창 탓에 공중보건에 관한 문제들이 생겨났다(세지레스와 오르타 두아르치의 제6장 참조). 제혁 공장, 도축장, 그리고 소규모 식품 생산과 의류 산업의 성장으로 오염은 더욱 분명해졌다.[33] 부분적으로는 가용 석탄의 부족 탓에 산업화가 느리게 진전되었다. 전국의 석탄 생산은 1920년대 브라질 남부에서 석탄 매장이 알려진 뒤에야 어느 정도의 관련성을 얻게 되었다. 수력 에너지의 활용 역시 매우 느리게 상승했다.[34]

어쨌든 이민의 큰 물결과 도시-산업 성장의 개시는 중요한 정치적 과정을 촉진했다. 근대화의 열망은 새로운 도시 중간계급 사이에서 뚜렷해졌다. 과두제 공화정의 무기력을 폭로하는 활기찬 예술적 혁신과 정치적 논쟁으로 지적이고 과학적인 생활이 더 큰 효력을 얻었다. 군부의 강력한 영향력과 함께 1930년에 발생한 혁명은 국민국가가 도시-산업 발전에 유리하도록 더 확고한 행동을 취하게 밀어붙였다. 그러나 정책적 개혁은 농촌 엘리트들의 토지 소유와 권력의 집중에 어떤 직접적 도전을 제기하는 것을 회피했다. 브라질 정부는 공중보건 정책과 연구의 증진을 비롯해 여러 가지 방식으로 영향력을 확대했다. 예를 들어 1934년에 시작된 삼림, 물, 기타 천연자원의 이용에 관한 법적 규정의 마련, 1938년 브라질지리통계원(IBGE)의 창설, 1940년대 지역 개발 기관들의 구성과 기본적인 산업화의 일부 개시, 민간 척식 회사 또는 '국립 농업 지구'를 통한 내부 개척의 독려, 그리고 브라질 내륙의 도로와 도시 건설 등을 들 수 있다.[35]

그러나 1960년 브라질 생물군계의 인류화anthropization(인간의 필요에 따라 인간의 활동을 통해 자연환경을 바꾸는 것 — 옮긴이)를 보여주는 지도를 관찰해 보면, 국토에서 이런 일련의 정책들의 제한적인 범위를 인식하는 것은 어렵지 않다.

'인류화'라는 개념은 넓은 영토와 경관을 훨씬 더 용이하게 관리했던 원주민들과 시골 주민들의 존재를 가릴 수 있기 때문에 논란의 여지가 있는 반면,

지도 4.1 브라질 생물군계의 인류화(1960년)

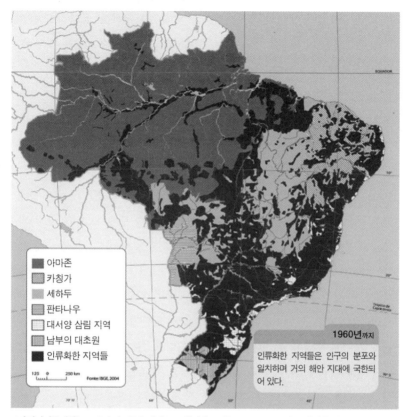

브라질지리통계원(IBGE)의 지도들을 바탕으로 윌리엄 토리(William Torre)가 도안했다.

이 지도는 근대적 시장 경제의 가장 큰 영향력과 관례적인 진보의 표준을 경험한 지역들을 보여준다. 가장 크게 바뀐 생물군계는 대서양 삼림 지역으로, 20세기 전반기에 이 지역에 대한 점유가 상당히 늘었다. 어떤 추정치에 따르면, 1910년부터 1947년까지 대서양 삼림 지역의 벌채 면적은 약 33만 6000제곱킬로미터에 달했다.[36] 정착 지역은 확대되고 서로 더 연결되었다. 더욱이 새로운 점유 공간이 자리를 잡고 있었다. 카칭가와 팜파스에서는 그곳에서 시행된 목축업의 결과로 더 오래된 정착지들이 서서히 발전하고 있었다. 그러나 세하두와 아마존 삼림 지역에서는 '인류화'가 거의 이뤄지지 않았다. 1960년 지도에 묘사된 토착 생태계들의 풍부한 존재에도 불구하고, 효과적인 인간의 점유가 증대하는 지점에서 그 경제는 자연계를 극심하게 파괴하는 경향이 있었고 이를 통해 과거 식민 시대로부터 물려받은 약탈 모델을 현대 세계로 가져왔다. 도시 지역이나 철도와 광업에 집중된 변경의 산업 지대, 특히 브라질 동남부의 철 생산 지대와 마찬가지로, 농업 지역에서도 건축용이나 장작과 숯의 생산에 필요한 목재를 얻기 위해 나무를 태우고 난폭하게 베어내는 것이 일반적이었다.

1950년대부터 오늘날의 브라질을 만든 대전환이 진행되었다. 이 과정에서 수많은 농촌과 도시들의 경관이 크게 바뀌었고 환경 문제가 그야말로 폭발했다. 이 과정의 의미들을 이해하려면 다음과 같은 일련의 요소들을 고려해야 한다. 1930년대부터 수행된 개혁과 투자는 국가 기구의 완성, 기본적 산업화의 진전, 도시 기반시설의 성장 같은 이 과정의 토대를 제공했다. 전 지구적 규모의 "거대 가속"을 개시하게 만든 전후 국제적 환경은 필수적인 요소였다.[37] 저렴하고 쉽게 수입할 수 있는 석유의 풍부함과 더불어 기술 혁신(자동차, 전화, 가전제품 등)에 따른 새로운 소비의 물결은 새로운 시장을 찾아 나선 공격적인 초국적 기업들의 성장을 촉진했다. 국제적 신용 대출의 가용성이 커지면서 여러 국가의 정부들은 공공 부채가 막대하게 늘어남에도 불구하고 개발주의의 꿈에 이끌렸다. 1955년부터 1960년까지 브라질의 대통령을 역임한 주셀리누 쿠비체크Juscelino Kubitscheck의 구호 "5년 안에 50년의 진보를!"은 당시의 이데올로기적 유혹을 정확히 요약한다. 브라질은 천연자원, 성장하는 소비 시장(특히 도시), 저렴하고 풍부한 노동력, 활용할 수 있는 대륙 공간을 소유하고 있었다. 따라서 국가 주도의 기획과 브라질 기업에 합류하도록 자본과 초국적 기업들을 끌어들이는 것은 어렵지 않았다. 1930년대부터 이미 정부 활동의 목표였던 "서부로의 행진"[38]은 1960년 세하두의 심장부에 새로운 수도 브라질리아를 건설함으로써 강력한 동력을 얻었다. 그러나 1964년 군부가 정권을 장악하고 기술 관료적 권위주의가 기존의 정치적 갈등을 억누르는 상황에서 이 과정은 절정에 이르렀다. 1967년부터 1973년까지 브라질 국내총생산의 연간 성장률은 11.2퍼센트였다. 그 뒤 수십 년 동안 때때로 침체와 인플레이션 위기가 발생했지만, 소비 유형의 변화는 두드러졌다. 예를 들어 자동차 수는 1960년의 65만 대에서 2014년에는 5120만 대로 늘어났다![39]

그렇지만 성장 과정은 지리적 측면 – 동남부 지역에 집중된 도시 산업화 과정과 함께 – 과 부의 집중도 증가라는 측면에서 모두 대단히 엘리트 중심적이었다는 점을 기억해야 할 것이다. 더 뚜렷한 공간과 소득의 분권화는 최근 수십 년 동안 이뤄지기 시작했을 뿐인데, 이는 특히 2003년부터 2011년까지 룰라 다 시우바Lula da Silva 행정부가 구체화한 과정이었다.

환경사를 고려할 때 논의되고 있는 성장 모델의 생태적 차원에 대해 인식할 필요가 있다. 20세기 중엽까지 생물량(특히 장작)에 기반을 둔 에너지 체제가 유지되었지만, 이후 수력 발전과 화석 연료의 진전으로 바뀌었다.[40] 한편에서 수력발전소는 2014년 총 전력 공급의 68퍼센트를 제공했다. 같은 해에 전국 댐 등기소Cadastro Nacional de Barragens의 목록에는 이타이푸Itaipu와 투쿠루이Tucuruí 등 일부 거대한 발전소를 포함해 브라질 전역에 1400개가 등록되어 있다. 이런 댐 건설이 농촌 주민들과 자연 경관에 미치는 악영향 탓에 활발한 대중적 저항 운동, 즉 '댐의 영향을 받는 주민들의 운동Movimento de Atingidos por Barragens'이 등장했다. 다른 한편에서 2014년 브라질 전체 에너지 시설망에서 화석 연료는 전체 대비 58.6퍼센트를 차지해 15.7퍼센트의 사탕수수 생산물(바이오 에탄올), 11.5퍼센트의 수력 발전을 앞섰다.[41] 고속도로 건설과 자동차 이용은 석유 수입과 철도의 약화를 기회로 삼아 지난 수십 년에 걸쳐 개발주의가 득세하는 동안 분명히 우선순위를 차지했다.

농업은 기계와 농약의 사용을 기반으로 한 대규모 기업식 농업 단위의 방향으로 심각한 변화를 겪었다. 20세기 후반기에 농업 개혁의 부재는 기술 현대화와 영속적인 극심한 토지 소유 집중을 양립할 수 있게 만들었다. 2012년에는 100헥타르 이상의 토지 중 13.7퍼센트가 전체 면적의 82.8퍼센트를 소유했다(10만 헥타르 이상의 225개 소유지가 전체 면적의 13.4퍼센트를 차지했다!). 이들 모두는 융자와 기술 지원의 형태로 넉넉한 정부의 지원을 향유했다. 이와 대조적으로, 소규모 토지에 의존한 가족농업은 거의 지원받지 못했으나 여러 다른 지역에서 어떻게든 지속되었다. 2006년 자료에 따르면, 가족농업은 전체 농지와 목장 면적의 24.3퍼센트를 구성했다. 하지만 가족농업은 농업 노동의 대규모 고용주(전국 총계의 74.4퍼센트)이자 대규모 식품 생산자(검은콩 70퍼센트, 옥수수 생산 46퍼센트 등)이다.[42]

영토적 측면에서 기업식 농업의 팽창은 대서양 삼림 지역에서 시작되었는데, 이는 부분적으로는 농작물 연료agrocombustibles(바이오 연료), 무엇보다도 에탄올 분야에 지원을 제공한 1970년대 정부 정책에 의해 활성화되었다. 그러나 1980년부터 지역 토양의 자연 산도酸度를 바꾸고 대두, 옥수수 등의 생산량을 늘릴 수 있도록 하는 농학 연구를 토대로 기업식 농업이 크게 확대된 변경은 세하두 지역이었다.[43] 전국의 곡물 생산량은 1960년의 1720만 톤에서 2014년에 2억 700만 톤으로 증가했다.[44] 이 농업은 밀짚으로 '직접 심기' 같은 혁신적인 토양 보전 관행을 채택하는 등 과거보다 훨씬 더 세련된 방식이지만, 환경에 미치는 충격은 엄청나다. 예를 들어 브라질은 2010~2011년 수확기에 93만 6000톤의 살충제를 사용함으로써 세계 최대의 농약 소비국이 되었다.[45]

20세기의 마지막 수십 년 동안 엄청난 농촌 대탈출 현상이 발생했다. 빈곤한 농촌 주민들은 대부분 공식적인 소유권 없이 그들의 노동력을 작은 땅뙈기에서 살 수 있는 허가와 맞바꿔 오래된 토지에서 거주했다. 농업의 기계화는 이 토지로부터 대다수 가구들을 쫓아냈다. 도시들은 농촌 이탈 주민들의 상당 부분을 받아들였고, 이들은 또 아마존 지역의 변경 개척지로 흘러들었다. 도시들의 절대 인구는 1950년부터 2010년까지 약 1억 5000만 명이 늘었다. 도시 당국의 지원 없이 농촌에서 도시로 이주한 이들의 대다수는 산비탈과 맹그로브 습지같이 시장 가치가 거의 없는 도시 공간을 점유해야 했다. 파벨라favela

로 알려진 판자촌들의 증가는 이런 과정의 논리적 귀결이었다. 도시는 또한 부동산 투기, 녹지의 파괴, 낡은 건축물로 어려움을 겪었다. 차량, 공장 시설, 위험 물질의 저장 창고 등이 일으키는 공해는 폭력과 범죄와 마찬가지로 상당히 늘었다.[46]

여전히 열대 우림과 사바나로 뒤덮인 브라질의 외딴 지역들에서는 폭력도 극심해졌다. 세하두에서 자본주의적 농업이 진전되고 아마존 지역의 점유와 함께 군부 체제의 지정학적 집착 — 사회적 결과와 환경에 미치는 영향을 고려하지 않은 채 기업들에 재정적 보조나 면세 혜택을 부여할 뿐 아니라 변경 개척지 개발 사업을 통해 — 이 분명해지면서 토지를 둘러싼 투쟁은 폭발적으로 증가했다. 확장되고 있었던 농장들은 전통적으로 그 지역에 거주하던 원주민이나 메스티소 주민들과 흔히 격렬한 마찰을 일으켰다.[47] 도로 건설, 광산업과 대규모 수력 발전 사업 계획에서도 같은 양상이 빚어졌다.

여기서 논의할 수 없는 일부 다른 문제뿐 아니라 브라질 영토에 대한 이 모든 역학 관계의 영향은 1960년부터 2000년까지 브라질 생물군계의 인류화를 보여주는 다음 지도에 분명하게 나타난다.

대서양 삼림 지역은 극심하게 파괴되었고 오늘날에는 원래 초목의 약 12.5퍼센트에 지나지 않는 일부만 남아 있다. 아마존 삼림 지역 또한 엄청난 벌채를 겪었고 약 76만 제곱킬로미터(원래 초목의 거의 19퍼센트)를 상실했다. 세하두는 단지 수십 년 만에 초목의 약 절반을 잃어버려 훨씬 더 나쁜 사례가 되었다.[48] 실제로 세하두와 아마존 삼림 지역의 황폐화에 책임이 있는 주요 경제 행위자들이 대서양 삼림 지역을 대대적으로 파괴한 예전의 변경에서 왔기 때문에 이런 과정들은 동떨어져 있지 않다.

1970년대 중반부터 브라질 사회는 인권, 사회, 환경 운동 단체들이 군부 독재에 맞서는 투쟁을 공통분모로 삼으면서 특히 정치적으로 활발해졌다. 환경과 관련해 앞서 요약한 일련의 과정, 특히 아마존 삼림 지역의 파괴는 브라질을 국제적인 환경 문제 토론의 가장 중요한 초점 중 하나로 만들었다. 이는

지도 4.2 브라질 생물군계의 인류화(2000년)

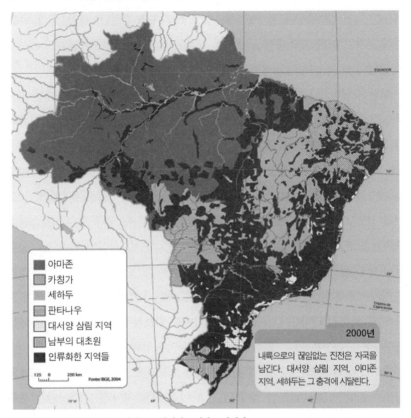

아마존
카칭가
세하두
판타나우
대서양 삼림 지역
남부의 대초원
인류화한 지역들

125 0 250 km   Fonte: IBGE, 2004

2000년

내륙으로의 끊임없는 진전은 자국을 남긴다. 대서양 삼림 지역, 아마존 지역, 세하두는 그 충격에 시달린다.

브라질지리통계원의 지도들을 바탕으로 윌리엄 토리가 도안했다.

1992년 리우데자네이루에서 유엔환경개발회의가 열렸을 때 강화된 현상이었다.[49] 1988년 고무나무 수액 채취자들의 지도자 시쿠 멘지스Chico Mendes의 피살같이 국제적 이목을 끈 일부 사건을 비롯해 지역의 사회환경적 갈등은 크게 늘었다. 멘지스의 피살 사건은 이른바 "빈민들의 환경 보호주의"의 전 지구적 비상사태를 상징하게 되었다.[50]

군부 독재 체제가 종식된 뒤 민선 정부에서, 그리고 2003년부터 2015년까지 노동자당Partido dos Trabalhadores의 지휘 아래 브라질을 통치한 중도-좌파 정치 세력의 연립 정부에서 환경에 관한 주제가 비록 모호하지만 두드러진 역할을 맡으면서 이런 모든 논쟁과 사회적 투쟁의 역사적 결과는 분명해졌다. 최근 수십 년 동안 포착된 일부 동향, 특히 역사적·구조적 변화와 정치적 결정에서 나온 동향은 앞서 논의된 성장 모델의 교체를 시사할지 모른다.

가장 강력한 사실은 정치적 의지와 제도적·기술적 혁신의 조합 덕택에 아마존 삼림 지역에서 벌채 비율이 감소했다는 점이다. 이런 변화는 2004년부터 2012년까지 연간 삼림 벌채 비율이 급격히(84퍼센트) 감소한 것에서 나타났다. 이 현상은 브라질이 2003년부터 2009년까지 조성된 보호 구역의 총면적의 73퍼센트를 차지했다는 사실에서도 분명히 드러난다.[51] 2010년 말 아마존 삼림의 약 43.9퍼센트가 다양한 유형의 보호 구역에 포함되었다.[52] 일반적으로 기업적 농업이 발전해 온 거대한 인접 지역, 즉 세하두의 존재는 아마존 삼림의 보전과 개선을 가능하게 만드는 데 도움이 되었다. 세하두 지역은 경제적인 안전밸브를 제공한 셈이었다. 하지만 최근 몇 년 동안 아마존 지역의 연간 삼림 벌채 비율(약 5000제곱킬로미터)은 매우 높은 상태이며 앞으로 다시 증가할 수도 있다.

1950년부터 1960년까지 2.99퍼센트에 이른 연간 인구 증가율은 2000년과 2010년 사이에 1.12퍼센트로 곤두박질쳤다. 다시 말해 브라질은 단지 수십 년 사이에 진정한 인구 통계학적 전환을 경험해 왔다. 이런 인구 증가율의 감소는 오래된 환경 문제들에 대처할 수 있는 국가의 역량을 강화한다. 예를 들어 기본 위생 시설의 가용성은 점차 커져 이제 전체 인구의 83.3퍼센트가 식수를 이용할 수 있다. 그렇지만 인구의 50.3퍼센트만 하수 제거 방식을 이용할 수 있고 전국 하수 체계의 42.67퍼센트만이 처리된다는 사실에서 향후 개선해야 할 과제가 무엇인지 확실해진다.[53]

영토 문제는 브라질의 역사적 딜레마의 중심에 남아 있다. 브라질의 국가 경제 발전은 수출 부문에만 국한되지 않았고 다른 국가들의 경제를 위한 원료의 공급자로 세계 경제에 편입된 뒤 전통적으로 그 역할을 유지해 왔다. 가능한 시나리오 중 하나는 이 역할의 급진화이다. 특히 세하두에서 곡물 생산이 늘어났다는 점은 이미 언급한 바 있다. 대규모의 광물 매장량이 존재한다는 점 역시 이런 방향을 시사한다. 브라질은 이미 니오븀niobium, 철, 보크사이트, 망간, 탄탈룸, 흑연 등의 세계 3대 수출국 중 하나이다.[54] 해양 대지臺地의 암염 하층巖鹽下層(대륙붕에 있는 지질층으로 그 위는 소금층으로 덮여 있음 ─ 옮긴이)에서 대규모의 석유 매장량이 발견되면서 심해 채굴과 관련된 오염과 사고의 위험에도 불구하고 브라질은 화석 연료의 수출국으로 변모하고 있다.

천연자원 수출을 강조하는 경로의 선택은 브라질 경제의 전통적인 지배적 부문으로서는 가장 손쉽다. 2050년까지 최소한 20억 명까지 늘어날 국제 시장의 수요 증대의 결과로 천연자원 수출은 새로운 국제적 차원을 획득할 수 있었다. 우리가 비옥한 토양의 손실, 가용한 물의 감소, 기후의 불균형 등에서 관찰할 수 있듯이 다양한 국가들의 경제가 이미 지역적 차원과 전 지구적 수준에서 환경 악화의 영향을 겪어왔다는 점을 고려한다면, 이는 훨씬 더 그렇다. 오늘날 브라질의 수출은 다시 한번 점점 더 일차산품에 의해 지배되고 있다. 곡물, 바이오 연료, 목재, 광물, 석유 등의 수출을 강력하게 증진함으로써 지역적 수준에서 얻게 되는 환경적·사회적 결과는 무엇인가?

오늘날 1차 산업 부문이 더 선진적인 과학과 기술 요소를 갖고 있다는 것은 사실이다. 하지만 그것의 전반적인 논리는 오직 현재만을 고려하는 방식으로 생물 물리학적 세계를 과잉 착취한 오래된 유형을 떠올리게 한다. 이것이 권리, 삶의 질, 그리고 새로운 정치적 가치 ─ 더 큰 환경적 주의注意를 포함해 ─ 를 추구하면서 점점 더 복잡해지는 사회가 모색하는 경제 모델일 수 있을까? 브라질로부터 항상 일차산품을 요구하는 똑같은 국제무대는 전 지구적 환경의 균형이라는 이름으로 또한 숲과 열대 생태계의 보전을 요구 ─ 흔히 이런 요구들은 모순되거나 서로 다른 행위자들에 의해 공식화되지만 ─ 한다. 브라질 사회는 이런 다양한 경향과 역사적 요청을 어떻게 조정할 수 있을까?

이 장에서는 브라질의 엄청난 영토의 운명이 브라질 역사의 중심 주제를 대변한다고 주장하고자 했다. 이 "찬란한 요람"에 대한 지배는 점점 더 분명해지는 딜레마와 책임을 불러일으킨다. 우리는 어떻게 이런 생태적 부富가 원료 수출에 대한 과도한 의존의 함정에서 벗어나는 것을 포함해 진정으로 민주적이고 지속가능한 사회, 문화, 경제 발전을 촉진하는 데 사용되도록 보증할 수 있을까? 브라질의 경제가 영토 전체의 현명하고 지속가능한 관리에 바탕을 둔 국가적 맥락에 참여할 수 있는 조건들은 무엇인가? 재생가능한 에너지원源에 기반을 둔 높은 수준의 과학 지식을 갖추고 생물 다양성과 생물량의 생산을 보전하는 복지 사회로의 역사적 도약을 이룰 수 있을까? 사회 내부의 질적 향상에 맞게 조정된 경제와 생태적 희소성의 심각한 위기 속에서 국제 사회에 필요한 자원의 수출에도 강한 지역적 다양성을 결합하는 것이 가능할까?

어쨌든 적절한 정치적 대응의 발전은 깊이 있고 폭넓은 역사적 분석의 필요성을 배제하지 않는다. 무수한 문제들에도 불구하고 브라질 사회는 정치적으로 활기차며 앞으로 나아가는 나름의 길을 찾고자 노력하고 있다. 브라질이 선택할 길은 21세기 인류가 맞이할 환경의 미래를 분명히 밝히는 과제와 밀접하게 관련될 것이다.

주제 아우구스투 파두아José Augusto Pádua는 리우데자네이루 연방대학교 역사연구소에서 브라질 환경사를 강의하고, '역사와 자연 실험실'의 공동 책임자로 활동하고 있다. 2010년부터 2015년까지 '브라질 환경과 사회 연구 대학원 연구협회'의 회장을 역임했다. 환경사와 환경 정치 전문가인 그는 40개국 이상에서 강의하고 가르치며 현장 작업을 수행했다. 브라질뿐 아니라 다른 국가에서 여러 권의 책과 논문을 출간했고, 그중에는 존 맥닐, 마헤시 라가라잔과 공동 편집한 『환경사』가 있다.

제4장의 영문 번역은 에이미 채즈켈Amy Chazkel이 맡았고, 존 솔루리John Soluri가 수정했다.

제5장

위협하는 정글에서 위협받는 정글로

클라우디아 레알

　　1989년 록 그룹 폴리스The Police의 카리스마 넘치는 리드 보컬 스팅Sting과 아마존 지역의 카야포Kayapó 원주민 집단의 주요 지도자 중 한 사람인 하오니 메투크티레Raoni Metuktire는 교황 요한 바오로 2세Johannes Paulus II, 프랑수아 미테랑François Mitterrand 프랑스 대통령, 후안 카를로스Juan Carlos 에스파냐 국왕 등 유럽의 저명한 지도자들을 만났다. 이 만남은 아마존 유역의 삼림 벌채와 원주민들의 불확실한 미래를 널리 알릴 목적으로 추진된 17개국 순회 방문의 일환이었다. 이 만남이 이뤄지기 직전에 벨기에 영화감독 장 피에르 뒤티외Jean Pierre Dutilleux는 당시 브라질을 방문하고 있던 스팅을 초대해 하오니를 만나도록 주선했고, 천년 수령의 숲과 그곳 주민들에게 임박한 위협들을 직접 확인할 수 있게 했다. 열대 자연과 문화의 파괴에 놀란 스팅과 뒤티외는 열대 우림 재단의 설립에 착수했고, 그들의 대의를 홍보하고 재정을 마련하기 위해 『정글 이야기: 아마존 지역을 위한 투쟁Jungle Stories: Fight for the Amazon』이라는 책을 집필했다.

열대 우림의 절반은 라틴아메리카에 존재하고 나머지 절반은 주로 아프리카 콩고강 유역과 동남아시아에 위치하고 있는데, 많은 이들이 열대 우림을 구하기 위한 운동에 참여했다. 예를 들어 1987년부터 뉴욕을 무대로 활동하는 비정부기구 '열대 우림 동맹Rainforest Alliance'은 오늘날 전 세계에 16개의 사무실을 두고 있고, 수십 개의 정글 생산물들이 지속가능한 방식으로 생산될 수 있도록 인증해 왔다. 2012년 보고서에 따르면, 열대 우림 동맹은 "화전 농업, 과잉 수확, 난폭한 채굴과 불법 벌목"의 결과에 대응하는 노력을 통해 "수억 에이커의 숲을 보호했고 …… 수백만 명의 사회적 여건을 향상시켰다."[1] 환경 관련 웹 사이트인 몽가베이Mongabay 같은 다른 조직들은 젊은 세대에게 이런 생태계들이 세계의 기후 안정화에 도움이 되고, 무수한 동식물의 서식처가 되며, 물 순환을 유지하고, 홍수, 가뭄, 침식으로부터 땅을 보호하며, 부족 집단들의 생계를 보장한다는 것을 가르치면서 그들의 사고방식을 바꾸고자 노력해 왔다.[2]

지구라는 행성 차원에서 열대 우림의 전략적인 중요성을 강조하는 이런 전 지구적 생태계 위기론은 20세기 중엽에 시작된 삼림 벌채의 급격한 증가에 그 기원을 두고 있다. 그러나 지난 200년간 정글의 역사는 정글의 점진적 소멸에 대한 이야기보다 더 많은 것을 내포한다. 19세기 후반기에 고무와 값비싼 견목堅木부터 바나나에 이르기까지 열대 산물에 대한 수요는 임산물 채취와 단일 재배 작물의 확산을 촉진했고, 역설적이게도 두 가지 현상 모두 상당한 삼림 벌채를 초래하지는 않았지만, 막 시작된 라틴아메리카 정글 지역으로의 진입에 박차를 가했다. 100년 뒤에 발생한 광범위한 파괴는 이 지역을 개발하려는 정부의 노력과 토지 없는 농민들의 대대적인 유입에 의해 가속되었다. 주요 결과는 소 목축을 위한 넓은 목초지의 개장이었고, 이는 결국 기존의 생활 방식이 숲과 양립할 수 있다고 간주된 원주민과 농민 공동체들을 위해 보호 구역뿐 아니라 보전 지역의 조성을 촉진했다. 이런 기나긴 과정 속에서 정부, 지역 주민, 활동가, 다른 많은 이들이 이 지역들과 자원을 두고 싸워왔는데, 이는 한 세기 전에 상투적으로 사용된 녹색 지옥green hell이라는 관념을 약화시켰다.

당시의 특유한 방식으로, 한 저명한 여행자는 정글을 노예제, 퇴보, 폭력, 죽음의 공간으로 묘사했다. 1924년에 출판된 소설 『소용돌이The Vortex』의 주인공이자 자전적 화자話者인 아르투로 코바Arturo Cova는 오직 아마존 지역 고무 채취의 어두운 세계로 사라질 생각으로 그의 연인과 함께 보고타에서 도피한다. 낯선 세계 안에 갇힌 그는 절망에 가득 차 이렇게 외친다. "오, 정글이여, 침묵에 빠진 고독과 안개의 어머니여! 불길한 운명이 나를 그대의 녹색 벽 안에 가뒀는가? …… 그대는 비탄의 대성당이다. …… 그 웅장함 속에 버려진 죽은 자들의 숨결이 만든 병든 그림자로부터 나를 벗어나게 하라. 그대 자신은 오직 거대한 묘지 같도다. 그 속에서 그대가 부패하고 다시 태어나고 있으니."[3]

저자 호세 에우스타시오 리베라José Eustacio Rivera는 『소용돌이』로 콜롬비아 문학계에서 주도적인 입지를 지니게 되었다. 리베라처럼 당시 라틴아메리카의 다른 뛰어난 작가들이 정글이 만들어내는 불안에 대해 서술했다. 20세기의 가장 유명한 베네수엘라 작가인 로물로 가예고스Rómulo Gallegos가 1935년에 출판한 소설 『카마이마Camaima』에서 주인공 마르코스 바르가스Marcos Vargas는 코바처럼 정글을 여행하고 그곳에 압도당한다.[4] 브라질 작가 아우프레두 항제우Alfredo Rangel의 『녹색 지옥Infierno Verde』(1907) 속 이야기나 또 다른 브라질의 저명 작가 에우클리지스 다 쿠냐Euclides da Cunha의 유작 『역사의 가장자리에서 A margem da história』(1909)에 수록된 수필도 열대 삼림에 대한 비관적이고 비극적인 견해를 전달한다. 작품들의 제목은 정글이 영원한 고문이 이뤄지는 자연의 영역으로서 그곳에는 결코 진보가 찾아오지 않는다는 것을 전해준다. 이 저작들에서 자연은 잔인하고 불공정한 사회에 대한 은유이다. 그런 사회적 비판은 1930년대에 트라벤B. Traven이 쓴 여섯 편의 이른바 정글 소설들의 주축이다. 멕시코에 정착한 독일 출신 아나키스트 트라벤은 그 작품들에서 부채 탓에 치아파스의 목재업에서 노예처럼 억압받은 원주민 노동자들의 처지에 대해 맹렬히 비난했다.

이 책들의 독자는 대부분 베네수엘라인이나 브라질인이었는데, 책을 통해 정글에 대해 잘 알고 그것을 자신의 것으로 만들게 되었다. 뛰어난 콜롬비아의 문인은 리베라를 칭송하면서 이런 심정을 표현했다. "다른 어떤 시인도 우리 자신의 자화상을 그리는 데 이 작가처럼 전문적이지는 않았다. (리베라는) **열대 지역의 독보적인 시인이다.**"5 이런 해석과 영감을 선사한 책은 반세기 전이라면 불가능했을 것이다. 19세기 초에 라틴아메리카의 여러 신생 공화국들은 식민 제국으로부터 광활한 정글을 물려받았지만, 실제로 정글에 대한 지배권을 갖고 있지 않았다. 라틴아메리카 땅덩어리의 거의 절반쯤이 국가의 통제 밖에 있었고 이런 지역들을 통합하는 과제는 실로 막대했다. 마침내 일부 임산물 채취와 열대 초목의 잿더미 위에 기반을 둔 단일재배가 확대되면서 라틴아메리카 국가들은 이 지역의 잠재적인 거대한 부에 대해 깨달았고 그곳을 국가 영토로 규정하도록 독려하게 되었다.

사실 리베라와 다 쿠냐 모두 국경선을 명확히 규정하는 책임을 맡은 관리로서 아마존 정글에 대해 익숙해졌다. 1922년에 리베라는 변호사 자격으로 콜롬비아-베네수엘라 국경 위원회의 위원이 되었다. 거의 1년 동안 아마존 지역을 여행하면서 그는 말라리아에 시달렸고 자발적으로 미개척지를 방문했으며, 끔찍한 이야기를 듣고 또 그가 자신의 소설에서 묘사한 불안을 느꼈다.6 마찬가지로 다 쿠냐는 1905년에 페루와 브라질 간 분쟁의 대상이었던 푸루스강의 상류를 여러 달에 걸쳐 둘러보았다. 여행 도중 브라질 위원회 위원들이 탄 배 가운데 한 척이 가라앉으면서 식량과 물품의 절반이 물에 잠겼고, 그리하여 쇠약한 위원들은 애국적인 의무를 완수하려고 애쓰면서 열병과 불편함 외에 배고픔에도 시달렸다. 그럼에도 쿠냐는 자신과 위원들이 겪은 시련이 정글에 정착해 사는 이들의 운명과 비교해 볼 때, 대수롭지 않았다고 생각했다. "숲에서 애도의 나날은 단조롭고 고통스러우며 애매하고 특색 없는 인간의 전 존재, 시작도 끝도 없이 고무나무 사잇길의 촘촘한 순환로에 새겨져 있는, 씁쓸하면서도 바꿀 수 없는 길의 답답한 여정."7

지도 5.1 열대 우림 지대

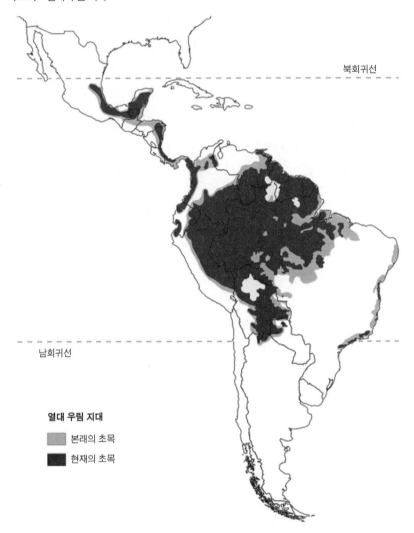

북회귀선

남회귀선

열대 우림 지대

본래의 초목

현재의 초목

유엔환경계획을 토대로 카밀로 우스카테기(Camilo Uscátegui)가 제작한 지도.

다 쿠냐는 세계 최대의 정글, 즉 아마존과 오리노코강 유역을 포함하고 아홉 개 국가가 공유하는 아마조니아Amazonia의 일부에 대해 언급하고 있었다.

그중에서 브라질은 이 숲의 60퍼센트에 대한 통치권을 갖고 있다. 라틴아메리카에는 두 개의 또 다른 드넓은 우림 지역이 있는데, 그 지역들은 규모가 더 작을 뿐 아니라 대서양과 카리브해에 접해 있기 때문에 더 급속하게 훼손되었다. 그중 하나는 카리브해 연안을 따라 중앙아메리카를 가로지르면서 남아메리카 북부 태평양 연안으로부터 멕시코 남부까지 뻗어 있다. 그곳은 이제 사실상 해체된 상태이다. 다른 정글은 더 큰 대서양 삼림의 일부로서 브라질의 동북부 해안에서 우루과이까지 이어져 있었다. 그 삼림 지대 가운데 8.5퍼센트만이 간신히 살아남았고, 그 나머지는 일반적으로 열대 우림이라고 부르기는 어렵다. 그 남쪽 지역의 기후는 매우 춥고 건조한 반면, 내륙의 더 고도가 높은 지대나 강우량이 적은 지역에는 다른 종류의 숲이 자리 잡게 되었다(지도 5.1 참조).

1000미터 미만 고도의 산물인 온도(평균 섭씨 25도에서 27도 사이)와 일정한 강우량(연평균 2000~3000밀리미터)은 모두 열대 우림의 특징이며 그곳의 놀라운 다양성을 설명하는 데 도움이 된다. 거기에서 자라는 나무들은 잎이 시들지 않고 일부 나무들은 25미터 또는 30미터 높이까지 쉽게 자란다. 그러나 모든 정글이 동일하지는 않다. 라틴아메리카의 정글들에는 다른 지역에서보다 더 많은 종류의 나무, 조류, 박쥐, 나비들이 서식하고 있다. 가위개미들이 먹을거리를 얻기 위해 끊임없이 잎을 운반하면서 좁은 오솔길을 만들 듯이, 나무의 줄기와 가지에서 싹트는 풍부한 착생 식물들은 정글에 독특한 외관을 부여한다. 아프리카와 아시아의 정글처럼, 코끼리, 오랑우탄이나 고릴라가 살지는 않지만, 라틴아메리카의 정글에는 재규어와 아나콘다(길이 10미터까지 자라는 뱀), 그리고 거미원숭이와 얼굴이 검은 흰목꼬리감기원숭이 같은 작은 영장류가 다양하게 서식하고 있다. 이제 그들의 과거를 살펴보자.

채굴 경제와 플랜테이션

1925년, 멕시코 혁명 후 체제의 교육부 장관직에서 물러난 지 몇 달 뒤에 호세 바스콘셀로스José Vasconcelos는 열대를 중심으로 한 인류의 부활을 예언했다. "미래의 세계는 누구든지 아마존 지역을 정복하는 자에게 속할 것이다. 그 거대한 강 옆에서 세계 도시Universopolis가 시작되고 그곳에서 기쁜 소식(복음)을 전파하는 설교사와 함대와 비행기가 출발할 것이다."[8] 이런 선언을 통해 바스콘셀로스는 숲을 "문명의 그림자"로 인식한 서양의 오랜 전통에 도전했다.[9] 그의 환상은 아마존 강어귀로부터 1450킬로미터 떨어져 있는 인구 20만 명의 도시 마나우스가 괄목할 만하게 성장함으로써 깨어났다. 그리고 1990년 그곳에 호화로운 오페라 하우스가 준공되면서 아마 정글의 야만성에 대한 승리가 가능해졌을 것이다.

마나우스와 그곳의 유명한 오페라 하우스는 정글과 관계를 맺는 방식의 가장 유명한 상징이었는데, 정글에서는 식민 시대부터 세계 시장에서 판매될 수 있는 일부 동식물들의 선별적 채취가 이뤄지고 있었다. 그러나 식민 시대에 정글의 전유專有는 대서양 삼림의 일부를 두드러진 예외로 하면 대체로 미미했다. 19세기 중엽까지 정글에는 여전히 거의 전적으로 원주민들만 거주했고 그들 중 일부는 질병과 노예제 탓에 수적으로 감소하고 있었다. 그 집단들은 자가소비와 물물 교환을 위해 매우 다양한 천연 산물들을 채집했고 마니옥manioc(카사바 나무뿌리)과 옥수수 같은 작물들에 기반을 둔 이동 농업을 실행했다. 수천 년에 걸친 그들의 환경 관리는 토양과 초목의 구성에 깊은 혼적을 남겼다. 아마존강 유역에서는 매우 비옥한 흑토terras pretas가 여기저기 만들어졌고 식용 과일이 달린 야자수, 건설용 또는 공예용 자재 같은 유용한 종류의 나무들이 풍부했다. 원주민들이 지지한 이 나무들의 재생산은 전문가들이 숲을 가꾸거나 야생 정원을 조성하는 데 관심을 갖도록 영향을 미쳤다.[10]

일부 정글 지역의 주변부에서는 유럽인들이 강제로 또는 협상을 통해 원주민들의 도움을 받으며 상업용 생산물들을 구하기 시작했다. 예컨대 1750년에 지금의 니카라과에 속하는 카리브해 연안에서는 마호가니와 의약적 효능이 있는 뿌리 식물 사르사sarsaparilla(청미래덩굴속의 식물이나 그것에서 추출한 물질로 음료나 약물의 향료로 쓰임 − 옮긴이)를 수출했다.[11] 아마존강 하류 지역에서는 훨씬 더 다양한 야생 산물들이 개발되었다. 여기에는 사르사 외에 정향, 계피와 유사한 종인 바닐라, 카카오, 잇꽃나무annatto 염료(식품 착색제), 해우海牛, manatee 고기와 기름, 그리고 심지어 깃털과 같은 장식용 산물들도 포함되었다.[12] 이런 상품들에 해당하는 포르투갈어 용어 '내륙 오지의 약재drogas do sertão'는 채취와 재배의 차이를 강조한다. 세르탕 또는 미개간지는 아시엔다에서 재배하는 "길들인" 카카오, 즉 카카우 만수cacao manso와 대비되는 "야생" 카카오, 즉 카카우 브라부cacao bravo의 원천이었다.[13] 정글 지역들은 또한 누에바그라나다(현재의 콜롬비아)의 사금砂金 산지이기도 했다. 18세기에 태평양 연안의 극도로 습한 정글 광산들은 누에바그라나다 부왕령의 주요 수출품을 생산했고, 이는 많은 정글 지역에서 현재의 광물 탐광과 개발을 예견하게 했다.[14]

식민 시대에 시작된 채굴 경제는 19세기 후반기와 20세기 전반기에 훨씬 더 강화되었다. 산업 혁명으로 원자재에 대한 수요가 늘었고, 그중 일부는 열대 우림의 식물들로 만들어졌기 때문이다. 고무의 호황은 가장 분명한 사례였다. 중앙아메리카의 삼림과 아울러 콩고 정글에서 펼쳐진 벨기에의 소름 끼치는 식민화에서도 그런 일이 있기는 했지만, 아마존 지역은 그것의 주된 무대였다. 그 밖에 식물 상아象牙, 즉 파나마와 에콰도르 사이의 태평양 해안 삼림에서 자라는 다수의 야자수 씨의 판매 같은 다른 호황도 발생해 특정 지역들에 흔적을 남겼다. 이 야자수 씨들은 작은 달걀만 한 크기로 상아와 비슷한 색깔과 감촉을 지니고 있어서 1940년대 플라스틱에 의해 대체될 때까지 단추를 만드는 데 사용되었다.[15] 같은 시기에 합성 물질이 씹는 껌 제조에서 사포딜라 Manilkara zapota 나무의 수액인 치클을 대체했다. 1870년대 이래 미국 회사들은 과테말라와 멕시코의 정글에서 이 나무의 수액을 채취해 왔다.[16] 사르사 채취는 중앙아메리카의 카리브 해안 정글에서 지속되었고 목재 채취는 격렬해졌다. 로그우드logwood(콩과의 소교목 – 옮긴이) 수출의 중심지였던 벨리즈는 멕시코 남부와 더불어 한 세기가 넘게 마호가니의 주요 수출국이 되었다.[17] 마찬가지로 중국, 인도, 유럽은 동남아시아의 삼림으로부터 목재 수입을 늘려갔다.[18]

고무가 채취되는 방식을 통해 우리는 그 삼림들이 어떻게 호황기를 거치면서도 살아남았는지 이해하게 된다. 시장에서 가장 인기가 있는 백색 고무의 원료인 히비어Hevea(파라고무나무속의 각종 교목 – 옮긴이)는 치클 나무와 마찬가지로 숲 곳곳에 산재해 있었다. 고무나무 수액 채취자는 유액(라텍스)을 얻기 위해 정글 곳곳에 100그루 또는 200그루의 나무를 연결한 오솔길을 뚫고 나무 줄기를 짼 자국에서 천천히 흘러내리는 수액을 채취하고자 매일 돌아다녔다. 게다가 고무 채취자들은 히비어 묘목들을 돌보았고 때때로 일부를 심기도 했다.[19] 흑색 고무의 경우는 매우 달랐지만 그 또한 삼림의 생존을 설명해 준다. 태평양 연안과 중앙아메리카의 정글뿐 아니라 아마존 지역에서도 볼 수 있는 카스티야Castilla속 고무나무의 유액은 공기와 접촉하면 건조해지고 검게 변한다. 흑색 고무는 삼출액이 충분하지 않고 백색 고무보다 값어치가 덜했기 때문에, 수액 채취자들은 일시에 모든 유액이 '흘러나오도록' 나무를 베어냈다. 그리하여 짧은 시간 내에 흑색 고무나무는 급격하게 줄어들었다. 가격 상승 때문에 농민과 기업가들은 멕시코, 중앙아메리카, 콜롬비아에 흑색 고무나무를 심었다. 그러나 아시아의 플랜테이션들이 흑색 고무를 생산하기 시작하면서 1913년에 가격이 하락했을 때 그런 시도는 끝나버렸다. 그들이 심은 나무들과 숲의 탁 트인 빈터에서 재생산되는 나무들 덕분에 한때 베어지기는 했어도 정글에서는 여전히 흑색 고무나무들이 살아남게 되었다.

정글로 돌진하게 만드는 모든 경제적 행위가 채취 관련 활동은 아니었고, 채취 활동이 삼림을 유지한 것도 아니었다. 에스파냐의 식민지 개척자들은 단일재배를 발전시켰고 비료로 쓰기 위해 초목을 베어 넘어뜨리고 불태웠다. 그럼에도 이런 농업 형태가 초창기에 정글의 환경에 미친 영향은 제한적이었다.

비록 16세기와 17세기에 브라질 동북부의 경제가 열대 우림 지역(그리고 더 작게는 건조한 열대 우림 지역)의 설탕 생산을 중심으로 전개되기는 했지만, 1700년 무렵 사탕수수 플랜테이션들은 삼림 1만 2000헥타르쯤, 달리 말해 동북부의 가장 작은 세르지피주 면적의 1퍼센트 이하를 벌채했다.[20] 제당 공장들은 강 근처 계곡에 사탕수수를 심었지만, 연료로 사용하고 설탕 운송용 상자를 제작하기 위해 벌목하기도 했다.[21] 아마존강 하류와 기아나 지역, 특히 수리남에서 설탕, 면화, 그리고 약간의 카카오를 생산한 여러 대농장들은 해안 근처와 일부의 강들의 둑을 따라 흔적을 남겼다.

19세기와 특히 20세기 초 수십 년 동안 유럽과 미국 시장을 겨냥해 열대 산물을 생산하는 플랜테이션들이 늘어나면서 삼림 벌채도 증가했다. 동남아시아의 정글에서도 고무와 기름야자나무 대농장들이 세워지면서 비슷한 현상이 발생했다. 라틴아메리카에서 이런 새로운 플랜테이션들은 중앙아메리카의 해안 지대(특히 카리브 해안)와 브라질의 리우데자네이루와 상파울루주에 집중되었다. 브라질의 경우에 1820년대에 시작된 커피 재배는 계곡의 삼림과 해안의 낮은 산들이 개간되고 불태워지면서 한 세기가 넘도록 대서양 삼림 전역으로 확산되었다. 토양이 고갈되면서 플랜테이션들은 새로운 지역을 개척했고 그리하여 일종의 이동 농업이 등장했다. 동남부 지역의 경제적 부상을 수반한 인구 증가와 도시화는 삼림에 훨씬 더 큰 압력을 가했고 파괴를 촉진했다.[22]

파나마, 코스타리카, 온두라스의 해안 삼림과 멕시코의 타바스코와 베라크루스 지역에서는 수천 헥타르가 바나나 재배에 사용되었는데, 그리하여 미국의 소비자들이 천연 포장지, 즉 껍질에 싸인 고칼로리의 과일을 즐길 수 있었고, 유나이티드프루트사 같은 외국 기업들의 주주들도 부유해졌다.[23] 이런 단일재배 체제는 멀리 떨어진 곳에서도 수출 상품의 경작을 가능하게 만들고자 철도 시설을 요구했다. 코스타리카에서는 중앙 계곡의 고지대로부터 커피를 운송하기 위해 철도가 놓였고, 그 뒤 1880년대에는 카리브해 방면 리몬 지역에도 플랜테이션들이 세워졌다. 온두라스에서도 유사한 일이 일어났는데, 그곳에서는 정부가 바나나의 수출을 늘리기 위해 새로운 철도를 부설하는 회사들에 무상으로 토지를 공여했다.[24] 석유 시추를 위한 기반시설인 망루, 송유관, 노동자들의 막사를 세우면서 베라크루스주 해안에 있는 우아스테카 정글을 훼손했다.[25] 반면에 채굴 경제는 주로 정글의 자연 도로라고 할 수 있는 강과 유액 또는 값비싼 씨앗을 찾기 위한 길을 이용함으로써 삼림 지형에 미치는 충격을 최소화했다.[26]

단일재배가 해충과 질병에 취약하다는 사실은 파나마 질병을 다루는 온두라스의 대응 전략이 예증하듯이 삼림 벌채를 가속시켰다. 회사들은 소비자의 기호를 충족시키면서도 질병에 강한 바나나 품종을 개발하는 어려움을 감안해 해충이 들끓는 지역을 버리고 새로운 땅에 바나나를 심는 방식을 선택했고 뒤이어 그곳 역시 해충이 들끓게 되면 또다시 땅을 버리고 떠나는 과정이 반복되었다.[27] 유사한 사례가 에콰도르 해안의 카카오 농장에서 벌어졌다. 1885년부터 1910년까지 개간된 4만 2000헥타르 이상의 토지는 20년 뒤 모닐리아 균과 빗자루병에 감염된 뒤 버려졌다.[28] 1950년대 에콰도르 해안과 1960년대 콜롬비아의 우라바 지역에서 바나나 플랜테이션이 개발되었을 때 드러났듯이 단일재배는 계속해서 열대 우림 소멸의 원인이 되었다.

천연자원의 채굴과 열대 산물의 재배로 이 정글 지역들이 세계 경제에 편입되었는데, 그런 까닭에 관련 국가들의 정부는 그 지역들의 국유화를 시도하고자 했다. 예컨대 콜롬비아가 대단히 독립적인 쿠나Cuna족이나 툴레Tule족이 오랫동안 거주해 온 다리엔 협곡(남아메리카와 중앙아메리카의 접속로)에 대해 마침내 주권을 확대하는 동안, 다른 국가들도 아마존 지역의 일부에 대해 통제권을 행사하고자 시도했다. 유럽 식민주의의 이름으로 추진되기는 했지만 비슷한 과정들이 콩고강 유역과 동남아시아에서도 벌어졌다. 라틴아메리카에서는 여러 국가가 그런 정글들에 대한 수용收用을 주장할 때 스스로 베네수엘라인, 멕시코인 등으로 여기는 정착자들을 가장 효과적인 대리인으로 활용했다. 이와 대조적으로 원주민 집단들은 국가적 정체성을 지니지 않은 채 죽음을 유발하는 질병의 새로운 물결에 시달리곤 했다. 예컨대 코스타리카의 바나나 경제는 인구 밀도가 더 높은 고지대로부터 1850년 당시 거주민들이 겨우 2만 명에 불과했던 카리브해 지역으로 이주민들을 끌어모았다. 마찬가지로 브라질 동북부 출신의 가난한 농민들은 아마존 지역의 고무 채취에 그들의 미래를 걸었다. 정착자들과 함께 흔히 새로운 형태의 토지와 자원 소유권, 판사와 시장市長 같은 주와 국가의 제도들이 도입되었고, 심지어 에스파냐어와 포르투갈어까지 유입되었다. 이주민들은 정글 한가운데 소읍과 도시들을 세웠다. 마나우스는 가장 잘 알려진 사례이지만, 페루 아마존 지역의 이키토스, 콜롬비아 태평양 연안의 투마코, 온두라스의 산 페드로 술라 등 다른 사례도 적지 않다. 이 모든 소읍들은 행정 중심지가 되었고 그곳으로부터 여러 국민국가들은 정글 지역에 대한 지배권을 강화했다.

이 지역들의 정복은 국가 간 경계선의 위치를 둘러싼 분쟁을 불러일으켰다. 고무 경제는 아크리를 둘러싼 볼리비아와 브라질 사이의 전쟁(1899~1903)과 콜롬비아와 페루 전쟁(1932~1933)을 촉발했다. 오래 지속된 분쟁 끝에 아마존 강 유역은 더 명확한 주권의 주장을 표시하는 가상선들에 의해 관통되었다. 또 다른 경계선은 과테말라의 페텐을 멕시코의 라칸돈 정글로부터 분리하기 위해 그 유래를 거슬러 올라갔다. 영토의 윤곽이 분명해지면서 여러 국가들은 확정적인 국가의 지도를 제작하고 보급할 수 있었는데, 지도의 형태는 지금도 강력한 국가적 상징으로 쓰이는 일종의 표장標章을 구성해 왔다.

그 지도들 덕분에 정글은 마침내 각국의 영토에 통합된 필수 요소로 간주되었지만, 그 지역에서 나온 직접적인 설명만이 그들의 서술과 구성을 통해 사람들의 시각과 후각으로 그들의 상상력을 채울 수 있게 했다. 우리는 어떻게 최고의 작가들이 정글을 그곳의 방문객들이 걸음을 내디딜 때마다 목숨을 걸어야 하는 무시무시한 지형으로 묘사했는지 확인해 왔다. 다른 많은 외지인들뿐 아니라 그 작가들이 정글의 어두운 면에 대해 언급했을 때, 그들은 허구와 현실을 혼합했다. 예컨대 1907년부터 1912년까지 마데이라와, 브라질과 볼리비아의 국경에 있는 마모레 사이에 350킬로미터의 철도를 건설했을 때, 6000명이 넘는 노동자들이 사망했다고 전해진다. 그리고 1881년부터 1914년까지 파나마 운하의 건설에서는 2만 5000명 이상의 노동자들이 목숨을 잃었다. 연대기들의 메시지는 분명하다. 위협적인 자연과 억제되지 않은 불공평은 모두 문명화의 사명이 여전히 신호를 보낸다는 것을 의미했다.

이런 식으로 전염병과 잔인한 정글에 대한 상상계는 식민 시대로부터 존재해 온 국가 지형의 위계적 특성을 강화하는 데 도움이 되었다. 아름답지만 지옥 같은 아시아와 아프리카 열대 지역의 모순된 이미지가 유럽의 식민지 경영을 정당화하는 데 도움을 주었듯이, 아메리카의 열대 지역에서 더 강력해진 그런 견해는 야만적이라고 간주된 지역을 길들이려는 권한을 강화했다.[29] 새로운 지역들은 각국의 영토로 편입되었고 종속적인 지위로 한정되었다. 그 지역들은 더 이상 미지의 영역terra incognita이 아니게 되었고 이제 그들이 통합된 국가들의 중심부와의 관계에 의해 규정되었다. 이 지역들이 국가 행정의 틀 속에 공식적으로 포함되면서 그들의 부차적인 지위가 뚜렷해졌다. 예컨대 콜롬비아 아마존 지역의 행정적 구획은 인텐덴시아intendencia나 코미사리아도comisariado로 불렸는데, 이는 국토의 대부분을 구분하는 주 또는 데파르타멘토departamento보다 낮은 지위를 표시했다.

브라질 동남부와 온두라스의 바예 데 술라(술라 계곡)는 이 규칙의 예외적 사례였다. 미나스제라이스의 광업과 가축 목장, 그리고 상파울루의 제조업 성장과 함께 커피 재배는 브라질 동남부 지역을 국가의 정치경제적 중심지로 나아가게 하는 데 도움이 되었다. 두 대도시 리우데자네이루와 상파울루는 번영하는 국가의 상징이었다. 그러나 이 해안 지역들은 그 과정에서 더 이상 정글 지역이 아니게 되었다.

다른 정글들은 계속 국가의 중심부가 완전히 정복하지 못한 장소로 남아 있었다. 그런 까닭에 그중 일부에 해당하는 콜롬비아와 에콰도르의 태평양 지역, 아마존 하류의 일부 지역, 수리남의 내륙 지역은 자유로운 영역이 되어,

예전의 노예였던 마룬Maroon 집단과 그 후손들이 삶을 다시 일궈냈다. 이 지역들의 주변부적 특성은 정착민과 원주민 사이, 가축과 야생 동물 사이, 사적 소유와 공유지 사이의 접촉 지대였다는 사실과 관련되어 있었다(여전히 그렇다). 1960년에 시작된 맹렬한 침입이 이전에 상상할 수 없었던 정글 수백만 헥타르의 전멸로 이어졌지만, 그렇게 변형된 영토들은 여전히 지리적으로, 문화적으로 멀리 떨어진 곳으로 여겨진다. 마르가리타 세르헤Margarita Serje의 표현을 빌리면, "국가의 안티테제"인 셈이다.[30]

정착민들과 목초지

20세기 후반기에 삼림 벌채는 놀라운 탄력을 발휘했다. 수천 명의 농민들이 정글로 이주했고 더 나은 삶을 찾아 초목을 베어냈다(자료 5.1 참조). "미코Mico(원숭이)" 에르난데스Hernández라고 알려진 남성은 수많은 농민 중 한 명이었는데 1972년 콜롬비아 아마존 지역의 비스타에르모사에 도착했을 때를 이렇게 회상했다. "난 아내와 함께 가서 일하기 시작했어요. …… 나는 도끼로, 아내는 마체테 칼로 숲의 나무들을 베어냈죠. 난 나무들을 넘어뜨렸고 아내는 관목 덤불을 치웠어요. …… 지금은 탁 트인 곳이 당시에는 구아이마로guáimaro, 구아카마요guacamayo, 발소balso, 탐보르tambor 같은 나무들로 가득했어요. 거기에는 아무도 살지 않았죠. 우리가 나무들을 베어내고 덤불을 불태웠을 때, 사람들이 도착하기 시작했어요. …… 그때에는 동물들이 많이 있었는데 …… 짖는원숭이Alouatta seniculus, 봉관조curassow(칠면조와 유사한 중남아메리카산 조류 — 옮긴이), 야생 칠면조, 멧돼지들이 많이 있었죠. 누구든지 180킬로그램이 넘는 맥貘과 우연히 마주칠 수 있었고 거미원숭이와 긴코너구리(코아티)도 있었죠. 거기서 찾지 못할 게 뭘까요! 사냥을 하지 않았다면, 아마 당신이 너무 게을러서 방아쇠를 당기지 않았기 때문일 겁니다."[31] 농민들이 도착하면서 경관이 바뀌었고 동물들은 정글 내륙으로 "달아나" 더 이상 보이지 않게 되었다.

자료 5.1 콜롬비아 태평양 해안 나피강 주변의 촌락

라틴아메리카 정글의 역사에서는 동남아시아나 유럽같이 국가가 주도하는 삼림 관리가 두드러지지 않는다. 이 사진 속 콜롬비아 태평양 해안의 한 촌락이 보여주듯이 그것은 냉혹한 파괴의 이야기도 아니다. 미카이 강의 지류인 나피강 주변에 있는 이 촌락은 18세기에 금을 채굴한 노예들의 후손들이 거주하고 있었다. 이 사진은 1950년대 중반 지리학자 로버트 C. 웨스트(Robert C. West)가 찍은 것이다.
"로버트 웨스트: 콜롬비아의 태평양 방면 저지대"라는 사진 아카이브의 자료 R9 N 11. 보고타에 있는 루이스 앙헬 아랑고 도서관의 희귀본과 필사본 보관실과 로스안데스 대학교 중앙 도서관에 소장되어 있다. https://robertwest.uniandes.edu.co를 참조하라.

에르난데스는 인구 성장이 가속되는 가운데 이주했다. 라틴아메리카인들의 수는 1900년에는 7000만 명을 간신히 넘었으나, 1950년에는 1억 7500만 명, 2000년에는 5억 1500만 명으로 늘었다. 20세기 후반기에 수많은 농민들이 그 지역을 도시의 분위기로 바꿔놓으면서 여러 도시에서 그들의 운명에 도전했다. 일부는 열대 삼림에서 자기 소유라고 부를 수 있는 땅뙈기를 구하는 것을 선호했다. 그리하여 1950년에 단지 1000명에 지나지 않았던 라칸돈 정글의 주민들은 1990년에 15만 명이 되었고, 이웃한 페텐의 정글에서는 그 수가 1962년 2만 5000명쯤에서 1986년에는 대략 30만 명으로 늘었다. 이 성장률은 각국의 평균을 크게 웃도는 것이었다. 1950년에서 2000년 사이에 에콰도르의 전체 인구는 세 배 증가한 반면, 에콰도르 아마존 지역의 인구는 10배나 증가했다. 브라질의 아마존 지역에서는 인구가 6배(200만 명 이하에서 1300만 명으로)나 증가했는데, 이는 브라질 전국 인구 증가율의 두 배가 넘는 수준이었다.[32] 브라질 아마존의 우림 지역조차도 대부분 도시화되어 1991년에는 지역 전체 인구의 58퍼센트를 포함하는 133개의 도시 — 그중 8개는 주민 10만 명 이상 — 가 있었다.[33]

여러 국가들은 이런 정글 정착과 파괴의 이야기에서 핵심적인 역할을 맡았다. 여러 국가들은 20세기 초에 그랬던 것보다 훨씬 더 강력해지고 문제의 해결 능력을 갖추게 되었고, 변경 지역을 통합하고자 도로를 건설했으며 전후 시기의 주요 요소였던 개발과 경제 성장의 꿈으로 스스로를 키웠다. 브라질만큼 이런 정책들이 확고한 국가는 없었는데, 이는 아마 아마존 지역이 영토의 절반 이상을 차지하기 때문이었을 것이다. 가장 강력한 추진력은 군부 정권(1964~1985)으로부터 나왔는데, 그 시기에 아마존 지역 개발을 위한 감독 기관이 설립되었고 "아마존 작전"으로 알려진 경제 개발 정책이 발표되었다. 계획은 부분적으로 내륙을 해안과 연결하려는 오랜 염원에 바탕을 둔 것이었다. 일찍이 1953년 제툴리우 바르가스Getúlio Vargas 대통령은 아마존 지역 개발을 전담할 기관을 창설했는데, 최고의 업적은 1956년부터 1960년까지 브라질리아와 아마존강 어귀의 항구 벨렝을 연결하는 도로의 건설이었다. 군부 정권은 도로를 닦고 브라질의 가장 긴 고속도로 중 하나인 4000킬로미터의 아마존 횡단 고속도로를 포함해 다른 도로들을 건설함으로써 기반시설의 개발을 강화했다.[34]

도로들은 변경 개척과 정착을 촉진하는 데 결정적이었다. 1960년대와 1970년대에 일부 국가의 정부들은 드넓은 정글 지역을 1959년 쿠바 혁명 이후 경보음을 울린 토지 소유의 지나친 집중과 그것이 낳은 첨예한 긴장을 완화시킬 수 있는 안전판으로 생각했다. 미국 정부조차 농업 개혁의 실시를 장려했는데, 때때로 또는 부분적으로 기존의 소유지를 수용하는 대신 변경의 토지를 제공함으로써 여러 국가의 정부들은 농업 개혁을 회피했다. 예를 들어 콜롬비아 정부는 1963년부터 1983년까지 카케타Caquetá 1과 2 프로젝트를 통해 정글로의 이주를 독려했고, 이는 결국 300만 헥타르를 채우게 되었다.[35] 한편 브라질의 군부 정권은 변경 개척과 정착에 초점을 맞춘 전국 통합 프로그램으로 아마존 지역 정책에 사회적 관점을 제공하고자 시도했다. 에콰도르 정부는 1978년에 에콰도르 아마존 지역의 개척과 이주를 위한 전국 협회를 창설함으로써 유사한 경로를 걸었다. 그러나 농업 개척지들을 조성하는 대신, 이 협회는 스스로 그곳에 자발적으로 도착한 농민들의 토지 소유권을 공식화하는 데 주력했다.[36] 다른 국가에서도 비슷한 일이 벌어졌다. 그러나 미코 에르난데스의 사례처럼 정글로 이주한 농민들은 대부분 국가의 지원을 거의 또는 아예 받지 못한 채 그곳에 정착했다.[37]

정착민들과 국가는 정글의 변화를 위해 새로운 모델을 부과했다. 그것은 광대한 가축 목장을 위한 목초지의 조성이었다. 이 개발은 옛 단일재배 모델을 바꿨다. 새로운 토지는 더 이상 수출용 열대 과일을 생산한 해안의 플랜테이션에 국한되지 않았고, 주로 국내 시장을 겨냥해 소들을 키우고 살찌우기 위해 훨씬 더 넓은 장소에서 초원을 넓혔다. 가축 목장의 성공은 그것을 지원한 정책뿐 아니라 활동에 내재된 특징들에 의해 설명된다. 브라질 정부는 1970년대와 1980년대에 넉넉한 보조금을 승인해서 거대한 부지의 형성을 자극했다. 코스타리카에서는 경제의 다변화를 위해 설계된 보조금이 (항구 근처에서) 소고기 생산을 어떻게든 수출 가치 제3위로 끌어올렸고, 그 발전 양상은 중앙아메리카 대부분 지역에 "햄버거 커넥션"으로 알려졌다.[38] 게다가 중앙아메리카와 아마존 지역 모두에서 삼림이 목초지로 전환되면서 더 많은 땅이 부동산 시장으로 유입되었고 특히 도로 건설을 위한 토지 투기를 부추겼다. 또 변경 지대의 농민들은, 이 책(제8장)에서 윌콕스와 반 오스달이 보여주듯이, 농업에 비해 목축업이 지닌 많은 이점 때문에 소를 사육했다. 소는 시장까지 몰고 갈 수 있고 아무 때나 팔릴 수 있다. 작물들이 비교적 잘 자라고 뒤따르는 목축업자들에게 쉽게 팔리는 상품이 되는 3년 이후에 개벌함으로써 목초지는 정글의 내용耐用 연한을 연장한다. 그렇게 많은 정착민들은 계속 정글을 목초지로 바꿨고 흔히 그것을 목장 주인들에게 매각함으로써 불평등한 토지 소유의 일반적인 유형을 되풀이했다.[39]

천연자원의 채굴 역시 지속되었다. 견목이나 동물 가죽의 유행은 덜 중요했지만 그 유행은 개척과 이주, 목초지의 조성 과정을 촉진했다. 1960년까지 브라질 아마존 지역의 경제는 삼림의 유지에 의존한 채굴 활동을 중심으로 전개되었다. 고무의 호황기가 끝났을 때에도 머물렀던 이들은 더 작은 규모였지만 계속 고무를 채취했다. 그들은 또한 야자수의 진수인 브라질너트와 바바수야자babasú의 씨앗을 채취했고 자가소비와 지역 시장 판매를 위해 작은 식량 경작지를 유지했다. 도로가 그 지역을 관통하면서 전국 시장에 값비싼 견목, 특히 마호가니와 삼나무의 판매가 가능해졌다. 브라질리아-벨렝 도로의 건설은 마호가니의 채취를 가속했고, 이는 나중에 브라질 아마존의 다른 지역에서도 되풀이되었다. 더 다양한 종류의 목재들이 콜롬비아와 중앙아메리카의 태평양 해안과 같은 해안 삼림에서 수출되었다.[40] 광범위한 동력 사슬톱의 사용과 같은 기술적인 변화는 벌목을 부추겼다. 1960년대와 1970년대에 재규어 가죽과 그보다 정도는 덜하지만 오셀롯ocelot(표범과 비슷하게 생긴 야생 동물 – 옮긴이)과 왕수달의 가죽 수출로 얻은 수익 역시 변경 지역의 정착을 지원하는 데 기여했다. 이 교역의 규모를 강조하면서 대략 추산한다면 그 기간에 라틴아메리카로부터 수출된 재규어 가죽의 총계는 오늘날 아마존 지역에 있는 재규어의 전체 개체 수와 맞먹었다.[41]

채굴 경제는 하층토에 있는 자원들의 착취로 다양해졌다. 금 가격이 1980년대에 상승하면서 채굴의 경계선은 아마존의 여러 지역으로 확대되었다. 그 과정의 핵심 주역은 브라질에서는 가링페이루garimpeiro로 알려진 소규모 비공식 광부들이었는데, 1990년 그 수는 모두 50만 명에 이르렀다.[42] 최근 골드러시는 또한 콜롬비아의 태평양 지역에 영향을 미쳐 오래된 사금 광산이 굴착기로 다시 개발되었고, 삼림 벌채 이상으로 땅을 벗겨냈고, 지면과 물을 수은으로 오염시켰다. 채굴의 전경은 또한 대규모 개발 사업과 다른 광물들을 포함시켰고, 세계 최대의 노천 철광인 브라질의 카라자스 단지 같은 개발 사업은 1960년대 말에 가동되기 시작했다.

위에서 언급한 결합, 즉 토지 없는 농민들, 국토의 모든 구석을 빠짐없이 개발하고자 열망하는 정부, 동물의 가죽과 금처럼 다양한 상품의 시장, 기술의 발전 등의 결합이 빚어낸 종합적인 결과는 삼림 벌채의 유례없는 증가였고, 이는 결국 라틴아메리카 열대 우림의 미래에 경보음을 울렸다. 중앙아메리카는 최고의 삼림 벌채 비율을 기록했으나 최대의 벌채 지역은 아마존 삼림에 위치해 있었고 여전히 그렇다. 불행히도 우리는 삼림의 상실 정도에 관해 정확한 자료를 갖고 있지 않다. 가장 유용한 정보는 브라질 아마존 지역에서 입수할 수 있는데 그곳에서는 1970년대에 극심한 삼림 개벌이 시작되었고, 유역의 남부와 동남부 가장자리를 따라 "활 모양의 삼림 벌채 지역"으로 알려진 곳에 집중되었다. 이런 추세의 강도는 2005년에 점점 줄어들기 시작했지만, 벌채된 지역은 지속적으로 상당하다.[43] 2003년까지 브라질 아마존 지역의 삼림 중 16.2퍼센트가 벌채된 것으로 추정되었다(이 지역의 15퍼센트만이 1970년 이전에 발생한 삼림 벌채와 부합하고 파라주와 마라냥주에 집중되었다).[44] 그럼에도 이는 브라질 아마존 지역 삼림의 약 80퍼센트가 여전히 자란 그대로 서 있다는 것을 의미한다. 중앙아메리카의 전경은 매우 다르다. 페텐 지역은 1970년부터 1985년까지 삼림의 절반을 잃은 반면, 코스타리카의 삼림은 1950년부터 1990년까지 65퍼센트 감소했는데, 따라서 그곳은 한때 세계에서 삼림 벌채가 가장 많이 발생한 국가 중 하나가 되었다.

비슷한 과정들이 동남아시아에서 발생하면서 열대 지역의 삼림 벌채를 극적인 전 지구적 문제로 바꿨다. 아프리카에서도 삼림 상실이 발생했으나 현재까지는 덜 심각한 것으로 보인다. 1960년부터 2000년까지 임상 식물林床植物 ― 그중에 60퍼센트가 우림으로 구성되어 있다 ― 은 태국에서는 영토의 55퍼센트에서

20퍼센트로, 필리핀에서는 45퍼센트에서 20퍼센트로, 인도네시아에서는 70퍼센트에서 50퍼센트로 감소했다.[45] 주된 원인은 목재 채취였는데, 필리핀, 말레이시아, 인도네시아, 파푸아 뉴기니는 막대한 양의 목재를 주로 일본으로 수출해 왔다. 또 다른 중요한 원인은 농업에 활용되는 토지의 증가였다. 이는 부분적으로 라틴아메리카보다 인구 밀도가 훨씬 더 높은 지역의 수요 증가와 관련되어 있었다.

광범위한 삼림 파괴는 개척과 이주 노력에서 핵심적인 부분인 위협적인 자연이라는 견해를 약화시키고, 부분적으로 위기에 처한 생태계라는 발상으로 대체하는 데 보탬이 되었다. 1982년에 출판된 『내 영혼을 악마에게 맡기다Mi alma se la dejo al diablo』는 여전히 리베라와 다 쿠냐를 연상시키는데, 버려진 정글의 야영지에서 굶어 죽은 뒤 그 시신이 발견된 어떤 초라한 농민의 불운한 실화를 표현한다. 그가 휘갈겨 써서 남긴 몇 개의 단어들이 그 책의 제목이 되었다.[46] 이 비극적인 이야기는 탁 트인 목초지가 이상적인 경관이라는 인식에 반영되었는데, 개방된 공간은 먼 곳을 볼 수 있게 할 뿐 아니라 인간 노동의 결실을 분명하게 구체화하기 때문이다. 삼림을 파괴함으로써 땅을 문명화하려는 소망은 여전히 라틴아메리카의 열대 지역 전체에 울려 퍼지면서 정반대의 경향, 즉 새로운 열대 우림의 지도 제작을 이끌어온 보전 욕구와 공존한다.

보호 구역과 공유지

1989년 브라질 아마존 지역의 아우타미라에서 열린 싱구Xingú 원주민 종족 연합의 첫 번째 회합은 수력 발전 댐 건설에 반대하는 항의 시위에서 하나의 이정표가 되었고, 그 운동은 여전히 활발하게 지속되고 있다. 20년 전에 벨기에 영화감독 뒤티외가 같은 지역을 방문했고 그의 브라질 동업자와 함께 하오니(카야포 지도자)에 대한 다큐멘터리를 만들었다. 그 작품은 1979년에 오스카상 후보에 오르기도 했다. 앞서 언급한 만남 이후 얼마 지나지 않아 뒤티외는 스팅을 그 지역으로 안내하고 한 가지 계획을 추진했다. 그 계획은 열대 우림 재단을 통해 전 지구적 북부(경제적 선진국)의 주민들과 수십 년 동안 존속해 온 아마존 지역 주민 조직 사이의 동반자 관계를 강화했다. 그리하여 싱구는 열대 우림의 미래를 분명히 밝히기 위한 진지한 투쟁을 예증할 뿐 아니라 환경 운동과 원주민 운동의 광범위한 연결망과 그들이 공유하는 종족적 권리, 특히 땅에 대한 권리의 인식을 묶는 유대 관계를 대표했다.

　환경 운동의 구심점은 과학자, 특히 보전생물학자들로 구성된다. 그들의 학문 분야는 1980년대에 열대의 삼림 벌채에 대응해 출현했다. 분야의 창설자들은 속屬, 종, 생태계의 다양성을 언급하고자 생물 다양성, 즉 이제는 너무 잘 알려져 우리가 그 기원을 잊곤 하는 용어를 만들었고, 열대 우림을 세계에서 생물 다양성이 가장 두드러진 지역으로 선정했다. 이 구상은 기민하게 받아들여졌는데, 부분적으로는 그다지 새로운 견해가 아니었기 때문이다. 로맨티시즘에 영감을 받은 19세기 유럽의 박물학자들은 정글을 여행하면서 장엄한 장소들과 마주쳤고 그곳에 속한 무수한 식물과 동물의 종들을 강조했다. 예를 들어 영국의 박물학자 헨리 월터 베이츠Henry Walter Bates는 1863년에 『아마존 강의 박물학자A Naturalist on the River Amazons』라는 책을 출판했는데, "장황하고 두서없는 부제인 '11년의 여행에서 겪은 모험, 동물들의 습성, 브라질인과 원주민들의 생활 개요, 적도 아래 자연의 양상에 대한 기록'이 시사하듯이 경외심에서 우러나온 표현들과 꼼꼼한 묘사 사이를 계속 왔다 갔다 한다."[47] 이런 종류의 책들은 알렉산더 폰 훔볼트Alexander von Humboldt가 예시한 바 있는 지속적인 전통을 확립했다. 주지하듯이 훔볼트는 이 열광적인 견해에 대한 가장 영향력 있는 옹호자 중 한 사람이었다.[48]

　보전생물학은 열대 지역의 자연을 연구하고 보호하기 위해 긴급 권고문을 발표했다. 1970년에 아마존 지역을 포함하는 국가들은 33개의 국립 공원을 설립했으나 아마존강 유역에 조성된 것은 단지 5개에 지나지 않았다. 역설적으로 정글을 개발하려는 노력은 지도 제작을 위한 측량으로 이어졌는데, 이는 채굴 사업 계획을 구상할 뿐 아니라 보호 구역들을 기획하는 데 유용했다. 1970년부터 1985년까지 첨단 기술이 브라질에 속한 부분, 특히 아마존 지역의 지도를 만드는 데 활용되었다. 1974년에 아직 초기 단계에 있었던 이 사업 계획으로 브라질 아마존 지역의 보전 우선순위를 설정하려는 최초의 연구가 수행되었다. 1972년과 1978년 사이에 국경 너머의 콜롬비아 영토에 대해서도 지도를 통해 아마존 지역을 연구하고 통합하려는 비슷한 계획이 구체화되었다. 항공기의 광범위한 이용은 이런 지도 제작과 초기 보전 노력을 크게 도왔다. 이 프로젝트들은 아마존강 유역을 '지구의 허파'로 바꾼 더 넓은 재평가 작업의 일부였다. 아마존강 유역은 바다로 흐르는 담수의 20퍼센트를 방출함으로써 지구의 물 순환에서 큰 역할을 담당하는 것은 물론이고 엄청난 양의 이산화탄소를 흡수하기 때문이었다. 열대 삼림의 보존 지역을 지정하는 데 그 이상의 충분한 이유와 수단은 필요하지 않았다.

그리하여 1970년대 초부터 1980년대 초까지 라틴아메리카의 열대 우림에서 가장 상징적인 보호 구역들 중 일부가 설립되었다. 그중 1973년에 창설된 페루의 마누Manú 국립 공원은 1977년 유네스코 생물권 보호 구역과 1987년 세계 문화유산의 지위에 올랐다. 라칸돈 정글의 넓은 영역을 포함하는 몬테스 아술레스Montes Azules 생물권 보호 구역은 1979년으로 거슬러 올라간다. 온두라스와 파나마에서 가장 큰 보호 구역들은 각각 1980년과 1981년에 설립되었다. 모스키티아 열대 우림의 리오 플라타노Río Plátano 생물권 보호 구역과 세계 문화유산으로 등재된 다리엔Darien 국립 공원이었다. 보호 구역의 유효성이 그 크기에 비례한다는 전제에 덧붙여, 여전히 열대 우림으로 뒤덮여 있는 드넓은 지역들은 이 새로운 보전 단위들이 거대했다는 것을 의미했다.

채굴, 가축 목장, 개척과 이주가 금지될 지역을 정하려는 노력은 거기에서 끝나지 않았다. 1980년대에 콜롬비아는 아마존 지역에 여섯 개의 공원들을 창설했다. 그전에는 두 개밖에 없었다. 이런 추세는 새 천년이 시작되었을 때 속도가 더 빨라졌고, 아마존 유역을 공유한 국가들 전체로 확산되었다. 2010년까지 거의 50만 제곱킬로미터를 포함하는 공원 51개가 생겨났고, 이는 그 지역에서 여전히 자란 그대로 서 있는 삼림의 약 10퍼센트를 보호하는 셈이었다.[49] 다른 유형의 보전 단위 역시 고려한다면, 보호 구역들은 이제 아마존 지역의 22퍼센트쯤을 포괄하게 된다.[50] 보호 구역들은 허가를 요청하기 위해 신경 쓰는 사업체에 맞서 보호를 보증해 왔지만, 불법 채굴이나 지역 차원에서 정당한 합법적 활동으로 간주될 수 있는 다른 행위들에 맞서려는 것은 아니었다. 코스타리카와 같은 일부 경우에 보호 구역들은 생태 관광을 통해 경제적인 이득을 제공하기도 했다.

자연 보호 구역 외에 공유지의 조성은 (1960년대의) 맹렬한 침입 이전에 정글에서 살았던 이들의 권리를 인정하는 것으로서 또 다른 중요한 발전이다. 이 공유지의 일부는 보호 구역과 중첩되는데 대체로 원주민, 삼림 자원을 채취하는 농민, 흑인 공동체들의 생활 방식이 흔히 지속가능하다고 인식되기 때문이다. 그렇게 이 두 가지 추세는 서로 보강해 주었다. 브라질 아마존 지역에 있는 아크리주 세링게이루들의 유명한 투쟁은 이 운동들이 초래하는 갈등 — 흔히 폭력적인 — 뿐 아니라 협력의 좋은 실례이다. 1970년대 후반에 아크리의 고무나무 수액 채취자들은 자신들의 생활 방식을 위협한 목장 주인들과 토지 투기꾼들의 전진에 반대하고자 조직을 결성했다. 그들은 자신들의 투쟁을 토지에 대한 권리에 단단히 기반을 둔 농업 개혁 운동 속에서 이해했지만, 그들의 주장이 지닌 환경적 관점이 곧 분명해졌는데, 이는 정글이 없다면 세링게이루들도 존재하지 않을 것이기 때문이었다. 외부 협력자들의 지지와 함께 이런 보전주의적 경향은 그 운동이 전 지구적인 인정을 받는 데 기여했다. 운동의 지도자인 시쿠 멘지스Chico Mendes는 워싱턴 DC에 초청되었고 그곳에서 채굴 보류지를 조성하자는 그의 제안은 세계은행과 미주개발은행의 지지를 얻었다. 그리하여 이제는 그런 보류지가 87개 이상 존재하지만, 그것은 1988년 목장 주인들이 저지른 멘지스의 암살을 포함해 값비싼 대가를 치렀다.[51]

세링게이루들이 조직을 결성하면서, 상대적으로 적은 수이지만 유사한 움직임이 원주민 공동체 내에 발생하고 있었다. 원주민 공동체들은 공유지 내에서 실제 산사태에 비유할 수 있을 정도로 많은 불법 침입자들을 겪어왔다. 카리브해 지역의 미스키토Miskito족과 쿠나Cuna족 같은 일부 집단들은 훨씬 더 일찍 독자적인 종족 단체들을 설립했다. 그러나 1970년대에 지역 조직들의 새로운 계획이 알려졌다. 예컨대 1978년에 창설되어 페루 우림 지역의 다양한 공동체들을 대표하는 조직을 들 수 있다. 조직의 범위를 국제적 수준으로 확대하면서 1984년에 제1차 아마존 유역 원주민 조직 회의가 개최되었다. 그 결과로 등장한 조정 활동 그룹은 아직 조직이 결성되지 않은 국가에서 지역 조직의 창설을 독려했다. 콜롬비아는 하나의 실례였는데, 그곳에서 아마존 지역의 62개 종족들을 아우르는 첫 번째 종족 간 원주민 조직은 1995년부터 시작되었다. 이 새로운 조직들은 우호적인 국제 환경에서 혜택을 입었다. 1974년 국제 원주민 조약 협의회의 창설과 (1989년) 국제노동기구 협약 제169호의 통과는 열대 우림을 보유한 거의 모든 라틴아메리카 국가들이 비준함으로써 원주민 종족들의 공유지에 대한 권리를 인정하는 법적 기반을 놓았다.

이런 원주민 조직들은 1980년대 이래 열대 우림과 거주민 보호를 위해 활동하는 여러 비정부기구들과 협력해 왔다. 브라질의 사례는 이런 운동의 범위를 보여준다. 1992년에 창설된 아마존 실무 그룹은 자그마치 602개 조직들을 대표한다. 각국에서 지방과 지역 단체들이 기금 마련의 가능성이 높아지는 상황을 기회 삼아 결성되었고, 국제적인 비정부기구들은 라틴아메리카에 사무실을 개설했다. 1986년 네덜란드에서 시작된 트로펜보스 인터내셔널Tropenbos International은 같은 해 콜롬비아 아마존 지역에서 프로그램의 실행에 착수했다. 그린피스Greenpeace는 1991년에 브라질에 사무실을 개설하고 환경 문제와 사회적 쟁점을 결합한 (비정부기구로서는) 이례적인 접근을 채택하면서 아마존 지역에 초점을 맞춘 캠페인을 후원했다.[52] 콜롬비아에서 폰 힐데브란트 von Hildebrand 형제는 원주민의 권리와 자연 보전 사이의 밀접한 연계를 예증했다. 인류학자인 마르틴Martín은 아마존 지역의 원주민 권리를 옹호하는 핵심

인물로서 처음에는 공무원으로, 나중에는 자신이 1991년에 설립한 가이아 재단과 함께 활동해 왔다. 생물학자인 파트리시오Patricio는 아마존강 유역의 생태학을 연구하기 위해 1982년에 푸에르토 라스트로호Puerto Rastrojo 재단을 설립했고 이를 통해 국립 공원들의 창설에 기여했다.

원주민들과 그 협력자들의 공동 투쟁은 이 집단들의 공유지가 공식적으로 인정되는 계기를 마련하면서 라틴아메리카가 열대 세계에서 이런 추세의 최전선에 위치하고 있다는 것을 돋보이게 했다. 아마존 지역에서 공식적으로 인정된 원주민의 공유지는 그 지역의 28퍼센트에 이른다.[53] 브라질과 마찬가지로 콜롬비아에서도 그런 권리를 인정하는 과정이 1980년대 말에 두드러졌고, 그 결과 156개의 원주민 보호 구역이 확립되었다. 이는 거의 2600만 헥타르와 공식적으로 인정된 원주민 공유지의 82퍼센트에 해당했다(이런 보호 구역들이 콜롬비아 내 총계의 4분의 1에 불과하다는 사실에도 불구하고). 중앙아메리카에서는 원주민 공유지의 창설이 균등하지 않았다. 파나마는 일찍이 1930년에 쿠나족의 공유지를 인정했고 라칸돈 정글 출신의 원주민들은 1972년에 전체 60만 헥타르 이상의 보호 구역을 수여받았다(이 조치로 숲으로 이주한 원주민들과 갈등이 발생했다).[54] 그러나 온두라스와 니카라과의 모스키토 해안에서 원주민 공동체가 계속 붙들고 있던 토지 소유권의 인정은 최근 수십 년 동안 비로소 진전을 이뤘을 뿐이다.[55] 공식적으로 인정되든 아니든 간에 많은 다른 관련 당사자들은 그들의 공유지에 이해관계를 갖고 있었기 때문에 격렬한 분쟁이 벌어졌다. 연루된 유명한 사례로 모스키티아의 아와스 티그니Awas Tigni 공동체를 들 수 있는데, 공동체의 원주민들은 그들의 공유지에서 벌목 사업권을 승인했다는 이유로 니카라과 정부를 미주인권재판소에 고발하기도 했다. 2001년에 재판소는 그들에게 유리한 판결을 내렸다.

원주민 집단들의 경험은 콜롬비아의 태평양 저지대에 사는 흑인 공동체들에 본보기가 되었다. 1996년 이래 콜롬비아 정부는 500만 헥타르 이상을 포함해 163개의 집단적 소유권을 승인해 왔다. 원주민 보호 구역이 포함된 250만 헥타르에 더해 이 정글 지역의 대부분은 이제 원주민 종족들의 공유지로 이뤄졌다. 마찬가지로 2003년 이래 브라질 정부는 아마존 지역의 파라주와 마라냥주에 있는 넓은 땅을 "마론Maroon 공유지"로 지정해 왔다. 이런 새로운 영토권은 흑인 사회 운동의 형성을 촉진했다. 비록 흑인 공동체들이 거주하는 지역에 대한 권리를 획득했다고 할지라도, 그들은 여전히 많은 통치와 관리의 문제에 직면해 있다. 이는 내부의 분쟁뿐 아니라 고질적인 외부적 위협 — 콜롬비아의 경우에 코카 재배와 무장 집단들의 존재 같은 — 과 관련되어 있다.

전체적으로 볼 때 이런 노력들은 최근 몇 년 동안 삼림 벌채의 속도를 늦춰왔다. 더욱이 삼림이 회복되고 있는 지역들도 일부 존재한다. 이 과정은 파나마 운하 지대와 리우데자네이루의 치주카에서 이미 100여 년 전부터 시작되었지만, 엘살바도르와 코스타리카 등 다른 지역에서는 최근에야 회복세가 나타났다. 게다가 아마존강 유역에는 드넓은 지역에 여전히 미접촉 부족들이 거주하고 있다. 그러나 정글을 누가 어떻게 이용할 수 있을지를 둘러싸고 갈등이 이어지면서 삼림 벌채는 지속되고 있다. 그런 까닭에 이 지역의 적지 않은 부분이 폭력에 시달려왔다고 알려져 있다. 그 지역에서 가장 오래 지속되고 가장 강력한 게릴라 집단인 콜롬비아무장혁명군(FARC)은 콜롬비아 아마존 지역의 산기슭에 전통적인 근거지를 유지해 왔다. 이는 예외적인 경우이기는 하지만, 최근 수십 년 동안 급격한 변화와 이해관계의 갈등에서 비롯된 많은 다른 긴장을 예시한다.

이 어두컴컴한 상황은 많은 이들이 가브리엘 가르시아 마르케스Gabriel García Márquez가 『콜레라 시대의 사랑Love in the Time of Cholera』의 마지막 부분에서 표현한 비관적인 관점을 옹호하도록 이끈다.

강은 진흙투성이에 비좁아졌고, 첫 항해에서 플로렌티노 아리사를 깜짝 놀라게 한 거대한 나무들의 얽힌 상태 대신에 강을 오가는 배의 보일러가 숲 전체를 삼켜 버린 뒤 불에 탄 생석회와 함께 알몸을 드러낸 평지와 황폐한 마을들의 잔해 ……

밤에 그들은 모래 둑 위에서 해우(바다소)의 노랫소리가 아니라 바다로 떠내려가는 시체들의 구역질 나는 악취에 깨어났다. …… 한때 질식할 듯한 한낮의 열기에 더해 울려 퍼지던, 앵무새들의 꽥꽥거리는 소리와 보이지 않는 원숭이들의 시끌벅적한 아우성 대신에, 남은 것은 온통 파괴된 땅의 거대한 침묵뿐이었다.

그렇지만 배의 선장은 "플로렌티노 아리사를, 아무도 꺾을 수 없는 그의 힘을, 두려움을 모르는 그의 사랑을 쳐다보았고, 한계가 없는 것은 죽음이 아니라 오히려 삶이라는 뒤늦은 어렴풋한 느낌에 압도당했다."[56] 결국 확실한 종말을 향한 길고도 되돌릴 수 없는 길 대신에, 라틴아메리카의 정글 이야기에서는 뒤척임과 몸부림이 이끌어낸 얼마간의 복원력을 강조한다. 정글의 얽혀 있는 초목은 아직도 그 지역의 5분의 2를 덮고 있으며 그 숲의 85퍼센트를 차지하고 있다.[57]

클라우디아 레알Claudia Leal은 버클리 소재 캘리포니아 주립대학교에서 지리학으로 박사 학위를 받았고, 현재 보고타의 로스안데스 대학교 사학과 부교수로 재직 중이다. 레알은 뮌헨에 있는 '레이철카슨환경사회센터' 연구원과 스탠퍼드 대학교와 칠레 가톨릭 대학교 방문 교수를 역임했다. 주요 저서로는 『자유의 경관: 노예 해방 이후 서부 콜롬비아 사회의 형성』이 있고, 카를 랑에백과 함께 『라틴아메리카의 인종과 민족의 역사』를 출판했다. 또 윌코 그라프 폰 하덴베르크, 매튜 켈리, 에밀리 웨이킬드 등과 함께 『자연 상태: 환경 보전의 역사에 대한 재고찰』을 편집한 바 있다.

제5장의 영문 번역은 지미 와이스코프Jimmy Weiskopf와 숀 반 오스달Shawn Van Ausdal이 맡았다.

제6장

담쟁이덩굴과 벽
도시화된 대륙의 환경 서사

리지 세지레스, 헤지나 오르타 두아르치

벽 위의 담쟁이덩굴처럼
뒤얽히고 엉켜 있다.
_비올레타 파라Violeta Parra

환경 도시

오늘날 라틴아메리카는 압도적으로 도시화된 지역이다. 약 80퍼센트의 인구가 도시, 소읍 또는 도시화된 지역에서 살고 있다. 이 공간 안에서 라틴아메리카인 5명 중 4명이 음식, 물, 공기, 토지, 녹지 공간에 접근하고자 노력한다. 그들은 자신이 배출하는 쓰레기를 처리한다. 그들은 폭우와 지진에 맞선다. 그들은 벌레, 쥐, 비둘기, 개, 고양이와 나란히 살아간다. 도시 주민들과 자연과의 일상적인 만남은 아바나 해변에서 반복된다. 비는 건물 아래로 흘러서 보고타 거리의 맨홀로 향한다. 복류伏流, 즉 부에노스아이레스의 지하에서 흐르는 하천은 수데스타다Sudestada(라플라타강의 동남쪽에서 해안으로 부는 강풍)가 폭우를 동반하는 우기에 범람한다. 나무들이 늘어선 리마 광장에서는 동네 아이들이 뛰어논다. 매연이 자욱한 멕시코시 도심에서, 리우데자네이루를 위압하는 언덕의 침식과 함께, 또 식민 시대에 만들어져 21세기에도 남아 있는 보도 위에서 동물, 인간, 기계 냄새가 뒤섞이는 가운데. 도시는 자연환경과 대비되는 인조人造 환경을 이루면서 각기 다른 생명체가 개조된 경관 속에서 공존하고 천연자원들의 가공물인 여러 물품과 기술이 어우러져 있다. 이 가공 과정은 결국 자연환경의 새로운 변화를 내포한다. 나무와 건물, 강과 거리, 동물과 자동차, 음식과 쓰레기를 통합하는 이런 도시 자연의 조성은 산, 숲, 사막, 광산 못지않게 라틴아메리카 환경사의 한 부분을 이룬다.

라틴아메리카 도시들은 극히 복잡한 망과 같은 형태를 갖췄고 도시 중심지와 그것이 세워지고 그것을 둘러싸는 생물 물리학적 환경 간의 공진共振을 특징으로 삼는다. 복잡한 망에는 라틴아메리카의 크고 작은 도시들이 포함되며 그 도시들은 세계의 다른 도시와 지역과 연결된다. 이런 네트워크를 형성하는 가운데 도시와 소읍들은 모두 생물권의 한계와 가능성을 시험해 왔고 또한 생물권을 바꿔놓았다. 이런 도시의 변형은 획일적인 궤적을 따르지 않았으며 많은 경우에 단선적이고 순차적인 궤적을 따르지도 않았다. 시간이 흐르면서 예측불허의 요구와 문제들이 발생했다. 16세기 멕시코시 주민들은 20세기에 공해라는 심각한 문제가 출현하리라고 상상할 수 없었다. 비록 이 공해가 4세기에 걸쳐 형성된 도시화의 결과이기는 하지만 말이다. 그들은 그 도시들이 이르게 될 규모를 상상할 수도 없었다. 2015년에 실시한 인구 조사에 따르면, 1000만 명 이상의 인구를 가진 세계 36개 대도시 가운데 4개가 라틴아메리카에 있었다. 그 대도시는 멕시코시, 상파울루, 부에노스아이레스, 리우데자네이루(자료 6.1 참조)이다. 라틴아메리카의 복잡한 도시 세계화 과정은 계속 팽창하고 있으며, 멕시코의 티후아나, 칠레의 테무코, 브라질의 벨렘같이 인구 50만 명 이하의 도시들이 가장 높은 성장률을 보이고 있다.[1]

자료 6.1 2015년 아메리카 제2의 대도시 멕시코시에 있는 피코 데 오리사바 주변의 스모그

아이스톡(iStock)의 고가딕타(Gogadicta)가 촬영한 사진.

도시가 현대 라틴아메리카 풍경에서 지배적이라면 과거에도 중요했다고 할 수 있는데, 인구 대다수가 도시 밖에 살 때조차도 그랬다. 마야(엘카라콜과 티칼), 톨테카(툴라), 아스테카(테노치티틀란), 잉카(쿠스코)의 도시들이 잘 보여주듯이 도시 생활은 콜럼버스 항해 이전의 사회에서도 번성했다. 도시는 식민지 경험의 중요한 특징이었지만, 그 논리와 구조는 이베리아의 식민화 이전에 존재했던 도시의 집합체와 뚜렷하게 달랐다.

15세기 유럽인들의 도래와 식민화 과정은 신세계와 구세계 사이의 연결이 단단한 도시적 기반을 갖도록 요구했다. 앨프리드 크로스비Alfred Crosby가 거대한 식민지 항해 사업을 두고 묘사했던 판게아Pangea의 이음매 횡단은 이 두 세계를 단단히 연결하고자 해안 도시들에 의존해야 했다.[2] 식물, 동물, 세균이 가득한 선박들이 아메리카 항구에 들어왔고, 귀금속, 설탕, 담배, 목재, 내륙에서 수확한 약재, 가죽, 동물들을 싣고 항구를 떠났다. 그 뒤 수 세기 동안 타 대륙에서 온 사람들의 물결이 항구도시에 도착했고, 특히 유럽인들과 노예 신세의 아프리카인들이 그랬다. 인구 증가로 토지와 자원에 대한 수요가 늘었다.

라틴아메리카 식민 도시들은 지역에서 경제적 중상주의의 동력을 위한 핵

심적 연결점이 되었다. 도시의 연결망은 식민지 개척자의 관점에서 설계되었다. 전통적인 토착 중심지와 원주민들의 도로를 활용하는 것이든, 아니면 숲과 강둑에 완전히 새로운 도시들과 길을 건설하는 것이든 식민지 개척자들은 무엇보다 대도시와의 끊임없는 교류를 도모했다. 적의 공격으로부터 보호받을 뿐 아니라 수로 근처라서 내륙의 자원에 접근성 좋은 항구들이 우선적으로 고려되었다. 이런 까닭에 초기 많은 도시들은 만, 곶, 강어귀 근처에 집중적으로 건설되었다. '모든 성인들의 만灣'에 세운 사우바도르는 1549년에 브라질에서 도시, 요새, 새로운 포르투갈 식민지의 수도로 부상했고, 곧 설탕 수출과 아프리카 노예 수입을 위한 주요 항구가 되어 19세기까지 이어졌다.

식민지 개척자는 또한 귀중한 천연자원, 특히 은과 금과의 근접성을 중시했다. 오늘날 볼리비아에 있는 포토시는 17세기에 세계에서 가장 크고 부유한 도시 중 하나가 되었고 대략 20만 명의 인구를 유지하게 되었다. 이 도시는 수로 체계, 인공 호수와 물레방아를 활용해 은을 채굴하는 생산 복합체의 본거지가 되었다. 공정에 사용된 수은은 우안카벨리카 광산에서 나왔다. 노동, 자본, 광석의 순환으로 포토시를 포함해 추키사카, 라파스, 쿠스코, 리마, 엘카야오 항구 간에 교통과 운송 경로가 만들어졌다. 포토시 주민들이 생산하지는 않았으나 갖기 원했던 산물, 즉 곡물, 가축, 장작, 코카 잎, 과일, 직물, 음료 역시 이런 경로를 통해 유입되었다.[3]

도시 성장도 노동력의 집중과 그에 대한 식민 지배에서 혜택을 입었다. 많은 도시들은 이미 원주민들이 길들이고 바꿔놓은 공간에서 지배의 위계서열을 확립했고, 자연을 부로 바꾸는 데 필요한 인적 요소의 식민적 통제를 촉진했다. 예컨대 멕시코시는 옛 아스테카의 수도인 테노치티틀란의 폐허에서 출현했고 예수회 신부들은 원주민 정착촌과 함께 선교지를 설립했다. 누에바에스파냐의 푸에블라는 원주민들의 노동력과 천혜의 자연환경을 모두 활용했는데, 이곳에는 비옥한 토양과 산프란시스코강이 있어서 도시에 양질의 물을 공급해 주었다. 강의 흐름은 도시 주변에 유압 에너지의 사용을 가능하게 했고 또 도시의 쓰레기를 처리했다. 주변 지역은 또 건설과 연료용 목재를 충분하게 공급해 1777년에 주민 수는 5만 명이 넘을 정도였다.[4]

많은 도시 지역은 정복의 경험이나 식민 본국과의 직접적 연계에서 비롯되었다기보다 식민지 내부 경제로부터 출현했다. 소읍이나 중심지는 생계 구역의 가장자리와 내륙 탐험을 위한 전초 기지를 따라 성장했고 특히 노새 행렬을 위한 휴식처를 따라 형성되었다. 이런 인구 거점들은 비록 미미하기는 했지만 수도들과 식민 계획에 모두 연결되어 있었다. 예를 들어 원주민 우아르페스Huarpes인들이 거주한 지역에 1561년에 설립된 멘도사는 리오 데 라플라타 출신 상인들이 산티아고 데 칠레로의 여정에서 안데스 산지를 넘기 전 휴식을 취하고 식량을 공급받는 곳이었다. 반半건조 기후 속에서도 멘도사의 물 공급이 가능했던 것은 산맥의 물로 이뤄진 오아시스의 물을 활용하는 토착 관개 시스템 때문이었다. 잠시 있다가 사라진 소읍들도 대부분 멘도사의 거대한 농촌 소유지의 영향 아래 농업 노동자들이 한데 모여 기도하고 춤추며 친목과 사랑을 도모하던 다양한 형태의 사교적 행사에서 생겨났다.[5]

식민 도시는 허리케인, 지진, 홍수, 가뭄과 공존했고 멕시코나 리우데자네이루와 같이 끊임없는 상수도 개선이나 홍수 지역의 배수 필요성을 지니고 있었다. 예를 들어 허리케인이 쿠바의 아바나에 있는 유럽인 식민 개척자들에게는 생소한 것이기는 했지만, 이는 스튜어트 슈워츠Stuart Schwartz에 따르면 이 지역의 정기적인 현상으로 노예제와 지역 플랜테이션에 대해 카리브해의 역사적인 메타 서사를 형성하는 토대가 된다. 허리케인이 불어오는 시기가 되면 도시들은 물에 잠겼고 모기들은 급증했으며 황열병과 말라리아가 창궐했고, 이것은 곧 식량 부족과 심각한 사회 갈등으로 이어졌다. 본국 도시들과 멀리 떨어져 있는 식민지들은 상호 보호라는 대가로 식민지의 반목과 배타적인 무역 협정을 감수해야 했다. 주민들과 건물이 도시에 집중되어 있는 현상은 허리케인이 강습할 때 특히 위험했다.[6] 허리케인보다 예측 가능성이 낮은 지진도 식민 시대 동안 라틴아메리카 도시 역사를 형성하는 기반이 되었다. 리마와 카야오는 1746년에 엄청난 지진을 겪었고 이는 유럽인들이 도착한 이래 여섯 번째에 해당하는 것이었지만, 이 도시들은 전략적인 위치 덕분에 재건될 수 있었다. 그러나 1746년 재앙의 기억은 이 시대 반목과 협상에 깊은 흔적을 남겨놓았다.[7]

식민지 경험은 라틴아메리카 국가들이 독립한 뒤에도 환경 문제를 견디고 대응하는 방식을 만들어냈다. 그리하여 허리케인과 지진의 피해를 입은 도시들은 자연재해로부터 안전하지 않은 장소와 조건 아래에서 재건되었고 습지는 상습 침수에도 불구하고 배수 시설을 갖춘 채 도시 확장의 대상이 되었다.

독립한 뒤에도 이 지역에서는 물과 토지에 대한 접근과 도시 확장의 범위를 정하는 식민 도시 규정이 유효했다. 에스파냐령 아메리카에서는 16세기에 만들어진 에히도ejidos, 즉 원주민 공동체에게 물과 목초지로의 접근을 제공하는 공유지가 수 세기 동안 지속되었다. 이런 방식은 법적·전통적 한계를 만들어 도시가 성장하고 자원들을 이용하는 방식을 형성했고, 이것은 에히도가 19세기 말 자유주의 세대의 과학파가 세운 도시 계획 아래 들어가기까지 계속되었다.[8]

목초지와 물, 지진과 열대성 폭우, 금속과 산, 늪과 만 등 생물 물리학적 환경이 항상 주역이었고 이곳 자체가 라틴아메리카 도시사가 전개된 무대는 아니었다. 도시 창조와 조직, 확장은 인간 거주민들이 자연환경과 상호 작용하는 과정이다. 그리고 결국 도시의 자연환경은 인간의 행위에 의해 급격히 바뀔 수 있다. 『문자 도시The Lettered City』에서 앙헬 라마Ángel Rama는 라틴아메리카 도시들이 질서 있고 문자해독 능력을 갖춘 권력 엘리트의 중심지이자 변화의 기둥이라고 주장한다.[9] 우리는 라틴아메리카 도시가 환경 도시였고 앞으로도 그럴 것이라고 첨언할 것이다.

"아메리카의 두 번째 정복"[10]과 도시의 상호 연결

19세기 초, 라틴아메리카의 신생 독립국들은 식민지 경험의 유산으로서 이미 도시와 소읍의 상호 연결망을 갖고 있었다. 작은 마을에서부터 대도시에 이르기까지, 수도에서부터 국경의 전초 기지에 이르기까지, 내륙에서부터 해안선에 이르기까지 정치적 결정과 경제적 압력, 그리고 환경적 요구의 결과 모든 것이 상호 연결되어 있었다. 도시 행정은 일반 용수, 토지, 쓰레기 처리를 규정하는 규칙과 조례들을 따랐는데, 설사 이 규칙들이 균등하지 않게 적용되었어도 그랬다.[11]

19세기 초반에 라틴아메리카 도시들은 쇠퇴기를 겪었다. 아주 드문 경우에만 도시가 식민 환경을 극복했는데 예외적으로 쿠바의 아바나는 호황이었던 설탕 경제로부터 이익을 거둘 수 있었다. 아르헨티나, 브라질, 멕시코는 각각 지역과 세계 시장 간의 통로가 되는 하나 또는 두 개의 거점 도시를 두었고, 수많은 소읍과 촌락들은 근거리든, 원거리든 상관없이 이런 거점 도시들의 궤도에 따라 그 기능을 담당했다. 그리고 당시의 갈등은 이런 거대도시 중심지의 매력을 반감시키는 결과를 가져왔다.[12]

이런 경향은 19세기 후반에 뒤바뀌었다. 라틴아메리카 국가들이 세계 원자재 시장에 점점 통합되면서 도시들은 새로운 동력을 얻게 되었다. 채굴과 농산물 수출 활동은 원자재, 비료, 열대 생산물에 굶주린 산업 부문을 부양했다. 이런 과정은 삼림, 들, 산으로 이뤄진 풍경을 바꿨을 뿐 아니라 15세기에 유럽인들이 도착하면서 가져온 것과 거의 비슷하게 도시 환경을 바꿔놓았다. 커피, 구아노, 면직물, 담배, 설탕, 카카오, 과일, 고무는 지역의 항구도시들을 통해 유통되었다. 여기에서 계약과 가격이 협상되었고 도로와 철도가 새로운 지역 개발을 위해 설계되었다. 특히 대서양권의 무역으로 콜롬비아의 바랑키야 같은 새로운 상업 거점들이 부상했고 이에 따라 카르타헤나 같은 과거 식민 시대의 중요한 해안 도시들이 쇠퇴하게 되었다.[13]

19세기 말 무렵 근대화와 수출 시장을 지향하는 단일재배와 농촌 생산 지역의 확대 때문에 농촌에서 도시로의 국내 이주가 발생했다. 멕시코, 중앙아메리카, 베네수엘라, 콜롬비아에서는 이런 근대화가 이 과정을 악화시켜 전통적인 토지사용 형태를 붕괴시켰고 농민들과 원주민들은 고향에서 쫓겨나 도시 변두리로 내몰리며 비참한 환경 속에 살아야 했다.

서비스와 주택 공급의 부족에도 불구하고 도시들은 국내외에서 유입된 이주민들에게 새로운 사회적 유동성의 기회를 약속했다. 브라질과 아르헨티나 같은 국가들은 수천 명의 유럽과 아시아 출신 이민자를 받아들였고 이는 대대적인 인구 변화를 가져왔다. 부에노스아이레스의 인구는 1875년에서 1895년까지 23만 명에서 67만 7000명으로 증가했고, 1914년에는 주민 수가 150만 명을 넘었다. 리우데자네이루의 인구는 1890년에서 1920년까지 50만 명에서 120만 명으로 증가했다. 멕시코시는 1900년에 주민의 수가 50만 명에 이르렀고, 20세기 내내 아메리카에서 가장 인구가 많은 도시가 되었다. 엄청나지는 않으나 의미 있는 성장이 우루과이의 몬테비데오에서 발생했는데 1890년에 거주자는 10만 명에 이르렀고 콜롬비아 보고타의 인구도 1905년에 10만 명이 되었다.[14]

라틴아메리카 국가들의 중앙 정부는 도시 재생 사업에 대담하게 투자했다. 여기에는 대로와 중심 거리의 확장, 포장, 조경, 상하수도 시설, 전기조명, 시가전차 운행노선, 공공건물과 광장, 도시공원의 건설이 포함되었다. 도시 개혁은 토착 엘리트의 열망을 반영한 것으로 이들의 부는 수출 부문에서 비롯된 것이고 이들은 유럽의 생활 방식에 매료되어 있었기 때문이다. 리우데자네이루, 상파울루, 리마, 아바나를 포함해 멕시코시로부터 부에노스아이레스까지 정치 지도자들은 대로의 개통과 경사로 철거를 지시했고 늪을 매립지로 바꿔놓았다. 도시화 혜택의 불평등한 분배는 인종과 계급에 따라 전개되었고, 부유한 도시 지역은 공원, 산책로, 개선된 위생 환경을 향유할 수 있었다. 일직선에 대한 집착은 이런 도시들이 들어선 곳의 근원적인 환경생물권을 무시하는 결과를 가져왔다. 기사들의 제도용 컴퍼스에 의해 규정된 도시의 격자무늬는 언덕, 들, 강, 늪을 고려하지 않은 채 일괄적으로 적용되었고, 이렇게 멋대로 시행된 환경적 결과는 종종 오늘날까지도 이어지고 있다.[15]

한편 19세기에 걸쳐 라틴아메리카 도시들은 지방 정부가 고용한 유럽과 북아메리카 출신 자연주의자들의 노력이 들어간 지역으로 라틴아메리카 연구자들의 선구적인 작품이 되었다. 자연계에 대한 지식은 도시의 과학 기관들에서 체계화되었다. 자연사 박물관들은 부에노스아이레스(1812년), 리우데자네이루(1818년), 산티아고(1822년), 보고타(1823년), 멕시코시(1825년), 리마(1826년), 몬테비데오(1837년)에 설립되었다. 19세기 내내 카라카스(1875년)와 코스타리카(1887년)에도 박물관들이 등장했다. 이런 기관들에서는 동물군, 식물군, 광물자원, 각 국가의 인류학적·고고학적 특징들이 연구되고 체계화되었는데, 이런 작업은 식민 시대를 거친 뒤 등장한 이 지역들이 문명화를 시행하고 국가적인 정체성을 확고히 하려는 열망 속에서 이뤄진 것이다. 각 정부의 재정 지원을 받는 박물관들은 대중에게 개방되었고 수천 명의 방문객들은 전시회를 돌아다니면서 자연 교육을 받을 수 있었다. 자연사 박물관들은 자주 주요 장소로 활용되었고 이곳에서 라틴아메리카 국가들은 조직적으로 당대 세계 박람회와 전시회에 참여하게 되었다. 예를 들어 브라질, 베네수엘라, 칠레, 아르헨티나, 멕시코는 '문명화된' 세계에 편입되기를 열망하며 특히 생동감 넘치고 풍요로운 자연의 견본을 전시했다.[16] 도시 지역은 자신의 도시적 한계를 훨씬 넘어서 자연 세계에 대한 학습 센터가 되었다.

유럽의 도시화 모델 채택, 인구 증가, 서비스 부문의 복합성 증가, 중산층과 소비주의의 성장은 라틴아메리카 도시에서 점차 동물 에너지와 생물량의 소비를 증가시켰다. 도시 안팎에서 환경의 영향은 엄청났고 리우데자네이루와 상파울루의 성장은 부분적으로 대서양림이 목재와 숯으로 체계적으로 변환된 것에서 원인을 찾을 수 있다.[17]

지역의 지리와 정치는 똑같이 라틴아메리카 도시들에 나타나는 선택의 조건을 만들었다. 1920년대 아시엔다의 붕괴 탓에 어려움을 겪은 보고타는 수평적으로 확장되지 않고 수직적으로 상승했다. 산프란시스코, 산아우구스틴, 아르소비스포 강이 가로지르는 습한 지역에서조차도 이런 공간적 제한은 보고타에 심각한 물 공급 문제를 초래했다. 반대로 부에노스아이레스, 멕시코시는 이웃 지역의 방향, 즉 외부로 확산되어 새로운 공동체를 통합했다.

핵심 도시 주변에 형성된 시, 소읍들의 지대는 종종 도심보다 더 빠르게 성장했다. 1911년과 1921년 사이에 리우데자네이루에서는 농촌 지역의 인구가 71퍼센트 성장한 반면에, 도심의 경우 16퍼센트만 성장했다. 부에노스아이레스에서 1871년 황열병 발생 탓에 도시 엘리트층이 대부분 도시 주변의 농촌 지역으로 몰렸고, 레콜레타Recoleta와 팔레르모Palermo가 생겨나게 되었다. 부유하든 가난하든 주변 지역이 성장하면서 정부는 더 많은 배수, 위생, 하천 수로, 물, 에너지, 하수, 운송 등을 비롯한 공공 서비스를 제공해야 했다. 도심과 주변 지역을 연결하기 위한 기차와 전차가 필요했으며 주변 지역은 도심에 노동력과 부패하기 쉬운 음식을 공급했다. 1879년 부에노스아이레스에는 20만 명의 주민을 위해 146킬로미터에 달하는 철도가 있었으며 이는 도심에서 먼 지역과 인근 시, 소읍들을 통합시키는 역할을 맡았다.[18] 그래서 교외는 시골과 도시 간 연속체의 일부가 되었다. 노동자 주택을 따라 있는 작은 가족 농장들과 농촌 소유지는 도심에 채소, 과일, 곡물을, 그리고 역축役畜, 돼지, 닭 등을 위한 사료를 공급하게 되었다.[19]

오래된 식민지의 도시망은 20세기 초에 더욱 복잡하게 변했고 각 도시나 소읍이 다른 연관된 정착지의 역학 관계에 직접적인 영향을 미치는 통합적 체제가 되었다. 규모, 인구, 정치적 중요성, 위치 같은 특성은 각 도시의 특수한 역사적 궤적과 전체 체제 내에서 차지하는 위치의 산물이었다. 수도로부터 주변부 촌락들에 이르기까지 도시의 경험은 도시와 시골 간의 대립이라기보다는 연속체로서 더 잘 설명될 수 있다. 이는 이 관계의 불평등하고 무질서한 본질을 설명하는 이미지이지만, 도시들이 농촌 경제, 생계 활동이 주로 채굴 산업에 기반을 둔 공동체, 그리고 전반적으로 라틴아메리카의 환경 속에 통합되어 있다는 점을 강조한다.

19세기 중반부터 이런 도시 간 연결의 토대인 철도는 도시 반경을 외딴 지역으로까지 확대했고 수백 개의 변경 지역을 출현시켰다. 철도 덕분에 산업화의 초기 물결이 강화되었고 아틀릭스코(멕시코의 푸에블라 소재)와 같은 새로운 지역 중심지들이 생겨나서 1890년에서 1910년 사이에 인구는 거의 세 배가 되었다. 지역 내 직물 공장의 설립은 1893년 대양 간 철도Ferrocarril Interoceánico 건설의 결과라고 할 수 있다.[20] 콜롬비아에서 그런 경제적 기회는 안데스 축을 대서양 경제에 재통합시켰는데, 이는 막달레나강의 중요성이 만들어낸 관계였다. 보고타가 더운 지역뿐 아니라 중부 고원의 온대 기후대를 지배하면서 콜롬비아는 새로운 세계 경제에 편입되었고 수도로서 보고타의 지위도 굳건해졌다. 철도와 고속도로에 대한 투자로 막달레나와 카우카 강은 새로운 생산 지역이나 카리브해 항구와 연결되었다. 이런 새로운 운송망은 콜롬비아의 안데스 산맥에서부터 커피를 수확하며 생활했던 촌락들을 마라카이보, 바랑키야, 부에나벤투라 등 항구도시들과 연결시켰고 이를 통해 커피 대부분이 수출되었다.

해안에서는 증기 동력의 시대를 맞이하면서 선박을 이용한 해양 간 교류가 더 정기적으로 이뤄졌고 지역의 항구도시들에 활기를 가져다주었다. '태평양의 진주'인 콜롬비아의 투마코는 이런 과정 가운데 있는 모순을 보여주기도 했다. 투마코는 야자나무의 씨앗인 타구아tagua의 수확과 상업 관련 활동들을 집중시켰는데, 타구아는 상아와 비슷하기 때문에 단추의 생산을 위해 미국과 유럽에서 널리 사용되고 있었다. 야자나무는 항구 주변에 흔했으므로 야자나무 개발에서 비롯된 도시화로 투마코에는 세련된 건물들과 상품이 가득한 상점들이 들어섰다. 도시 중심지의 수출사업에 관련된 백인 엘리트와 씨앗을 모으기 위해 숲으로 들어가야 하는 흑인 주민 간의 긴장은 자연에 대한 인식과 표현을 다르게 만들었고, 이는 사회를 분열시키는 기존의 인종적 갈등을 증폭

시켰다. 백인 엘리트는 야만과 암흑의 장소인 정글에 맞서서 도시를 문명과 강하게 연관시켰다.[21]

아마존 숲에서 북아메리카 사업가인 퍼시벌 파커Percival Farquhar는 볼리비아와 브라질 정부 간 합의에 따라 마데이라-마모레 철도 건설을 지휘했다. 철도가 완성되면서 아마존의 중심부에 있는 작은 촌락들은 대서양으로의 항해뿐 아니라 고무 수출을 가능하게 하는 도시인 포르투 벨류(1907년에 설립)와 연결되었다. 이런 모험은 전 세계의 노동자들을 유인해 이들이 환경 파괴의 역사, 국제자본의 확장, 인구 이동에 관여하게 했다. 고무 수출의 쇠퇴와 1914년 파나마 운하의 개통으로 철도의 중요성이 사라지면서 고무의 교역을 중심으로 성장한 작은 도시 중심지들은 쓸모없이 되었고 근대성의 키메라 사이에 버려진 "유령 촌락"이 되었다.[22]

하지만 도시들은 여러 나라들과 다양한 주민들, 생태적으로 상이한 지역들의 이야기를 엮었고, 사회 갈등이 발생하는 무대가 되었으며, 여기에서 인종과 계급으로 나뉜 사람들이 자연에 대해 다양한 경험을 했다. 식민 시대보다 더 다양하고 광범위한 이런 도시 네트워크가 천연자원을 차지해 도시로 옮기고 탐욕이 가득한 세계무역 체제에 합류시킴으로써 이런 동력을 유지하기 위한 지속적인 에너지 투자, 즉 증기, 장작, 유압 에너지, 석탄, 역축을 필요로 하게 되었다. 서비스 확충, 노동력 집중, 도시 행정과 정치의 중요성 증가 덕분에 생물권에 대한 도시 지역의 영향이 증대했다. 도시는 단지 경유 지점을 넘어서 자원을 얻기 위해 싸우고 변형시키는 공간이 되었다. 1930년대 이래 산업화가 확대되기 전에조차 신구도시들 모두 천연자원의 중요한 소비자가 되었다. 일단 이런 소비 기준이 확립되고 나자 20세기 후반을 기점으로 소비가 눈에 띄게 증가했고 이런 역동성을 유지하기 위해 항구적인 에너지 투자가 요구되었다.

도시 근대화와 환경적 도전

지금까지 우리가 도시 네트워크의 위치를 고려하면서 도시 주변 지역과 채굴, 생산 지역에 주목하며 라틴아메리카 도시의 환경사를 검토했다면, 도시의 내부 역학도 살펴볼 필요가 있다. 19세기 말에 도시의 신진대사, 녹지 조성, 그리고 새로운 환경적 감수성의 부상을 규제하는 도시 내부 과정은 더 광범위한 정치적·사회적 맥락과 함께 심각한 갈등으로 나타났다. 도시는 사회적 갈등이 발생하는 무대였고, 여기에서 인종과 계급에 따라 자연 세계에 대한 사람들의 다양한 경험이 결정되었다.

현대 농업 수출무역의 필수 요소로서의 새로운 도시 모델은 도시가 형태학적으로 상당히 조정해야 할 것으로 기대되었다. 16세기에 수백 명 또는 수천 명의 주민들을 토대로 작동한 도시들은 20세기에 전례 없는 교통, 주택, 토지 확장, 음식 공급 등의 요구를 감당해야 했다. 도시 판자촌과 파벨라favela, 콘벤티요conventillos, 코르치수cortiços, 바리오barrios 등 다양한 명칭을 거친 공동 빈민 주택의 형태는 라틴아메리카 도시 변두리에서 증식했다. 시 정부는 유행병과 전염병 통제의 필요성에 의해 더욱 정당성을 갖게 된 사회 질서 요구의 일환으로서 이런 '의심스러운' 주민들의 이동을 제한하고자 고심했다.

전 지구적 역학에 라틴아메리카 도시들을 포함시킨 동일한 논리가 또한 하층민들의 영양 결핍 같은 사회환경적 조건 아래 국제적으로 치명적인 미생물 문제를 가져왔고, 인구 과밀, 식수 공급, 유해한 노동과 주거 조건의 문제를 가중시켰다. 1918~1919년 에스파냐 독감의 유행은 비극적인 대표적 사례가 되었다. 라틴아메리카에서는 브라질이 가장 심각한 피해를 입었다. 유행병은 헤시피, 사우바도르, 리우데자네이루, 벨루오리존치 같은 브라질 도시들에 상륙했고, 30만 명 정도의 사망자가 발생했다. 카라카스와 산티아고 데 칠레도 상당한 피해를 입었다. 아르헨티나에서는 독감 바이러스가 아마도 부에노스아이레스 항구를 통해 유입되었던 것 같고, 살타와 투쿠만같이 철도로 수도와

연결된 타 도시들에 확산되어 비참한 결과를 빚어냈다.[23]

전염병은 체계적인 위생 캠페인과 도시 재생 사업을 실행하도록 만들었다. 국가와 계약을 맺은 의사들과 기사들은 상당한 환경적 영향을 지니는 공간적 변형에 착수했고 얼마간 시류에 편승해 이를 더 큰 사회적 통제력을 확립할 수단으로 삼기도 했다. 부에노스아이레스의 구역인 바라카스에서는 리아추엘로강의 제방을 따라 소금에 고기를 절이는 전통적인 살라데로saladeros들이 있었는데, 이들의 활동은 강을 오염시킨다는 비난을 샀고 1870년 긴 논쟁 끝에 다른 곳으로 이전되었다. 그들의 자리를 차지한 냉장육류생산자들은 아르헨티나 대통령인 도밍고 사르미엔토Domingo Sarmiento가 표현한 유명한 근대화 논리 안에서 새로운 공간 점유방식에 더 적합하기는 했지만 소규모 생산자보다 아마 더 위생적이거나 덜 오염시킨 것은 아니었다.[24] 상파울루주의 해안 도시인 산토스에는 1899년에 선페스트가 유입되었고 위생 캠페인이 실시되었다. 이 질병은 1908년에 카라카스에 이르렀고 이에 따라 철거, 주택 소독뿐 아니라 도시 거주민들에게 깨끗하고 충분한 물을 공급하기 위한 수로 보수 등 공공정책이 등장했다. 1904년에 브라질 의사이자 공중보건의 선구자인 오스왈도 크루스Oswaldo Cruz는 주거지를 개선하고 공동주택 주민들에게 예방 접종을 실시함으로써 리우데자네이루에서 황열병을 퇴치했다. 그러나 공중보건 조치가 권위주의적으로 실시된 것에 분노해 강제 예방접종에 대해 강한 반발이 일어났고 결국 "백신 반란"이라는 대중의 저항이 발생했다.[25] 리우데자네이루의 주지사이자 타협의 여지가 없는 프란시스코 페레이라 파소스Francisco Pereira Passos는 도시 습지에 가득한 경사로를 없애고 도시 빈민층이 거주하는 밀집 공동주택인 코르치수를 철거했다.

도시 개혁은 수도들을 변화시켰을 뿐 아니라 도시망 전체에 반향을 불러일으켰다. 온두라스에서는 20세기까지 사실상 잊힌 푸에르토 코르테스가 유나이티드프루트사에 의해 바나나를 수출하는 주요 항구 중 하나가 되었다. 촌락은 맹그로브 습지와 그 지역 어귀로 확장되었다.[26] 빠르고 간략한 방식으로 진행된 경관의 개조는 또한 라틴아메리카 역사에서 종종 전개되는 도시화 방식의 비판적인 환경적 취약성을 드러내기도 한다. 도시들은 빠르게 하천 범람 지역을 따라 확대되었다. 이전에 대초원과 숲에 떨어졌던 강한 비는 증대하는 도시 주민들에게 재난을 초래했다.[27] 1911년에 리오 데 라플라타 분지에서는 강한 비가 부에노스아이레스주의 강변 도시뿐 아니라 아베야네다에도 엄청난 홍수를 유발했다.

옛 수도의 근대화와 마찬가지로 새로운 도시 지역의 점유는 불평등한 경향을 드러냈다. 원주민이든 노예든 이민자든 빈민들은 가장 값싼 지역에 정착해 생활하고 일반적으로 불안정한 자재와 구조로 집을 지었다. 리우데자네이루의 빈민 지역 같은 판자촌들은 언덕 위를 오르거나 습지나 꼭대기를 가로질러 퍼져 있었고 사회적·환경적으로 취약한 곳에 환경적으로 가장 위험한 지역을 집중적으로 형성하고 있었다.

이전보다 더 크고 광범위한 20세기 도시들은 주변 생태계와 심지어 멀리 떨어져 있는 생태계에까지 더 많은 압력을 행사했다. 20세기 초의 도시들은 인구 증가와 특권층의 증대하는 취향에 비례해 이전보다 더 많은 건설 자재, 더 많은 물, 더 많은 토지를 요구했다. 보고타에서는 수 세기 동안 도시에 목재와 상수를 공급해 왔던 동쪽의 산들이 도시 거주민들을 위해 우울한 풍경으로 바뀌었다. 연료와 건설을 위한 목재의 과잉 개발이 토양 침식과 건조화를 초래했다. 기사와 의사들, 지역 당국은 유칼립투스와 소나무 같은 외래종을 보호하는 재삼림화 계획을 신속하게 수립했지만, 이 계획은 토착종에게 해를 끼치는 결과를 가져왔다. 이런 엘리트 전문가들은 실용주의의 담론을 활용하면서 산의 훼손이 그 자원을 이용하며 사는 빈민들의 불안정한 정착촌 탓이라고 언급했다. 지역 당국은 빈민 거주민들을 내쫓았고 이는 자연에 대한 논쟁에 참여한 정치사회적 측면을 입증한 결정이었다.[28]

19세기 리우데자네이루의 성장은 또한 주변 지역의 삼림 벌채를 초래했고, 도시에 공급하는 샘물의 양을 위태롭게 했다. 이는 리우 시 정부가 브라질 정부의 도움으로 외래종뿐 아니라 10만 그루가 넘는 토종 묘목들을 심고 티후카 숲을 재조성하도록 이끌었다. 게다가 이런 복원 효과, 즉 벌목 중단으로 파두아에 따르면, "인간 활동과 자연 행위" 사이 동반상승 효과의 사례로 티후카 숲이 복원되었다. 그 뒤 숲은 도로, 오솔길, 분수, 호수의 조성으로 풍경화 과정을 거쳤고 이는 도시 주민의 여가를 위해 삼림을 이용하도록 설계된 것으로 라틴아메리카 거대도시 지역 중 심장부인 리우에 3953헥타르의 멋진 녹지 공간을 할애했다.[29]

티후카와 같은 도시 숲은 라틴아메리카 역사의 일부이기는 하지만 도시와 삼림의 공존이 항상 쉬웠던 것은 아니었다. 멕시코시의 남쪽 삼림 지대에 대한 분쟁은 도시와 자연 간 관계성의 복잡성과 비선형성을 보여준다. 20세기 초에 도시개혁가들과 환경 보전론자들은 삼림 파괴의 위험성을 환기시켰고 삼림이 도시 주민의 복지에 중요하다고 주장했다. 주민들과 경제 엘리트 간의 갈등 공간으로서 삼림 지대의 이용은 멕시코 혁명 이후 격렬한 협상의 대상이 될 터였다. 1926년에 삼림 지대의 보전과 도시 주변 지역 주민들에 의한 삼림 이용 간의 불안정한 균형을 수립한 법이 제정되었다. 그러나 라사로 카르데나스Lázaro Cárdenas 정부 아래에서 이런 농민 공동체는 그들의 정치적 의사소통의 주요 채널뿐 아니라 삼림 지대에 대해 어렵게 얻은 권리의 보장에 정부가 관심조차 갖지 않는 것을 지켜봐야 했으며 삼림 지대의 나무는 점차 에너지와 종이 생산을 위해 갈취되었다.[30]

근대적인 도시는 유럽 모델에 의해 영감을 받아 조성된 풍경이든 삼림 지대의 옛 모습이 남아 있든 간에 녹지 공간에 대해 새로운 가치를 부여했다. 녹색 공공장소는 새로운 도시 미학을 확립했다. 1883년에 시몬 볼리바르Simón Bolívar의 탄생 100주년을 기념하기 위해 개장된 보고타의 100주년 공원은 그보다 20년 전에 공원으로 사용된 지역을 재활용한 것이었다.[31] 멕시코시의 차풀테펙 공원은 아메리카에서 가장 오랜 보존 지역 중 하나이다. 라틴아메리카의 가장 큰 대도시 지역 가운데에 850헥타르 이상 퍼져 있는 공원은 해당 지역이

변형되고 적용되며 개조되면서 도시 녹지의 역사적 복원력을 입증한다.[32]

이런 녹지의 생존은 도시 경계 안팎에 있는 삼림 지대에 대한 욕구의 고조와 대비된다. 도시들은 광범위하게 장작과 숯을 소비했다. 주택과 제조 설비와 산업시설이 수적으로 증가하면서 삼림 벌채 과정이 가속되었고, 이런 자원의 수확 속도는 그 수요를 충족시키기에는 매우 느렸다. 20세기 전반의 브라질 도시들에서 섬유공장, 강철 용광로, 철도는 모두 지속적으로 목재 공급을 필요로 했다. 이런 산업 분야 외에 가정용 장작 난로, 소형 도자기 가마, 석회 가마, 낙농장, 제당 공장에서도 엄청난 양의 나무가 소비되었다. 장작 소비가 유일한 도시 에너지원이 아니었다. 상파울루주에서는 산업 성장이 수력 에너지 사용과 화석연료의 사용에도 의존하고 있었다.[33]

유기·화학 폐기물 생산은 도시의 신진대사에서 위험한 수준이었다. 쓰레기, 하수, 악취, 산업 폐기물은 수로가 용해하거나 옮길 수 있는 것보다 더 빨리 발생했다. 예를 들어 산티아고 데 칠레에서는 마포초강이 새로운 쓰레기 탓에 더 이상 도시를 깨끗하게 유지하기에 충분하지 않다는 것이 드러났다. 더욱이 20세기 초 수십 년 동안 산티아고의 엘리트들은 도시 거리에 스며든 쓰레기 냄새를 점점 더 용인하지 않았고, 사실상 도시 악취의 범위와 사회적 위계서열이 상징적으로 동일시되었다. 이런 새로운 감성과 현대성의 상징에 대한 갈망으로 산티아고 엘리트들은 위생 프로젝트에 투자하게 되었으나 그 결과는 훨씬 만족스럽지 못한 것으로 드러났다.[34]

더 성공적인 사례로는 리우데자네이루가 이미 1871년에 종합적인 하수도 시설을 설치함으로써 우위를 차지한 것이었는데 이는 함부르크와 브루클린(뉴욕) 다음으로 실현된 것이었다. 수거된 하수는 과나바라만 근처의 처리장에서 압축되어 폐기물 수송선 또는 나비우스 라메이루스navios lameiros로 옮겨져 만의 한가운데에 버려졌다. 1920년 중엽까지 고형 폐기물은 만의 가장자리에 있는 위생 처리장으로 옮겨졌고 이후 산업 폐기물처럼 물에 떠내려갔다.[35] 마포초강과 과나바라만과 마찬가지로 다른 강, 만, 하구는 도시에서 점점 늘어나는 많은 양의 유기·무기 폐기물을 흡수하거나 용해하는 데 한계를 드러냈다.

보고타, 부에노스아이레스 같은 다른 도시에서는 배출되는 쓰레기를 소각했다. 부에노스아이레스에서는 특수 열차 차량이 쓰레기를 운반해 넓은 개방 소각장으로 옮겼으며 이는 철도역 근처의 주민들에게 매우 불쾌한 문제가 되었다. 1912년에는 시스템이 분산되어 쓰레기 수거장과 소각시설 사이를 오가는 시간이 단축되기도 했다. 종이를 수거하는 이papeleros, 쓰레기를 수거하는 이basureros, 넝마주이catadores de papel라고 불리는 비공식 거리 노동자들의 지역 공동체도 도시 쓰레기 처리에 참여했고 최종적으로는 소각하거나 개방된 공간에 단순히 내다 버렸다. 남성, 여성, 어린이들은 도시 쓰레기 더미 속에서 활용할 수 있는 것이면 무엇이든, 즉 금속, 종이, 식품 등을 찾아냈다. 1904년 부에노스아이레스시의 보고서는 1500마리의 돼지, 수많은 개, 수천 마리의 쥐와 함께 쓰레기 더미 속에서 살았던 가족들의 힘겨운 경험을 묘사했고 인간과 비인간이 "동일한 공간과 동일한 일상"을 공유하는 모습을 보여주었다.[36] 쓰레기를 처리하기 위해 시와 계약을 맺은 회사는 때때로 넝마주이를 고용했고 이들은 대개 도시에서 가장 주변부에 속한 사람으로 자신들이 쓰레기 더미에서 찾았던 물건들처럼 도시의 체제에서 일종의 '사회적 쓰레기'로 간주되었다. 1878년 부에노스아이레스의 로스 마타데로스 지역 남쪽의 쓰레기 처리장에서 일하는 넝마주이들은 대부분 팜파스에서 이주한 원주민이었다.

이 새로운 시대는 또한 새로운 감성의 시대였고, 도시의 면모는 그것이 잘 자랄 수 있는 비옥한 토양이었다. 예를 들어 주민들은 새로운 질병을 지닌 동물을 볼 수 있었다. 동물보호협회는 잔인한 관행인 생체 해부, 서커스와 투우 경기의 동물 사용, 닭싸움, 짐 나르는 동물의 학대에 항의했다. 아바나에서는 쿠바동식물보호협회가 1882년에 창설되었다. 카라카스, 부에노스아이레스, 상파울루, 산호세 데 코스타리카, 리우데자네이루에서는 유사한 단체들이 활동을 전개하고 삽화를 실은 팸플릿과 잡지를 출판했다.[37] 모범적인 문명이 어떻게 보여야 하는지, 그리고 인간과 가축 간의 관계가 인간 사이의 관계에 반영되는 핵심 주제로서 어떻게 사용되는지에 대해 논쟁이 이뤄졌다.

1860년대부터 20세기 중반까지 각 지역의 특수성에도 불구하고 대다수 라틴아메리카 도시들은 새로운 경제적 요구에 상응하는 공통의 도전에 직면했으며 도시 신진대사의 가속화 비용에 맞서야 했고 심각한 사회적 불평등이 존재하는 도시의 공동 공간을 관리해야 했다. 도시들이 이런 도전에 접근하는 방식은 이런 동일한 질문들이 이후 라틴아메리카의 산업화 시대에 훨씬 더 무시하기 어렵게 만들 조건을 확립했다.

가속의 시대

'라틴아메리카의 두 번째 정복'이 농식품 수출과 채굴의 개발을 증대시켰다는 점을 감안한다면, 제2차 세계대전 이후에는 라틴아메리카의 산업화가 진전되면서 중요한 변화를 경험했다고 할 수 있다. 라틴아메리카의 산업 생산은 이전 기간의 기준과 비교할 때, 상당한 수준에 이르렀고 그에 따라 환경 문제는 확대되고 더 복잡하게 되었다. 1950년에 시작된 도시화의 두 번째 유행이 발생하면서 대다수 라틴아메리카인들은 사실상 도시인으로 바뀌었다고 할 수 있다. 이 과정은 대부분 산업화와 연계되었고 19세기 후반에 시작해 라틴아메리카 여러 국가의 정부가 정도의 차이는 있을지라도 20세기 중반에 채택한 수입대체산업정책으로 공고화되었다.[38] 그러므로 지역의 산업화는 토지 점유, 천연자원의 변형과 관련된 훨씬 더 오랜 과정의 가속화와 연관되었고, 그때까지 거의 이용되지 않았던 지역이나 풍경을 포함해 그 지역 전체에 상당한 영향을 끼쳤다. 그리하여 라틴아메리카의 도시들은 존 맥닐이 "가속의 시대"라고 묘사한 국면에 들어서게 되었다.[39]

산업화는 에너지, 천연자원, 노동, 그리고 결과적으로 물, 토지, 도시 서비스에 대한 수요를 자극했다. 근대적 도시에 이미 부족한 장작, 숯 같은 자원은 상파울루의 성장을 지속불가능한 한계점에 이르게 했다. 이 도시의 산업 성장은 에너지 수요를 기하급수적으로 증대시켰고 1950년부터 수력 발전 시설들이 급증해 거대한 삼림 지역을 댐과 저수지로 바꿔놓았다. 1970년대에 브라질의 군부 정권은 이타이푸 수력발전소를 건설하고자 파라과이와 협상하기 시작했고 세계 최대 규모의 수력발전소를 완공해 상파울루의 서쪽으로 800킬로미터 이상 떨어져 있는 곳에서 생산된 에너지를 브라질 동남부의 도시들에 공급할 수 있게 되었다. 이타이푸 댐은 파라나강의 거대한 세치 케다스Sete Quedas (일곱 개의 낙하) 폭포를 물속에 잠기게 했다. 흔히 일곱 단계로 나뉘는 이 19개의 폭포들은 방대한 삼림 지대로 둘러싸여 있었는데, 수문을 닫는 공식 행사가 있은 지 며칠 만에 자취를 감추게 되었다. 이에 맞서 환경 운동가들은 극적인 저항을 전개했다. 이와 동일한 에너지 수요는 리우데자네이루와 상파울루 사이의 앙그라 두스 헤이스('왕의 만')에 원자력발전소를 건설하는 사업계획을 정당화했다. 이 발전소는 1985년부터 가동되었지만, 방사능 폐기물의 최종 행선지와 관련해 여전히 해결되지 않은 문제들을 남겼다. 환경에 강제한 산업 도시의 발자국은 시공간 모두에 폭넓은 흠집을 남겨놓았다.

도시망은 점점 더 촘촘해지고 도시 사이의 공간은 회랑回廊으로 변모했다. 어디에서나 도시의 점령이 끊임없이 이어지는 풍경을 만들어냈다. 대도시권들을 잇는 고속도로들에서 자동차는 도시 경관과 주민들의 일상생활의 전형적인 특징 중 하나가 되었고 그 수가 아찔할 정도로 급증하면서 소음, 대기 오염, 엄청난 교통 혼잡과 같은 환경적 결과들을 초래했다.

더 넓은 규모의 영역 변모의 공간으로서 도시가 지니는 중요성은 과소평가될 수 없고, 환경 문제는 문화적 문제와 구분할 수 없게 어우러졌다. 지역의 인문지리적 변화 과정은 도시들이 소비하는 식량의 총량뿐 아니라 전통적 제품들이 본래의 문화적 맥락과는 거리가 멀게 도시 대중의 소비에 맞게 신기술로 재생산되고 전용轉用되는 상황에 영향을 미친다. 예를 들어 도시인들은 브라질 남부 초원과 평야의 전통 바비큐인 포구 지 샹fogo de chão을 오늘날 슈하스카리아churrascaria['슈하스코(바비큐 스테이크) 전문 식당']라고 부르는 대중적이고 흔히 우아한 레스토랑에서 제공되는 음식으로 재창조했으며, 육류 소비는 초목이 무성한 본래의 경관을 소들이 풀을 뜯는 방목지로 바꿔놓았다. 토르티야tortilla와 아레파arepa는 때를 맞춰 알맞게 사업화의 대상이 되었고 비닐봉지에 포장되어 멕시코시와 보고타의 슈퍼마켓 쇼핑용 손수레에 가득하게 되었으며, 심지어 뉴욕과 런던같이 라틴아메리카 출신 이주민들이 퍼져 있는 거대 중심지에서도 찾아볼 수 있게 되었다. 멕시코 패스트푸드 체인점은 전 세계에 확산되었다. 이렇게 도시 소비는 비도시 경관뿐 아니라 도시 경관을 구체화한다. 라틴아메리카 문화 상품은, 농산물과 라틴아메리카 출신 이주민들이 그러하듯이, 참신하고 신기한 것을 갈망하는 전 세계 도시 사회에 대량으로 수출되고 있다.

위생 시설과 물 같은 기본 서비스에 대한 접근은 불평등하고 불안정한 방식으로 제공된다. 20세기 말에 멕시코시 성장의 거의 60퍼센트는 어떤 계획도 없이 건설된 주택에서 파생되었는데, 이는 비공식적 노동시장의 일부로 끼어든 이들이 만들어낸 것이었다. 오늘날 멕시코시는 아마 세계 최대의 판자촌인 네사-찰코-잇사Neza-Chalco-Itza의 소재지라는 그리 좋다고 할 수 없는 기록을 보유하고 있는데, 그 주민의 수는 400만 명 이상으로 추산된다. 상파울루에서는 판자촌이 1993년 도시 주택의 20퍼센트를 차지했고 그 수는 1990년대에 연간 16퍼센트 이상 증가했다.⁴⁰ 카리브해 지역에서는 1950년대부터 살충제 DDT의 광적인 사용으로 그때까지 주거지로서 유해하고 적절하지 않았던 지역에 정착하게 되었고, 그 결과 규제받지 않은 토지 점유와 천연자원에 대한 압박을 가중시켰다. 브라질 북부의 아마조나스주에서는 세계 최대의 잔존 열대 우림의 벌채가 안팎으로 가속화되었고 위태로운 약식 주택들로 뒤덮인 지역들이 늘어났다. 이 지역에서 도시 성장의 거의 80퍼센트는 최소한의 도시 서비스조차 없는 판자촌에서 발생했다. 콜롬비아의 레티시아와 브라질 타바팅가의 국경도시같이 숲속 도시들의 주민들은 하수 처리의 결여, 상수도 오염, 도시 침수로 고통받았는데 이는 거대도시의 주변부 주민들이 겪는 공통의 곤경이었다.

이 다양한 주민들은 어떻게 도시 자연과 공존했는가? 도시의 다양한 부문들이 천연자원(물, 토양, 공기)에 더 많이 접근하려는 지속적인 투쟁이 존재한다. 대도시 지역은 동질적이지 않고, 다양한 집단들은 양과 질 모두에서 이런 자원의 가용성을 보증하고자 시도한다. 거주 구역, 판자촌, 빈민가의 개발은 도시의 정치사뿐 아니라 환경사의 결정적인 부분을 대표한다. 자원을 소비하고 변형하는 도시는 또한 가정 하수, 쓰레기, 대기 오염 물질을 포함한 엄청난 양의 쓰레기를 배출하고 이는 필요한 자원들을 위태롭게 만든다. 소음, 화학·대기 오염은 대다수 라틴아메리카인들의 일상생활에 영향을 미치는 문제이다.

대기 오염은 제2차 세계대전 이후 라틴아메리카 사회를 괴롭혔다. 1950년 우발적인 황화수소(H_2S)의 누출 탓에 멕시코의 포사 리카에서 22명이 사망하고 320명이 입원했다. 멕시코시에서는 지형과 기상 조건이 오염 물질의 집중을 유발했고 스모그는 1950년대 말 이래 도시 경관을 지워버릴 정도가 되었다. 1961년 리마에서 위생 시설 관리 기사들은 수산업의 배출물이 심각한 오염으로 이어져 공중보건을 위협한다고 불평했다. 1950년대 말 이래 산티아고데 칠레에서는 대기 오염이 상당히 악화되었다. 산업, 자동차, 건물 난방, 쓰레기 소각 등의 배출물 외에 도시의 지형과 기상 조건이 오염 물질의 집중과 열의 전도轉倒를 촉진했다.[41] 1970년대에 심상치 않은 대기 상태가 "도시 살인", 즉 도시 자체가 초래한 사망에 대한 논쟁을 촉발시켰다.[42]

각국 정부는 지역의 관점에서 문제에 접근하고자 시도했다. 부에노스아이레스에서 1962년 제1차 라틴아메리카대기오염회의가 개최되었고 뒤이어 '대기 오염에 반대하는 아르헨티나 협회'가 창설되었다. 라틴아메리카의 대학교에서는 해당 주제에 관한 연구가 등장해 1961년에 흔히 국제적인 자문위원들이 참여하는 57개의 위생 공학 프로그램이 출현했다.[43] 1967년에는 '대기오염 정상화표본추출을 위한 범아메리카 네트워크(REDPANAIRE)'가 페루 리마에 본부를 두고 대기 오염의 제어를 위한 조치들을 확인하고 제시할 목적으로 라틴아메리카에서 활동에 착수했다. 이 기구와 더불어 세계보건기구와 연계된 대행사인 범아메리카보건국(OPAS)/범아메리카위생국(OSP)의 위원장은 1960년대 초부터 라틴아메리카에서 이미 수행해 온 몇 가지 형태의 조치들을 강화하게 될 사업계획을 떠맡았다.[44]

'대기오염정상화표본추출을 위한 범아메리카 네트워크'는 아르헨티나, 볼리비아, 브라질, 칠레, 콜롬비아, 코스타리카, 쿠바, 엘살바도르, 과테말라, 자메이카, 멕시코, 페루, 우루과이, 베네수엘라를 포함했다. 1974년까지 이 국가들의 29개 도시는 시료 채취장 설치, 전문가 주도의 훈련 프로그램, 측정 시행에 필요한 장비의 보급 등에 참여했다. 각 채취장은 수집한 자료를 범아메리카보건국에 보냈고 보건국은 이 수치 자료들을 비교 분석하면서 세부 보고서를 작성하고 널리 유포했다. 그 사업계획은 일부 도시에서 전문 기술 인력의 부족, 구조적으로 불안정한 시설, 지역적 진단과 비교의 실행에 필요한 정규적이고 체계적인 측정 활용의 어려움 등으로 난관에 봉착했다.[45] 프로그램의 목적은 측정, 감독, 제어, 대기 오염 예방을 위해 일련의 관행을 수립하는 것으로 이를 통해 라틴아메리카와 카리브해 지역에서 향후 몇십 년 동안 예상되는 산업과 도시 성장의 배출물을 최소한으로 유지하고자 했다. 궁극적인 목표는 상호 비교 가능한 개발과 환경 관리를 통해 산업화된 국가들이 이미 겪은 심각한 문제를 반복하지 않으려는 것이었다. 하지만 프로그램은 목표를 달성하는 데 처참할 정도로 실패했다. 브라질 대표단이 1972년 스톡홀름의 유엔인간환경회의에서 명료하게 밝혔듯이, 라틴아메리카 각국의 정부는 오염을 제어하려는 어떤 시도도 진보의 저해 요인으로 비치지 않을까 우려했다.[46]

이후 수십 년 동안 개발주의적 요청은 이런 소극적인 예방 조치를 방해했고 라틴아메리카 도시에서 오염은 주된 문제로 남게 된다. 1992년 멕시코시의 대기 질은 연간 11일만 적합하다고 용인될 정도로 심각한 수준에 이르렀다. 그리하여 멕시코시의 도시 환경 문제는 물과 주택에 대한 접근 요구에만 국한되지 않고 식수, 적절한 위생 시설, 건강에 유해하지 않은 공기를 포함하는 자원의 질까지 아우르게 된다. 최근 수십 년 동안 일부 도시들은 이 측면에서 눈에 띄는 진전을 이뤘다. 수 년 동안 수많은 화학 공장, 정유 시설, 제철소, 화학 제조 공장이 들어선 브라질의 쿠바탕은 비극적인 오염의 상징으로 자리 잡았다. 산성비, 토양 침식과 초목 손실, 극도로 높은 유아사망률에 시달린 쿠바탕은 군부 정권이 한창일 때 추진된 이른바 브라질의 기적과 산업의 탈규제가 유발한 비용을 상기시켜 주는 비뚤어진 사례였다. 1990년대 후반에 다양한 사회 집단들의 압력과 강력한 공공정책으로 이 음울한 그림의 일부가 바뀌었고 당시 조치들은 대기 질을 상당히 개선했다.[47] 멕시코시는 그리 대단하지는 않았지만 의미 있는 성공을 거뒀다. 20세기 마지막 10년 동안 오존 양을 절반으로 줄였고 21세기 첫 10년간 오존 배출물의 25퍼센트를 줄일 수 있었다. 그러나 같은 기간에 자동차는 35퍼센트 증가했다. 상당한 개선에도 불구하고 산티아고 데 칠레의 환경 조건은 여전히 경악할 만한 수준이다. 2015년 6월 22일 코파아메리카 축구대회 기간에 시 당국은 비상사태를 선포해 차량 40퍼센트의 이동을 막고 24시간 이상 900개가 넘는 공장들의 가동을 중단시켰다.[48]

오염, 침식, 도시 수질과 대기 질을 추적 관찰하는 환경 단체들이 확산된 데 이어 도시 지역의 사회경제적 불평등과 관련된 정치적 협상과 갈등은 보건, 오염, 쓰레기 처리 문제를 통합적으로 다루기 시작했다. 1992년 리우데자네이루에서 열린 유엔환경개발회의 이후 이런 토론들은 라틴아메리카 곳곳에서 많아졌다. 대개 도시 정의(기본적으로 위생 시설과 주택)에 관한 오랜 분쟁이 되살아났고 환경적 관점에 의해 다시 활력을 찾게 되었다. 국가와 공공정책의 역할, 그리고 도시의 환경에서, 특히 수도에서 그 정책들이 지니는 두드러진 중요성이 새롭게 강조되었다. 수도에서 전개된 관행들이 나머지 라틴아메리카 도시 간 관계망 곳곳에 반향을 불러일으켰다.

또한 도시는 혁신적인 해결책을 창출하는 데 특혜를 부여받는 활동의 중심이다. 때때로 심각한 위기 상황은 정책의 실험을 촉진한다. 쿠바 아바나의 주민들은 한편으로 미국의 동맹국들이 부과한 국제적 봉쇄와 다른 한편으로 소비에트 진영의 종말이 결합되어 발생한 1989년의 극심한 식량 부족을 겪으면서도 엄청나게 많은 소규모 친환경 정원을 가꿔 도시 경관을 녹색으로 바꿔놓았다. 도시 경작의 조직을 독려하는 데 쿠바 정부가 필수적인 역할을 맡았다는 것은 의심할 여지가 없지만, 그렇다고 도시 주민들의 창의성과 지식이 없었다면 어떤 것도 가능하지 않았을 것이다. 애드리애나 프리맷Adriana Premat이 단언한 대로, 아바나의 "녹색화"가 "아래로부터의" 사회적 행위이기도 했다는 점을 모르는 체한다면 이는 잘못일 것이다.[49] 도시 공동체의 창의성은 아스마레Asmare로 불리는 브라질 벨루오리존치의 쓰레기 채집자 협회의 출현에서도 필수적이었다. 1980년대에 시장실은 쓰레기 채집자들의 도심 활동을 금지했다. 그들이 금지 조치를 무시하고 도심 가까이에 모였을 때, 경찰은 그들의 소지품과 주거지에 불을 질렀다. 쓰레기 채집자들의 대표들은 종교 단체인 '가톨릭교회의 거리사목Pastoral de Rua da Igreja Católica'의 중재를 요청했고 1990년에 협회를 설립했다. 그 뒤 몇 년 동안 쓰레기 채집자들은 작업 창고와 수거 물품 운반용 수레를 확보하면서 큰 수익을 올렸고, 그들의 중요한 역할을 공식 인정한 지방 정부와 합의에 도달했다. 현재 아스마레는 수많은 재활용 재료의 수집과 재생의 모델로서 공공 서비스와 도시 위생 시설을 결합하고 사회적 통합을 위해 노력하고 있다.[50]

특히 이 가속의 시대에 라틴아메리카 도시의 자연은 앞서 서술한 사례처럼 다양한 행위자들 사이든지 아니면 사적인 용도와 공적 활용 사이든지 빈번한 협상 대상이다. 예컨대 '그린 콘도미니엄', 즉 외부인의 출입이 제한된 도시 엘리트들의 전용 주거지의 수가 늘었다. 이는 숲과 맑은 공기를 접할 수 있는 목가적인 풍경, 달리 말해 기본적으로 도시 내부에서 이상화된 전원의 경험을 제공하는 것처럼 보인다. 멕시코시에서든 브라질 벨루오리존치에서든 도시화된 자연의 사유화는 역사적으로 그 지역들을 차지했던 공동체의 배제로서만 가능했다. 이제 그 지역들은 외부인의 출입을 막는 울타리치기와 사유화를 목

격하지 않을 수 없다.[51]

사유화는 또한 20세기 후반 유례없는 규모로 성장한 관광산업과 그에 따른 도시 경관의 상품화를 포함한다. 관광객이라는 유동인구가 도시 자원에 가하는 압력은 상당한데, 도시의 산호초와 사구砂丘같이 취약한 생태계에 특히 그랬다. 카리브해 지역의 도시들이 19세기 동안 대서양 농산물 시장과의 주요 접촉점이었다면, 이 도시들은 20세기에 매년 수백만 명의 관광객들이 들어오는 도착지로서 국제관광 시장의 가교가 되었다(이 책의 제2장을 참조하라).

세계에서 담수 자원이 가장 풍부한 지역 중 하나인 라틴아메리카에서는 상품화, 사유화, 물의 오염을 둘러싸고 사회적 갈등이 커졌다. 기업농, 도시화, 산업, 관광과 함께 이런 갈등은 수자원 사용과 오염 폐기물 배출의 증가를 수반했다. 국제 투자자 집단들은 라틴아메리카 사회의 미래에 결정적으로 작용할 사회적·정치적 난국을 초래하면서 물과 하수처리 시설의 사유화를 위해 압력을 행사한다.[52]

사유화되고 상품화된 공간과 공공 부문 간의 분쟁에서 도시 인구는 도시의 자연환경 중에서 사회적 상호 작용의 영역을 점점 더 요구하고 있다. 나무들이 늘어선 광장과 공원은 놀이, 가족 모임, 사교, 정치 집회와 시위를 위한 공간이다. 예를 들어 유명한 코파카바나 해변의 신년 전야제는 물의 여신이자 아프리카계 브라질인의 신인 예만자Yemanjá를 위한 불꽃놀이와 봉헌과 아울러 리우의 관광 달력에서 가장 흥미진진한 부분 중 하나가 되었다. 2015년에 200만 명이 넘는 인파가 바다, 모래사장, 아스팔트 도로를 누볐다(자료 6.2 참조). 멕시코시의 차풀테펙 공원에는 매년 약 1300만 명의 사람들이 방문한다.[53] 이 공동체적이고 친환경적인 공간들은 라틴아메리카 도시의 자연에서 가장 평등한 풍조가 표출되는 곳 가운데 하나이다. 이 공간들은 때때로 많이 사용해서 퇴락하거나 폭력적인 갈등과 취흥醉興, 문화적 복원의 장소로 바뀌기도 한다. 그곳들은 단순히 도시의 자연에 대한 자랑스러운 경축행사의 무대이기도 하다.

그러므로 라틴아메리카의 도시 환경사는 도시의 경계에 국한되어서는 안

자료 6.2 2012년 코파카바나 해변의 신년 전야제

저자 리지 세지레스가 촬영한 사진.

된다. 이 역사는 전 지구적 서술뿐 아니라 대륙적이고 지역적인 서술을 요구한다. 이는 지역의 자원, 인적 자원, 천연자원의 활용과 전 지구적 소비 수준의 변화를 통합하는 서술을 의미한다. 도시들은 별개의 고립적 상태로 이해할 수 없다. 하나의 집단으로서 다양하고 내부적으로 불평등한 라틴아메리카의 도시들은 단일한 모델의 강제에 저항한다. 사실 라틴아메리카 도시들의 연구를 위해 가능성 있는 다양한 모델들은 상호 의존적이다. 크고 작은 도시, 열대와 온대의 도시, 해안과 국경의 도시, 섬과 안데스 산지의 도시들은 연결되어 있다. 그 도시들이 광활한 라틴아메리카의 영토를 차지하고 공통적인 자연의 변화 과정을 겪고 있다는 점에서 경험을 공유하기 때문이다. 대륙에서 도시인구가 소수에 지나지 않았을 때조차도 공간의 점유를 지휘하는 도시들의 중추적 역할 때문에 라틴아메리카의 환경사는 또한 도시적인 서술이 되곤 한다.

그럼에도 이 장에서 제시된 시기 구분이 보여주듯이 이 모델들은 공통적인 요구와 궤적을 지니고 그것들이 처한 환경적·사회적·정치적 과정들을 공유하고 있다. 비올레타 파라의 음악에서처럼 담쟁이덩굴과 벽이 뒤얽히고 엉켜 있는 셈이다.

리지 세지레스Lise Sedrez는 리우데자네이루 연방대학교의 아메리카사 담당 교수이다. 세지레스는 2005년에 스탠퍼드 대학교에서 역사학 박사 학위를 받았다. 현재 크리스 보이어와 함께 애리조나 주립대학교 출판사에서 기획한 '라틴아메리카의 경관' 시리즈의 공동 편집인이다. 저서로는 마르코 아르미에로와 공동 저술하고 2014년에 콘티뉴엄 출판사에 의해 간행된 『환경주의의 역사: 지역적 투쟁, 전 지구적 역사A History of Environmentalism: Local Struggles, Global Histories』가 있다. 세지레스는 또한 라틴아메리카 환경사에 관한 온라인 참고문헌을 편집하고 있다(https://boha.historia.ufrj.br). 세지레스의 연구는 라틴아메리카 사회의 도시 환경사와 더불어 도시 자연을 관할하는 기관에 초점을 맞추고 있다.

헤지나 오르타 두아르치Regina Horta Duarte는 브라질의 미나스제라이스 연방대학교의 정교수이다. 오르타 두아르치는 『활동가 생물학: 국립박물관, 정치, 브라질의 국가 건설Activist Biology: The National Museum, Politics, and Nation Building in Brazil』(2016)의 저자이며 ≪라틴아메리카 연구 논평Latin American Research Review≫, ≪환경과 역사Environmental and History≫, ≪라틴아메리카 연구 저널Journal of Latin American Studies≫, ≪포르투갈-브라질 리뷰Luso-Brazilian Review≫, ISIS 같은 국제 학술지와 일부 브라질 학술지에 논문을 발표했다. 오르타 두아르치는 라틴아메리카·카리브해 지역 환경사학회(SOLCHA)의 창립 회원이다. 현재 관심을 갖고 있는 연구 분야는 20세기 전반기 라틴아메리카 동물원의 환경사이다.

제7장

가정 요리

농민, 요리, 농업 다양성

존 솔루리

　1934년 콜롬비아의 키필레군에서 한 농민단체가 커피 농장주들과 노동계약을 체결했는데, 계약서의 첫 번째 조항에는 농장주가 노동자들에게 제공해야 할 식단이 열거되었다.

> 아침식사: 완두콩과 아라카차arracacha(셀러리, 덩이줄기)를 넣은 옥수수 수프 두 잔
>
> 점심식사: 옥수수 죽이나 채소 수프 두 잔, 양배추와 소고기 90그램(0.2파운드)
>
> 저녁식사: 아라카차, 유카yucca(용설란과의 풀), 질경이plantain(채소처럼 요리해서 먹는, 바나나 비슷한 열매), 콩, 충분한 양의 발루balú(콩과 식물), 소고기 90그램(0.2파운드)

　음식은 모두 적절하게 준비되고 양념되어야 한다. 질경이는 유약을 입히지 않은 가마솥이나 구리 냄비에 요리해서는 안 된다.[1]

이 특정 농민단체에게는 농민들이 먹는 음식의 양과 질이 분명히 매우 중요했던 듯하다. 이 정도의 음식 관련 세부 사항은 20세기 초 체결된 라틴아메리카의 노동계약에서 아마 드문 사례였을 테지만, 그 식단은 요리 – 칼로리 섭취뿐 아니라 어떤 시간과 장소에서 식사를 구성하는 한 세트의 음식과 준비 상태까지 – 가 대중문화와 정치적 협상의 중요한 차원일 수 있다는 점을 시사한다.

키필레 농민들의 '메뉴'는 또한 다양한 음식을 제공했던 농업 다양성을 감지할 수 있도록 해준다. 옥수수, 마니옥manioc(유카), 강낭콩, 아라카차, 발루의 원산지는 아메리카이다. 그와 대조적으로 소고기와 질경이는 이베리아인들과 아프리카인들이 대서양을 횡단할 때 아메리카에 도착했다. 키필레 농민들의 고용을 창출하는 작물, 즉 라틴아메리카 근현대사에서 가장 중요한 수출 농산물인 아라비카 커피도 마찬가지였다. 이런 농업 다양성은 역사의 산물이다. 수천 년에 걸쳐 다양한 지리적 환경 속에서 작물들을 기르고 먹으며 교환해온 수백만 명이 근현대 라틴아메리카 농업 다양성을 만들어내는 데 주된 역할을 맡았다.[2] 농업 다양성은 특정 장소에서 재배된 작물의 다양성에 그치지 않는다. 그것은 농작물의 재배지나 근처에서 잘 자라는 종 내(유전적) 다양성과 생물 형태도 포함한다.[3] 다양한 농업 체제는 인간의 정체성과 요리에 중요할 뿐 아니라 복원력이 좋고 생산적인 생태계를 유지하는 데도 필수적이다.[4]

마지막으로, 키필레 농민들이 선호하는 음식을 노동계약의 형태로 규정했다는 사실에서 농업과 농민들의 식생활 습관이 시장은 물론이고 정부와의 관계에서 변화했다는 점을 떠올릴 수 있다. 근대 라틴아메리카와 카리브해 지역의 농민들은 정지 상태에 있지 않았다. 노예제 폐지와 농산물 수출무역의 등장, 유럽인들의 이주, 토지 개혁, 도시화에 따라 그들은 번영과 침체의 부침을 겪었다. 나는 여기서 '농민campesino'을 문자 그대로 들campo이나 시골에서 식량을 생산하는 이들로 정의한다. 근대에 들어와 라틴아메리카 전역의 농민들은 자급자족과 동시에 시장 판매를 위해 일했다. 그들은 절대적으로는 아닐지라도 대체로 가족 노동력에 의존했다.[5] 농민들은 경작지를 소유하기도 했고 임차하거나 무단 점유하기도 했다. 농민은 다양한 사회적 관계와 인종과 법적 지위를 아우르는 표현이다.

농민들은 라틴아메리카에서 소비하는 식량을 생산하는 데 중추적 역할을 맡아왔다. 1920년대까지 라틴아메리카 농업 생산의 80퍼센트가량은 내수용이었다. 내수용 생산이 수출용 농업 부문보다 훨씬 더 많이 고용을 창출하고 경제활동 전반(국내총생산)에 훨씬 더 크게 기여했다.[6] 그 뒤 공중보건, 수송, 교육에 대한 정부 투자가 늘고 공장과 서비스 노동이 증가하면서 이촌향도의 흐름이 활발해졌다. 농업에 종사하는 라틴아메리카 노동인구의 비율이 1960년과 1980년 사이에 49퍼센트에서 32퍼센트로 줄어든 반면에, 도시에 거주하는 라틴아메리카인들의 비율은 1929년부터 1980년까지 두 배(32퍼센트에서 65퍼센트로)가 되었다.[7]

역설적으로 아르헨티나, 브라질, 칠레, 콜롬비아, 코스타리카, 에콰도르, 과테말라, 페루 등 라틴아메리카의 대다수 국가에서는 1950년과 1970년 사이에 소규모 자작농의 수가 늘어났다. 멕시코에서는 토지 개혁으로 1930년과 1950년 사이에 소규모 자작농의 수가 급격히 증가했다. 라틴아메리카와 카리브해의 일부 국가들도 20세기 중엽에 다양한 규모로 토지 개혁을 실시했다. 소규모 자작농의 수가 라틴아메리카 전체를 통틀어 1960년대 중반 대략 900만 명 정도에서 1980년대 중반에는 약 1500만 명으로 늘어났다.[8] 이 자작농들은 대부분 자급자족은 물론이고 시장 판매를 위해 식량을 생산했다. 그 생산량이 1970년대 중반 역내 소비 식량의 40퍼센트에 달하는 것으로 추정된다.[9]

이런 인구 변화 속에서 도시 노동자 단체들은 정치적 힘을 획득했다. 도시에는 식량을 소비할 입뿐 아니라 공업화 추진에 매진하도록 정치인들을 설득하는 입도 적지 않았다. 대다수 라틴아메리카 국가들의 정부는 1950년대 말까지 도시의 식량공급을 통제하는 데 성공했다.[10] 이 정부들은 또한 도시 빈민의 영양과 식단에 갈수록 더 많은 관심을 기울였다. 이를테면 멕시코의 아빌라 카마초Ávila Camacho 정부는 멕시코시에서 노동자들을 위한 공공식당을 운영했다.[11] 20세기 중반에 늘어나기 시작한, 영양과 식료품 가격에 대한 도시와 중앙정부의 개입이 농민들의 생계에 어떤 변화를 가져왔으며, 규모가 커지는 도시의 시장은 농업 다양성에 어떤 영향을 미쳤을까?

이런 질문에 대해 여기서 확실한 대답을 제시할 생각은 없다. 다만 농민들과 농업 다양성, 요리, 도시화가 복잡하게 뒤얽힌 과거를 추적해 보고자 한다. 이를 위해 당시 농민들이 주로 재배한 네 종류의 작물, 즉 옥수수, 감자, 콩, 커피의 역사를 들여다본다. 토착문화와 끊임없이 관련을 맺는 가운데 아메리카 대륙에서 수천 년 전부터 재배해 온 두 종류의 작물, 즉 중앙아메리카의 옥수수와 안데스 고지대의 감자(이 책 제1장과 제3장을 참조하라)를 살펴본다. 중앙아메리카와 안데스 산맥은 강낭콩의 원산지이기도 하다. 하지만 여기서는 브라질의 소규모 외래인 자작농들의 콩 생산과 소비를 살펴본다. 이는 근대적인 원주민 문화와 농업 다양성을 융합하려는 경향에 대해 이의를 제기하려는 것이다. 마지막으로 수출 주도형 농업이 농업 다양성과 언제나 양립 불가능한 것은 아니라는 사실을 보여주려는 목적에서 커피를 살펴본다. 열대 지방의 커피 농장은 사실 농업 다양성과 자급자족을 위한 가족노동에 의존해 왔다. 총괄해서 급속한 변화 속에서 생명 문화의 다양성이 어떻게 지속되어 왔는지를 이 네 가지 사례를 통해 보여주고자 한다. 이를 위해 요리, 특히 '가정 요리'의 의미를 되새겨 본다.

중앙아메리카의 옥수수와 농민

옥수수는 아메리카 대륙 전역에서 중요한 작물이다. 멕시코에서는 그것이 더욱 특별한 의미를 지니고 있다. 그곳 사람들이 옥수수를 수천 년 동안 재배해 왔기 때문이다. 옥수수는 이종교배(교차수분) 성향이 있는 것으로 잘 알려져 있다. 연구자들은 1940년대 이후 멕시코에서 "재래품종", 곧 "형태학적 순수성과 지리적 정체성"을 지닌 농작물이 대략 59종에 달하는 것으로 확인했다.[12]

이 책 제1장에서 보이어와 카리뇨 올베라가 지적한 대로, 여러 차례에 걸친 정치적·사회적·과학기술적 혁명에도 불구하고 이런 농업 다양성이 어떻게 유지되었을까? 이 질문에 대한 답변의 일부는 여러 혁명에서 비롯된 농지 분배에서 찾아볼 수 있다. 역사가들의 연구 성과에 따르면, 멕시코에서는 19세기 초까지도 가족 농장이나 목장이 발달하지 않았다. 19세기 말에 접어들어 곡물 가격이 상승하고 노동력이 남아돌면서 소작농을 고용한 대농장주가 자신의 농장을 천수답으로 확장하기 시작할 때까지 대농장과 옥수수를 생산하는 농민들의 천수답은 경쟁 관계에 놓이지 않았다. 소작제는 도시민의 옥수수 수요가 늘어나고 철도 부설로 곡물의 대량 수송이 가능해진 포르피리오 디아스 Porfirio Díaz의 집권기에 널리 확산되었다. 일부 소작계약서는 대농장주가 파종용 씨앗을 공급한다고 명시했다. 이것은 소작제가 광범하게 실시될 경우에 품종의 다양성을 제한할 수도 있다는 일종의 단서 조항이다. 하지만 소작농들은 아마도 자급용 품종들을 별도로 재배했을 것이다.[13]

멕시코 혁명은 강력한 중앙정부를 탄생시켰고 중앙정부는 경제적 민족주의와 시민들의 기초생활 보장에 전념했다. 라사로 카르데나스 Lázaro Cárdenás 대통령 시대(1934~1940)에 국토 면적 10퍼센트 이상이 80만 명 정도의 국민들에게 재분배되었다.[14] 카르데나스 정부는 또한 밀과 옥수수, 쌀, 콩을 매매하고 비축할 정부 기구를 발족했다. 그에 뒤이은 제도혁명당 정부들은 토지 개혁에 둔 정책의 우선순위를 생산 증대와 도시 소비자 지원으로 바꿨다. 이런 정책들의 혜택은 대개 잡종 종자와 비료의 사용 및 관개 이용으로 생산 증대를 도모할 수 있는 부농과 임금을 억제할 수 있는 기업가들, 정부의 식량지원 정책의 일차 대상자인 도시 노동자들에게 돌아갔다.[15]

제도혁명당의 정책들은 서로 모순되는 경우가 많았고 일정하지도 않았다. 1930년과 1991년 사이에 소규모 자작농지가 540만 헥타르에서 1210만 헥타르로 2배 이상 늘었다. 1970년에는 1인 소유 농지의 60퍼센트가 5헥타르 미만이었다.[16] 이런 소규모 자작농지의 증가를 농민들의 사회적 지위나 경제적 지위의 개선과 동일시하기 쉽다. 하지만 그렇게 해서는 안 된다. 사실 대다수 농민들은 농사를 포기하고 도시나 미국으로 이주했다. 남아서 계속 농사짓는 농민들은 대개 가뭄의 피해가 큰 천수답을 경작했고 그 수익도 매우 낮았다. '녹색 혁명'의 농작물들도 이곳에서는 별 소용이 없었다. 그 농작물들은 대개 관개 농지에 잘 맞았다. 이처럼 공간적 차원에서 비롯된 농민들의 낮은 수익성이 농업 다양성을 유지하는 결과를 낳았다.

농민들은 대개 여러 품종의 옥수수를 재배하고 소비했다. 토르티야tortilla와 수프, 음료, 후식에 서로 다른 품종의 옥수수를 사용했다는 사실이 20세기 중반 멕시코 북부에서 실시한 연구 조사 결과 밝혀졌다.[17] 포르피리오 디아스의 유럽 중심적 정책들을 거부한 멕시코 혁명은 토르티야 수프와 몰레 포블라노 mole poblano 음식으로 유명한 대중 축제들도 배격했다.[18] 옥수수보다 밀을 주성분으로 하는 식단을 옹호한 지 수십 년이 지난 1940년대에는 영양 전문가들이 중산층 여성들을 겨냥한 요리책에서 농촌과 도시의 노동자들이 주식으로 삼는 옥수수와 콩, 고추의 문화적 가치와 영양학적 가치를 확인해 주었다(자료 7.1을 참조하라). 그뿐 아니라 수익 창출 활동을 비롯해 다른 활동에 종사할 시간적 여유를 제공해 주는 옥수수 제분기를 여성들은 대체로 환영했다.

1980년대에 할리스코와 치아파스에서 실시한 현지 조사는 요리가 농업 다양성과 밀접한 관련이 있음을 보여준다. 할리스코주의 쿠살라파 산악 지역 토착민과 메스티소 농민들은 토르티야용 백색 옥수수와 제빵용 자색 옥수수, 가축 사료용 황색 옥수수를 재배했다.[19] 그들은 옥수수 밭에 (우기에) 호박이나 (관개지에) 콩을 사이짓기했다. 요컨대 그들은 26개 품종의 옥수수를 심었다. 이 가운데서 6개 품종이 흰 옥수수(타블론시오Tabloncillo) 재래종과 관련 있는 지역 품종이라고 그들은 생각했다. 특히 2개의 백색 옥수수 품종이 옥수수 경작의 60퍼센트 이상을 차지했다. 나머지 20개의 '외래'종은 14퍼센트에도 못 미쳤다. 농민들은 외지의 이웃과 농부들로부터 비화폐 거래를 통해 새로운 품종을 입수했다. 쿠살라파 농민들은 대체로 새로운 품종의 시험 재배를 원했다.

자료 7.1 토르티야를 담은 커다란 진흙 판(comal) 주위에 둘러앉은 건설노동자들, 1953년 멕시코시

나초 로페스(Nacho López)의 사진. 멕시코 국립역사인류학연구소 사진보관소 문화국, 저작권 380016.

하지만 그렇다고 해서 지역 품종들을 서둘러 포기하지도 않았다. 치아파스에서도 이와 유사한 현상이 나타났다. 1980년대 후반에 이곳에서는 종자 구입과 농약 사용이 옥수수의 다양성과 양립 가능한 것처럼 보였다.[20] 치아파스의 농민들은 수확량과 노동 수요, 농업생태학적 조건 등 여러 가지 특성들을 감안해 품종을 선택했다. 그들은 재래종의 맛을 유별나게 따지면서도 개량종과 재래종의 두 품종을 섞어 소비하고 섞어 팔았다.[21]

20세기 말 무렵에는 몇 가지 품종의 백색 옥수수를 700만 에이커가 넘는 천수답에서 재배했다. 이는 백색 옥수수 토르티야가 멕시코 식단의 주류를 차지했다는 뜻이다.[22] 멕시코주에서는 21세기 초에 백색 옥수수 품종들이 전체 옥수수 생산의 96퍼센트를 차지했다. 농민들은 이 옥수수를 자급자족하거나 지역 시장에 내다 팔았다. 하지만 상당수는 멕시코시의 산업용 제분소, 마사masa (반죽덩이)와 토르티야 생산업자나 도매 직판장에 판매했다. 교잡품종이 우세한 지역들에서 생산한 백색 옥수수의 상당수는 산업소비자들이 소비했다. 이는 농업 다양성에 가공업자들이 영향을 미칠 수 있음을 보여준다. 이런 시장의 역동성은 내수용 상품보다는 수출용 상품에서 더욱 분명하게 나타났다. 그런가 하면 멕시코시의 농산물 도매시장인 '중앙생필품시장'에서는 포솔레 pozole(수프의 일종)를 만드는 데 즐겨 사용하는 굵은 입자의 옥수수와 안토히토 antojito(매콤한 스낵)를 만드는 데 사용하는 청색 옥수수 같은 '특산물들'이 거래되었는데, 이는 농업 다양성을 유지하는 데 도시 시장도 얼마간 영향을 미칠 수 있음을 보여준다.[23] 하지만 도매업자와 가공업자를 비롯한 도시 시장과 농민들의 관계의 역사를 이해하고 농장과 식탁을 연결하는 중간 매개체가 식성에 어떤 영향을 미치고 식성이 그것에 어떤 영향을 미치는지를 이해하기 위해서는 훨씬 더 많은 연구가 필요하다.[24]

소규모 자작농이 옥수수 생산을 지속한 이유를 근현대 멕시코의 옥수수 역사에서도 찾아볼 수 있다. 농업과 도시 식량공급을 골자로 한 정부의 정책이 그것을 이해하는 데 도움을 준다. 제도혁명당의 몰락과 그에 뒤이은 신자유주의 정책 때문에 소규모 자작농이 농사로 생계를 유지하기가 더욱 어려워졌고 미국으로부터 보내오는 송금을 비롯한 농업 외 소득이 옥수수의 다양성을 유지하는 데 간접적인 영향을 미치게 될 가능성이 높아졌다. 갖가지 요리에 옥수수를 두루 활용하게 되면서 농민들의 농장이 농작물 다양성의 보고로 남게 되는 것이 가능해졌다. 하지만 이는 어디까지나 가능성에 불과하다. 단기적인 관점에서 보자면, 도시 중산층의 입맛의 향수를 자극하는 수제 토르티야가 농업 다양성을 보존하는 데 도움이 될 수 있다. 이 토르티야는 '농부의 일상식'이 풍요의 표지로 변해버린 씁쓸한 모순을 보여주기도 한다.

페루의 감자와 농민

중앙 안데스에서는 농민 수백만 명이 최근 들어 초국적 요리 재료로 떠오른 유사 곡물 퀴노아quinoa뿐 아니라 옥수수, 감자, 안데스 산지 밖에서는 거의 식용으로 소비되지 않는 덩이줄기(이를테면 울루코ulluco, 마슈아mashua, 오카oca) 등 매우 다양한 농작물을 재배한다. 역사적으로 안데스 산지의 농민들은 서로 다른 맛과 모양과 색깔의 감자들을 섞어 먹었다. 케추아어와 아이마라어를 사용하는 이들은 적어도 16세기부터 이것을 한 단어로 '찰로chalo'라고 표현했다.[25] 한 관찰자는 20세기 초에 10종의 서로 다른 품종의 옥수수를 가지고 15가지 요리를 만들었다고 기록했다.[26] 하지만 멕시코 농민들과 마찬가지로 안데스 산지 농민들도 19세기 말에서 오늘날에 이르는 시기에 중대한 변화를 겪었다. 그들은 이 변화로 농업 다양성을 유지하기가 더욱 어렵게 되었다.

페루는 독립 이후 두 지역, 곧 크리오요가 지배하는 해안 지대와 원주민들이 주로 거주하는 고지대로 나뉘었다. 해안 지대에서는 요리에 밀을 주로 사용했고, 고지대에서는 덩이줄기와 초클로choclo(옥수수), 아히ají(고추)를 주로 사용했다.[27] 독립 이후(1826~1880)에는 고지대 농민 사회의 재배 작물에 극적인 변화가 나타나지 않았다.[28] 하지만 20세기에는 정부, 기업, 농민의 주도로 중대한 전환이 발생했다. 20세기 전반기에는 교통 기반시설(고속도로와 철도) 건설로 상업적 농업이 활기를 되찾았다. 혁명 이전 멕시코의 아시엔다 소유자들과 마찬가지로 페루의 대농장주들은 가장 좋은 토지를 직접 경작하고 농민들에게는 노동력 활용에 대한 대가로 불모지 용익권을 제공했다.

고지대 도시 쿠스코를 비롯한 일부 도시 지역들에서 인구가 늘어나고 사업이 번성하자 농민들은 생산성이 높은 재래종 감자(콤피스qompis) 농사를 더 많

자료 7.2 에세키엘 아르세(Ezequiel Arce)의 감자 수확, 1934년 페루 쿠스코

마르틴 참비(Martín Chambi)의 사진. 마르틴 참비 사진기록보관소(www.martinchambi.org) 제공, 페루 쿠스코.

이 짓기 시작했으며, 이 감자가 지역 시장의 주요 산품으로 떠올랐다(자료 7.2를 참조하라). 그뿐 아니라 특정한 종류의 맥주맥麥酒麥을 비싼 가격에 사들이는 맥주 양조장이 쿠스코에 설립되면서 보리 농사도 활기를 띠었다. 간혹 일부 농작물에 대한 시장 수요는 토지와 노동에 대한 새로운 수요를 유발했고, 농업 다양성을 훼손하는 결과를 낳았다. 예를 들어 비슷한 해발 고도에서는 콤피스 감자와 보리, 퀴노아 농사가 모두 번성했는데, 20세기 중엽에 콤피스와 보리를 재배하는 농지가 늘어나는 바람에 퀴노아 경작지는 감소하게 되었다. 같은 시기에 대농장 노동자들은 상반되는 노동 수요와 관개용수의 제약 때문에 차우차chawcha로 알려진 지역산 감자 농사를 대폭 줄이고 콤피스 감자의 재배지를 계속 늘려나갔다.[29]

20세기 후반에 들어 페루 고지대에서는 농업 다양성을 훼손하는 압력이 계속 높아졌다. 1969년에 후안 벨라스코Juan Velasco 정부는 고지대의 대농장과

노예 상태 같은 노동관계의 폐지를 꾀하는 광범위한 토지 개혁 조치를 단행했다. 그 결과 파카우르탐보에서는 2만 명에 이르는 농민들이 토지에 대한 용익권을 얻었다. 동시에 벨라스코는 해안 지역의 공업화와 도시화를 촉진하고 대규모 영농을 장려하는 정책을 폈다. 이 정책은 결국 모순적인 결과를 낳았다. 토지 개혁 약속으로 일부 농업 지역에 이주민들을 불러들이기는 했지만, 도시 인플레이션 억제 정책으로 밀과 감자의 가격이 하락했다. 그와 동시에 맥주와 쌀의 수요가 늘어나자 농민들은 보리와 밭벼 농사에 더 많이 관심을 보였다. 새로운 소비욕구와 더불어 교육의 기회와 일자리가 이주를 더욱 촉진했다.[30] 마지막으로 정부 기관과 신용 거래 프로그램은 비료 사용으로 수확량을 높일 새로운 농작물 품종의 채택을 장려했다.

이상에서 살펴본 여러 가지 변화들이 농업 다양성에 미친 영향을 일반화하기란 쉽지 않다. 파우카르탐보주의 농민들은 보리, 누에콩, 완두콩 같은 경제 작물을 재배할 때조차도 여러 재래종들과 다양한 생태계에 의존하는 식생활을 유지했다.[31] 고지대 농민, 특히 여성들은 재래 품종 요리의 가치가 '개량'종 요리보다 더 낫다고 여겼다.[32] 이를테면 농민들은 토종 감자를 '밀가루같이 파슬파슬하다'라고 묘사한 데 비해, 많은 상업적 품종을 '물기가 많다'고 여겼다. 일부 농민들은 수분이 많은 품종에 화학비료를 사용했다.[33] 하지만 1980년대 말 파우카르탐보주에서는 감자, 옥수수, 울루코, 퀴노아 등 토종 작물을 전혀 재배하지 않은 농민들이 35퍼센트에 달했다.[34] 더욱이 파슬파슬한 품종의 감자 농사가 두드러지게 감소했다. 파우카르탐보와 툴루마요에서 판매되는 감자의 대다수가 현대적인 품종이기는 하지만, 지역 품종과 혼합된 '찰로' 감자의 재배와 소비도 지속되었다는 사실이 두 지역 사회의 비교 현지 조사를 통해 확인되었다.

토종이 아닌 상업적 작물이 페루의 고지대에 침투했다고 해서 그것이 반드시 문화 정체성의 상실이나 토종 작물의 경제적 평가절하를 의미하지는 않았다. 잘나가는 농가들은 지역 주민들의 명망을 얻기 위해 파슬파슬한 감자나

퀴노아 같은 작물들로 음식을 만들어 먹고 옥수수를 기본으로 하는 치차chicha 맥주를 마셨다.[35] 이 같은 명망과 원주민 음식의 상관성은 에콰도르에서도 찾아볼 수 있다.[36] 중부 안데스에서는 음식과 음료가 호혜적 노동관행과 밀접하게 연관되어 있었다. 이를테면 노동의 질은 대개 농장주가 제공하는 음식의 질에 달려 있었다. 마지막으로, 4000미터에 이르는 엄청난 고지대에 적응한 토종 감자들은 그보다 낮은 지대에서 생산되는 외래종 감자에 비해 품질이 훨씬 좋다고 여겨졌기 때문에 도시 시장에서 훨씬 더 비싼 가격에 팔렸다.[37]

페루 고지대에서 확인되는 농작물 다양성의 역사는 멕시코 남부의 역사를 떠올리게 해준다. 농작물 재배의 중심지에 원주민 농민들이 지속적으로 존재한 사실은 여러 작물 가운데 특히 덩이줄기와 옥수수의 놀라운 다양성을 설명하는 데 크게 도움이 된다. 동시에 페루 고지대에서는 원주민과 외래인을 가릴 것 없이 많은 농민들이 자신의 노동과 작물을 위해 지역 시장에 점점 더 의지하게 되었다. 20세기 토지 개혁이 노예 노동을 폐지하는 성과를 거두기는 했지만, 농민들의 사회적 주변부화와 경제적 불안정성을 제거하지는 못했다. 도시 엘리트들은 감자와 다른 작물들의 '장인E人급' 품종을 찾아내고 멕시코시의 청색 옥수수 시장과 유사한 틈새시장을 개척했다. 이는 음식에 담겨 있는 맛과 의미의 변화가 농작물 다양성의 지속을 설명하는 데 도움이 될 수 있음을 암시한다. 물론 그와 동시에 저비용과 다수확 품종에 대한 수요 같은 대항적 요인이 그 다양성을 훼손할 수 있다.

콩과 브라질의 농민

브라질 콩의 역사는 멕시코 옥수수나 페루 감자의 역사와 대조를 이룬다. 오늘날 브라질에 해당하는 지역에서는 콩을 재배했다는 증거가 없다.[38] 하지만 그렇다고 해서 콩을 주로 사용하는 페이조아다feijoada(돼지고기 맛이 나는 검은 콩 스튜) 같은 요리를 브라질의 국민 정체성을 나타내는 대표 음식으로 삼지 못할 이유는 없었다.[39] 브라질의 도시에서는 또 다른 요리(혼합, 미스투라mistura)와 함께 나오는 콩과 쌀이 "든든한 식사"를 구성한다.[40] 더욱이 농가에서는 도시 가구에서 소비하는 콩(12.9킬로그램)의 2배가량(23.5킬로그램)을 소비한다. 이는 브라질 전역에 걸친 다양한 환경의 작부作付 체계에서 콩의 역할이 매우 중요하다는 사실을 보여준다. 콩은 또 콩 식물의 대기 질소 흡수를 도우며 토양에 서식하는 시아노박테리아와의 공생 관계 때문에 옥수수나 덩이줄기와 다르다. 콩을 비롯한 콩과 식물은 사람에게 식물성 단백질을 제공해 주고 토양을 기름지게 만든다.[41]

고대의 경작자들이 중앙아메리카뿐 아니라 안데스 산지에서도 콩을 재배했고, 그에 따라 두 종류의 서로 다른 유전자 풀이 생겨났다. 이 콩은 유럽인들에 앞서 브라질에 들어왔다. 하지만 식민 시대 이전의 콩에 대한 역사는 잘 알려져 있지 않다.[42] 1707년에 이미 콩의 가치를 알고 있었던 포르투갈 왕실은 식민지 주민들에게 그들이 이동한 경로를 따라 콩을 심어야 한다고 명령했다.[43] 요리에 관한 구비 설화에 따르면, 1808년 포르투갈 왕실이 리우데자네이루로 이주한 뒤 콩은 쌀과 '혼인'하게 되었다. 19세기 초 프랑스에서 온 어떤 여행자는 검정콩을 두고 "부유층의 식탁에서는 불필요한 음식이자 …… 빈민들이 먹는 유일한 고급 식료품"이라고 묘사했다.[44] 1836년의 인구 조사에 따르면, 상파울루의 농촌 구역에서는 옥수수, 마니옥과 함께 콩이 가구의 중요한 소득원이었고 "토지를 무단 점유한 극빈자들부터 가장 부유한 농장부에 이르기까지" 2000명이 넘는 농민들이 콩을 재배한 것으로 나타났다.[45]

20세기 초에 상파울루주가 커피 생산의 중심지로 떠오르게 되었을 때조차도 어디에서나 볼 수 있는 콩은 줄어들지 않았다. 커피 재배 농장이 2만 개를 넘어선 1905년에도 콩을 재배하는 농장은 3만 1000개가 넘었다.[46] 커피는 주 농업생산의 총액에서 콩이 차지하는 것(7퍼센트)보다 훨씬 더 큰 비중(64퍼센트)을 차지했다. 하지만 콩 생산은 커피 생산보다 훨씬 덜 집중되었다. 상당수 농가는 비교적 소량의 콩을 수확했다. 앞으로 살펴보겠지만, 커피 생산은 콩과 같은 식용 작물의 재배 공간에 피해를 주지 않았다. 커피 농사의 수익은 상파울루시의 성장을 촉진했고, 상파울루시의 성장은 결국 콩과 옥수수를 비롯해 다른 식품을 위한 새로운 도시 시장을 창출했다.

20세기 후반 들어 대농장을 중심으로 실시해 온 현지인 우선 고용제도가 1963년에 폐지되면서 브라질 동북부와 동남부는 급속한 농촌 이탈을 겪었다.[47] 수많은 농촌 주민들은 지속적인 토지 소유의 어려움과 새로운 정치적 권리에 대응해 도시나 아마존강 유역으로 이주했다. 콩은 그들의 뒤를 따랐다. 1960년대 브라질 도시의 소매시장과 도매시장에서는 프레투Preto(검정콩), 만테이강 Manteigão, 물라치뉴Mulatinho, 호시뉴Roxinho, 호시나Rosinha, 파르두Pardo, 아마렐루 Amarelo 등 적어도 7개 품종의 강낭콩이 거래되었다.[48] 아마존강 유역의 혼도니아주에서는 1955년부터 1973년까지 콩 생산이 매년 15퍼센트 이상 증가했다. 이곳에서는 정부의 다년생 작물 장려 정책에도 불구하고 밭벼, 콩, 옥수수 재배지가 1980년대까지 전체 경작지의 60퍼센트가량을 차지했다.[49] 1970년대에는 세르지피, 바이아, 마라냥주에서 콩 수확량이 가파르게 늘어났다.[50] 콩을 심은 경작지가 통틀어 1950년 236만 헥타르에서 1980년 436만 헥타르로 늘어났다. 1980년에 이보다 더 많이 경작지를 차지한 작물은 옥수수, 대두, 쌀뿐이었다. 하지만 1980년과 2006년 사이에는 콩 경작지가 급격하게 줄고(219만 헥타르), 옥수수, 대두, 사탕수수의 재배지가 늘었다.[51]

20세기에 농민들은 수백 종의 강낭콩을 재배했다. 브라질에서 제도적인 콩 품종의 개량 프로그램은 1930년대에 시작되었지만 1970년 이전에는 새로운 품종이 거의 유통되지 않았다. 브라질 농업부는 1979년에도 전국 콩 생산의 87퍼센트가 자체 종자에 의존하는 농장에서 이뤄졌다고 추산했다.[52] 하지만 20세기의 마지막 20년 동안 변화가 일어났다. 이때 정부의 프로그램을 통해 엄선된 품종이나 교배종 100종 이상이 보급되었다. 이 개량종들 가운데 상당수는 외국에서 수집되고 콜롬비아의 국제열대농업센터에 저장해 둔 생식질을 포함하고 있었다.[53]

브라질의 강낭콩에 대한 유전적·형태학적·작물학적 다양성을 평가하려는 최근의 노력은 중앙아메리카의 재래종이 우세하다는 사실을 보여준다.[54] 이는 지리적 의미에서 안데스 산맥이 훨씬 더 가깝기 때문에 주목할 만하다. 다른 한편 브라질 여러 지역의 농업생태적 조건은 안데스 지역보다 중앙아메리카의 조건과 더 엄밀하게 유사하다. 동북부부터 동남부에 이르는 279개 지방 자치체에서 수집한 재래종들을 검토한 결과 종자의 색깔과 크기, 생장 습성 면에서 상당한 다양성이 드러났다. 중앙아메리카나 안데스 산맥에서만큼 유전적 다양성이 크지는 않지만 브라질에서는 다른 곳에서 찾아볼 수 없는 여러 콩 품종들의 교배종이 존재한다. 따라서 브라질을 콩 작물화의 두 번째 중심지로 간주할 수 있다.[55]

브라질 콩의 다양성을 설명할 수 있는 역사 연구는 아직까지 거의 수행되지 않았으나 기관들의 조직적인 수집은 일부 단서를 제공한다. 예컨대 일반 명칭을 공유하는 콩 품종들은 대개 복제물이 아니다. 그 대신에 그것들은 모양, 작물 특성, 유전자 구조의 측면에서 흔히 명백한 차이를 보인다. 이 변형은 농작물 다양성의 역사적 차원을 암시한다. 수집가들에게 종자를 제공한 소농들은 유전자형을 반영한 방식으로 콩을 분류하지 않았다. 사실 브라질 종자은행이 보유한 신규 자료(또는 표본) 내에서도 상당한 정도의 유전적 다양성이 존재한다. 이는 더 나아가 흔히 다수의 품종을 재배하고 종자의 순도를 거의 중시하지 않았던 소규모 자작농들의 다양성을 반영한다.[56] 하지만 옥수수와 감자의 사례에서 이미 언급했듯이 브라질에서 콩의 다양성에 기여한 소규모 자작농들의 역사적 역할은 물론이고 브라질인들의 식생활 습관에서 콩이 차지하는 중심적 위치를 쉽게 과장해서는 안 된다.

농민들과 커피 '숲'

라틴아메리카의 농산물 수출을 언급할 때 흔히 대규모 플랜테이션이나 대규모 토지, 아시엔다, 목장의 이미지를 떠올린다. 이런 연상은 충분히 타당하다. 바나나, 사료용 사탕수수, 밀, 기름야자나무, 대두, 그리고 심지어 테킬라용 용설란의 생산은 흔히 대규모 단일재배에 근거해 왔다. 하지만 역사 연구는 이 모델이 부풀려질 수 있음을 입증해 왔다. 실제로 바나나, 카카오, 사탕수수 등 여러 농산물 수출 부문에서 시대와 장소를 가리지 않고 서로 다른 규모의 혼합적 생산이 지배적이었다.[57] 수출 작물 가운데 커피는 중소 규모의 농장들이 우세했고 지속되었다는 점에서 특이하다. 이 커피 농장들의 특징은 비교적 높은 수준의 계획적이고 연관된 생물 다양성을 유지했다는 점이다.

커피나무는 응달에서 자라는 여러해살이 목본 식물이다. 커피나무는 한해살이 초본 작물과 달리 실질적인 수확을 얻으려면 4년이나 5년을 기다려야 한다. 역사적으로 라틴아메리카의 소규모 커피 재배농들은 커피와 식용 작물이나 녹음수(그늘 짓는 나무)의 사이짓기를 통해 이 시간적 간격을 극복해 왔다. 그들은 커피 외의 작물과 나무들로부터 생계나 판매를 위한 식량과 장작을 얻을 수 있었다. 라틴아메리카의 열대 지역 중 대부분에서 부유한 농장주들은 노동력을 모집하고 유지하는 핵심적 수단으로 노동자들에게 식용 작물을 심고 가꿀 수 있는 토지를 이용하도록 허락했다.

여러 박식한 여행자들이 19세기 커피 농장에서 발견한 농업 다양성에 대해 언급했다. 예컨대 1844년에 존 워드맨John Wurdemann은 쿠바에서 번창하는 커피 농장을 둘러보고 경탄했다. "300에이커가 넘는 정사각형의 땅에 각각 약 8에이커씩 고르게 가지치기한 (커피) 관목들이 늘어서 있는 광경을 상상해 보라. 그 사이를 야자, 오렌지, 망고와 다른 아름다운 과실수들이 가로지르고, 또 작은 틈 사이에는 레몬, 석류, 치자, 월하향, 백합과 화려하고 향긋한 여러 다른 종류의 꽃들이 심겨 있다."[58] 워드맨은 더 사무적이고 평범한 어조로 그 농장주가 사탕수수 대농장에 판매할 목적으로 옥수수와 질경이를 재배하고, 자가 소비용으로 참마, 유카, 고구마, 쌀을 경작했다고 덧붙였다. 브라질 바소라스의 커피 구역에서는 1840년대와 1850년대에 설립된 농장들도 다양한 작물을 재배했다. 커피 묘목과 옥수수, 콩, 마니옥을 사이짓기하는 것은 흔한 관행이었다. 사이짓기는 커피 묘목에 그늘을 드리우고 일하는 노예들에게 식량을 공급했다. 당시 노예들의 식사는 옥수수 죽, 베이컨과 마니옥 가루 — 콩에 듬뿍 뿌린 — 와 요리한 콩, 그리고 육포 등이었다. 설탕, 커피와 함께 토종 및 외래종의 과일과 채소 역시 농장 식사의 일부였다.[59] 그뿐 아니라 노예들은 호사스roças, 즉 농장주들이 생계용 생산에 쓰라고 관례적으로 양도한 땅뙈기에 옥수수, 콩, 커피를 심었다.[60]

브라질에서 노예 해방 이후 커피 생산의 노동 조직은 변화를 겪었다. 주요 커피 재배지인 상파울루주에서 콜로나투colonato로 알려진 제도가 출현했다. 이는 임금, 삯일, 자급용 땅뙈기 제공을 결합한 것이었다. 콜로나투는 이탈리아인들이 대다수를 차지한 거의 100만 명의 정부 지원 이주민들에 의존했다. 가족 단위로 고용된 이주민들은 보조금을 받고 20세기 전반기 상파울루의 커피와 식용 작물의 생산 증대에 중추적인 역할을 맡았다.[61] 커피 묘목 농장을 돌보는 동안 콜로누colono(소작인)들은 옥수수나 콩, 벼를 사이짓기할 권리를 지닌다고 생각했다. 이런 소작인들의 기대는 커피 산지에서 사회적 긴장의 원인이 되었다. 일단 커피 농장의 묘목이 다 자라게 되면 농장주들은 계약을 통해 소작인의 사이짓기를 제한하려고 시도했다. 하지만 불만에 찬 노동자들이 일을 그만두고 떠날 가능성에 직면해서 부유한 농장주들은 흔히 노동의 비용과 질을 통제하고자 새로운 커피 농장을 열었다. 이것이 바로 삼림 벌채와 토양 침식의 속도를 가속한 사회생태학적 동력이었다.[62]

콜롬비아, 중앙아메리카, 푸에르토리코, 베네수엘라의 농민들도 20세기에 커피 생산과 자급자족을 결합시켜 생계형 농업과 상업적 농업의 경계를 흐릿하게 만들었다.[63] 예를 들어 코스타리카 타라수에서 농민들은 바나나나 질경이를 이용해 커피나무에 그늘을 드리우고 가족과 가축의 생계를 유지했다. 그들은 과실이나 땔감을 제공하는 녹음수를 심기도 했다. 타라수 농민들은 흔히 향토 음식의 주요 재료인 이른바 미소 작물들, 즉 유카나 티피키스케tipiquizque,

냠피ñampí를 재배했다.[64] 이렇게 생물학적으로 다양한 경관은 결코 정적靜的이지 않았다. 어떤 곳에서는 옥수수와 콩 같은 한해살이 식물을 경사지에 심는 바람에 토양의 비옥도가 떨어지고 침식 현상이 늘었다.

라틴아메리카의 커피 생산은 1970년대부터 치솟기 시작했다. 그늘이 많지 않고 재식 밀도가 더 높은 농장에서도 잘 자라기 때문에 엄선된 새로운 '태양' 품종 — 카투라caturra를 포함하는 — 의 도입으로 화학비료, 살진균제와 제초제의 사용이 늘어났다. 번창하는 농가는 그렇지 않은 이웃들보다 더 빠르고 철저하게 이런 관행을 채택했다. 소규모 농지를 보유한 농가들은 신구 품종의 커피를 섞어서 재배했다.[65] 이런 커피 재배의 '기술 혁신'은 일부 산지에서 농업 다양성을 훼손하는 결과를 낳았다.

그렇지만 거의 동시에 미국과 유럽에서 고가의 '스페셜티 커피'의 인기가 상승하면서 그늘에서 자란 아라비카 커피의 틈새시장이 생겨났다. 변하기 쉬운 소비자의 욕구와 대안적인 상품 사슬(유기농무역과 공정무역을 포함하는) 덕분에 소규모 자작농들은 그늘진 커피 농장을 일굴 수 있는 경제적 기회를 다소나마 얻게 되었다.[66] 오늘날 엘살바도르와 니카라과의 농민들이 경작하는 커피 농장에는 몇 가지 품종의 커피와 옥수수, 콩, 약용 식물 외에도 매우 다양한 나무들이 있다.[67] 이 농장들은 연료 공급 외에 상당한 비율(50퍼센트에서 100퍼센트까지)의 가계 소득과 생계용 작물(적어도 40퍼센트) 생산을 담당한다. 마지막으로 소규모 자작농의 커피 농장은 새, 박쥐와 다른 작은 포유류, 곤충(절지동물) 등 다양하고 밀집한 동물들에게 서식처를 제공한다.[68]

라틴아메리카의 커피 생산 체제에서 농작물 다양성의 역사를 일반화할 수는 없다. 대농장들을 만들기 위해 노예 노동(브라질)이나 원주민 채무노예 노동(과테말라와 니카라과)에 의존하는 광범위한 삼림 벌채는 흔히 소규모 자작농의 혼합 경작과 나란히 존재했다.[69] 브라질 남부 지역을 포함하는 대다수 커피 산지에서는 현지 농작물과 수출용 커피가 서로 보강해 주었다. 노동자들에게 커피 묘목과 함께 식용 작물을 재배하도록 허용해 주는 지주들의 관행은 부족한 노동력을 동원하는 데 기여함으로써 커피의 전반적인 팽창을 촉진했다. 사실 이른바 커피 농장들의 다수는 농민들의 가족노동과 혼합 경작으로 운영되었다. 하지만 21세기 초에도 그렇게 지속되는 다양한 농업 생태계의 실태는 대다수 소규모 커피 자작농의 삶을 빚어내는 빈곤의 고착화뿐 아니라 젊은이들의 인구 유출과 연계해서 세심하게 검토해야 한다.[70]

라틴아메리카식 혼합: 농민, 요리, 지속되는 농업 다양성

1980년 이후 라틴아메리카 전역에서는 중소 규모의 농장의 수가 급격하게 감소했다. 하지만 21세기 초에도 농민들은 식량 생산의 주역으로 남아 있다. 브라질에서는 400만 개의 농장들이 국가 전체 옥수수 수확량의 거의 절반을 생산하고 콩 생산량의 70퍼센트와 마니옥 생산량의 거의 90퍼센트가량을 담당했다. 멕시코에서는 210만 명의 농민들이 650만 헥타르의 토지에서 옥수수를 재배하고 약 50만 개의 농장들이 170만 헥타르의 면적에 콩을 경작했다.[71] 마지막으로, 콜롬비아에서는 금세기 초에 40만 명이 넘는 소규모 자작농들이 커피를 재배했다. 경제사학자들에게 이따금 "비생산적"이거나 "전통적"이라고 묵살당한 행위자치고는 나쁘지 않은 편이다.[72]

농민들은 또한, 거의 인정받지 못했지만, 제도적인 작물 품종 개량 프로그램을 통해 농작물 다양성의 '현대적' 보전에서 중요한 역할을 맡아왔다. 멕시코(1966년), 콜롬비아(1967년), 페루(1970년)에 설립된 종자은행들은 20세기 말 작물의 '개량' 품종을 개발하기 위한 프로그램의 토대를 구성했다.[73] 이 은행들의 소장품으로 보전된 표본의 대부분은 농민들의 들판이 제공했다는 사실을 흔히 잊어버리기 쉽다. 원래 상태의(또는 '현존하는') 다양성의 조성과 유지를 이해하려면 더 많은 연구가 필요하다. 이 글에서 나는 요리와 도시화 같은 일부 잠재적으로 중요하고 폭넓은 맥락들을 확인했다. 하지만 농민들이 "농업 다양성"이란 개념, 달리 말해 1990년대까지 학자들 사이에서도 잘 알려지지

않았던 용어를 어떻게, 그리고 언제 분명하게 표현했는지에 대해서는 알려진 바가 거의 없다.[74]

중앙아메리카의 옥수수와 안데스 산지 덩이줄기의 역사는 니콜라스 쿠비가 이 책의 제3장에서 논의한 대로 지속되는 원주민 문화와 농작물 다양성 사이의 단단한 연관성을 확증한다. 지역의 요리들은 안데스 산지의 오래된 '찰로' 개념이 전해주듯이 재래종 옥수수와 감자를 소중하게 여겼다. 이런 음식의 선호는 재배하는 작물의 종류에 두드러진 영향을 미쳤다. 이 맛의 선호는 시장은 물론 공동체의 관계에서도 표현되었다. 원주민 농민들은 지역 시장을 위해, 그리고 사회적 위신을 쌓아 올리기 위해 재래종을 경작했다. 공동체나 시장의 압력도 원주민 농민들의 새로운 작물이나 '개량' 품종 실험을 방해하지는 않았다. 다만 그들이 자진해서 재래종을 포기한 적은 거의 없는 것처럼 보인다.

두 번째 다양성의 중심지인 브라질에서 볼 수 있는 강낭콩의 풍부한 다양성은 원주민 공동체들의 인구 밀집이 농업 다양성을 유지하는 데 필수 요소가 아니라는 점을 시사한다. 브라질과 라틴아메리카 전역의 쌀과 콩을 기본으로 하는 무수한 요리의 변형은 지속적인 농촌의 빈곤과 더불어 품종의 다양성을 증진하는 데 기여했다. 마찬가지로 커피, 즉 주로 수출용으로 재배되는 외래 작물이 라틴아메리카의 매우 다양한 농업 생태계의 일부를 유발했다는 사실도 농민들과 아울러 농업 다양성이 갖게 된 역사적 역동성과 다양한 경로를 암시한다.

수많은 농민들이 견뎌온 사회적·지리적 배제 역시 녹색 혁명의 혼합물과 토지 개혁 정책이 빈농들에게 혜택을 주지 못한 경우 대개는 농업 다양성을 증진시켰다. 주변부의 땅이나 불리한 기후에서 경작하도록 강제된 농민들은 '개량' 품종이나 합성비료를 이용할 가능성이 훨씬 낮았다. 그뿐 아니라 대다수 농민들은 현금 소득이 많지 않아서 아마 자급자족과 비화폐적 종자 교환에 관여해야 했을 것이다. 마지막으로, 대규모 농업을 위한 투자 의욕을 꺾은 바로 그 험한 산지의 경관도 작물 다양성에 유리한 생태적 환경과 미세기후微細氣候(주변 다른 지역과는 다른, 특정 좁은 지역의 기후)의 조건을 조성했다.

20세기 후반에 도시화와 급속한 인구 증가는 라틴아메리카의 대다수 지역에서 농민들의 삶에 영향을 미쳤다. 중소도시와 대도시들의 성장(오르타 두아르치와 세지레스가 쓴 제6장을 참조하라)이 식용 작물에 대한 새로운 수요를 낳았다. 나는 이 글에서 도시 시장이 경우에 따라 농업 다양성을 증진하거나 방해할 수 있다는 점을 시사하는 증거를 제시했다. 특정한 정부 정책들과 농촌에서 도시로 이어지는 먹이 사슬이 농민들과 농업 다양성에 미친 효과는 향후 역사 연구의 비옥한 영역에 해당한다.

20세기 말에 등장한 신자유주의적 경제 정책, 소규모 자작농의 급격한 감소, 조금도 수그러들지 않는 도시화, 도시인들의 식습관에 나타난 중요한 변화로 이런 연구의 필요성은 더욱더 긴급해지고 있다. 키필레 농민들이 전해주듯이, 정치적 배제에도 불구하고 농민들은 원하는 조건에 맞게 식사하고자 하는 바람을 실현했다. 이런 경험을 통해 농민과 도시 거주민들은 모두 라틴아메리카의 식품 체계에서 중대한 역할을 담당해 왔다. 오늘날에도 지속되는 이 연계는 전 지구적 농작물 다양성의 미래에 지대한 영향을 미치게 될 것이다.

존 솔루리John Soluri는 카네기멜론 대학교 사학과 부교수이자 글로벌 연구의 책임자이다. 『바나나 문화: 온두라스와 미국의 농업, 소비, 환경 변화』(텍사스 주립대학교 출판부, 2005)를 출간해 조지 퍼킨스 마시 상(2007)과 엘리노어 멜빌 상을 받았다. 그의 연구와 교육은 라틴아메리카의 농업, 식량, 에너지의 초국적 환경사와 인간 이외 동물들의 상품화에 초점을 맞춘다. 자신이 역설하는 바를 실천하려는 겸허한 노력의 일환으로, 중앙아메리카의 도농 주민들과 연대해서 일하는 비정부기구 '새로운 희망 건설'의 이사로 오랫동안 활동하고 있다.

제8장

발굽 자국

목축과 경관의 변화

숀 반 오스달, 로버트 W. 윌콕스

1976년 지리학자 제임스 파슨스James Parsons는 "숲을 목초지로 바꾸는 어리석은 열광"에 대해 경고했다.[1] 라틴아메리카 열대 지역의 삼림 벌채를 위한 동력 사슬톱질 소리와 덤불이 불타면서 내는 소리가 점점 커지자 그 주된 동인으로 지목된 소 떼(와 햄버거)에 대한 비난도 거세졌다. 목축업이 환경 변화의 주범인데도 불구하고 그것에 관한 역사는 두 가지 방식으로 잘못 해석되어 왔다. 첫째, 목축이 환경에 미치는 큰 충격에 대해 20세기 중엽이 되어서야 그것을 심각하게 느끼게 되었다는 통념이다. 둘째, 목축업자들이 라틴아메리카의 숲으로 진출한 것은 목축 경제 외부에 존재하는 유인책 때문이었다는 주장이다. 여기서 우리는 가축의 환경적 충격이 지금까지 추정해 온 것보다 얼마나 더 긴(그리고 더 다양한) 역사를 지니는지 보여주며, (특히 역내) 수요의 증대와 소 떼의 생물학적 이점이 경이적인 목축 팽창의 열쇠였다고 주장함으로써 기존의 인식을 재검토할 것이다. 노새, 염소, 양, 돼지, 야마 등 라틴아메리카에서 사육되는 가축의 종류가 매우 많다는 점을 알고 있지만, 여기서는 주로 육우에 초점을 맞춘다.

유럽인들의 정복의 결과로 라틴아메리카에 도입된 구세계의 가축들이 폭발적으로 늘어났다는 사실은 잘 알려져 있다. 16세기 초 알론소 데 수아소 Alonzo de Zuazo는 앤틸리스 제도의 온화한 환경에 소 떼를 풀어놓으면 3년이나 4년 내에 10배로 늘어날 것이라고 주장했다. 라틴아메리카의 대초원 ─ 팜파스, 야노스, 세하두, 북부 멕시코 ─ 에서 소의 개체 수는 실제로 급속히 불어나 수백만 두에 이르렀다.[2] 유럽의 가축들은 또한 안데스의 고원, 온화한 산비탈, 건조한 관목지와 다른 환경에 적응했다. 이 동물들은 노동, 수지獸脂, 가죽과 고기를 제공하면서 식민지의 "가죽문명"[3]을 부양했기 때문에 이베리아인들의 식민 지배에 매우 중요했다. 따라서 식민 시대 내내 광활한 지역 ─ 몰락하는 (그리고 재정착한) 원주민들로부터 흔히 탈취한 ─ 은 가축의 사육지로 탈바꿈했다.

이런 가축 사육의 호황이 환경에 미친 결과는 무엇이었을까? 엘리노어 멜빌Elinor Melville은 라틴아메리카의 환경사에 관한 고전적 저작에서 그 결과가 재난을 불러일으킬 만큼 처참했다고 주장했다. 16세기 말에 멕시코 중북부의 메스키탈 계곡에서 양 떼가 급증하는 바람에 자원 기반이 붕괴되고 사막화로 이어졌다는 것이다.[4] 하지만 다른 학자들은 멜빌이 양 떼가 환경에 미친 충격을 과장했다고 반박한다. 그들은 멜빌이 부분적으로 양의 개체 수를 과대평가하고 그들의 계절적 이동을 경시했다고 대응한다.[5] 틀림없이 선택 방목이나 심지어 과도 방목을 통해 유럽의 가축은 사료 기지의 종 구성을 바꾸는 것을 거들었을 것이다. 외래종 작물은 때때로 유익하지만, 이스파뇰라의 감귤류 나무나 팜파스의 아티초크(카르둔, 솜엉겅퀴, 학명: Cynara Cardunculus)의 경우처럼 지역의 생태를 개조하기 시작하고 급속히 퍼질 수도 있었다. 목축업자와 농민들은 화전 농업으로 숲의 가장자리에 새로운 초지를 조성하기도 했다. 하지만 초창기 환경사를 대표하는 내리막길(하락과 쇠퇴) 서사를 가축이 신세계 환경에 미친 초기의 충격에 대해 적용하는 것은 과도하게 보인다.[6] 가축 떼는 대개 넓은 자연 초지를 이리저리 돌아다녔고 그들의 개체 수는 지역의 자원 기반에 비해 좀처럼 지나치게 보이지는 않는다. 대부분의 증거는 소와 다른 가축이 환경에 미친 영향이 식민 시대 동안 제한적이었음을 시사한다.

(초)장기의 19세기

하지만 19세기 중후반부터 목축은 경관을 바꾸는 추진력 가운데 하나가 되었다. 북대서양 경제에 통합되면 될수록 목축업은 팽창했다. 어떤 경우에는 가죽, 양모, 식육의 수출이 자극을 제공했다. 다른 경우에는 수출 주도형 성장이 내수를 진작했다. 1850년부터 1900년까지 두 배로 증가 ─ 1940년까지 또다시 두 배로 증가 ─ 한 인구는 내수를 더욱 촉진했다. 나아가 가축 시장의 확대는 변경 지역의 정착을 부추겼고, 그곳에서 소와 양의 사육은 흔히 영토적 통제를 강화했다. 더디고 고르지 않았지만 목축의 현대화뿐 아니라 목축의 확대를 통해 가축, 특히 육우는 라틴아메리카 환경의 면모를 바꾸기 시작했다.

이런 영향은 1850년 무렵에서 1950년 사이에 세 곳의 생물군계에서 주로 감지되었다(지도 8.1을 참조하라). 첫 번째 생물군계는 지역의 열대 계절 강우림(열대 건조림)이다. 무성하게 우거진 숲에서 건생 식물까지 아우르는 이 반낙엽수림半落葉樹林은 열대 저지대에서 발생하는 경향이 있다. 그곳의 연간 강우 상황은 2000밀리미터 미만으로 건기가 수개월에 이른다. 생물량과 강수량이 적당한 수준이어서 빈터의 발생을 촉진하고 잡초가 잘 자라지 않으며 토양 침출을 줄이는 이 숲들은 목축업자들이 식민 시대 목축 지역의 경계 너머로 이동하기 시작하면서 개조의 표적이 되었다. 19세기 중엽부터 일부 목축업자들은 설탕(쿠바), 담배(콜롬비아), 커피(브라질) 같은 수출 상품 생산으로 버려진 땅을 목초지로 전환하기 시작했다. 다른 이들은 공동체적 소유 형태의 기반을 약화시킨 자유주의 개혁을 기회로 삼아 촌락 공유지와 원주민 보호 구역을 독점했다. 그러나 가장 중요한 발전 가운데 하나는 목초를 심기 위해 숲을 개간하는 일이었다.

지도 8.1 라틴아메리카의 목축 생물군계

범례:
- ■ 열대 계절 강우림
- ■ 온대 사바나
- ■ 열대 사바나
- □ 차코
- ▥ 카칭가
- ▨ 판타나우
- ▦ 저지대 우림

저자 숀 반 오스달이 제공한 지도.

　목축 경계의 확대는 파라pará, 기네아guinea(가축 사료용 볏과 기장속 작물 – 옮긴
이), 야라과yaraguá 같은 아프리카 목초들의 광범위한 도입으로 수월해졌다(자
료 8.1을 보라).[7] 급속도로 빽빽하게 성장한 이 목초들은 "인공" 또는 식재 초지
의 조성을 촉진하면서 숲의 재생을 방해했다.[8] 20세기 초 코스타리카의 한 목
장주는 기네아 목초가 덤불을 질식시켜서 "저절로 공간이 열리게 한다"라고
주장했다.[9] 이 목초들은 또한 대다수 자생종에 비해 생산성과 복원력이 더 우

Harry O. Sandberg, "Central America-Cattle Countries," *Bulletin of the Pan American Union* 44, no. 4 (1917), 450(449~464).

수해 초지의 수용력을 늘리고 가축을 살찌우는 비육 과정을 가속하며 동물의 건강을 증진시켰다.[10] 하지만 이 목초들이 초지 조성의 노동과 비용을 없애주지는 않았다. 콜롬비아에서 대다수 목장주들은 실제로 초지 농부로서 가축 사육보다 목초를 심고 가꾸는 일에 훨씬 더 많은 노동자들을 고용했다. 초지 1헥타르는 또한 동일한 면적의 숲보다 10배나 가치가 높았다. 그런 선행先行 투자비용은 목축의 경제적 필요성을 강조한다. 이것이 우리가 앞으로 살펴볼 사안이다.

그런 초지 조성을 위한 삼림 벌채의 정도와 시기를 가늠하기는 어렵지만, 라틴아메리카 전역에 흩어져 있는 증거는 19세기 말까지 삼림 벌채가 한창 진행되었고 20세기 전반기에 가속되었다는 점을 시사한다. 콜롬비아의 카리브해 연안 저지대에서 "우기에 맞는 인공 초지 조성을 위한 첫 번째 시도(1850년경)는 매우 성공적이어서 모든 목축업자들이 늪지대 주변 원시림을 개벌皆伐하고 …… 목초를 심었다."[11] 코스타리카의 목장주들도 1870년대 무렵 이런 전례를 따르고 있었다. 포르피리오 디아스Porfirio Díaz 시대에 멕시코 북부의 목초지가 미국 시장에 통합되자 목장주들은 도처에서 생산을 늘렸고 그 결과 빈번하게 숲이 훼손되었다.[12] 1940년대에 브라질 상파울루주의 목장주들은 "숲을 개벌한 땅에 씨를 뿌린 목초지"에 의존했고, "기네아 풀이 물결치는 들판"은 니카라과 마타갈파 주변의 삼림을 대체했다.[13] 10년 뒤 멕시코의 "인공 초지" 면적은 100만 헥타르를 넘어섰는데, 그 대부분이 원래의 숲을 개벌한 땅에 조성된 것이었다.[14] 콜롬비아에서 이런 "가차 없는 정글과 삼림의 파괴"로 약 1000만 헥타르의 식재 초지가 조성되었다.[15] 열대 계절 강우림을 초지로 전환하는 작업은 20세기 중반을 거쳐 1980년대 말까지 지속되었다. 보전생물학자 대니얼 잰즌Daniel Janzen은 이 초지들을 "가장 위험에 처한 주요 열대 생태계"로 간주했다.[16]

두 번째 생물군계는 아르헨티나, 우루과이, 브라질 남부의 팜파스이다. 광활한 이 온대 초원에서는 반야생의 거대한 소 떼가 식민 시대 동안 크게 번식했고 이는 라틴아메리카에서 가장 잘 알려진 목축 지대와 그것의 가장 유명한 전형 가운데 하나인 가우초gaucho(목부)의 기반을 이뤘다. 영토 통합으로 축산 경제가 지리적으로 확대되는 동안, 주요 동력을 제공한 것은 급속하게 팽창하는 수출 교역이었다. 식민 시대 말기부터 19세기 중반까지 가죽 수출은 연간 100만 건에서 거의 200만 건으로 상승했다.[17] 말린 소고기(타사호tasajo)의 수출도 1820년대부터 급속히 팽창했다. 30년 내에, 세련되지 않은 육류 가공 공장 saladeros(고기를 소금에 절이는 가공 공장)들은 연간 약 50만 두를 값싼 형태의 단백질로 바꿔 주로 쿠바와 브라질의 노예들의 식사에 공급했다. 이 수출 교역으로 19세기 전반기에 목축 지역은 4배가 늘어났다.[18]

오랫동안 소가 존재했지만, 팜파스에 처음으로 광범위한 생태적 변화를 초래한 것은 양모였다. 산업화가 한창인 유럽의 수요 증대로 아르헨티나에서 양의 개체 수는 19세기 초의 200만 두에서 1865년에 약 4000만 두로, 1895년에는 7400만 두로 급증했다.[19] 1860년대에 부에노스아이레스의 양모 수출의 가치가 가죽 수출의 수준을 넘어섰고, 지가 상승 탓에 소 사육지는 수도 남쪽의 내륙 지역으로 밀려났다.[20] 악명 높게 효율적인 섭식 습성과 철조망 울타리의 지속적인 확대 — 1888년 부에노스아이레스주에서만 울타리 길이가 18만 킬로미터 이상 — 를 감안한다면, 양은 높게 자라는 다발풀(볏과 쇠풀속)을 "잔디 같고 낮으며 빽빽하게 자라는 뗏장"으로 바꿔놓으면서 소의 생태적 영향을 확대했을 것이다.[21] 수십만 개의 갈라진 발굽들이 짓밟아대는 데다 '좋은' 목초를 감소시키는 선택적 방목의 압력 탓에 땅의 생산력이 줄어들었다.

19세기 말에 냉장기술의 진전으로 접근할 수 있게 된 유럽의 소고기 시장이 급속도로 확장되면서 추세는 소 사육에 유리한 방향으로 되돌아갔고 이에 따라 팜파스의 생태계에 더 큰 변화가 생겼다. 아르헨티나 최초의 냉장 도축장은 1880년대로 거슬러 올라간다. 영국 자본 주도로 운영된 이 업체들이 처음에는 양고기를 수출했지만, 이 무렵 산업의 원동력을 제공한 것은 소고기였다. 냉장 도축장을 거친 소는 더 이상 가죽과 육포 교역이 대상으로 삼은 뻣뻣한 크리오요criollo 동물(현지에 적응한 이베리아 품종)이 아니었다. 그 대신에 냉장 육우 수출이 시작되면서 재래종 소를 특히 앵거스Angus, 쇼트혼Shorthorn, 헤리퍼드Hereford로 대표되는 '개량된' 영국 품종으로 바꿀, 달리 말해 질적으로 향상시킬 필요성이 커졌다. 이 개량종들은 아르헨티나의 주요 수출 시장인 영국에서 매우 가치 있게 평가된 '마블링(대리석처럼 보이는 지방의 얇은 층이 포함된)' 고기를 생산할 수 있었다. 1880년대부터 아르헨티나의 육우 떼는 점차 크리오요에서 순혈종과 메스티소mestizo(유럽 품종과 크리오요의 교배종)로 바뀌어 갔고, 이에 따라 제1차 세계대전 무렵에 아르헨티나는 미국을 제치고 세계 최대의 육우 수출국이 될 수 있었다.[22]

이 유전적 변형은 팜파스의 온화한 기후 덕분에 촉진되었지만, 그 성공은 또한 양질의 알팔파alfalfa 목초지 조성에 달려 있었다. 목축업자들은 자연 초지를 목초지로 전환 — 1920년까지 거의 900만 헥타르 — 하는 저렴한 방안을 강구했다.[23] 그것은 계약 종료 시에 알팔파를 심는다는 조건으로 토지를 분할해 곡물을 재배하려는 이주 농민들에게 구획들을 임대하는 방안이었다. 우루과이와 히우그란지두술처럼 알팔파 목초지가 성공적이지 않았던 곳에서조차 팜파스의 생태적 변화는 지속되었다.[24] 1930년대에 알베르트 뵈르거Albert Boerger는 우루과이의 "초지 저하 현상"이 주로 "유럽에서 들어온 풀과 잡초" 탓이라고 생각했다.[25] 부에노스아이레스주에서조차 자연 초지의 식물 종 가운데 3분의 1이 이국종異國種이었다.[26] 목축업은 수십 년 동안 팜파스 경제의 핵심이었지만, 예전의 목양에서처럼 이런 전환으로 목축의 현장을 옮겨야 했고 목축업의 미래에 대한 우려를 낳았다. 알팔파 목초지의 생산성 하락과 더불어 이주민의 증가, 철도망 확대와 연계된 곡물 농업의 인상적인 팽창도 한몫 거들었다.

멕시코 북부, 팜파스, 일부 고지대 밖에서 대부분의 소들은 열대 사바나에서 방목되었다(지도 8.1을 참조하라). 이곳의 초지들은 지형과 생태계가 매우 다양하지만, 대체로 비옥도가 떨어지는 평지이거나 구릉지라는 특징을 지니고 있다. 또 풍성한 자연 초지를 푸석푸석하게 만들고 영양가를 상당히 잃게 만드는 혹독한 건기가 두드러진다. 과거에 소 떼는 흔히 두당 10 또는 20헥타르가 필요할 정도로 먹이를 찾아 이리저리 돌아다녔고 그때조차 건기에는 살이 빠졌다. 다른 초지들에서는 매년 발생하는 홍수와 강의 범람이 결정적인 특징이었다. 브라질의 판타나우와 볼리비아에서 목축업자들은 매년 파라과이 강과 그 지류의 상황 변동에 맞춰 움직였다. 그들의 가축도 이런 특별한 조건에 적응해 강이 넘칠 때 더 높은 곳으로 자연스럽게 이동하도록 다리가 더 길어지고 발굽이 더 넓어졌다.[27] 열대 사바나의 역경 때문에 개체 수의 상당한 증가가 지연되기는 했지만, 식민 시대 말기에 가장 두드러진 열대 사바나 지역 중 두 곳, 즉 베네수엘라 및 콜롬비아 동부의 야노스와 브라질의 세하두에서 소 떼는 이미 큰 규모에 이르렀다. 이 밖에도 중앙아메리카, 쿠바의 내륙 사바나와 안데스의 산간 계곡, 아르헨티나 북부와 파라과이 동부의 초원, 브라질 동북부의 건조한 카칭가Caatinga, 파라과이, 아르헨티나, 볼리비아에 걸쳐 있는 차코Chaco 등을 포함할 수 있다.

이런 방목지의 소 사육은 엄청난 환경의 변화를 초래했다. 선택적 방목과 짓밟기가 종의 구성을 바꿔놓았지만, 핵심 요인은 불이었다. 불태우기는 식민 시대로부터 건초를 제거하고 새로운 성장을 부추기는 전통적인 수단이었다. 하지만 반복적인 불태우기는 결국 자원 기반의 질을 떨어뜨렸다. 세하두 초원의 관찰자들은 일찍이 19세기 중반에 이런 결과를 인식하기 시작했다. 20세기의 2분기에 방목지의 저하에 대한 경고는 점점 더 흔해졌다. 1944년에 식물학자 애그니스 체이스Agnes Chase는 반복적인 불태우기로 "더 좋은 목초가 줄어들고 동부 야노스의 대부분이 불에 대한 내성이 더 강하면서도 질이 떨어지는 목초들로 뒤덮였다"라고 기록했다.[28]

어떤 경우에는 목축업자들이 생산성이 더 높은 '이국종' 목초를 심어 원래의 방목지를 바꿔버렸다. 식물학자 프랜시스 페넬Frances Pennell은 1918년에 콜롬비아의 볼리바르 사바나를 지나 여행하면서 "이들(외래종)이 워낙 튼튼하게 자라나 …… 토종 식물군이 하나도 남아 있지 않은 것처럼 보인다"라고 언급했다.[29] 마찬가지로 1940년대에 쿠바의 사바나에서는 파라와 기네아 목초가 흔해졌고, 상파울루주의 자연 초지는 "당밀Melinis minutiflora과 자라과Hyparrhenia rufa를 심어서 일부가 개량되었다."[30] 그렇지만 이런 대규모의 변환은 서서히 진행되었고 큰 우려를 낳지 않았다. 많은 이들은 변경이 무궁무진하다고 여겼다.

이 초지들은 모두 라틴아메리카 국가들의 영토 통합 과정에서 중요한 역할을 맡았다. 사람이 살기 어려운 숲을 초지로 대체하는 일은 땅을 '문명화'하는 첫걸음으로 여겨졌다. 게다가 그렇게 멀리 떨어진 지역에서 실행할 수 있는 다른 활동은 거의 없었다. 가축을 시장에 몰아갈 수 있었기 때문에 목축은 초창기 국가 경제의 형성에 대단히 중요했고 소몰이는 흔히 볼 수 있게 되었다. 콜롬비아에서 소몰이꾼들은 좁은 산길로 100마리쯤 되는 소 떼를 몰고 다녔다. 브라질같이 경관이 더 탁 트인 곳에서는 카우보이들이 규모가 훨씬 더 큰 소 떼를 이동시킬 수 있도록 폭이 5미터에서 20미터에 이르는 길을 냈다.[31] 이 길들은 흔히 오늘날 도로의 선구자 격이었다. 이따금 철도와 배가 이용되기는 했지만, 20세기 중엽에 트럭이 같은 일을 떠맡게 될 때까지 라틴아메리카 곳곳에서 '살아 있는' 소를 활용하는 운송은 흔했다. 세하두에서 리우데자네이루와 상파울루 근처의 비육용 초지까지 소를 몰고 가는 데 3개월쯤 걸렸을 것이다. 그런 여정이 끝날 무렵 소의 체중은 흔히 15퍼센트에서 30퍼센트 정도 줄어들었다. 따라서 소를 다시 살찌울 필요가 있었고 도축장 근처에 부가적인 초지가 마련되어야 했다.[32]

라틴아메리카 소고기 시장에 관한 연구 가운데 도축장이 환경 오염에 미친 영향은 거의 다뤄지지 않은 분야이다. 도시 정육업의 폐기물과 시카고강의 오염 문제를 다룬 윌리엄 크로논William Cronon의 서술은 라틴아메리카의 수많은 대도시에서 흔히 볼 수 있는 문제의 극단적인 사례였다.[33] 목격자들은 19세기 부에노스아이레스 육류 가공 공장의 모습과 냄새가 유해하다고 묘사했다.[34] 그러나 가공 공장의 폐수가 환경에 미치는 충격은 동물 폐기물의 대부분을 여러 가지 유용한 제품으로 전환시키면서 완화되었다. 이런 육류 가공 공장의 규모는 라틴아메리카의 일반적인 지방 도축장을 왜소해 보이게 만들었다. 저온 유통 체계의 부재 탓에 지방 도축장들은 20세기 늦게까지 지속되었다.[35] 그와 대조적으로 지리적으로 더욱 집중되는 경향이 있었던 제혁업(무두질)은 더 악명 높은 오염 유발 요인이었다. 게다가 가죽을 부드럽게 하는 데 쓰는 제혁제의 수요가 늘어나면서 일부 맹그로브와 숲, 특히 아르헨티나와 파라과이의 붉은 케브라초quebracho(무두질에 쓰는 옻나뭇과 교목 — 옮긴이) 숲의 맹렬한 개발이 이어졌다.

제2차 세계대전 이후의 호황

1950년대에는 앞서 나타난 추세가 더 강화되었고 라틴아메리카 목축의 환경사에서 질적인 변화가 일어났다. 1950년부터 1990년까지 급증하는 내수와 정부의 장려책뿐 아니라 새로운 수출 시장의 자극 때문에 라틴아메리카의 소 사육 두수는 두 배로 늘었다. 소의 개체 수가 늘면서 목축업자들은 동력 사슬톱, 불도저, 살충제를 활용해 삼림 개벌에 박차를 가했다. 예전에 대체로 주목받지 않았던 습윤성 삼림이 새로운 방목지의 핵심 지역으로 떠올랐다. 마찬가지로 지역의 자연 사바나를 '이국종' 초지로 변환하는 작업이 널리 퍼졌다. 인도산(그리고 일부 유럽산) 소가 크리오요를 포섭하면서 소 떼는 유전적 혁명을 겪었다.

중앙아메리카는 소고기 수출이 어떻게 목축업의 팽창을 장려했는지를 실증한다. 1950년대에 미국에서 소고기 소비가 증가하고 패스트푸드 산업이 발전하면서 가격이 저렴한 소의 새로운 공급처를 찾으려는 노력이 촉발되었다. 미국 농무부는 구제역 탓에 남아메리카를 접근금지구역으로 지정하고 1957년 중앙아메리카의 육류 가공 공장을 인증하기 시작했다. 20년 내에 파나마 지협 주변에는 약 12만 톤의 소고기를 수출하는 가공 공장 28개가 들어섰다.[36] 그런 수출은 외국의 원조와 도로 건설과 더불어 목축업의 호황을 이끄는 데 기여했다. 1970년대 말까지 소 떼는 2배로 늘었고 목축업자들은 사료 기지를 150퍼센트 정도 늘렸다.[37] 이 팽창의 일부는 농민들의 농장을 전용하거나 기존의 사유지에 목초지를 확대하는 방식으로 이뤄졌지만, 대부분은 지역의 삼림 개벌을 동반했다. 초기의 충격은 지협의 태평양 연안 방면 계절 강우림을 계속 개벌하려는 것이었다. 1970년대에 새로운 목초지의 60퍼센트는 그곳에서 개발되었다. 그러나 목축업자들은 또한 카리브해 방면 저지대의 습윤성 삼림으로 이동했다. 그곳은 1980년대에 목축업 개척지의 주된 전선이 되었다. 1950년 이후 정확히 40년 만에 목축업자들은 중앙아메리카 삼림의 40퍼센트에 육박하는 약 1100만 헥타르를 개벌해 버렸다.[38] 1961년부터 1981년까지 지역 생산의 38퍼센트가 수출되었다는 점에 주목한 노먼 마이어스Norman Myers는 중앙아메리카 삼림의 급속한 파괴에서 미국의 "햄버거 커넥션"(햄버거의 주재료인 쇠고기를 얻기 위해 조성되는 목장에 의한 열대림 파괴 현상 — 옮긴이)을 거론했다.[39] 하지만 같은 기간에 중앙아메리카의 소고기 소비가 두 배 이상 늘었

기 때문에 목축업 개척지의 팽창에서 역내 시장이 차지한 역할에도 관심을 가져야 할 것이다.[40]

브라질의 경험은 목축업자들이 삼림 속으로 진출한 배후에 국내적 관심사와 수출 시장이라는 두 가지 요인이 함께 작용하고 있다는 점을 더 밝히 보여준다. 브라질 정부는 1950년대와 1960년대부터 광활한 내륙 지역으로 주의를 돌렸다. 수출을 목적으로 한 소고기 생산의 확대 가능성이 하나의 고려사항이었다. 다른 이유로는 인구가 급증하는 가운데 임금 정체(停滯)에 대한 도시인들의 불만을 진정시키고자 정부가 추진한 저렴한 소고기 정책을 들 수 있다. 브라질 정부는 목축업자들이 세하두와 아마존 지역으로 깊숙이 진출하도록 다그쳤는데, 이를 통해 변경 지역들에 대한 국가의 지정학적 통제를 확대하고 그 지역들을 국가 경제로 더 잘 통합하게 되었다.[41] 당시의 일부 관찰자들이 세하두와 아마존 지역의 소 생산이 장기적으로 재정적 자생력을 지니는지에 대해 의문을 제기했지만, 풍부한 정부 보조금은 그 지역 목초지의 급속한 팽창에 주된 동기로 작용했다. 그에 따른 투기 분위기는 토지를 상품으로 인식하는 경향을 강화했고 환경에 미치는 충격을 급격하게 상승시켰다. 부분적으로는 토지 없는 농민들을 위한 안전판으로 여겨졌지만, 목축업자들은 흔히 숲속 깊숙이 들어간 소규모 개척자들을 뒤따르거나 한층 더 밀어 넣었고 매입과 협박을 통해 토지 소유를 집중시켰다. 그 결과는 브라질 소 사육의 근본적인 공간적 재배치였다. 1950년에는 세하두와 아마존 지역이 전국의 소 사육 두수의 17퍼센트를 차지했으나 2006년에 그 비율은 50퍼센트를 넘어섰다.[42] 21세기 초까지 아마존 ─ 특히 남부와 동부의 가장자리에 위치한 ─ 의 6000만 헥타르 이상, 또는 전체 아마존강 유역의 10퍼센트 이상이 개벌되어 대부분 목초지로 바뀌었다.[43] 아마존강과 인접한 세하두에는 브라질 전체 생물 종의 3분의 1이 서식하고 있는데, 이곳에서는 1970년부터 1995년까지 식재 초지가 520퍼센트 이상 늘어났다. 2004년에 원시식생의 41퍼센트 이상이 식재 초지로 대체되었고 그 면적은 6500만 헥타르를 넘어섰다.[44]

이런 개발에 매우 중요한 요소는 열대 목축의 현대화였다. 전후 브라질의 여러 정부는 결국 브라질농축산연구소(EMBRAPA)가 되는 연방농업연구소의 발전을 통해 기술과 지식을 축적하고 보급했다. 다른 여러 라틴아메리카 국가들도 동일한 경로를 걸었다. 멕시코의 국립농림축산연구소(INIFAP)와 콜롬비아에 본부를 둔 국제 비영리 연구기관 국제열대농업센터(CIAT)가 대표적 사례였다.[45] 정부 관계자, 민간 목축업자, 외국의 대리인들은 사료와 품종 개발, 동식물의 질병과 기생충에 대한 관심을 비롯한 목축 방식의 '개선'을 장려했다. 1950년대에 브라질에서 처음 시작된 아프리카산 목초들, 특히 최신의 브라키아리아brachiaria(시그널그래스signal grass)의 추가적인 도입은 목축업을 내륙으로 확대하는 주요 계기가 되었다. 2000년대 초에 브라질의 초지는 1억 헥타르를 넘어섰고 그중 80퍼센트가 브라키아리아로 뒤덮였다.[46] 이런 식의 이른바 목축업의 합리화는 최신의 과학 지식 활용을 장려하면서 다른 지역에서도 복제되었다. 이는 삼림 벌채를 촉진하고 열대 사바나를 바꿔놓았다.

목축에 따른 환경 변화에 영향을 미친 다른 요인은 소 자체의 유전적 구성이었다. 20세기 초에 라틴아메리카 열대 지역의 소들은 대부분 크리오요의 후손이었다. 유럽산 수입소와 교배해 재래종 소를 개량하려는 시도가 계속 실패하자 먼 미래를 내다본 일부 목축업자들, 특히 브라질의 목축업자들이 인도산 제부Zebu(뿔이 길고 등에 혹이 있는 소 – 옮긴이)를 수입하기 시작했다. 빨리 성장하는 유럽 품종이 열사병과 흡사한 상태에 시달린 반면, 아메리카의 열대 지역과 비슷한 생태계의 인도 아대륙에서 태어난 제부는 아메리카의 열대에서도 잘 자랐다. 특히 세하두에서 인도산 제부가 거둔 눈부신 성공은 20세기 중엽 브라질의 소 목축업을 근본적으로 바꿨고 결국 아메리카의 모든 열대와 아열대 지역으로 그것을 확산하기에 이르렀다.[47] 1960년부터 2012년까지 라틴아메리카 전역의 육우 두수는 약 1억 7500만 두에서 4억 두가 조금 넘는 수준으로 늘어났는데, 그 다수가 제부나 제부 교배종이었다.[48] 인도산 제부와 아프리카산 이국종 목초의 생물학적 합작은 식민 시대 이후 예전의 황량한 지역의 전용을 용이하게 했고, 나아가 광범위한 환경 변화의 직접적인 원인이 되었다.

소 사육과 목축의 논리

이런 역사는 카우보이들과 그들이 탄 준마가 없었다면 조금도 가능하지 않았을 것이다. 바케이로vaqueiro, 가우초, 우아소huaso, 야네로llanero 등 어떤 이름으로 불리든지 정기적으로 소를 몰고 다닌 이들은 목축업뿐 아니라 때로는 국민 문화의 주역이 되었다. 일부 카우보이들은 원주민이었고 다른 이들은 아프리카계 노예나 그들의 후손이었지만 19세기부터 메스티소 카우보이들이 점차늘었다. 카우보이와 말은 목축업이라는 기계의 톱니 같은 존재로서 도시인들과 농민들의 상상력을 사로잡은 정신의 독립을 대변했다. J. 프랭크 도비J. Frank Dobie는 멕시코의 바케로vaquero를 "모든 언덕과 성인聖人"의 이름을 짓고 "모든 덤불과 약초의 효능"을 깨달은 "자연의 자녀"로 여겼다.[49] 경마와 조마調馬, 소들을 우리에 가두고 지키기, 내기와 이따금 벌어지는 싸움 등에서 볼 수 있는 그들의 기량과 용맹은 남성성의 시금석이 되었다. 그런 관행은 아마추어 투우(콜롬비아의 코랄레하corraleja)와 로데오(멕시코의 차레아다charreada)로 제도화되었다. 이 마부들은 빠르게 기병으로 전환되었는데, 이는 그들이 토지와 정치에 가한 분명한 위협 탓에 엄청난 불안뿐 아니라 감탄을 불러일으켰다. 도밍고 사르미엔토Domingo Saramiento에게 파쿤도 키로가Facundo Quiroga와 그의 가우초 기병대는 "야만성"의 정수였다. 국가와 목축업자들이 변경 지역을 평정한 뒤에야 비로소 변경의 사라진 개척자들은 국가나 지역의 정체성에 중심이 되는 존재로 새로운 의미를 부여받았다.[50] 농촌 세계의 이런 측면은 주로 엘리트들이 규정했지만, 오늘날 라틴아메리카 전역의 버스와 트럭에 스텐실로 찍혀 있는 말 탄 카우보이 디자인과 브라만Brahman 황소(난쟁이혹소)는 지역 소 사육의 지속적인 상징성을 증명한다. 마찬가지로 지역 전체에 걸쳐 기계화로 목축업에서 말의 수요가 줄어들기는 했지만, 흔히 지역의 환경 여건에 적응한 말은 여전히 핵심적인 역축役畜이고 로데오와 기마행렬을 통해 확인할 수 있는 농촌 생활과 지위의 상징으로 남아 있다.

지주 엘리트와 목축 사이의 강력한 연계에도 불구하고 소와 다른 가축들은 수많은 농민들의 삶에 필수적이었다.[51] 황소는 밭을 갈고 물건의 운반을 도왔다. 암소 한두 마리의 젖으로 만든 치즈 ─ "가정의 긍지와 행복" ─ 는 추가 노동이나 가외 자원을 많이 들이지 않고서도 가족의 식사나 소득을 향상시켰다.[52] 라틴아메리카의 여러 지역에서 공동의 목적을 위해 모아놓은 기금을 바카vaca (문자 그대로 암소)라고 부르는데, 그런 사례는 비공식적 예금 계좌로서 소의 역할을 강조한다. 땅이 조금 더 있으면 농민은 소를 기를 수 있었고 한 살배기 소들을 목축업자에게 팔아 사육하고 살찌우게 할 수 있었다. 농업의 변경지에서 그런 사업들은 토지 소유권 주장을 강화하고 삼림을 시장성 있는 상품, 즉 초지로 개발하는 활동을 파고들었다.[53] 단지 토지 소유가 아니라 편향된 소의 소유가 라틴아메리카의 지속적인 불평등을 부각시키지만, 농민과 소규모 목축업자들의 지분은 대개 일반적으로 추측한 것보다 더 컸다. 전통적으로 네다섯 살에 도축할 요량으로 가축을 사육하는 소규모 축산업자들의 경향은 소유 구조에 대한 짧막한 묘사가 농민의 농장에서 자라난 가축의 비율을 중시하지 않는다는 것을 보여주었다.[54]

목축업자에게 소 사육은 하나의 생활양식이었다. 방목지에 거주하지 않거나 육체노동을 거의 하지 않는다고 할지라도 그들은 흔히 농촌과 친밀감을 느꼈고 야외의 육체노동을 소중하게 생각했다. 그들은 악수로 거래를 매듭짓고 가축 품평회에서 경쟁하며 존경의 대상이 되는 데 자부심을 느꼈다. 제임스 파슨스를 비롯한 여러 사람들이 지적했듯이, "라틴아메리카에서 소 사육은 명망 있는 활동이다."[55] 이런 지위는 때때로 너무 빨리 일반화된다. 변경에서는 도시인이 보기에 목축업자와 농민을 구별하는 물질적 안락이나 교육이라고 할 만한 것이 거의 없었을지도 모른다. 하지만 목축업자들은 으스대며 돌아다

넜고, 자신들이 사회 구조의 정상에 있는 척했다. 멕시코의 우아스테카 지역에서 클라우디오 롬니츠Claudio Lomnitz는 목축업자들이 "그들의 목장 일꾼들과 본질적으로 달랐기 때문이 아니라 그들보다 더 낫고 순도가 더 높은 부류이기 때문에 그들보다 우월하다"고 느꼈다는 점을 발견했다.[56] 개인적 관계, 재정 지원과 부채뿐 아니라 (때때로) 이런 문화의 공유는 목장 일꾼들을 그들의 주인과 연결시켰다. 이웃 농민들은 목축업자가 갖고 있는 여분의 땅과 시장이나 치안판사와의 친분 관계에 유념하면서 흔히 마지못해 그의 권위에 따랐다.

하지만 라틴아메리카 엘리트들의 관심을 끈 것은 무엇보다 소의 생물학적 이점이었다. 철도와 도로의 확산 이전에는 운송비용 탓에 농작물 재배로 수익을 올릴 수 있는 지역이 크게 제한되었다. 소와 다른 가축들은 시장까지 몰고 갈 수 있었고 변경 개척에서 그들은 특히 중요했다. 또한 가축들은 말하자면 유기농 기계로서 기능하면서 살아 있는 목초를 수확하고 노동 수요도 줄여주었다. 노동력이 부족하지만 토지는 드넓은 곳에서 가축 사육은 타당한 선택이었다. 마찬가지로 배수와 관개 시설 공사가 불가능한 곳에서도 가축의 이동성 덕분에 가축 주인들은 기후 변동에 적응하고 일반적으로 농업 생산과 관련된 위험 요인을 낮출 수 있었다. 또한 목축은 원거리 경영이 비교적 용이해서 농기계가 보급되기 전까지 통상적으로 작물 농사가 누리지 못한 규모의 경제로부터 혜택을 입었다. 융자를 얻기가 어려운 곳에서는 가축이 바람직한 투자처였을 뿐 아니라 가축의 상대적인 환금성 덕분에 목축업자들은 국내 자본을 조달할 수 있었다. 사실 전후 산업화와 경제적 팽창이 더 많은 투자처를 만들어 내기 전에 라틴아메리카 자본의 상당량은 소와 목초지에 묶여 있었다. 오늘날에도 일부 농촌 지역에서 목축은 여전히 얼마 안 되는 실행 가능한 모험 중 하나이다. 그리 대단하지는 않을지라도 이익은 확실한 편이었다. 변경 지역이 국민경제에 통합됨에 따라 목축업자들은 장기적으로 지가 상승의 이득을 얻을 수도 있었다. 1940년대와 1950년대에 콜롬비아에서 토지에 투기한 제시 나이트Jesse Knight는 소 사육이 "내가 아는 한, 누군가의 토지 소유권의 지배와

행사를 보여줄 수 있는 최고의 수단 가운데 하나"였다고 말했다.[57]

하지만 "소고기 생산으로부터 얻는 수익이 아니라 토지"가 목축업자들에게 동기를 부여했다고 생각하는 것은 잘못이다.[58] 목축업의 경제성(과 유동 자본의 과시)이 다른 속성들을 가능하게 만든 것이지 그 반대는 아니었다. 수재나 헥트Susanna Hecht는 아마존강 유역의 정착을 위해 브라질 정부가 제공한 장려책들이 어떻게 투기적 거품 현상을 만들었는지 보여주었다. "삼림을 개벌해 조성한 목초지가 심고 유지하는 데 돈이 많이 든다"는 사실에도 불구하고 급속한 지가 상승 탓에 목장의 운영비에 대한 고려는 나중으로 미룰 수밖에 없었다.[59] 이런 상황은 더 긴 목축의 역사에서 볼 때 이례적이었다. 목축업자들은 토지에 투기했지만, 초지 조성에 드는 고비용이나 부실하게 운영되는 목장의 잠재적 손실을 감안해 최종 결산에 신경 쓰지 않을 수 없었다. 마찬가지로 목축으로부터 얻은 특권과 권력은 보통 적자 운영을 보상하기에 충분하지 않았다. 아마존에서 목축은 투기적 거품 현상의 파열 뒤에도 계속 팽창했다. 오늘날에는 낮은 지가, 운송비 하락, 목초지 운영의 개선 덕분에 브라질의 다른 어느 지역보다 아마존에서 소 사육의 수익성이 더 좋은 편이다.[60]

소고기 수요의 증가는 유일한 요인은 아니었을지라도 목축업 팽창의 원동력이었다. 중앙아메리카 ― 1960년대와 1980년대 사이 ― 와 멕시코 북부 ― 1980년대 중반 이래 미국에 매년 100만 두 이상을 보낸 ― 뿐 아니라 오랫동안 소 사육 두수가 인구보다 많았던 팜파스에서도 수출 시장이 자극을 제공했다. 브라질은 제1차 세계대전 당시 소고기를 수출하기 시작했지만, 1970년대 말부터 급증세를 보일 때까지 해외 시장으로 판매되는 소의 비율은 제한적이었다. 2010년에는 국내 생산의 20퍼센트가 수출되었고 아마존 유역이 수출 총계의 20퍼센트를 공급했다.[61] 수출하면 대개 영국의 소고기 구이와 미국의 햄버거용 판매를 떠올릴 테지만, 살아 있는 소들의 지역 간 교역과 더불어 좀 더 최근에는 정액과 배아의 교역 역시 중요해졌다.

그러나 가축 생산은 대부분 국내에서 소비되었다. 국내 수요는 부분적으로 수출 부문의 변동에 좌우되기는 했지만, 주로 고기를 식사의 필수 요소로 인식하는 인구의 증가와 밀접하게 연관되었다. 고기, 특히 소고기는 식민 시대 이래 여러 지역의 식단에서 중요한 부분을 차지하게 되었다. 알렉산더 폰 훔볼트Alexander von Humboldt의 유명한 언급에 따르면, 파리 인구의 10분의 1에 해당하는 카라카스의 주민들이 "프랑스의 수도에서 매년 이용되는 소고기 양의 절반 이상을 소비했다."[62] 그보다 몇 년 앞서 멕시코시에서 소고기 − (부자들이 양고기를 선호했기 때문에) "가난한 사람들의 고기"로 간주된 − 의 가격은 토르티야 가격의 두 배보다 조금 더 비쌌다.[63] 하지만 육류 소비는 지역과 계급에 따라 크게 달랐다. 관련 통계 연구가 거의 이뤄지지 않았지만, 소고기 소비는 경제 성장과 인구 증가로 목축업자들이 사육 두수를 늘리고 새로운 땅으로 목장을 확장했던 19세기 후반에 늘어난 것으로 보인다. 소비 유형은 국가별로 크게 달랐다. 19세기 말에 부에노스아이레스 주민들은 연평균 100킬로그램에서 120킬로그램의 소고기를 소비했다.[64] 이는 극단적인 사례였다. 콜롬비아에서 1인당 소비량은 단지 15킬로그램이었을 것이고 1920년대에 들어 25킬로그램으로 늘었다.[65] 육류, 특히 소고기의 사회적 의미는 광범위했다. 20세기 초 콜롬비아 정부는 카르타헤나의 재소자들에게 매일 0.5파운드의 고기를 제공했고, 칠레 산티아고에 거주하는 중간계급 주민들은 아르헨티나산 수입 소에 관세가 부과되자 폭동을 일으켰다.[66] 때때로 엘리트들은 단백질 섭취를 늘려 "인종"을 개선하려는 욕구에서 소고기 정책을 내놓았다.[67] 다른 경우에 그들은 도시인들의 불만을 달래고자 시도했다. 1940년과 2000년 사이에 인구가 세 배로 늘고 1인당 소득이 60퍼센트 이상 증가하면서 라틴아메리카인들의 소고기 소비는 전반적으로 늘어났다. 1980년대에 로벨 자비스Lovell Jarvis는 "육류와 모든 식품 가운데 소고기의 중요성"이 라틴아메리카의 두드러진 특징이라고 언급했다.[68] 라틴아메리카의 소고기 수출은 1961년과 2000년 사이에 두 배로 늘었고 역내 소비도 마찬가지였다. 더욱 의미 있는 것은 1961년 이래 소고기 수출이 평균적으로 라틴아메리카 총생산의 9퍼센트에 지나지 않았다는

점인데, 이는 역내 시장의 중요성을 부각시켜 준다.[69]

최근의 개발

지난 25년여 동안 라틴아메리카에서 목축업의 팽창은 둔화되었다. 소의 개체 수는 계속 늘었지만(1990년 이래 약 7700만 두 또는 거의 25퍼센트) 연평균 성장률은 약 3퍼센트에서 1퍼센트가 좀 넘는 수치로 떨어졌다.[70] 마찬가지로 목초지를 확장하려는 자극은 줄어들었다. 1961년과 1989년 사이에 남아메리카 − 아르헨티나와 우루과이 외에 − 에서 목초지의 총면적은 35퍼센트 또는 8400만 헥타르 이상 늘었지만, 그 뒤로 4퍼센트가 늘었을 따름이다.[71]

수요 감소, 생산성 증가, 보조금 폐지 등 세 가지 요소는 이런 성장률 둔화를 설명하는 데 도움이 된다. 1980년대부터 소비 하락과 새로운 수입 규제 탓에 미국 시장이 위축되면서 중앙아메리카의 목축업은 수익이 줄어들게 되었다.[72] 하지만 수요의 감소는 대개 라틴아메리카 내부에서 비롯되었다. 소 떼의 성장률 둔화가 라틴아메리카인들의 출생률 하락과 병행했기 때문이다. 또 1980년대 이래 닭고기의 가격이 떨어져 소비가 급등하면서 소고기의 실용적인 대체재가 되었다. 그 결과 육류 소비는 전반적으로 늘었지만, 소고기에 대한 선호는 (아르헨티나, 콜롬비아, 멕시코, 코스타리카에서처럼) 절대적으로 줄어들거나 그 성장률이 크게 둔화되었다. 이런 둔화에 기여한 것은 점진적이지만 꾸준한 목축업의 강화였다. 소고기 생산은 1980년 무렵까지 주로 목초지 확대를 통해 증가했지만, 그 뒤에는 가축 두수당 육량이 연평균 1퍼센트가 조금 넘는 수준으로 늘었다. 게다가 라틴아메리카 여러 국가에서 정부가 후원하는 습윤 열대 지역의 개척 사업 대부분과 함께 목축업 장려를 위한 융자금이 고갈되었다.

이런 변화가 환경에 미친 영향은 한결같지 않았다. 삼림 손실의 비율이 줄어들었음에도 불구하고 새로운 목초지는 브라질의 "활 모양의 삼림 벌채 지역"과 아울러 중앙아메리카의 카리브해 연안 저지대, 에콰도르 서북부 등에서 계속 생겨났다.[73] 그러나 목축업의 더딘 확장은 농촌의 인구 유출과 더 나은 보전 노력과 더불어 비교적 새로운 현상이 나타나는 데 기여했다. 그것은 버려진 방목지에 삼림을 재생하는 일이었다.[74] 예컨대 중앙아메리카에서 1990년 이래 방목지의 총 면적은 2퍼센트 줄어들었다.[75] 이런 자발적인 삼림 재생 역시 지리적인 편차와 불균등성을 드러냈다. 브라질 동북부같이 건조한 경관에서는 재생 비율이 40퍼센트를 넘어선 반면, 습하거나 건조한 숲의 재식림 사업은 계속되는 삼림 손실을 따라잡지 못했다.[76] 전체 통계는 또한 더 작은 규모의 중요한 변화를 감춘다. 일부 지역에서 목초지가 버려지고 황폐해지는 반면, 다른 곳들에서는 새로운 목초지들이 생겨나곤 한다.

버려진 목초지의 재식림 사업은 푸른 목장을 운영하려는 더 큰 노력의 일환이다. 가축이 환경에 남기는 발자국을 줄이려는 관심이 서서히 커지기 시작했다. 브라질에서는 더 엄격한 환경법의 시행 덕분에 2004년 이래 아마존강 유역의 삼림 개벌 비율이 약 70퍼센트 감소했다.[77] 게다가 자연산 유기농 소고기에 대한 전 지구적 수요 증가에 발맞춰 환경적 책임을 고려하면서 목초를 먹이는 저투입 소고기 생산을 장려하는 노력이 펼쳐졌다. 예를 들어 브라질 제부의 사육자들은 2000년대 초에 제부를 '생태 소'로 승격시키려는 활동을 전개했다. 제한적인 국제 수요 탓에 활동의 열정이 약해졌지만, 유기농 소고기는 이 지역에서 틈새를 개척했다. 2012년에 라틴아메리카의 목초지 가운데 약 470만 헥타르 – 주로 아르헨티나와 우루과이에서 – 가 유기농 인증을 받았다. 이는 미국과 캐나다 전체의 유기농 생산 토지 면적보다 50퍼센트 이상 많은 수치이다.[78]

그러나 또 다른 환경 문제들이 남아 있다. 아르헨티나의 육류 생산은 2010년대에 크게 감소해 수출과 가격이 정부의 지시에 의해 통제되었다. 지역의 소비 수요를 충족시키려는 이 통제 조치는 정부와 생산업자 사이의 상당한 갈등을 초래했다. 목축업자들의 한 가지 대응은 가축 생산을 비육장肥肉場으로 전환하는 것이었다. 2012년의 한 연구에 따르면, 비공식적 관찰은 더 높은 수치를 시사했지만, 아르헨티나의 모든 소의 50퍼센트까지 마지막에는 비육장에서 사육되었다. 소비자들의 선호가 바뀌면서, 특히 멕시코 북부의 생산업자들도 마지막에는 비육장에서 국내 시장용 육우를 사육했다. 이는 부분적으로는 1997년부터 매년 미국으로부터 곡물을 먹인 소고기 500만 파운드를 수입하게 되면서 잠식당한 국내 시장을 되찾으려는 노력이기도 했다. 2014년의 한 연구에 따르면, 생산 주기에서 전체 비육장이 차지하는 비율은 7퍼센트로 낮았지만, 브라질에서도 수출 수요에 부응하기 위해 동일한 추세가 늘어나기 시작했다.[79] 이런 생산 전환은 대부분 사료용 곡물(옥수수와 대두)의 저렴한 입수 덕분일 것이다. 2017년에는 라틴아메리카의 다른 지역에서도 비육장이 없는 곳이 없었다. 이런 전환이 환경에 미친 영향은 대체로 콩과 옥수수 농업의 팽창뿐 아니라 메탄과 암모늄 배출 농도의 증가, 지역의 수질을 떨어뜨리는 폐기물 유수流水를 통한 오염으로 분명해졌다. 인류의 건강이라는 관점에서 볼 때 아르헨티나 비육장의 급속한 팽창은 세계에서 가장 높은 대장균 감염률의 원인이 되었다. 후속 연구들은 틀림없이 이런 축산 부문의 팽창이 가져온 부가적인 영향들을 밝혀낼 것이다.[80]

전 지구적 기후 변화에 가축이 과연 어떤 영향을 미쳤는지는 또 다른 관심사였다. 21세기 초 이래 목초지 조성을 위해 삼림과 사바나를 개벌하고 불태우면서 배출된 이산화탄소뿐 아니라 수백만 마리의 반추 동물이 트림과 방귀로 내뿜는 메탄에 대해 관심이 커졌다. 가축 사육과 관련된 모든 부수적인 활동을 포함한 것이지만, 일부 연구는 전 지구적 차원에서 볼 때 소가 자동차보다 온실 가스를 더 많이 배출했다고 주장한다. 이런 영향의 규모와 중요성은 격렬한 논란의 대상이었지만, 압도적으로 많은 증거는 목축이 토지의 침식을 촉진하고 수자원을 줄이고 오염시키며 생물 다양성을 축소시키고 있음을 입증한다.[81] 늘어나는 현대 가축 사육의 수직적 통합을 감안할 때, 목축이 전 지구적 환경 변화를 추산하는 데 중요한 요인이라는 점은 의심할 여지가 없다.

결국 목축은 라틴아메리카 경관의 변화를 이끌었을 뿐 아니라 전 지구적 환경 변화에도 중대한 영향을 미쳤다.

결론

목축의 환경사는 다양한 지리적·사회적·생물학적 영향들에 대한 이해를 요구한다. 19세기 중엽 이래 목축업자들과 소 떼는 라틴아메리카 전역의 경관을 바꿔놓은 주된 동인 가운데 하나였다. 그들이 농촌에 목축을 위한 장소를 찾아 말뚝으로 구획하고 소고기와 토지 수요의 증대로부터 수익을 올리고자 시도하면서 20세기 중엽에 이런 추세는 가속되었다. 라틴아메리카의 지리적 다양성은 흔히 목축에 대한 서로 다른 접근방식과 더불어 경관에 미친 불균등한 영향을 결정했다. 수요는 때때로 외부로부터 발생했지만, 대체로 고기를 더 많이 소비하려는 라틴아메리카인들의 욕구에서 나왔다. 소고기가 전통적으로 라틴아메리카인들의 식사에서 가장 흔한 식육이었다는 사실은 목축의 문화와 지위뿐 아니라 소의 생물학적 이점과도 관련이 많다. 이런 이득들은 변경을 '문명화'할 수 있으리라고 상상된 가축과 목초의 능력과 더불어 광활한 지역의 단순화(와 독점화)를 더욱 부추겼다. 그리고 새로운 품종 개발과 외래종 초목의 도입 같은 혁신은 소 사육 방식과 더불어 궁극적으로 소비 형태에 큰 영향을 미쳤다. 이 영향들을 다루면서 우리는 육우 산업의 물질적·생태적·사회적 토대가 어떻게 목축업의 극적인 역사적 궤도를 총괄적으로 결정해 왔는지를 더 깊이 이해하게 되었다.

손 반 오스달Shawn Van Ausdal은 콜롬비아 보고타에 있는 로스안데스 대학교의 사학과 부교수이다. 버클리 소재 캘리포니아 주립대학교에서 지리학 박사 학위를 취득한 그는 뮌헨의 레이철카슨환경사회센터에서 방문 학자로 체류한 바 있다. 콜롬비아 목우牧牛의 역사에 관한 책을 여러 권 출간했고, 현재 19세기의 대부분과 20세기에 걸쳐 이어지는 주제에 관해 원고를 집필하고 있다. 또한 라틴아메리카 음식의 역사와 발전 담론에 관한 논문들과 책에 수록된 장들을 출판했다.

로버트 W. 윌콕스Robert W. Wilcox는 미국 켄터키주 하일랜드하이츠에 있는 노던켄터키 대학교의 사학과 부교수이다. 브라질 마투그로수두술주 도라두스에 있는 그란지도라두스 연방대학교와 마투그로수주 쿠야바에 있는 마투그로수 연방대학교에서 방문 교수로 체류한 바 있다. 특히 브라질 중부를 중심으로 라틴아메리카 목축의 경제사와 환경사에 관한 논문들과 책의 장들을 집필했다. 최근에 출간한 『오지의 소: 마투그로수와 브라질 열대 지역 목축의 발전 Cattle in the Backlands: Mato Grosso and the Evolution of Ranching in the Brazilian Tropics』(텍사스 주립대학교 출판부, 2017)은 1870년부터 1950년에 이르는 마투그로수의 목축업 발전을 상세하게 다룬 연구서이다.

제9장

채굴의 역사

광업과 석유 산업의 노동자, 자연, 공동체

미르나 I. 산티아고

1969년 노동운동가 세르히오 알마라스Sergio Almaraz는 볼리비아 광산촌에서 마주친 황폐한 현장을 다음과 같이 묘사했다.

광산의 빈곤에는 항상 따라다니는 것들이 있다. 신기할 정도로 인간을 무시하는, 언제나 가난을 감싸고 있는 바람과 추위이다. 가난은 색깔이 없다. 자연은 스스로 회색 옷을 입는다. 광물은 지구의 뱃속을 오염시켜 불모지로 만들었다. 야생 초조차 자라지 않는 4000~5000미터의 고도에 채굴 캠프가 있다. 인간에게 분노한 산은 그들을 쫓아내려 한다. 광물질을 담은 그 뱃속에서 독에 오염된 물이 흘러나온다. 탄광 터널에서는 누렇고 악취 나는 물방울이 계속 떨어진다. 코파히라copajira 라고 부르는 이 액체는 광부들의 옷을 태운다. 물고기가 있는 강의 수백 킬로미터 아래에선 광산의 쓰레기 더미가 뿜어내는 독성 액체가 죽음의 그림자가 되어 흐른다. 채굴된 광물은 깨끗하게 세척되지만, 그와 반대로 땅은 썩어간다. 풍요함은 불행이 된다. 그리고 바로 그곳, 얼어붙을 듯한 추위 속에서 잡초조차 벗어날 엄두를 내지 못하는 산골짜기에서, 광부들은 몸을 보호할 장소를 찾는다. 숙소는 작은 움막에 진흙과 돌로 만든 벽, 아연 지붕, 흙바닥으로 이뤄졌고, 마치 감옥처럼 대칭을 이루며 늘어서 있다. 틈새로 팜파스의 바람이 스며들면, 가족들은 조잡한 가죽에 지나지 않는 침대 속으로 비집고 들어간다. 바람에 얼거나 그렇지 않으면 질식할 위험이 있다. 그 벽들 너머로 굶주림과 폐병에 시달리는 사람들이 감춰져 있다.[1]

알마라스는 냉혹한 현실을 포착했다. 거주하기 힘든 고산 지대의 생태 환경에서 광부와 자연은 밀접하면서도 서로에게 상처를 주는, 결국 모두에게 비참한 결과를 초래하는 관계로 얽혀 있다. 자연과 인간 — 자연의 일부이지만 또한 그것과 분리된 — 은 19세기와 20세기의 전형적인 자본주의 체제 아래 채굴의 생물학적·사회적·환경적 후유증을 경험했다. 대도시 엘리트들이 채택한 진보와 근대화의 개념은, 마치 수은 밑의 암석이 녹듯이, 옅은 안데스의 공기에 녹아들었고 노동과 자연 모두를 훼손시키는 이중적 착취로 변했다. 그 결과 채굴 장소는 사회적 투쟁 장소라는 또 다른 의미를 지니게 되었다. 광부들은 자연의 산악 기후와 자본주의적 노동관계가 만든 빈곤의 결합에 전율했고, 자신들이 채굴한 땅에서 흩날리는 입자들을 흡입해 폐가 망가진 채 움직였다. 그들은 광산 회사가 자신들을 건조한 산맥으로 데려와 비참한 상태를 초래한 대리인이라고 간주했다. 광부들은 노조를 조직해 파업을 일으켰고, 1952년에는 볼리비아 주석 광산의 국유화를 가능케 했다. 그 뒤 알라마스가 광산촌을 방문한 시기에는, 당시 권력을 장악한 독재 체제에 저항했다.[2] 그들은 채굴 산업과 같은 지리적 공간에 살았고 그 결과 저항에 나섰던 공동체들의 복잡한 현실을 구체적으로 표현했다.

19세기와 20세기 라틴아메리카 광업과 석유의 역사를 보면, 자연 뒤에 채굴이 뒤따르고, 채굴 뒤에 갈등이 뒤따른다는 것을 알 수 있다. 자연에 따라 광업과 석유 회사들이 땅을 파거나 시추하는 지리적 영역이 결정되었고 흔히 그런 지역들은 험난한 생태 환경을 지녔기 때문에 채굴 성공에 필요한 인구가 부족했다. 그런 경관에는 이주 노동자들이 필요했다. 그들은 도착하자마자, 채굴 작업에 따라다니는 위험과 더불어 자연에 노출될 수밖에 없는 가혹한 환경을 마주했다. 채굴지를 둘러싸고 형성된 공동체들은 빈곤한 상황에서 산악의 고도, 열대 우림의 습도, 사막의 타는 듯한 더위 등 익숙하지 않은 지역의 가혹함을 견뎌야 했다. 채굴의 환경적 영향도 모두 공유했다. 예를 들어 토양, 대기, 수질의 오염, 만연한 질병과 독성 화학물질의 섭취, 먹이사슬의 오염 그리고 석유의 경우 화재에 극도로 취약한 상태 등이다. 그러나 자본을 지닌 국내외 기업들은 의도적으로 기술과 기반시설의 투자에 우선순위를 두었다. 에스파냐 식민 시대에 채굴의 선조들이 그랬던 것처럼,[3] 19세기와 20세기의 채굴 기업들도 노동자와 현지 공동체를 위한 지출은 최소화했다. 그런 태도는 알마라스가 1969년에 마주한 장면에서도 똑같이 나타났다. 채굴 산업의 그늘에서 삶을 사는 이들은 노동, 육체적 희생, 그리고 급격히 변형되는 채굴 환경으로부터 얻은 이익이 거의 없었다. 광부와 석유 노동자들이 땅에서 뽑아낸 지하의 부富는 결코 현지에 머물지 않았다. 그 풍요함은 런던과 뉴욕 같은 화려한 외국의 대도시들이나 리마, 상파울루, 카라카스 등 각국의 수도에 축적되었다.

노동자나 공동체 구성원들은 채굴 기업에게 혹사당하는 사회적·환경적 상황에 점차 지쳐갔고, 그에 저항하기 위해 결집했다. 그런 움직임이 나타났을 때, 그들이 어떤 형식을 취하고 어떤 활동을 전개했으며 무엇을 성취했는지는 국가와 시대에 따라 달랐다. 19세기와 20세기에 걸쳐 진행된 라틴아메리카의 채굴은 모든 국가에서 이뤄졌고, 질산염, 구리, 주석, 은, 금, 보크사이트, 석탄, 에메랄드, 진주, 구아노, 석유, 가스, 그리고 21세기의 리튬에 이르기까지 다양한 천연자원을 대상으로 삼았다. 채굴의 주된 행위자 역시 다양해서, 거대 다국적 기업, 국내 자본가, 국영 기업 또는 소규모 광산업자 등이 있었다. 이들은 자신만의 엘도라도 신화를 찾아 버려진 광산[4]을 끝까지 파헤치거나

예전에 채굴되지 않은 생태계로 침투했다.[5]

여기에서 모든 경우를 다루기는 어렵다. 한정된 공간에서 선택은 제한적이지만, 역사 서술 또한 채굴의 역사를 일일이 열거할 수는 없다. 일부 광업과 석유 노동자들은 선구적인 운동을 대표하기 때문에 학계의 주목을 받았으나,[6] 채굴의 환경사는 초창기에 불과하다.[7] 여기에서 다루는 사례들 — 페루의 구아노, 칠레의 구리, 멕시코, 베네수엘라, 에콰도르의 석유, 그리고 "거대 채굴megamining" — 이 전형적이라고 여겨지지는 않는다. 그보다는 사회적·생태적 조건들이 몇 세기를 거치면서 다양한 사회적 행위자들을 끌어들여 "자원 전쟁"[8]을 포함한 사회적·환경적 갈등을 어떻게 유발했는지 보여준다. 채굴 공동체가 공유하는 것은 자연과 사회가 서로 심각하게 갈등하며 만나는 교차점이다. 그들의 역사는 환경사와 사회사를 연결할 뿐 아니라, 지난 200년간 진행된 세계화와 근대화가 유발한, 지역적이면서도 드러나지 않은, 그리고 대개는 매우 고통스러운 손실들을 조명해 준다.

채굴과 갈등을 둘러싼 지역적 역학관계의 분석은 네 가지 사례로 충분하다. 19세기 페루의 구아노 채굴은 노동자들의 성공적인 동원이 없었던 갈등을 대표한다. 그와 대조적으로 칠레의 광산 채굴은 국유화로 이어지는 노동 급진주의의 요람이 되었다. 세 번째 사례는 20세기 멕시코, 베네수엘라, 에콰도르의 석유 산업을 비교한다. 이 세 국가들은 서로 다른 맥락 속에서 수많은 갈등, 이질적인 행위자들, 뚜렷이 구별되는 사회적·정치적 결과를 지니고 있었다. 끝으로, 이 장에서는 오늘날 라틴아메리카 대륙을 완전히 에워싼 채굴의 "슈퍼 사이클super cycle"(원자재의 가격이 장기적으로 상승하는 추세로, 장기 호황보다 강력한 지표의 개선 시기를 의미함 — 옮긴이)과 그 결과로 등장한 채굴 반대 활동antimining activism의 국제화를 재검토한다.[9]

구아노 채굴의 짧고 폭력적인 일화

페루에서 40년(1840~1880)에 걸친 구아노의 채굴과 고갈은 국가의 장기적 이익이 불확실한 가운데 실행된 채굴 경제 활동의 매우 착취적이고 갈등으로 얼룩지며 폭력적인 사례를 대표한다. 잉카인들은 새의 배설물을 비료로 활용했지만, 가마우지, 부비새(바닷가에 사는 큰 열대새의 일종), 펠리컨들이 수천 년 동안 차지한 페루 연안 친차Chincha 제도는 그대로 놓아두었다. 그 지역은 인간의 통행이 금지되어 있었다. 바람이 세차고, 타는 듯이 더우며, 몹시 건조한, 새들이 배설하기에 완벽한 환경이었다. 식민 시대의 연대기 작가 가르실라소 데 라 베가[Garcilaso de la Vega[16세기 에스파냐어권에서 가르실라소 데 라 베가라고 알려진 문필가는 두 명으로, 에스파냐 르네상스 문학의 선구자로 평가받는 시인 가르실라소 데 라 베가(1501~1536)와 페루 부왕령에서 태어나 연대기 작가 겸 문필가로 이름을 알린 가르실라소 데 라 베가(1539~1616)임. 여기서는 후자를 지칭하며 통상 잉카 가르실라소 데 라 베가라고 부름 – 옮긴이]가 관찰했듯이, "수북이 쌓인 거름 더미는 마치 눈 덮인 산봉우리 같았다."[10] 영국인들이 새의 배설물에서 농업용 필수품의 가능성을 알아채자, 1841년 페루의 군부 정권은 자연에 대한 소유권을 주장하면서 구아노를 국가 소유로 선언했다. 영국 상인들은 재빨리 바로 그 자연 산물의 구매를 성사시키고 새의 배설물에서 발생할 미래의 수익을 담보로 지역의 우두머리들에게 미리 융자금을 제공했다.[11] 그러나 노예제는 마지막 숨이 끊어지려는 상태였고, 섬에는 사람이 살지 않았기 때문에 노동력 조달에 어려움을 겪었다. 페루 정부는 재소자, 탈영병, 채무노예들을 배에 태워 앞바다로 내보냄으로써 그 문제에 대처했다. 영국은 1849년 즈음에 "쿨리coolie"라고 부른 중국인 노동자들을 활용해 문제를 해결했다. 1874년 무렵 영국 상인들과 계약하거나 그들에게 납치된 중국인 9만 2000여 명이 바다 건너 친차 제도에 도착했는데,[12] 그 항해는 자본만큼이나 자연에 의해 결정되었다.

친차 제도에서 인간과 자연의 만남은 잔인했다. 자연은 관대하지 않은 듯 보였고 강렬한 태양과 채찍질 같은 바람으로 노동자들을 위협했으며, 그곳에는 잠시 쉴 곳이나 식수원도 없었다. 암모니아로 가득 찬 공기를 들이켤 때마다 노동자들의 폐는 타들어갔다. 노동 조건도 혹독하기는 마찬가지였다. 노동자들은 보호 장비 없이 하루 구아노 4톤의 할당량을 삽으로 퍼내야 했는데, 걸리는 작업 시간만큼 배설물을 들이마셨다. 배설물 가루에 미끄러진 노동자들은 바다에 빠져 익사했고, 구아노 더미가 무너져 내리면 산 채로 파묻힐 수밖에 없었다.[13]

거의 노예나 다름없는 노동 체제에 예속된 남성들은 그 섬들을 폭력적인 경관으로 탈바꿈시켰다. 역사가 그레고리 쿠시먼Gregory Cushman은 노동자들의 숙소가 "싸움, 강도, 살인, 도박, 매춘, 술, 아편 남용으로 악명을 얻었다"라고 기록했다. 노동자들의 항의가 터져 나왔고, 배 위의 반란이나 소요가 그야말로 배설물 속에서 정기적으로 분출되었다. 감독자들은 구속된 상태와 같은 노동관계의 특징이라 할 수 있는 "채찍질"로 권위에 대한 반항에 응수했다. 몸이 아프고 문화적·언어적·심리적·생태적 혼란에 시달리며 섬이라는 자연 방벽에 의해 고립된 중국인 노동자들은 자포자기했다. 자살이 만연했는데, 암울한 환경과 강제 노동에 내재한 폭력에서 벗어나기 위해 결집하는 것보다 더 효과적인 선택지였을 것이다.[14]

더욱이 비료의 가치가 매우 높아지자 두 차례의 국제적인 갈등이 발생했다. 그것은 본질적으로 자연을 둘러싼 폭력적인 자원 전쟁이었다. 유럽인들은 농업을 현대화하면서 천연 첨가물을 찾아 세계를 돌아다녔다. 그러다가 1864년 에스파냐는 새들의 배설물을 자국으로 가져가기 위해 친차 제도를 침략했다. 페루는 1866년에 그들을 몰아냈으나, 큰 희생을 치러야 했다. 자연의 통제 과정에서 발생한 부채를 갚기 위해 더 많은 수출이 필요했다. 1870년대에 이르러 수천 명의 예속된 노동자들이 캐내던 구아노 더미는 점점 줄어들어 바닥을 드러냈다. 새의 배설 과정이 영속적이라 해도, '천연자원'으로 인식된 구아노는 고갈될 수 있었고, 페루인들은 그 점을 잘 알고 있었다. 세입이 절실했던 정부는 비료로 쓸 만한 또 다른 자연 산물, 즉 남부 국경 사막의 질산염으로 시선을 돌렸다. 구아노 판매를 통한 소득의 감소와 전 지구적 불황으로 타격을 입은 페루는 1875년 타라파카에 있는 칠레 소유의 질산염 광산을 강제 수용收用했다. 그 결정은 페루, 칠레, 볼리비아를 집어삼킨 파괴적인 자원 전쟁, 즉 태평양 전쟁(1879~1883)의 원인이 되었다. 승리한 칠레는 그 지역의 지리적 영토를 재편했다. 칠레는 페루의 남부 해안과 볼리비아의 대양 접근 통로를 장악해 영토를 3분의 1 정도 넓혔고, "사막의 부"[15]에도 접근할 수 있었다. 19세기 말에 구아노나 질산염 없이 페루인들은 새의 배설물 수출에서 무엇을 얻었을까?

역사가들은 세부 내용에 대해 논쟁을 벌이지만, 구아노 호황과 국가의 자연에 대한 독점에도 불구하고 페루가 발전하는 데 실패했다는 점에서는 일치를 이룬다. 1840년에서 1878년 사이에 페루는 7억 5000만 달러어치의 구아노 12.6톤을 판매했다.[16] 유럽의 상인과 농부, 리마의 엘리트, 그리고 페루 정부는 새들이 섬들에 버린 생물학적 쓰레기로부터 이득을 챙겼지만, 어느 누구도 국가 발전을 촉진하지 않았다. 구아노를 담보로 한 융자금은 사치품 구입뿐 아니라 철도 건설, 국가 관료제와 군의 정비에 쓰였다. 그러나 그에 따라 페루는 수십 년 동안 유럽의 대출기관에 빚을 지게 되었다. 그동안 인구 대다수는 그들의 미래를 위해 푼돈이나마 투자되는 경우를 목격하지 못했다.[17] 구아노와 인간이 사라진 섬들은 새들에게 되돌아갔다.

칠레: 구리, 광물, 그리고 "투쟁하는 사람"

1830년대부터 자연은 칠레인들을 사막으로 이끌었지만, 경제를 광업으로 향하게 만든 것은 태평양 전쟁이었다. 아르헨티나의 가수 메르세데스 소사 Mercedes Sosa는 1969년의 한 노래에서 "초록색 브라질이 나의 칠레에, 구리와 광물에 입맞춤한다Un verde Brasil besa a mi Chile, cobre y mineral"라고 묘사하면서 그런 상황을 암시했다.[18] 같은 시기에 사막 지대로 이주한 노동자들은 20세기 내내 칠레 정치에 깊이 영향을 미치면서 "투쟁하는 사람gente de lucha"(전투적인 노동자)으로 이름을 떨쳤다.[19] 북부의 환경은 질산염(1890~1930년)과 구리(1830년 이래)를 채굴하는 이주 노동자들에게 적대적이었다. 칠레인들이 볼리비아와 페루로부터 차지한 3000~9000피트(약 914~2743미터) 높이의 아타카마 사막은 지구상에서 가장 건조한 장소 중 하나로서 옆에는 높이 치솟은 안데스 산맥이 자리 잡고 있어 강한 바람과 극한 기온에 노출되어 있다. 그곳의 자연에는 2미터 깊이로 질산염이 쌓여 있었는데, 1882년 영국 회사들이 자금난에 처한 칠레 정부로부터 사막을 매입했을 때 그 보물을 발견했다.[20] 광부들은 다이너마이트로 사막의 바닥을 폭파한 뒤, 매우 위험한 맨손 작업을 통해 광석을 분리해서 자루에 담았다. 그다음에는 140킬로그램(300파운드)에 이르는 자루를 등에 짊어지고 제련소로 향하게 될 수레에 옮겨 실었다. 제련소의 노동자들은 폭발과 쏟아지는 돌덩이로부터는 안전했지만, 증기, 먼지, 끓는 액체, 분쇄기에 신체적 부상을 입을 위험을 무릅써야 했다.[21] 화상과 절단 사고가 너무 빈번해서 "팔다리를 절단한 이들과 다른 장애를 입은 질산염 노동자들은 이키케, 안토파가스타, 그리고 다른 질산염 채굴 촌락에서 흔히 볼 수 있는 광경이 되었다."[22] 그럼에도 유럽인들의 비료 수요가 전 지구적 자본주의 경제를 위해 라틴아메리카의 경관을 포획하고 있었기 때문에 1920년 무렵 약 5만 명의 칠레인들이 사막에 거주했다. 하지만 세계 시장의 가격 변동은 주기적인 실업, 인구 유출, 혼란으로 이어졌다.[23]

구아노의 경우처럼, 질산염 채굴 현장의 노동과 환경 조건은 갈등을 유발했다. 하지만 칠레 광부들은 전투적인 운동을 조직했다. 기록상 아타카마의 첫 번째 파업은 1865년에 발생했다. 그러나 국민의 기억 속에 깊이 각인된 대립은 1907년 12월 이키케에서 일어났다. "당시 파업에 돌입한 수천 명의 질산염 노동자들(과 그들의 가족)은 고충을 시정하기 위해 질서와 위엄을 유지하며 항구에 모여들었다."[24] 이에 로베르토 실바 레나르드Roberto Silva Renard 장군은 기관총 사격으로 응수해 수백 명이 사망했다.[25] 그렇지만 이키케 학살은 영국인 소유의 질산염 지대에서 노동운동을 종식시키지 못했다. 노동자들의 활동을 끝낸 것은 제1차 세계대전이었다. 유럽인들이 서로 죽이고 그들의 경관을 훼손하면서, 비료 수요는 급감했다. 뒤이어 발생한 대공황은 그것을 영원히 소멸시켜 버렸다. 그 무렵, 또 다른 자연의 산물이 칠레 경제의 원동력으로 부상했다. 바로 구리였다. 광부들은 결국 자연과 채굴에서 또다시 암울한 경험에 직면했다. 하지만 그들은 또한 투쟁의 역사를 물려받았다.

구리 채굴의 역사는 1850년대에 시작되었다. 칠레인 소유의 소규모 회사들이 아타카마 사막 아래 반건조 지대인 노르테치코Norte Chico를 파헤쳤고 가장 풍부한 광맥은 1880년대에 고갈되었다. 여기저기 떠돌던 광부들은 마이포Maipo에서 코피아포Copiapó까지 오염된 바위와 흙이 흩뿌려져 있고 움푹 파인 경관을 곳곳에 남겼다. 40년 동안 이 회사들은 약 900곳의 제련소에 연료를 공급하기 위해 인근 초원 지대의 삼림을 벌채하면서 대기를 오염시키고 토질을 떨어뜨렸다.[26] 광부들은 노동의 대가를 거의 받지 못한 채 열악한 환경에서 힘들게 일했는데, 한 세기 뒤에는 볼리비아인들이 그런 환경을 견뎌야 했다. 1870년대에 폴란드의 금속공학자 이그나시오 도메이코Ignacio Domeyko는 매장량이 풍부한 카리살Carrizal 광산을 방문한 뒤, 이렇게 기록했다. "바깥 모습은 어딘가 모르게 슬프다. 거대한 돌무더기, 암석 파편들이 쌓아 올린 큰 언덕들 …… 여기저기 갈대로 엮어 만든 비참한 오두막집 …… 엄청나게 큰 바구니를 어깨에 메고 쉴 새 없이 들락날락하는 반나체의 남자들."[27]

같은 시기에 찰스 다윈Charles Darwin은 코킴보Coquimbo와 하우엘Jahuel에서 일하는 광부들을 목격하고 회사들이 남자들을 "정말로 짐 나르는 짐승"처럼 다뤘다고 언급했다. 그는 "그들이 광산의 입구에 이르러 몸이 앞으로 구부려져 계단에 팔을 기대고, 다리는 굽혀지고 근육이 떨리며 얼굴에서 흘러내리는 땀이 가슴으로 흐르고 콧구멍은 벌어졌으며 입꼬리는 강제로 뒤로 젖혀진 듯했다. 가장 힘겹게 숨을 내뱉는 광경을 바라보는 것은 정말로 혐오스러웠다"라

고 썼다.[28]

저항을 막기 위해 회사들은 징계 체제를 시행하고, 무장한 경비원들을 배치해 광부들의 막사를 에워쌌다. 경비원들은 광석 절도 혐의를 받은 노동자들을 구타할 수 있도록 허락받았다. 이 황량하고 구불구불한 땅으로, 자연이 땅속에 품은 부富를 따라 대규모 구리 채굴 회사Big Copper, la gran minería들이 도착했다. 그들의 도래는 사회생태학적 갈등을 심화시켰고, 20세기 칠레의 자연적·정치적 경관을 형성했다.

전력 혁명과 제1차 세계대전 동안 유럽인들이 남긴 개발 공백에 고무된 미국의 거대기업 아나콘다Anaconda와 케네콧Kennecott은 아타카마와 노르테치코에 세계 최대 규모의 광산을 열었다. 아타카마의 추키카마타Chuquicamata 광산과 포트레리요스Potrerillos 광산, 그리고 노르테치코의 엘테니엔테El Teniente 광산이었다. 자연에 위축되지 않은 미국인들은 대대적인 환경의 변화를 촉발시켰다. 예를 들어 케네콧은 엘테니엔테에 공장, 제련소, 공중 전차, 사무실, 9000명을 수용하는 막사, 그리고 "말 그대로 협곡의 벽을 깎아 만든" 철도를 건설했다. 새로운 기술은 산악 지대에 엄청난 영향을 미쳤다. 이를테면 엘테니엔테에서 사용한 혁신적인 방법은 터널이 무너지고 산 자체가 내려앉을 때까지 광산 터널의 천정을 다이너마이트로 폭파하는 것이었다.[29] 제련소에서는 부서진 광석을 산성수酸性水에 담그는 신기술로 극소량의 구리까지 추출했고, 이로써 산의 소모를 더욱 촉진했다. 19세기에 광부들은 구리 1톤당 4~6톤의 암석을 파낸 반면, 대규모 채굴 회사는 금속 1톤당 50~60톤의 산을 결딴냈다.[30] 제련소는 또한 광범위한 지역에 매우 독성이 강한 폐기물을 비밀리에 내보냈다. 아타카마의 제련소들은 구리를 걸러내고 남은, 분쇄된 화학 폐기물, 즉 '광미鑛尾'(광물찌꺼기)를 직접 바다에 내버렸다. 엘테니엔테는 지역의 강 두 군데의 바닥에 암석 폐기물을 가라앉히다가 농민들의 반대에 부딪혔다. 그 뒤 케네콧은 트랑케tranque, 즉 광미를 가둬두는 제방 또는 댐처럼 보이는 벽을 설치했다. 하지만 자연스럽게도 트랑케는 안데스 산맥을 생성한 지각 변동에 취약했다. 예를 들어 1928년 지진이 엘테니엔테의 트랑케에 균열을 일으켜 300만 톤의 광재鑛滓(광석 제련 후 남은 찌꺼기)를 카차포알강으로 흘려보냈는데, 그 과정에서 광부 막사 두 곳과 촌락 하나가 매몰되었다. 유사한 사례는 1966년에도 반복되었는데, 진도 7.6의 지진이 발생해 발파라이소의 공동체 네 곳에서 트랑케가 무너졌다. 적절하게 명명된 촌락 엘코브레El Cobre(에스파냐어로 구리를 뜻함 – 옮긴이)는 진흙과 바위가 떠내려온 산사태에 파묻혀 주민 350~400명이 희생되었는데, 그중 절반은 어린아이였다.[31]

그런 경관의 상처는 노동자들의 몸속과 몸 위에도 새겨졌다. 노동부 장관은 1940년대 엘테니엔테의 여건이 "비인간적이고 야만적"이었다고 선언했다. 인부들은 적절한 보호 장비나 환기 장치 없이, 폐소공포증을 일으킬 만한 공간에서 10시간 이상 땅을 파헤쳤다. 반복적인 다이너마이트 폭발로 유독성 먼지와 연기가 가득 스며든 공기를 마셔야 했고, 그들의 몸은 괴롭게 뒤틀리며, 극심한 열기에 노출되었다. 광부들의 근육은 고통스럽게 경련을 일으켰고, 청력은 몇 달 만에 사라졌다. 기관지 감염, 천식, 결핵, 규폐증이 그들의 폐를 해쳤다. 케네콧은 부상을 모욕할 뿐 아니라 규폐증에 걸린 노동자를 "신체적으로 부적합"하다고 해고하거나 블랙리스트에 올리는 정책을 수립했다. 사고는 광부들을 따라다니며 괴롭혔다. 화학제품이 일으킨 화상, 골절을 동반하는 낙상, 사지가 찢기는 폭발, 유독 가스 중독, 감전, 터널의 화재와 붕괴 등이 일상적으로 일어나 그들을 불구로 만들거나 목숨을 앗아갔다.[32]

채굴의 고된 특성과 착취적인 노동 조건이 결합되어 칠레에 중대한 결과를 가져올 갈등을 일으켰다. 한때 수많은 구아노 노동자들이 실의에 빠진 것과는 달리, 구리 광부들은 사막의 질산염에 뿌리를 둔 전투적인 민족주의와 반제국주의적 정체성을 채택했다. 대공황 시기에 해고된 질산염 광부들은 구리 광산으로 이주해 "북쪽 바다, 사막, 질산염 현장"의 거친 자연환경에서 벌어진 "영웅적 투쟁"의 무용담을 공유했다. 두려움 없는 남성성을 지닌 사내들은 칠레 노동계급 가운데 선도적인 부분이 되었다. 광부들은 스스로 "투쟁하는 사람"

이자 국가의 명예, 그들의 가족과 공동체의 수호자로 여기면서, 광산의 초국적이고 사적인 소유에 대한 대안을 요구했다.[33] 1930년대에 그들은 구리의 국유화를 요구했다.[34] 엘테니엔테 노동자들은 1946~1947년의 격렬한 파업에서도 그 요구를 유지했다. 1954년에 구리 광부들은 산업 전반에 걸친 파업을 조직했으나, 정부가 지도부를 체포하고 포위 작전을 통해 사막을 무장화하면서 끝을 맺었다. 마침내 1965년에 발생한 총파업은 국가 전체를 정지시켰고, 수십 년에 걸친 전투적 행동주의가 성과를 거두기 시작했다. 1967년 에두아르도 프레이Eduardo Frei 대통령은, 수용이 아니라 기업의 지분 51퍼센트를 매입하는 방식으로, 대규모 구리 채굴 회사의 '칠레화'에 착수했다. 광부들은 1970년 대통령 선거에서 사회주의자 후보 살바도르 아옌데Salvador Allende의 당선에서 주역을 맡으면서 압력을 지속적으로 행사했다.[35] 1970년 12월에 아옌데가 구리, 석탄, 질산염 광산의 국유화를 완료했을 때, 칠레 광부들은 경제적 심장부에 대한 국가의 통제, 즉 사실상 자연의 국유화에 기여했다는 데 만족할 수 있었다.

그러나 칠레의 사회주의 실험은 오래가지 못했다. 아메리카에서 칠레 사회주의가 자본주의에 제기한 도전은 1973년 9월 11일 아우구스토 피노체트Augusto Pinochet 장군이 아옌데 정부를 전복하면서 막을 내렸다. 피노체트는 광산업을 계속 국가 통제 아래 유지했다. 하지만 그는 채굴을 군사화해 장군들에게 광산 운영을 맡겼다. 노동자들을 향한 정권의 태도는 오스카르 보니야Óscar Bonilla (피노체트의 쿠데타에 가담했고, 첫 내각에서 내무부장관 직을 맡아서 치안을 담당함 — 옮긴이) 장군이 노조 지도자들에게 이렇게 말했을 때 투명하게 밝혀졌다. "'요구'라는 단어를 쓰지 마라. 우리가 독재 정권이라는 점을 잊으면 안 된다."[36]

10년 동안 무자비하게 탄압당한 뒤 엘테니엔테의 노조는 독재자에 맞서 첫 번째 저항을 이끌었다. 1983년 5월 11일 광부들은 섬유 노동자, 공무원들과 함께 성공적인 1일 총파업을 벌였다. 그들은 1990년 피노체트가 여론에 떠밀려 퇴임할 때까지 정치적 반대파에 적극적으로 가담했다.[37]

구아노와 구리는 19세기와 20세기에 걸쳐 유사점과 차이점을 공유한다. 둘다 서양 자본주의 발전에 도움이 되었고, 지역의 환경을 철저하게 파괴했다. 그러나 섬의 구아노가 빠르게 고갈된 반면, 칠레의 광활한 북부 사막은 한 세기 넘게 채굴의 피해를 당했다. 노동자들은 두 사례 모두에서 혹독한 환경과 폭력적인 처우의 깊은 충격을 맛보았다. 채굴 산업의 특징이라 할 수 있는 사회적 갈등이 곧 뒤따랐다. 구아노 노동자들은 감독자의 채찍에 맞았고, 칠레 광부들은 군인들의 총에 맞았지만, 결과는 달랐다. 중국인 이주 노동자들과 달리 칠레의 이주 광부들은 활기찬 노조 운동을 조직해 광산의 소유권을 변경했을 뿐 아니라, 비록 독재 정권이 그들의 승리를 가로막았지만, 국가의 운명에도 영향을 미쳤다. 한편 더 북쪽에서 또 다른 채굴 활동, 즉 석유가 자연을 뒤쫓으며 자체의 알력을 일으키고 있었다.

석유, 갈등, 그리고 열대 환경의 행동주의

석유 채굴은 구아노나 구리와 비교해 볼 때 분명하게 세계를 바꿨다. 석유는 19세기 중엽 조명 연료로서 보잘것없는 출발을 알렸지만, 그 뒤 운송 연료, 비료, 살충제를 비롯한 여러 용도로 쓰이면서 100년 동안 세계를 근본적으로 변혁시켰다. 그러므로 석유의 통제권을 둘러싸고 군대가 동원되어 대양을 건너고 산을 넘으며 사막에 뛰어들어 전쟁을 벌인 것은 그리 놀랍지 않다. 채굴의 유형에 따라 석유는 심각한 사회적·환경적 변화를 촉진하면서 분쟁을 초래했다. 20세기 동안 석유 회사들은, 광산 회사들이 모두 그랬듯이 환경과 사람들을 제멋대로 착취했다. 더욱이 석유는 물질적 특성으로 유별나게 위험하다는 추가적인 특징을 지녔다. 탄화수소는 쉽게 유출되고 불에 잘 타기 때문에 광산 채굴보다 더 넓은 지역을 위험에 노출시킬 수 있었다. 그러므로 저항의 동원에는 노동자들을 넘어 사회의 여러 부문이 포함되었다. 지역 공동체, 원주민, 그리고 20세기 말에는 환경 단체 역시 산업 관행에 도전하는 새로운 담론들을 활용해 목소리를 높였다. 멕시코, 베네수엘라, 에콰도르의 사례는 이런 변화하는 양태를 실증한다.

멕시코는 수천 년간 지하 화석이 부패하고 분해되어 극도로 발화하기 쉬운 산물, 즉 석유를 채굴한 라틴아메리카 최초의 국가이다. 또한 멕시코는 세계 최초로 석유를 국유화한 국가 가운데 하나였다. 그런 대담한 조치의 배경에는 멕시코 혁명(1910~1940)이 있었지만, 노동자들을 혁명적 정치와 수용으로 이끈 것은 자연과 노동에 대한 회사들의 착취였다. 구아노와 구리의 경우와 마찬가지로, 자연은 탄화수소가 매장된 지층의 위치를 좌지우지했다. 멕시코에서 그런 장소는 베라크루스 북부의 멕시코만 연안 우아스테카Huasteca로서 대륙 열대 우림의 최북단이었다. 석유는 콜럼버스의 항해 이전부터 지각을 뚫고 지표면으로 배어 나왔다. 잉카인들이 구아노를 사용했듯이, 우아스테카인들도 자연스럽게 흘러나오는 피치pitch(석유, 석탄에서 추출되는 검고 끈적거리는 물질, 또는 원유에서 휘발유와 경유 등을 정제한 뒤에 남는 검은 찌꺼기 – 옮긴이)를 활용했다. 그들은 그것을 카누에 보호막을 바르거나 도자기에 칠하는 데 썼고, 차포포테chapopote('피치, 타르'를 뜻하는 에스파냐어)를 향처럼 태웠다.[38] 마찬가지로, 탄화수소 또한 유럽과 미국의 기업가들이 용도를 고안하고 시장을 만들어낼 때까지 상품화되지 않았다. 멕시코에서 1908년 7월 영국인 위트먼 피어슨 Weetman Pearson 소유의 유정油井이 폭발했을 때, 그 생태적 재앙이 석유의 존재를 선전했다. 습지, 맹그로브, 개울들을 흠뻑 적신 석유는 56일 동안 타오르면서 이산화황 연기를 내뿜어 인간과 동물을 죽음으로 내몰았다. 멕시코만 연해를 포함해 자연 경관을 뒤덮은 석유의 양으로 볼 때, 그 폭발은 오늘날까지 아메리카에서 발생한 최악의 기름 유출 사고임이 틀림없었다.[39] 자연에 가한 피해는 전례가 없었고 영구적이었다. 폭발 후 20년이 지난 1929년 한 신문이 현지에서 보도한 바에 따르면, "광활한 지역에서 모든 것이 까맣게 탔고, 잿빛은 영혼을 쭈뼛하게 만들었다. 빛 자체도 검푸른 그림자를 드리우고, 어떤 생명의 흔적도 없다. 나무에는 나뭇잎이 없고, 하늘에는 새들도 날지 않고, 고독한 장소에 생명체라고는 없다. …… 끔찍한 석호밖에 남아 있지 않다. …… 하지만 회색빛 물은 납처럼 끓어오르는 듯이 보이고 좁은 틈이 내뿜는 가스는 넓은 반경에 걸쳐 공기를 메운다. 모든 나무들은 푸른 잎을 빼앗기고 불타버렸으며 고통스러운 뒤틀림으로 헐벗은 회색의 가지들을 하늘로 치켜든 것처럼 보인다."[40]

2005년에 석호는 여전히 무지개 기름 소용돌이로 물들어 있었고, 행인들의 두통을 유발할 정도였다. 2017년에도 입이 벌어진 것처럼 완벽하게 둥근 "도스 보카스Dos Bocas" 웅덩이가 구글 어스에서 쉽게 확인되면서 원유와 자연의 파괴력을 입증했다.[41] 그러나 1908년에 유럽과 미국의 석유 회사들은 그 참화를 다가올 번영의 증거라며 기념했다. 멕시코는 열광적인 석유 수출 기간으로 접어들었고, 접근하기 쉬운 석유가 고갈되는 1921년까지 지속되었다. 이는 급진적인 노동자 세력을 형성하기에 충분한 시간이었다.

멕시코 석유 노동자들은 착취적인 노동 조건, 열악한 환경, 그리고 멕시코 혁명이라는 배경 속에서 정치적 급진주의자들로 부상했다. 1910년대 말부터 노동자들은 조합을 조직해 더 나은 임금과 하루 8시간 노동을 요구했다. 위험하고 건강에 해로운 작업과 자연환경에 대응해서 그들은 안전 규약과 장비, 보건의료 서비스, 위생적인 노동과 생활 조건, 업무상 재해 보상, 외국인 관리자들에 의한 차별적 대우 중단 등을 요구했다(자료 9.1 참조).[42] 자본주의에 대한 당시 아나키즘, 사회주의, 공산주의의 비판 의식에 영향을 받은 멕시코 석유 노동자들은 대결을 불사하는 남성적 정체성을 구축하고 자신들을 혁명의 좌익에 자리매김했다. 그들의 현실은 계급적 위치가 인간이 자연 속에서 또는 자연과 더불어 갖게 되는 경험에 영향을 미친다는 것을 보여주었다. 사회적 위계의 맨 아래에 있는 노동자들은 기업의 서열 상층부에 있는 이들보다 화상과 질식 같은 자연적이고 인위적인 채굴의 위험에 더 체계적으로 노출되었다.[43] 1921년에 발생한 불황의 여파 속에서도 노동자들은 여전히 강화된 노조를 활용했지만, 대공황이 시작되자 외국인과 민간 소유에 대한 대안을 찾아야 했다. 1937년 노조원들은 정부가 베라크루스 포사 리카의 유전 지대를 수용하자료 9.1 1914년경 베라크루스 북부, 포트레로 델 야노의 흙으로 조성한 석유 댐에서 일하는 멕시코 노동자들

서던메소디스트 대학교 드골리어 도서관 제공.

고 그들이 협동조합 방식으로 운영하도록 해줄 것을 제안했다.[44]

　1938년 라사로 카르데나스Lázaro Cárdenas 대통령이 석유 회사들을 수용했을 때, 노동자들은 목표 가운데 일부를 성취했다. 투쟁적 민족주의 성향의 정부는, 1952년 볼리비아 혁명이 광산을 수용한 것보다 10년 이상 앞서, 그리고 칠레의 대규모 구리 채굴 회사 국유화에 30년 앞서 석유를 국유화했다. 석유 산업의 인수는 노동에 대한 반응을 포함한 민족주의적 개발 계획과 결부되어 노동자들의 건강, 안전과 사회적 혜택의 개선으로 이어졌다.[45] 멕시코의 국영 석유회사 페멕스PEMEX는 다양해진 국가의 경제 발전 가운데 많은 부분에 자금을 공급한 반면, 국가는 결국 석유 노동자들의 조합을 정부 기구에 편입시켜 전투적인 조합원들을 약화시켰다. 그러나 탄화수소의 국가 소유가 환경 정

책에 무엇을 의미할지는 1938년에 분명하지 않았다.

제1차 세계대전에 등장한 새로운 전쟁 기술(비행기, 전차, 전함)이 석유를 전략적 가치를 지닌 군사 상품으로 전환시키자 그 과정에서 베네수엘라는 탄화수소를 채굴하고 사회생태학적 파란을 겪는 두 번째 라틴아메리카 국가가 되었다. 1920년대에 영국과 미국의 회사들이 멕시코에서 베네수엘라로 이주해서 20세기의 나머지 기간에 마라카이보Maracaibo 호수(베네수엘라 북부에 위치한 호수로 바다와 연결되어 해수가 유입되는 기수호임 - 옮긴이)와 베네수엘라 경제를 변모시켰다. 멕시코에서 그랬던 것과 같은 관행을 활용하면서 그 회사들은 마라카이보 호수에서도 그에 필적할 만한 생태적 재난을 초래했다. 1926년 미국 영사 알렉산더 슬론Alexander Sloan은 이렇게 기록했다. "호수는 …… 석유로 덮여 있다. 석유는 파도에 밀려 해안으로 이동하고 그것이 닿은 모든 초목을 검게 만든다. …… 해변을 따라 야자나무가 줄지어 있는데, 그 나뭇잎들은 기름에 덮여 땅으로 축 늘어져 있다. 늘어선 것은 원래 야자나무였지만 이제 모든 잎이 불에 타서 벌거벗은 그루터기들뿐이다. …… 석유는 초목과 가옥 위 곳곳에 튀어 있다. 또 출입하는 이들의 신발이나 옷에 묻어 사무실과 집안으로도 옮겨진다."[46]

어부들은 신속하게 물고기의 떼죽음을 오염 탓으로 돌렸고, 농부들은 카카오나무의 손실을 기름 유출과 화재 탓이라고 비난했다. 목장주들은 소들이 더 이상 호수의 물을 마실 수 없다고 불평했다.[47]

석유 회사들은 베네수엘라에도 석유 화재의 엄청난 파괴력을 선보였다. 가스가 새고 유정이 터지며 노동자들이 산 채로 불에 탔다. 호숫가의 중심지인 라구니야스Lagunillas에서는 1928년과 1929년 사이에 세 차례의 석유 유출 화재가 발생해 목조 건물들을 집어삼키고 촌락은 잿더미가 되었다.[48] 그리하여 겁에 질린 인근 카비나스Cabinas의 주민들은 1928년에 함께 뭉쳐 베네수엘라 석유 채굴 회사Venezuelan Oil Concession Corp가 촌락의 경계 내에 "광장으로부터 63미터, 교회로부터 87미터, [상점]으로부터 24미터, 중국인 식당에서 97미터 떨어진 곳에"⁴⁹ 시추試錐함으로써 어떻게 모든 이들을 화재의 위험으로 밀어 넣었는지 항의했다.

그러나 베네수엘라의 시위는 독재 정권 시기에 발생했다. 이는 석유 채굴 과정에 탄압이 동반된다는 것을 의미했다. 멕시코의 경험에서 배운 독재자 후안 비센테 고메스Juan Vicente Gómez는 "노동자들의 대규모 집중과 그에 수반되는 노동 문제들을 회피하기 위해" 베네수엘라 영토에서 정유 공장의 건설을 반대하기로 결정했다.⁵⁰ 그럼에도 유전油田 노동자들은 20세기 전반기에 여러 차례 노동운동을 이끌었다.

고메스의 노조 금지 조치에도 불구하고, 석유 노동자들은 1925년 7월에 베네수엘라 역사상 최초의 주요한 파업을 조직했다. 그들의 요구에는 하루 8시간 노동과 하루 1달러 이상의 임금 지불이 포함되었다. 멕시코 석유 노동자들처럼 베네수엘라 남성들은 현장의 식량 부족, 외국인 상관들의 인종주의와 차별 관행, 사고 발생 시 보상의 부재, 높은 말라리아 발병률, 의료 서비스와 주거 공간의 부족 등을 비판했다.⁵¹ 고메스는 군대를 동원해 파업을 파괴하는 방식으로 응수했고, 노동자들의 행동주의를 "멕시코 선동가들"의 탓으로 돌렸다.⁵² 노동자들이 조직을 재건해 다시 저항하기까지는 10년의 세월이 지나야 했다.

1936년 12월, 석유 노동자들은 두 번째의 전국적 운동을 이끌었다. 정치적 요구는 독재 통치의 종식에 초점을 맞췄고, 노동 조건의 요구에는 의료 서비스, 위생, 안전, 식수 등이 포함되었다. 베네수엘라 전역의 노동자들은 이에 동조했고 회사들과 '군사주의'의 거부에 맞서 총파업을 조직했다. 정부는 다시 한번 군대를 불러냈고 메네 그란데Mene Grande 유전에서 파업자들에게 발포해 5명이 사망했다. 1937년 1월에 정부는 노조 지도부를 체포해 추방하고 노동운동을 파괴했다.⁵³

그 뒤 국가는 정책과 몇 가지 전술을 수정했다. 1937년에 정부는 '석유를 파종한다'는, 달리 말해 석유를 경제의 핵심으로 삼는다는 중대한 생태적 결정을 내렸다. 그러나 성공적인 '수확'을 보장하기 위해서는 노동관계의 평화가 필수적이었다. 그리하여 정부는 회사들과 노조 사이를 중재하고 노동자들의 전투성을 무력화하고자 노동자들을 향해 온정주의적 태도를 취하게 되었다. 1946년과 1948년 사이에 정부는 최초의 단체 교섭 계약을 중개했다. 하지만 노동자들이 1950년에 세 번째 파업을 조직했을 때, 정부는 노조를 무자비하게 진압해 효과적으로 그들의 정치색을 없앴다.[54]

1976년에 석유의 파종은 "악마의 배설물"이 되었다.[55] 경제의 '석유화'는 환경의 질적 저하가 만연하는 상태를 의미했을 뿐 아니라 베네수엘라인들 사이에 다른 사회경제적 왜곡 외에 농업이 석유의 제단 위에서 희생되었다는 불쾌한 감정을 확산시켰다. 식량의 불안정은 1977년 식량 위기와 1980년대의 폭동으로 이어지면서 베네수엘라를 괴롭혔다.[56] 그리하여 1976년에 단행된 베네수엘라의 석유 국유화는 멕시코, 볼리비아나 칠레와 비교하면 노동운동의 영향을 거의 받지 않았다. 그 뒤에 베네수엘라 정부는 사회 세력으로서 석유 노동자들을 해체했다.

한편 멕시코인들은 20세기 후반기에 국유화 역시 현실적인 생태적 한계를 지닌다는 것을 알게 되었다. 페멕스는 외국의 민간 기업보다 더 많이 자연과 공동체에 관심을 기울이지 않았다. 그 국영 기업은 탄화수소를 찾아낸 곳이면 어디든지 삼림을 벌채하고 토양, 물과 공기를 오염시켰다. 더욱이 대단히 힘든 지형의 자연을 추적한 페멕스는 1970년대에는 앞바다에서 시추하기 시작했다. 1979년 6월 3일에 "익스톡Ixtoc I" 유정이 폭발해 불길에 휩싸였을 때 재앙이 뒤따랐다. 지구는 290일 동안 멕시코만으로 석유를 유출해 약 1만 5000제곱킬로미터의 해양을 오염시켰고 유카탄에서 텍사스에 이르는 해안을 훼손했다.[57] 이렇듯 채굴의 파괴력은 멕시코만 전역의 어촌과 해양 생물로 확산되었다.

에콰도르에서 석유는 비슷한 양태를 따랐지만 지역의 다양한 역사적 행위자들을 선두에 내세웠다. 1967년에 텍사코Texaco와 걸프Gulf(두 곳 다 미국의 석유 회사 – 옮긴이)는 아마존 지역에서 석유를 발견했다. 이 지역은 키호족Quijos,

카넬로족Canelos, 키추아족Quichua, 우아오라니족Huaorani, 시오나-세코야족Siona-Secoya, 코판족Cofán 원주민들이 차지하고 있는 영토였다. 호황이 뒤따랐고, 상대적으로 고립되고 위험한 환경을 식민화하려는 채굴 산업의 오래된 대본이 재연되었다. 이를테면 이민, 무계획적인 도시화, 삼림 벌채, 야생생물 서식지의 파편화와 훼손, 그리고 그에 따른 개체 수의 감소 등이다. 생태계 파괴에 일조하는 석유 특유의 악영향, 즉 기름 유출 또한 발생했다. 유정, 송유관, 유조油槽, 원유 "폐기물" 구덩이 등에서 분출된 석유는 숲의 바닥과 상수원을 뒤덮었다.[58]

또한 에콰도르는 열대 우림 생태계에서 도로 건설이 야기하는 부수적인 결과들을 보여주었다. 토지 없는 자급자족 농민들이 석유의 흔적을 따라 몰려들면서 이미 피해를 입은 자연과 원주민 공동체에 압력을 가중시켰다. 벌목꾼들이 도착해 삼림 벌채를 가속화했고, 목축업자들이 줄지어 들어가 나무를 풀과 가축으로 대체했다. 원주민들과 이주민들 사이에 폭력이 늘어났다. 그동안 텍사코는 원유를 수출하기 위해 안데스 산맥을 넘어 해안까지 이어지는 315마일(약 507킬로미터)의 송유관을 건설했다.[59] 1992년에 회사는 떠났지만, 그 폐기물은 발진, 태아 유산, 선천적 기형, 암 등으로 공동체 주민들의 건강에 악영향을 미치면서 다시 떠올랐다.[60]

다른 곳에서 노동자들이 그랬던 것처럼, 오리엔테Oriente의 원주민들은 조직을 결성했다. 그러나 그들은 국유화를 추구하지는 않았다. 그 대신에 혁신적인 동원 전술을 활용해 그들의 건강과 생태계 회복에 초점을 맞췄다. 한 가지 전술은 미국 법원에 텍사코를 상대로 소송을 제기하기 위해 에콰도르와 미국의 환경 운동가, 인권 변호사들과 결연을 맺은 것이었다. 1993년에 3만 명의 아마존 주민들을 대변하면서 원고들은 텍사코가 180억 갤런 이상의 석유 폐기물을 수로에 쏟아부었고 900개가 넘는 구덩이에 더 많은 양의 쓰레기를 버렸으며 공기를 오염시키고 식물을 죽이는 천연 가스를 타오르게 한 데다(자료 9.2 참조), 송유관을 따라 1700만 갤런 이상의 석유를 흘렸다고 주장했다.[61] 원자료 9.2 에콰도르의 아마존강 유역에 거주하는 코판족 지도자 에르메네힐도 크리오요(Ermenegildo Criollo)

루 드매테이스(Lou Dematteis)가 2008년에 촬영한 사진.

고들은 효과적인 정화 작업과 환경 복원뿐 아니라 자연과 공동체 주민들의 건강 악화에 대한 피해 보상을 요구했다. 다양한 법률적 책략을 모색한 셰브론 Chevron은 2001년 텍사코와 합병한 뒤에 손쉬운 승리를 기대하며 2003년 이 소송 건을 에콰도르로 옮겼다. 그러나 에콰도르 법원은 셰브론이 원주민들에게 190억 달러를 갚아야 한다고 판결했다. 2013년 셰브론은 뉴욕 법원에 항소해 아마존 주민들의 법률 팀이 마피아처럼 갈취하고 "부정한 방식으로 돈벌이"를 한다고 공격했다.[62] 2014년 3월 루이스 A. 캐플런Lewis A. Kaplan 판사는 에콰도르의 관할권과 보상금 지급액을 기각함으로써 셰브론을 모든 책임에서 면제시켰다.[63] 지역 공동체들이 상고할 여력이 있을지는 의문으로 남아 있다.

이렇듯 에콰도르는 지역 생태계와 인체에 미친 석유 채굴의 결과가 예상보다 오래 남게 되는 현실을 보여준다. 텍사코가 모든 노동자들을 해고하고 떠난 지 20년이 지났지만, 아마존 지역은 회사가 야기한 생태적 훼손으로부터 회복하지 못했다. 마찬가지로 원주민들은 회사가 남긴 오염 탓에 계속 질병에 시달리고 있다. 하지만 텍사코를 상대로 한 소송은 21세기 초에 채굴 복합 단지의 변화를 암시한다. 새로운 행위자들은 새로운 전술과 도구를 활용하고 국제적 동맹을 구축하며 환경적 요구를 명시하면서 채굴 활동에 대한 투쟁에 결집했다. 그들은 승리를 거두기도 하고 패배를 경험하면서 라틴아메리카의 자연을 더욱 격렬하게 착취하는 채굴의 "슈퍼 사이클Super Cycle"[64] 같은 중요한 사건의 전개에 한층 더 관심을 기울여야 한다는 것을 배웠다.

"거대 채굴": 새로운 도전과 새로운 행위자들

21세기의 전환기에 전례 없는 규모의 채굴과 석유 개발 사업이 라틴아메리카의 경관에 다가갔다. 다양한 공동체들이 광산과 석유 채굴의 생태적 충격을 느끼거나 두려워했기 때문에 지역의 자원 전쟁은 대륙 전역에서 동시다발적으로 터졌다. 1980년대에 채무에 허덕이던 라틴아메리카 각국의 정부는 1990년대에 신자유주의 정책을 지지하며 채굴 민족주의를 단념했다. 국제 대출 기관의 압력에 따라 각국 정부는 자연의 국가 소유를 포기하고 투자자 보호를 입법화하면서 채굴 회사들에게 자연에 대한 매우 특별한 접근을 승인했다. 첨단기술 산업의 호황과 초강대국으로 부상한 중국의 영향에 고무되어 새로운 채굴 기업들은 그 수요를 맞추고자 몰려들었다. 브라질, 아르헨티나, 호주의 기업들은 라틴아메리카의 경관을 놓고 영국과 미국의 회사들과 경쟁을 벌였다. 원주민들이 광업에 종사하고 에스파냐 식민 당국이 그런 관행을 확대하기는 했지만, 캐나다 기업의 압도적 광산 규모와 보기 흉한 그들의 노천광들은 예전의 모든 역사적 경험과 구별하기 위해 "거대 채굴megaminig"이라는 용어의 사용을 부추겼다.[65]

현재의 채굴 사이클(원자재 사이클 또는 주기는 원자재 가격의 장기적인 변동으로 판단하는데, 전문가들은 19세기 말 이후 네 번의 장기 상승기, 즉 슈퍼 사이클이 존재한 것으로 파악함 − 옮긴이)은 광업의 모든 측면을 강화한다. 채굴이 승인된 영토의 총면적은 역사적 선례를 찾기 힘든 수준이다. 예컨대 2011년에 페루는 410개의 광산 회사들에게 국토의 13.6퍼센트를 승인했는데, 그 면적이 대략 1740만 헥타르에 이른다.[66] 마찬가지로 아르헨티나는 파타고니아에서 코르돈 에스켈 Cordón Esquel 금광에 단일 개발 사업용으로 10제곱킬로미터를 허용했다.[67] 한편 칠레는 2000년에 3억 헥타르의 채굴지를 민간업자에게 넘겨 그 목록의 1위를 차지했다.[68] 따라서 토지를 둘러싼 갈등은 대륙 전체에 걸쳐 치솟았다.[69]

"수경水景, waterscape(물의 경관)"은 물을 둘러싼 사회적 갈등을 분석하고자 학자들이 만들어낸 용어로서 오늘날에도 분쟁의 중심에 있다. 노천광露天鑛 같은 기술은 다량의 물을 필요로 하며 오염도가 심하다. 톤 단위로 측정되는 중금속, 수은, 시안화합물cyanide, 비소 등은 지하수면으로 스며들고 지표수地表水를 오염시킨다. 더욱이 거대 채굴은 광산에서 멀리 떨어진 주민들에게까지 생태적 그늘을 길게 드리운다. 회사들이 주민 공동체가 생존을 위해 사용하는 물을 추출하기 때문이다.[70] 마찬가지로 석유 산업에서 초심해 시추ultra-deep offshore drilling, 수압파쇄("프래킹fracking", 땅속 깊이 물, 모래, 화학물질을 주입하는 공법을 수압파쇄 또는 프래킹이라 부르며, 주로 셰일층에 갇힌 가스를 채굴하기 위해 활용됨 - 옮긴이), 산처리acidizing 같은 복잡한 기술은 미국에서 벌이고 있는 것처럼, 멕시코에서도 물의 경관을 형성하고 자연을 재편하고 있다. 석유나 가스를 가두고 있는 암석층을 깨기 위해 지하 몇 킬로미터까지 물, 모래, 화학물질을 주입하는 과정은 물 부족, 지하수면의 오염, 심지어 군발지진群發地震, earthquake swarms을 유발하는 경쟁을 의미한다.[71] 2010년 멕시코만에서 벌어진 영국 석유 회사(BP)의 유출 사고가 실증했듯이, 해양 시추는 월등히 높은 환경 비용을 발생시킬 수 있다.

그러므로 채굴과 관련된 저항과 갈등은 역사상 최고 수준에 이르렀다. 하지만 주된 행위자는 더 이상 노동조합이 아니다. 20세기 후반기에 탄압을 받거나 새로운 구성원의 선임에 따라 기존의 세력을 대부분 상실했기 때문이다. 그 대신에 지역 공동체 집단, 환경 운동가, 원주민, 여성, 종교 단체들이 거대 채굴에 맞서 저항을 이끌고 있다. 그들이 사용하는 언어 또한 새롭다. 민족주의적 호소가 완전히 사라지지는 않았지만, 오늘날의 사회적 행위자들은 채굴의 실제 방식을 분석하기 위해 새로운 환경 담론을 다듬어왔다. 자연권, 파차마마Pachamama(어머니 지구)의 존중, 자연 보호와 원주민 정체성을 포괄하는 인권, 환경 정의 등과 같은 개념은 라틴아메리카 환경 운동의 새로운 어휘 목록 중 일부이다.[72] 행동주의의 양식도 진화했다. 파업과 대규모 시위는 도로 봉쇄와 초국적 관계망을 포함할 정도로 범위를 넓혔다. 이제 조직화는 전 지구적 규모로 이뤄지며, 풀뿌리 활동가들은 자연과 전 세계의 모든 생명체를 보호하기 위한 노력에 동참하고 있다.[73] 도전의 규모도 그만큼 중요해진 셈이다.

결론

19세기와 20세기 라틴아메리카에서 전개된 채굴의 환경사는 사회적 투쟁

속에서 형성된 경관을 드러내 보인다. 광석과 석유가 회사들을 이끈 장소는 풍부한 자연에 비해 인간은 그렇지 않은 곳, 예컨대 섬, 산, 사막, 열대 우림 등이었다. 노동의 역사는 노동자들이 적대적인 자연환경, 착취적인 자본주의적 노동관계, 대단히 위험한 작업을 어떻게 경험했는지 밝혀준다. 환경사와 사회사의 교차점은 공동체이든 경관이든 사회생태학적 변형을 피하지 못했다는 점, 그리고 채굴 현장이 갈등, 흔히 폭력의 경관이 되며 결과적으로 라틴아메리카 각국의 역사에 영향을 미치는 운동을 낳을 수 있었다는 사실을 보여준다. 채굴 산업에 대한 환경사와 사회사의 공동 연구는 라틴아메리카 경제의 채굴 부문에서 사회적 갈등이 지닌 생태적 근원을 드러내는 역사로 이어질 것이다. 그 결과 우리는 시간과 지리적 공간을 가로질러 자연 속에서 인간이 경험한 복잡한 삶의 일부를 조명해 주는 이야기들을 갖게 될 것이다. 그러나 그것들은 단지 하나의 견본에 지나지 않을 것이다. 라틴아메리카에서 전개된 채굴의 환경사와 사회사는 여전히 더 많이 쓰일 필요가 있다. 전 지구적 자본주의가 라틴아메리카의 경관을 더 많이 요구하고 있기 때문에, 인간의 이야기들은 계속 축적될 것이고, 역사가들에게 500년에 걸친 채굴의 생태적 기억을 탐구하고 되찾도록 자극할 것이다.

미르나 I. 산티아고Myrna I. Santiago는 버클리 소재 캘리포니아 주립대학교에서 역사학 박사 학위를 받았다. 현재 캘리포니아 세인트메리 대학에서 라틴아메리카사를 가르치고 있다. 산티아고의 연구는 환경사, 노동사, 사회사에 초점을 맞추고 있다. 저서『석유의 생태학: 노동, 환경, 멕시코 혁명, 1900~1938The Ecology of Oil: Labor, Environment, and the Mexican Revolution, 1900~1938』이 2007년 라틴아메리카 환경사 분야의 최우수 도서로 선정되어 산티아고는 엘리노어 멜빌 상을 받았다. 이 책은 2007년 사회과학과 인문학 분야에서 라틴아메리카에 관한

우수 저작으로 선정되어 브라이스 우드 도서상도 받았다. 산티아고는 ≪미국
사 저널Journal of American History≫, ≪환경사Environmental History≫, ≪여성사 저널
Journal of Women's History≫ 등의 학술지에 다수의 논문을 발표했다.

제10장

고갈되지 않는 풍요와 지속가능성

환경과학과 개발의 추구

스튜어트 맥쿡

　19세기 초 이래, 라틴아메리카의 환경 변화는 개발주의 프로젝트들이 결정적으로 주도해 왔다. 역사가 케네스 포메란츠Kenneth Pomeranz는 "개발주의와 그에 대한 저항이 지난 수 세기 환경사의 큰 부분을 차지하고 있다"라고 역설한다.[1] 전 세계의 여러 국가가 개발주의 프로젝트를 받아들였다. 포메란츠는 개발주의 프로젝트를 "국가 건설, 정주화定住化, 자원 개발"을 강조하는 광범위한 관행과 이데올로기라고 규정했다.[2] 영 제국에서 공산주의 중국에 이르기까지 정치 체제와 관계없이 모든 국가가 이 개발주의 패러다임을 받아들였다. 마찬가지로, 라틴아메리카에서는 브라질 제국, 포르피리오 디아스Porfirio Díaz 체제의 멕시코, 사회주의 쿠바, 신자유주의 칠레 등 다양한 국가들이 개발주의 프로젝트를 추구했다. 개발주의 프로젝트는 너무나 다양해, 한 국가 내에서든 또는 여러 국가 사이에서든 완전하게 일관성을 갖추기란 거의 불가능하다. 그렇지만, 19세기와 20세기 라틴아메리카의 경우, 개발주의를 세 가지 중요한 단계로 구별해 볼 수 있다. 19세기 초부터 대공황까지의 첫 번째 단계에서는, 수출주도 발전을 강조하는 자유주의적 개발주의가 우세했다. 대공황 시기부터 1990년대 초반까지 이어진 2단계에서 라틴아메리카 개발주의는 산업화와 국가의 역할 증대를 강조하는, 더 내부지향적인 특성을 선보였다. 세 번째 단계인 신자유주의적 개발주의는 1980년대에 시작되었다. 이 모델은 개발주의 프로젝트에서 국가의 개입을 줄이고, 민간 기업, 특히 대기업의 힘을 강화하는 방향으로 나아갔다.[3]

라틴아메리카에서 개발주의는 끊임없이 환경의 변화를 초래했고 그 변화를 관리하는 것이 개발주의의 중심 과제가 되었다. 그러므로 19세기 초부터 환경과학은 이런 개발주의 프로젝트의 필수적인 부분이 되었다. 라틴아메리카에서 그런 프로젝트에는 일반적으로 자연계의 관리도 포함되어 있었다. 이때 자연은 쿠바의 사탕수수 농장과 같은 농촌 환경에서 멕시코시와 같은 20세기 거대도시의 도시 환경에 이르기까지 다양했다. 19세기 대부분의 기간에, 과학자들은 경제 성장을 가속하기 위한 프로젝트에 참여해, 천연자원의 매장량을 파악하거나 잠재적 경제 가치를 지닌 외래 식물을 현지에 적응시키는 일 등에 종사했다. 19세기 말부터, 과학자들은 치명적인 토양 침식, 도시 대기 오염, 생물의 멸종과 같은, 개발주의 프로젝트가 야기한 환경 문제들을 관리하는 일에 합류했다. 이런 우려들이 라틴아메리카 과학 연구의 근본을 이뤘는데, 이는 특히 과학자들이 후원자의 개발주의적 우선순위에 자신의 연구를 맞췄기 때문이다.

과학자들은 개발과 환경에 대한 대중적 담론을 형성하는 데 점점 더 중요한 역할을 맡았다. 특히 제2차 세계대전 이후 환경 문제가 급증하자, 라틴아메리카에서는 과학을 위한 공간이 만들어졌다. 어떤 과학자들은 자신의 전문적 지식이 오늘날 가장 시급한 환경 문제에 최상의 해법을 제공할 수 있다고 주장했다. 이는 기술 관료적인 하향식 세계관이었는데, 과학자들은 기관들(항상 그렇지는 않지만 대체로 공공기관)을 통해 사회적 권한을 행사했다. 일부 과학자들은 개발주의가 초래한 환경적 결과에 자주 경악했다. 그러나 그들은 대부분 국가를 위해 일했고, 국가는 과학자들이 개발주의 프로젝트에 의문을 제기하는 것이 아니라 그것이 효과적으로 작동하도록 협조하기를 원했다. 이런 상황은 때때로 과학자들을 그들의 후원자와 갈등을 빚도록 만들었고, 또한 이 후원자들은 대중의 이름으로 움직인다고 여겨졌기 때문에, 과학자들은 대중과도 갈등 관계에 놓였다. 따라서 과학자들은 자주 생산과 보전 사이에서 균형을 맞추려고 노력했다. 20세기 마지막 25년 동안에는 전문가들의 권한 남용을 우려한 공공단체들도 기술 관료적인 환경 의사결정에 의문을 제기하기 시작했다. 물론 이것이 과학 자체에 대해 의문을 제기한 것이라고는 볼 수 없다.

라틴아메리카의 신생 독립국들이 자국의 과학 기관과 공동체를 재건한 것은 자연사라는 오래된 학문이 점차 더 넓은 범위의 전문화된 학문 영역과 그 하위 분과들로 분화되는 시기였다. 우리는 이 학문의 영역들을 환경과학이라 규정할 수 있을 것이다. 넓은 의미에서 환경과학은 유기적 환경과 물리적 환경을 연구하는 학문 분야이다.[4] 이처럼 새롭게 등장한 학문 분야 중에서 일부는, 이를테면 식물학, 동물학, 지리학, 생태학 같은 분야는 주로 자연의 과정들을 그 자체로서 이해하는 방향으로 설정되었다. 반면 식물병리학, 임학, 야생동물 관리, 공중보건, 대기 화학 같은 분야들은 더 실용적이며, 주로 인간의 활동과 관련해 자연을 이해하는 것에 초점을 맞추고 있다. 이들을 순수 또는 응용 환경과학으로 나눌 수 있지만, 이 구분은 오해를 불러일으키기도 한다. 순수과학은 종종 실용적 가치를 지닌 연구를 낳았고, 응용과학은 종종 환경 과정에 대한 근본적인 새로운 이해로 이어졌다.[5] 이런 다양성이 중요하다. 환경과학자들은 하나의 목소리로 이야기하는 일이 거의 없으며, 그들의 연구가 한 가지 정책 방향을 가리키는 일도 거의 없었다.

진보와 고갈되지 않는 풍요: "장기의 19세기", 1780~1930

장기의 19세기(대략 아이티 혁명에서 대공황에 이르는 시기)에 라틴아메리카의 신생국들은 수출주도 개발에 필요한 자유주의 프로그램을 촉진하기 위해 과학의 힘을 빌렸다. 독립전쟁 이후 에스파냐령 아메리카와 포르투갈령 아메리카는 거의 모두 식민 지배에서 벗어났고, 쿠바와 푸에르토리코만 에스파냐의 수중에 남았다. 대다수 국가들은 (심지어 식민지로 남아 있는 곳까지도) 상품 수출을 통해 경제 발전을 추구했고 라틴아메리카 상품에 끝없는 욕망을 보여온 전 지구적 북부Global North의 산업 시장을 위해 열대 상품을 생산했다. 라틴아메리카의 엘리트들은 '아낌없이 주는 자연prodigal nature'이라는 신화를 공유했다. 이 지역의 천연자원은 무한정 풍부하고 고갈되지 않기 때문에 모든 실질적인 목적을 위해 사용할 수 있다는 의미였다. 이 자원들은 국가 경제의 발전을 도모하는 데 사용되어야 했다. 쿠바 속담에 "설탕 없이는 나라도 없다Sin azúcar, no hay país"라는 말이 있을 정도였다. 19세기 말 무렵 브라질은 세계 다른 국가 모두를 합친 것보다 4배 많은 커피를 생산했고, 쿠바는 세계 최대의 설탕 생산국이었다. 광활한 브라질의 경관을 보면, 이 고갈되지 않는 풍요의 이데올로기는 쉽게 이해할 만하다. 그러나 쿠바와 같은 상대적으로 작은 지역의 엘리트들도 같은 전망을 공유했다.

자연사 분야는 식민 시대에 그랬던 것처럼, 19세기 초에도 현재 우리가 환경과학이라고 부르는 분야 대부분을 포함했다.[6] 박물학자naturalist(박물학博物學은 동물학, 식물학, 광물학, 지질학을 통틀어 이르는 말로서, 천연물 전체에 걸친 지식의 기재를 목적으로 하는 학문을 일컬음 – 옮긴이)들은 라틴아메리카 어디에서나 눈에 띄었다. 콜롬비아를 비롯한 일부 지역에서 박물학자 단체들은 독립전쟁 동안 큰 고통을 겪었다. 그러나 멕시코의 식물원과 같은 중요한 자연사 협회들은 19세기까지 살아남았다.[7] 1812년과 1840년 사이에 아르헨티나, 브라질, 칠레, 콜롬비아, 멕시코, 페루, 우루과이에서는 새로운 국립박물관이 설립되었다.[8] 여러 국가에서 엘리트들은 경제 발전을 위한 도구로서 과학을 장려하는 경제 단체들을 조직했다. 라틴아메리카의 대학들은 일반 교육과정의 일환으로서 기초 과학 지식을 제공했지만, (유럽과 북아메리카의 대학들과 마찬가지로) 과학적 연구를 활성화하는 데에는 거의 도움이 되지 못했다. 오히려 대학은 변호사, 의사, 교사, 공학 기사를 양성하는 데 중점을 두었다.[9]

이 시기에 라틴아메리카의 박물학자들은 대부분 지역의 박물관, 아카데미, 연구소 또는 정부 기관에서 연구하거나 해외에서 선진 교육을 받으려 했다. 외국 과학자, 공학 기사, 의학자 같은 '필수적인 이방인들indispensable aliens'도 과학과 기술 지식을 제공했다. 하지만 레이다 페르난데스 프리에토Leida Fernández Prieto가 관찰한 것처럼, 그들의 지식은 "단순하게 일직선으로 확산하지 않았다." 오히려 "지식의 구축과 보급은" 해외와 현지 과학자들을 포함해 "많은 행위자들이 참여한 학습과 협상의 과정으로 검토되어야 한다."[10] 장기의 19세기에 라틴아메리카의 대표적인 박물학자들 가운데 다수는 유럽에서 건너온 이주민들이었다. 이들은 신세계로 이주한 작은 중산층 이민 물결의 일부였는데, 연구와 발견에 도움이 될 엄청난 기회에 매료되었다. 이 집단의 대표적인 인물로는 이탈리아 출신 안토니오 라이몬디Antonio Raimondi(페루), 독일 출신 테어도어 볼프Teodor Wolff(에콰도르)와 아돌프 에른스트Adolf Ernst(베네수엘라), 스위스 출신 에밀 괼디Emil Goeldi(브라질 벨렝)와 앙리 피티에Henri Pittier(코스타리카와 베네수엘라) 등이 있었다. 이 외국인 과학자 가운데 다수는 라틴아메리카에 영구 정착했고, 이주자로서 국가 건설 과정에 이바지했다.

라틴아메리카 신생국들은 특히 그들의 영토를 경계 짓고 야생 환경을 측량하는 데 관심이 많았다. 그런 측량은 상징적인 목적과 실제적인 목적을 모두 지니고 있었다. 상징적인 의미에서 측량과 천연자원 조사 일람표는 국가의 공간을 정의하고, 그것에 대한 국가의 소유권을 확보하는 일이었다. 실제적인 면에서 측량은 국가 엘리트들이 발전을 도모하는 데 사용할 수 있도록 천연자원의 목록을 제공했다.[11] 1830년 신생 독립국 베네수엘라의 정부는 국가의 지지학地誌學적 측량을 실행하기 위해 이탈리아 공학 기사 아구스틴 코다치Agustín Codazzi를 고용해 1839년에 조사를 완료했다. 쿠바에서는 박물학자 라몬 데 라 사그라Ramón de la Sagra가 (쿠바 섬 전역에서 모인 박물학자들과 함께 공동으로) 1845년 광범위한 자료인 『쿠바 섬의 물리, 정치, 자연의 역사Historia física, política, y natural de la isla de Cuba』를 출판했다. 대략 1880년과 1930년 사이에 라틴아메리카의 거의 모든 국가가 자국의 식물 목록을 만들었다. 이 식물지植物誌는 포괄적인 내용을 담도록 기획되었기 때문에, 박물학자들은 영토를 탐험하고 고된 여정을 소화하면서 식물을 채집하고 지도를 만들었다. 그들은 해외의 박물관과 식물원에서 보유 중인 자국의 자연에 대한 모든 식물 지식을 종합하려고 노력했다. 또한 박물학자들은 원주민 집단, 농민, 아마추어 박물학자 등으로부터 지방의 환경 지식을 선별적으로 (대체로 조용하게) 전유했다.[12] 대다수 박물학자는 당시 지배적이던 자유주의적 개발주의 패러다임을 받아들였지만, 브라질의 주제 보니파시우 지 안드라다 이 시우바José Bonifácio de Andrada e Silva(1763~1838)를 비롯한 일부는 이 모델이 지닌 환경적·사회적 영향에 우려를 표시했다. 환경 파괴에 대한 그들의 비판은 '자연' 그 자체를 생각하는 본질적인 우려는 아니었다. 그보다 국가 경제와 사회 발전에 필수적인 천연자원을 소모적이고 파괴적으로 이용하는 것에 대한 실용주의적 우려에 뿌리를 두고 있었다.[13] 어떤 의미에서 이런 견해는 향후 20세기 후반에 전개되는 지속가능성 논의의 선구로 볼 수도 있다.

생태적 문제가 농업 생산의 지속적인 성장에 심각한 장애물로 떠오르기 시작하면서, 농업 과학agricultural science이 중요성을 얻게 되었다. 라틴아메리카의 여러 지역에서 농민들은 가능한 한 빨리 자본을 축적하기 위해, 농업경제학자 프란츠 다페르트Franz Dafert가 생태적 "약탈robbery"이라고 묘사한 것을 실행에 옮겼으며 결국 토양을 고갈시키고 자연 경관을 퇴화시켰다.[14] 이 같은 문제 때문에 경작자들은 토양의 비옥도를 회복시키기 위해 화학비료와 그 밖의 다른 수단에 더 많이 관심을 기울이기 시작했다. 단일재배의 급속한 확산은 또한 전례 없는 농작물 병충해의 창궐을 유발했다. 존 솔루리는 그 특징을 일컬어 "일차산품 질병commodity diseases"이라고 적절하게 규정했다. 남아메리카의 잎마름병Leaf Blight은 브라질에서 대규모 고무 농장의 개발을 막았다. 파나마 질병은 중앙아메리카의 바나나 농장을 황폐하게 만들었다. 설탕 모자이크병은 쿠바와 푸에르토리코에서 상당한 규모의 손실을 초래했다. 이 질병들은 무작위로 발생한 사고가 아니었다. 강도 높은 생산 증대의 결과이며, 또한 전 지구적 남부Global South 곳곳에서 일어나는 유기체 순환의 가속화가 가져온 결과이기도 했다.[15]

농업과학은 19세기 초 독일에서 하나의 연구 분야로 부상했다. 독일 기센 대학교 유스투스 폰 리비히Justus von Liebig의 화학 연구는 화학비료가 농업 생산성에 막대한 이익을 낳는다는 것을 보여주었다. 역설적이지만, 어쩌면 화학비료에 대한 이런 세계적인 관심이 페루에서 환경 파괴적인 자원 호황을 일으킨 것일 수도 있다. 외국 기업들은 질소, 인산염, 칼륨이 풍부한 조류의 구아노를 얻기 위해 페루 연안의 친차 제도를 채굴했다. 구아노 수출로 북아메리카와 유럽의 들판(그리고 쿠바, 푸에르토리코, 카리브해 지역 여러 곳의 설탕 농장)은 비옥하게 되었다.[16] 한 세기에 걸쳐 농업과학은 농업 화학, 경제 곤충학, 식물 병리학, 식물 순화와 육종 등을 포함하는 광범위한 과학 분야로 확장되었다.

라틴아메리카에서 가장 먼저 국가가 후원한 농업 실험장은 브라질 상파울루에 있는 아그로노미쿠 지 캄피나스 연구소Instituto Agronômico de Campinas였다. 주 정부는 커피 생산 문제를 연구하기 위해 오스트리아 농학자 프란츠 다페르트를 고용했다.[17] 쿠바의 대농장주 협회는 1880년 설탕 생산 문제의 연구에 전념할 화학 실험실을 설립했다. 또한 1898년 이후 쿠바와 푸에르토리코에도 미국의 후원으로 공공 농업 실험장이 설치되었다.[18] 일차산품 질병에 관한 연구는 몇 가지 놀라운 성공을 거두었다. 예를 들어 푸에르토리코 박물학자 카를로스 차르돈Carlos Chardón은 사탕수수 모자이크병에 관한 선구적인 연구를 수행해 푸에르토리코와 쿠바의 사탕수수 재배에서 품종 혁명을 일으켰다. 그 결과, 질병과 해충에도 불구하고 생산량을 유지하고 심지어 증가할 수 있게 만들었다.[19] 그러나 에콰도르의 카카오 농장과 브라질의 고무 농장을 파괴한 질병 등의 경우에 과학자들은 이론적 설명을 제공했으나 해결책을 제시하지는 못했다.[20] 그들의 연구는 대부분 수확량 감소에 직면해 농업 생산성의 지속을 목표로 한, 매력은 적지만 필수적인 "유지"에 관한 연구였다.[21]

유행성 질병은 장기의 19세기에 개발을 가로막은 또 다른 위험한 장애물이었다. 파국을 초래한 전염병은 물론 정복 시기 이래 라틴아메리카를 줄곧 괴롭혀온 것이었고, (황열병이나 말라리아 같은) 일부 질병들은 넓은 지역에 걸쳐 만연했다. 이런 질병에 대해 면역학적인 경험이 없는 외국 군인들이 현지인들보다 훨씬 더 높은 비율로 사망했기 때문에, 이 질병들은 독립의 역학마저 변화시켰다.[22] 이런 상황은 유럽과 아시아의 새로운 이주민 물결과 함께 들어온 새로운 유행성 질병들(예를 들어 콜레라와 선페스트) 탓에 더 심각해졌다. 19세기 후반에는 결국 이런 질병들이 이민 정책을 가로막고 철도나 운하 같은 대규모 기반시설 건설 사업을 인력과 재정 면에서 어렵게 만드는 등 엘리트들의 개발 계획에 난관으로 작용했다. 1870년대와 1880년대의 과학적 발견은 의사들에게 이런 전염병에 대한 새로운 지식과 이해를 제공했다. 독일 연구자 로베르트 코흐Robert Koch와 프랑스 연구자 루이 파스퇴르Louis Pasteur가 설명한 질병의 세균 이론에 따르면, 질병은 전반적인 환경 조건보다 미생물(박테리아)에 의해 발생한다는 것이다. 라틴아메리카의 의사들은 신속하게 세균 이론을 받아들였다. 다른 열대 지역 과학자들의 연구뿐 아니라 자신들의 독자적인 연구를 추진하면서, 그들은 전염병과 관련된 미생물들이 종종 동물 매개체, 특히 모기에 의해 전파된다는 것을 발견했다. 이 새로운 이론들은 의학에 새로운 사회적 권위를 부여했다. 의사들은 미생물을 퍼뜨리는 곤충과 동물 매개체의 생태적 조건을 통제하기 위해 위생 캠페인을 장려했다.[23]

위생 캠페인은 라틴아메리카에서 정치 엘리트와 과학자 간의 첫 번째 근대적 제휴를 낳았다. 이런 캠페인은 수출 호황기의 후반부(1870~1930)에 빠르게 성장한 라틴아메리카 도시들에 초점을 맞추었다. 이 도시들은 항구이자 화물 집산지로서 세계 경제와 연결되었고, 세계 전역에서 이주민들을 받아들이고 있었다. 이처럼 신속하고 제한받지 않는 이민과 도시화는 많은 빈민들을 질병에 취약하고 불결한 환경에서 거주하게 했다. 정부는 생의학 과학자(병리학자와 공공보건 공무원)들이 전염병 연구를 수행하도록 자원과 기관을 제공하는 한편, 질병의 근원을 없애는 위생 캠페인을 재정적·정치적으로 뒷받침했다. 이런 캠페인에는 하수도 건설, 깨끗한 식수 공급, 쓰레기 처리 등이 포함되었고 강력한 강제적 요소도 지니고 있었는데, 대개 노동계급과 하층민들을 대상으로 삼았다. 때로는 강제 예방접종이나 '비위생적'이라 판단되는 주택의 철거 등이 기획되었다. 쿠바의 카를로스 핀라이Carlos Finlay는 황열병의 곤충 매개체에 관해 선구적인 연구를 수행했으나 그 연구는 대부분 미국인 월터 리드Walter Reed에 의해 가려졌다.[24] 탁월한 브라질 의사 오스와우두 크루스Oswaldo Cruz와 그의 동료들은 브라질의 위생과 질병에 대한 광범위한 전국적 조사를 실시했다. 이런 하향식 접근법 외에 공무원들은 대중에게 적절한 위생적 습성을 가르치는 데 힘을 쏟았다. 하지만 이 노력들은 엇갈린 결과와 마주했다. 공공보건 공무원들이 종종 지원 대상자들이 직면한 사회경제적 문제들을 인식하지 못했기 때문이다. 1904년 리우데자네이루에서 오스와우두 크루스가 이끈 천연두 강제 예방접종 캠페인이 열렸으나, 이는 역사상 "백신 반란"으로 알려진, 정부에 대항하는 대중 저항을 유발했다.[25]

대공황은 라틴아메리카에서 자유주의적 개발주의 시대를 끝냈지만, 이 모델은 이미 19세기 후반부터 심각한 경제적·생태적 도전에 직면해 있었다. 1880년대부터 1930년대까지, 호황과 불황의 순환은 흔한 일이 되었다. 이 모델의 경제적·환경적 비용은 점점 더 명백해졌다. 이 개발주의 모델은 라틴아메리카 일부 지역에 심각하게 퇴화한 농촌과 도시의 경관, 그리고 수많은 새로운 환경 문제를 남겼다. 환경과학은 이런 난관에 봉착한 개발주의 모델을 지속시키는 데 도움을 주었다. 예를 들어, 황열병과 말라리아가 억제되지 않은 채 남아 있었다면, 또는 바나나와 사탕수수가 브라질 고무처럼 농작물 전염병에 굴복했다면, 라틴아메리카의 개발 과정이 어떻게 전개되었을지 쉽게 그려지지 않는다. 당시 주요 분야에서 과학은 국가적 개발의 핵심 도구가 되었고, 과학 연구 기관들은 국가적 계획 사업의 핵심적 부분이 되었다. 그러나 과학에 대해 수사학적 차원 이상으로 더 일반적인 관심을 가진 국가는 여전히 거의 없었다.

풍요와 성장의 위기: "단기의 20세기", 1930~1990

단기의 20세기에 라틴아메리카 국가들은 대안적인 개발 모델을 모색하기 시작했다. 세계 경제는 대공황과 제2차 세계대전이라는 거센 충격에 휩싸였다. 유럽의 수출 시장이 대부분 붕괴하는 바람에 라틴아메리카는 미국 시장으로 더 쏠리게 되었다. 전후 수십 년간 정치적으로도 불안정했다. 이 시기에는 포퓰리즘과 권위주의가 나름의 발전 전망을 내세우며 경쟁했고, 냉전이라는 더 큰 정치 환경에 영향을 받았다. 그러나 그들의 정치와 무관하게, 대다수 국가는 더 내부지향적인 발전 프로그램을 추구했고, 규모가 큰 국가들은 산업화를 실험했다. 경제 발전을 계획하고 지휘하면서 국가의 역할은 대부분 더 커졌다. 특히 경제 발전을 위한 대학과 정부의 연구는 더욱 확대되었다. 이 연구의 대부분은 산업화를 지원하는 기술과 공학에 초점을 맞췄지만, 국가는 또한 연구 기관들을 재정적으로 후원해 어느 때보다 더 넓은 범위의 환경적 도전에 대처하도록 도왔다.[26]

1930년대부터 환경과학은 라틴아메리카 전역에서 더 확고한 제도적 기반을 갖추기 시작했다. 이는 부분적으로 고등 교육의 급속한 확대에 힘입은 바 컸는데, 특히 제2차 세계대전 이후 국가들은 새로운 대학들을 설립하거나(아마 1934년 설립된 상파울루 대학교가 가장 유명한 사례라고 할 수 있을 것이다) 기존의 대학을 확장함으로써 고등 교육을 훨씬 더 넓은 범위까지 개방했다. 역사상 처음으로 라틴아메리카인들은 소수이지만 꾸준하게 지역 내에서 과학 교육을 받았다. 하지만 대학원 과정을 위해서는 여전히 대다수가 해외로 나가야 했다. 라틴아메리카 국가들은 대학과 국가 기관 모두에서 더 큰 규모의 과학

연구가 이뤄질 수 있도록 지원하기 시작했다. 브라질 정부는 과학기술 연구를 계획하고 재정적으로 후원하기 위해 국가과학연구위원회(CNPq)를 설립했다. 이 기구는 국가 발전 진흥에 필요한 전문가 집단의 성장을 지원했다. 이후 수십 년에 걸쳐 다른 라틴아메리카 국가들도 독자적인 연구 위원회를 설립했다. 1958년에 설립된 아르헨티나의 코니셋CONICET과 베네수엘라의 코니싯CONICIT, 1970년에 설립된 멕시코의 코나싯CONACYT은 좋은 사례가 될 터였다.[27]

주요 과학 연구 센터도 새로 설립되거나 확대되었고 그 가운데 일부는 세계적인 수준의 연구를 수행했다. 예를 들어 1938년 브라질 상파울루에 설립된 캄피나스농학연구소Instituto Agronômico de Campinas와 콜롬비아커피연구센터(CENICAFE)는 커피의 유전학, 번식, 재배 분야에서 세계적 수준의 혁신적인 연구를 수행했다. 1940년대부터 1970년대까지 다수의 국제 농업 연구 센터들이 라틴아메리카에 설립되었다. 그중에는 1943년 멕시코에 설립된 국제옥수수밀연구소(CIMMYT), 1967년 콜롬비아에 세워진 국제열대농업센터(CIAT), 1972년 설립된 (그 뿌리는 1940년대에 두고 있지만) 코스타리카의 열대농업연구교육센터(CATIE), 그리고 1973년 리마의 국제감자센터(CIP) 등이 포함되었다. 다른 시민사회 단체들도 환경과 보전에 관한 과학적 연구를 지원하고자 새로운 조직들을 설립했다. 그중에는 브라질동물보호협회Sociedade Brasileira Protetora dos Animais, 콜롬비아의 자연과학협회Sociedad de Ciencias Naturales와 라사예 재단Fundación La Salle, 그리고 멕시코의 야생조류보호위원회와 멕시코임업협회 등이 있었다.[28] 전체적으로 볼 때, 대학과 이런 연구 기관들은 라틴아메리카에서 환경과학 연구를 크게 확대하는 데 기여했고, 라틴아메리카의 과학자들에게 새로운 취업 기회를 창출했다.

19세기와 20세기의 자연사 조사 일람표들은 식물 지리학, 생태학을 비롯해 여러 새로운 학문 분야에 귀중한 자료를 제공했다. 20세기 초 과학자들은 일부 자연 경관이 뜻밖에 매우 풍부한 식물과 동물 종들의 서식처라는 사실을 인식했다. 예를 들어 코스타리카에 오랫동안 거주한 알자스 출신 박물학자 카를 베르클레Karl Werklé 같은 식물 지리학자들은 이 국가가 유난히 광범위하고 다양한 식물군을 갖고 있다는 사실을 알아차렸다. 그는 그 까닭이 서로 다른 식물 지역 사이의 육교와 같은 코스타리카의 위치뿐 아니라 그 국가가 지닌 "대기와 기후 조건의 놀라운 차이" 때문이라고 주장했다.[29] 마찬가지로 19세기 콜롬비아에서 활동한 조류학자들은 유례를 찾을 수 없는 조류 종의 다양성에 놀랐다. 카밀로 킨테로Camilo Quintero가 주장했듯이, "찰스 다윈Charles Darwin과 앨프리드 러셀 월러스Alfred Russel Wallace의 연구는 자연 세계에 대한 새로운 결론을 도출하는 과정에서 지리적 분포의 중요성에 주의를 집중하도록 도왔다."[30] "생물 다양성"이라는 단어는 훨씬 뒤에 만들어지지만, 라틴아메리카의 생물학적 풍요에 대한 근본적인 통찰은 이 시기에 뿌리를 두고 있다.[31]

이런 조사 일람표와 생태 연구는 야생 동식물의 주요 종들이 무분별한 사냥, 채집, 서식지 감소로 위협받고 있다는 인식을 불러일으켰다. 유럽과 북아메리카에서 친칠라chinchilla(주로 남아메리카 안데스 산맥에 서식하는 설치류의 동물로 부드러운 촉감을 지닌 털로 유명함. 현지 에스파냐어의 발음은 '친치야'임 — 옮긴이) 코트가 유행하면서 남아메리카 원뿔꼴 지역Southern Cone(원뿔꼴인 남아메리카 대륙의 하단부 지역을 가리킴. 에스파냐어로는 코노 수르Cono Sur로 표기하며 아르헨티나, 칠레, 우루과이, 파라과이, 그리고 브라질의 일부 남부 지역들을 포함함 — 옮긴이)에서 이 동물들이 사실상 멸종되었다. 마찬가지로, 여성 패션에서 깃털의 수요는 20세기 초반 수십 년간 새 깃털의 대규모 교역 — 합법적이든 불법적이든 — 을 유발했다. 브라질, 콜롬비아를 비롯한 여러 지역의 박물학자들은 멸종 위기에 처한 종과 그 서식지를 보호하는 법안의 마련을 국가에 요구했다. 라틴아메리카 전역에서 멕시코의 임학자 미겔 앙헬 케베도Miguel Ángel Quevedo 같은 여러 과학자, 산림전문가, 공학자들이 라틴아메리카의 보전 정책과 국립 공원의 조성을 촉진하는 데 중요한 역할을 맡았다. 이에 대해서는 에밀리 웨이킬드가 보전에 관한 연구에서 더 상세하게 다뤘다(제11장 참조). 1930년대에 일부 라틴아메리카 국가들은 이런 관점을 수용하는 듯했다. 1937년 브라질 헌법은 "자연물natural objects"을 국가 유산의 일부로 인정했다. 또한 외부 세력들도 라틴아메리카에서 보전 정책들이 추진되도록 도왔다. 1940년에 체결된 「서반구(아메리카)의 자연 보호와 야생생물 보존 협약The Convention on Nature Protection and Wildlife Preservation in the Western Hemisphere」에 라틴아메리카의 여러 국가가 참여했다.32 그렇지만 에밀리 웨이킬드가 주장하는 것처럼, 라틴아메리카의 대다수 국가들은 이 협약을 비준하는 데 실패했다. 1940년대부터 1970년대까지 개발주의적 정책들이 보전 노력을 압도했다. 더욱 효과적인 보전 프로그램은 수십 년이 지나서야 시작되었다.

야생의 자연을 대하는 태도와 정책은 1970년대와 1980년대에 바뀌기 시작했다. 부분적으로는 환경 파괴와 생물 다양성의 손실을 우려하는 국내외의 새로운 보전 운동들이 특히 도시화, 산업화, 내부 식민화, 농업의 팽창과 현대화 등의 압력에 직면해서 이런 변화를 추동했다. 라틴아메리카 각국에서 활동하는 국내외 과학자들은 이 파괴에 오랫동안 주의를 기울여왔다. 과학자들은 정부의 기술 관료와 보전을 중시하는 비정부기구들을 통해 각국 정부에 보전 관련 법률을 제정하고 시행하도록 압력을 가했다. 이전 시기와 대조적으로 이 법안은 어느 정도 성공을 거뒀다. 예컨대 1970년과 1980년 사이에 코스타리카는 국토의 4분의 1 이상을 차지하는 일련의 국립 공원과 보전 지역을 설치했다. 다른 곳과 마찬가지로 그런 정책을 추진한 배경에는 여러 사회적·환경적·경제적 이유와 근거가 있었다. 코스타리카의 정부 관리들은 교육뿐 아니라 '유전 형질genetic material'의 중요성을 위해 이 자연 경관의 '과학적 가치'를 환기시켰다. 시민사회 단체들도 보전 지역을 조성했다. 코스타리카에서는 세계적으로 유명한 '몬테베르데 운무림 보호 구역'이 미국의 퀘이커 교도 단체에 의해 설립되었고, '카리브해 지역 보전협회'는 미국인 박물학자 아치 카Archie Carr의 주도로 창설되었다.33

농업은 라틴아메리카 대다수 지역에서 계속 중요한 경제적 역할을 담당했고, 각국은 농업 연구에 적잖게 투자했다. 이는 부분적으로 일차산품 질병에

자료 10.1 콜롬비아 사사이마 근처의 커피 농장

평범한 듯 보이는 이 사진은 20세기 농업의 '기술화'라는 더 큰 추세를 담아내고 있다. 기술화는 과학적인 품종 개량과 농약의 집중적인 사용을 포함하는 과정이다. 사진 속에 가지런히 줄을 맞춰 조밀하게 재배되는 작은 교배종(dwarf hybrid) 커피나무가 보인다. 여기서 보이는 품종은 1970년대 이래 개발되었는데, 콜롬비아, 브라질, 포르투갈의 연구 기관 사이에 이뤄진 국가적, 그리고 전 지구적 과학 연구와 교류의 산물이다. 그것은 티모르와 같이 멀리 떨어진 곳에서 수집된 커피 생식질(germplasm)을 포함한다. 이 품종은 생산성, 콜롬비아의 자연 경관에 대한 적합성, 치명적인 전 지구적 커피 질병인 커피 녹병에 대한 저항력을 위해 개발되었다. 기후 변화로 더 심각해진, 녹병과 같은 새로운 환경 문제는 라틴아메리카 여러 지역의 농업적 경관이 이제 경제적이고 생태적으로 생존 가능한 상태를 유지하기 위해 끊임없이 생물학적 혁신에 의존해야 한다는 것을 의미한다. 저자 스튜어트 맥쿡이 촬영한 사진이다.

직면해서 농업 생산을 유지해야 할 필요에 따라 추진되었다. 또한 라틴아메리카에서, 특히 산업화한 도시에서 급증하는 인구에 식량을 공급해야 할 절박한 필요에 의해 추동되었다. 1950년대부터 라틴아메리카의 과학자들은 (전 세계의 농업과학자들과 함께) 농업의 '기술화'를 진척시켰다. 특히 농업 생산성을 극적으로 끌어올려 급성장하는 역내 도시들을 부양할 수 있도록, 여러 기술 중 교배종 식물과 화학 약품을 활용했다. 이런 생산성 향상의 노력들이 환금작물

뿐 아니라 식용작물에도 초점을 맞춘 것은 매우 의미 있는 일이었다. 이런 새로운 녹색 혁명 기술은 교배 종자, 화학비료, 살균제, 농약 등의 종합 대책을 포함했다. 전통적인 수출 작물의 생산업자들도 과학자와 농업 연구원의 지도 아래 농장을 기술화했다. 이 전문가들은 1973년 설립된 브라질농업연구청 (EMBRAPA) 같은 정부 기관이나 국가 실험 연구소에 소속되어 있었다. 일례로 커피 농부들은 그늘을 드리우기 위해 심던 나무들을 없애고, 오래된 커피 품종을 새로운 교배종 '햇빛' 커피들 — 대부분 브라질에서 개발되었다 — 로 대체했다. 단기적으로 기술화는 생산성의 엄청난 급증을 가져올 수 있었다. 아낌없이 쓰는 과학이 아낌없이 주는 자연을 대체할 수 있는 것처럼 보였지만, 이런 생산성 증진은 흔히 엄청난 경제적·생태적 비용을 요구했다.[34] 이 책에서 크리스 보이어와 미첼리네 카리뇨 올베라가 설명한 대로(제1장 참조), 멕시코에서 녹색 혁명 기술은 거의 전국으로 퍼져 영세농과 대농大農 간의 갈등을 유발하고 자연계의 상품화를 심화시켰다.

또한 환경 연구자들은 도시화와 산업화에 연관된 문제들로 연구의 초점을 바꿨다. 제2차 세계대전 이후 수십 년 동안, 라틴아메리카의 도시들은 폭발적으로 성장하기 시작했다. 성장은 수도에만 국한되지 않았다. 예를 들어 브라질 벨루오리존치의 인구는 1950년부터 1964년까지 35만 명에서 100만 명 이상으로 늘었다. 이런 급속한 성장과 더불어 자동차, 발전소와 다른 오염원의 이용도 늘어났다. 이 과정들은 결국 여러 가지 새로운 문제를 낳았다. 그중 대부분은 근본적으로 환경 문제였다. 오랫동안 도시 환경 문제의 하나였던 수질 오염은, 제대로 통제받지 않은 공장들이 폐수를 수계水系에 버리면서 더 악화되었다. 수질 오염과 함께 대기 오염이 새로운 주요 쟁점으로 떠올랐다. 짙은 스모그는 도시에 거주하는 라틴아메리카인들의 일상에서 피할 수 없는 현실이 되었다. 결과적으로 만성적인 오염은 특히 영유아들의 만성적인 건강 문제와 조기 사망의 원인이 되었다. 도시인의 사망률은 신속하게 치솟았다. 하지만 이 문제들에 대한 과학과 정책의 초기 대응은 느리고 균등하지 않았다. 멕시코시의 대기 오염에 관한 가장 이른 연구는 1960년대 초로 거슬러 올라간다. 이 연구는 멕시코국립자치대학교(UNAM) 대기 오염 학과(환경 오염 전공)의 움베르토 브라보Humberto Bravo에 의해 수행되었다. 그렇지만 멕시코시 대기의 질에 관한 체계적인 연구는 문제가 처음 확인된 지 수십 년이 지난 1980년대에서야 겨우 시작되었다.[35]

1960년대부터 (학문 분야로서) 생태학은 새롭게 전 지구적 중요성을 획득했다. 부분적으로는 지역적 차원뿐 아니라 전 지구적 차원의 환경 운동이 등장해서 급속한 도시화와 농업 현대화가 환경과 건강에 어떤 영향을 미쳤는지에 대한 대중의 관심이 늘어났기 때문이었다. 전 지구적 북부에서는 레이철 카슨Rachel Carson의 『침묵의 봄Silent Spring』(1962)의 출판과 아울러 인간, 동물, 자연경관에 미치는 농약의 폐해를 우려하는 환경 운동이 부상했다. 그 뒤 수십 년동안 생태학자들과 환경 운동 사이의 유대는 더욱 강화되고 확대되어, 산업시설의 오염과 삼림 벌채 같은 문제들을 포괄하게 되었다. 웨이킬드가 제11장에서 더 상세히 서술하듯이, 1968년 국제자연보전연맹(IUCN)은 라틴아메리카의 보전에 관한 주요 회의를 조직해 아르헨티나에서 개최했고 과학자, 임학자, 야생생물 전문가들의 토론에서 매우 중요한 역할을 맡았다. 환경에 대한 새로운 전 지구적 관심을 반영해 1972년 유엔은 스톡홀름에서 '인간 환경에 관한 국제회의'를 소집했다. 회의의 핵심적 성과 중 하나는 유엔환경계획(UNEP)의 창설이었다. 이 기구는 환경에 관한 과학적 연구를 장려하고, 회원국들이 환경 보존 정책과 실천을 시행하도록 지원하게 될 터였다. 스톡홀름 회의는 심지어 라틴아메리카에서 가장 보수적인 일부 국가에게도 깊은 영향을 미쳤다. 예를 들어 스톡홀름 회의 이후 브라질의 군정은 연방환경국(포르투갈어 두 문자어 SEMA로 잘 알려져 있으며, 브라질 환경부의 전신 − 옮긴이)을 창설하고, 과학자 파울루 노게이라 네투Paulo Nogueira Neto를 책임자로 임명했다. 또한 브라질 정부는 의미 있는 환경법의 제정에 착수했다.[36]

1970년대와 1980년대에 생물 다양성과 보전은 국내외적으로 주요한 정치적 관심사가 되었다. 생물학자들과 생태학자들은 1985년에 생물 다양성biodiversity 이라는 개념 ― 영어로 처음 만든 단어 ― 을 진전시켰다. 하지만 과학자들이 여러 종의 목록을 만들고 지도를 그리며 그들의 상호 연관성을 연구했듯이, 그 개념은 더 앞선 시기의 인벤토리 과학inventory science(야생 생물의 데이터 구축을 위한 학문 분과 ― 옮긴이), 생물지리학biogeography, 생태학에 뿌리를 두고 있었다. 20세기 초부터 라틴아메리카의 박물학자들은 그 지역이 놀랍도록 많은 종의 서식지라는 점을 이미 인지해 왔다. 20세기에 걸쳐 더 많은 연구들이 유전적 다양성과 생태계의 다양성을 측정했다. 전 지구적 관점에서, 생물 다양성의 개념(과 환경 파괴에 대한 경고 신호)은 흔히 라틴아메리카에서 일하는 외국인 과학자들에 의해 가장 명확하게 표현되었다. 브라질에서 활동한 토머스 러브조이Thomas Lovejoy와 코스타리카에서 활동한 대니얼 잰즌Daniel Janzen이 대표적인 사례였다. 그들은 열대 지역에서 서식지 감소와 종의 소멸에 대한 전 지구적 관심을 불러일으켰다. 과학자들은 보전생물학conservation biology이라는 새로운 학문 분야를 만들어냈는데, 그것은 "인간의 활동이나 다른 요인 탓에 직간접적으로 교란된" 생태계의 연구에 초점을 맞췄다. 그것은 일종의 응용 학문으로서, 이론보다 행동을 우선시한 어느 과학자의 말에 따르면 "위기 학문crisis discipline"을 의미했다.[37] 지역적 관점에서 라틴아메리카의 과학자들도 생물 다양성의 언어를 사용해 야생 지대와 공원의 보존이나 보전의 정당성을 입증하려 했다. 이 새로운 과학적 개념은 경제적·정치적 견인력을 지니고 있었다.[38] 1980년대와 1990년대에 과학자들은 브라질의 아마존강 유역이 전 지구적 생물 다양성의 거점이라고 인정했다.

1980년대에 환경과학은 국가 기관뿐 아니라 성장하는 대학의 영역 내에 단단히 자리 잡게 되었다. 대다수 라틴아메리카 국가들은 현지에서 과학자들을 양성하고 채용할 수 있었고, 지역 환경과 지역 개발 문제들에 관한 연구는 활발하게 수행되었다. 국내적이고 전 지구적인 추세에 힘입어 환경과학은 확대되고 다양해졌다. 그러나 환경과학이 항상 모두 같은 방향으로 향한 것은 아니었다. 예를 들어 농업 기술화의 증대는 자연환경의 보전과 농약이 농촌 주민들과 경관에 미치는 충격에 대해 우려하는 과학자들로부터 비판을 받았다. 과학자들이 전례 없는 제도적 권력을 누리는 동안, 일부 시민사회 단체들은 기술 관료적 의사 결정이 민주적 의사 결정에 부합하지 않는다고 주장하며 그들의 권력을 비판했다. 라틴아메리카 국가들과 그 개발 프로그램이 국내외 정치의 변화 속에서 근본적인 도전에 직면하면서 이런 우려는 1980년대와 1990년대에 수면 위로 떠오를 터였다.

1990년 이래 전 지구적 도전과 지속가능한 미래

냉전 종식, 외채 위기의 도래, 그리고 1980년대 말부터 1990년대까지 지속된 구조 개혁은 라틴아메리카 역사에서 새로운 시대의 개막을 알렸다. 대다수 라틴아메리카 국가들은 서서히 민주주의로 이행했다. 동시에 국제 대출 기관들이 부과한 구조 개혁은 여러 국가의 공공 지출을 대폭 줄이도록 강요했다. 과학 연구 기관들은 예산이 삭감되거나 아예 문을 닫았다. 이 모든 것이 전 세계의 관심이 라틴아메리카의 환경에 집중된 바로 그 순간에 일어났다. 1992년 리우데자네이루에서는 170개국과 수천 개의 비정부기구의 대표들이 참여한 유엔환경개발회의(UNCED)가 열렸다. 이 회의는 중대한 강조점의 변화를 표명했다. 부분적으로는 회의의 결과로서 지속가능성이라는 주제가 환경과학의 순수와 응용 분야 연구 모두에서 주된 초점이 되었다. 이와 관련된 또 다른 변화는 환경, 특히 라틴아메리카의 거대한 열대 우림 자체가 관심과 토론의 대상이 되었다는 점이다. 이 책에서 클라우디아 레알이 집필한 장은 라틴아메리카의 삼림을 둘러싸고 늘어난 정치적 동원을 웅변적으로 서술한다(제5장 참조).[39]

또한 환경과학자들은 라틴아메리카 도시의 환경 문제에 대해 고심하는 일에도 훨씬 더 직접적으로 관여하게 되었다. 이 책에서 리지 세지레스와 헤지나 오르타 두아르치가 주장한 바와 같이, 라틴아메리카 도시들은 나름의 독특하

자료 10.2 브라질 과라푸아바 인근 아라우카리아스의 시립 자연공원 표지판

브라질 과라푸아바 인근 아라우카리아스의 시립 자연공원에 설치된 표지판. "이 지역의 목적은 생태적으로 관련성이 크고 경관이 아름다운 자연 생태계를 보존함으로써 과학적 연구, 환경 교육과 해석의 발전, 자연과 접촉하는 여가활동, 생태 관광 등을 가능하게 하는 것이다." 저자 스튜어트 맥쿡이 촬영한 사진이다.

고도 흔히 심각한 문제들을 지닌 복잡한 환경이다. 이런 문제들은 급속한 도시화의 여파로 점점 더 시급해지고 있다. 현재 라틴아메리카인들의 80퍼센트가 도시 지역에 거주하고 있다. 여러 문제 중 대기 오염이 대표적이다. 1960년대 이래 대학에 기반을 둔 과학자들은 대기 오염을 추적 관찰하고 그 영향에 대한 정교한 평가를 발전시켜 왔다. 그들은 비정부기구와 함께 기후 의제를 옹호했다. 비정부기구와 다양한 차원의 정부(특히 지방 자치체 정부)는 이 오염이 남긴 최악의 결과를 처리하기 위해 정책들을 개발했다. 예를 들어 멕시코시 정부는 1996년 '프로아이레Proaire'로 명명한 최초의 대기의 질 개선 프로그램에 착수했다. 세계보건기구와 유엔환경계획 같은 초국적 조직들은 세계 거대도시들의 대기 오염에 관한 연구를 후원했다. 민관 협력도 점점 더 중요한 역할을 맡았다. 일례로 '전 지구적 지속가능성을 위한 과학기술연합The Science

& Technology Alliance for Global Sustainability'은 2000년대 초 멕시코시의 대기 오염에 관한 선구적인 연구를 후원했다. 이런 과학계, 정책, 정부 계획의 결합을 통해, 멕시코시는 비록 중요한 문제들이 여전히 남아 있지만, 오염의 처리를 향해 어느 정도 진전을 이뤘다.[40]

지속가능성의 담론은 농업과학에도 적용되었다. 농업에서 지속가능성은 농업 연구를 지배해 온 생산성만큼이나 중요해졌다. 일부 작은 틈새에서 생산자들은 완전한 유기 농업을 실험했다. 유기 농업은 녹색 혁명 이전으로의 회귀가 아니다. 사실 현대의 유기 농업은, 녹색 혁명을 추진한 것과 다른 방향의 과학이지만, 흔히 정교한 영역의 과학을 이용한다. 여기에는 식물학뿐 아니라 농업생태학agroecology, 산림농업agroforestry(산림을 이용하는 농업으로 '혼농임업'이라고도 부름. 농업과 임업, 때로는 축산업까지 결합시킨 복합 영농을 의미함 — 옮긴이) 같은 새로운 학문들이 포함된다. 칠레의 미겔 알티에리Miguel Altieri와 멕시코의 에프라임 에르난데스 솔로코치Efraím Hernández Xolocotzi 같은 라틴아메리카의 과학자들은 이 새롭고 더 전체론적인 학문 분야를 확립하는 데 세계적인 지도자들로 활약했다(알티에리는 버클리 소재 캘리포니아 주립대학교의 교수이고, 솔로코치는 멕시코의 차핑고 국립 농업학교에서 경력의 대부분을 보냈다). 농업과학 중에서 이 분야들은 통합적인 해충 관리와 생물학적 방제 등의 기술을 활용해 화학물질을 사용하지 않고 질병과 해충을 통제하고자 한다. 농업생태학은 생태학적 지식과 농업 관행의 접목을 시도하고, 지역의 농업 지식과 연계하는 일에도 개방적이다(솔루리가 집필한 이 책의 제7장 참조).[41] 유기농 인증 작물, 특히 커피, 바나나, 카카오 등은 대부분 외국의 소비자들에게 판매될 수출품이다. 지금까지 이런 대안적 농업 방식은 주로 비정부기구와 다른 시민사회 단체들로부터 자금 지원을 받았고, 국가는 확실히 관심을 덜 기울였다. 1990년대에 쿠바는 소련 붕괴 이후 석유와 화학 약품의 심각한 부족에 직면해 유기 농업으로 방향을 전환했다.[42] 유기 농업은 일정한 조건에서 인기를 얻었지만, 종래의 전통 농업이 여전히 지배적이다.

지속가능성이라는 패러다임은 19세기와 20세기의 생산주의적이고 실용적인 패러다임을 대체하지 못했다. 농업 연구자들이 지속가능성에 훨씬 더 많은 관심을 기울이는 동안, 고도의 현대식 농업 관행들이 대부분 지속되고 있다. 남아메리카 남부에서 급속하게 확산된 대두 농업은 유전자 변형 생물체와 농약의 사용, 대규모 경관 변화 등 현대식 농업의 특징들을 대부분 포함한다. 이 현대적 "대두 연방공화국United Republic of Soy" ─ 신젠타Syngenta 그룹의 광고 선전물에 나오는 표현 ─ 은 브라질, 볼리비아, 파라과이, 우루과이, 아르헨티나 등의 일부를 아우른다. 브라질의 공공 농업 연구 부처인 엠브라파EMBRAPA는 민간 기업들의 지원을 받아 대두 재배가 새로운 지역들로 확대될 수 있도록 중대한 연구를 수행했다.[43] 과학자들은 일부 작물에 유전자 변형 생물체를 도입하는 실험을 진행하고 있다. 그들은 칠레의 연어 산업 같은 새로운 수출품뿐 아니라 라틴아메리카의 일부 전통적인 농작물을 괴롭힌 일차산품 질병에 맞서 계속 고투하고 있다.[44] 또 다른 경우에 농업의 집약화는 때때로 경제적 다양화와 삼림의 복원을 가능하게 만들기까지 한다. 이는 이전의 집약화 방식과 뚜렷하게 구분된다. 예를 들어 콜롬비아에서 커피 경작지의 총면적이 실제로 줄어든 반면, 재배의 집약화로 커피 생산량은 늘어났다. 따라서 커피 재배 농민들은 다른 작물(카카오, 콩, 사탕수수, 옥수수)들을 재배할 수 있었고, 어떤 경우에는 이차림二次林이 회복될 수 있었다.[45]

　21세기 초 라틴아메리카의 가장 시급한 문제들은 대부분 기후 변화와 연관되어 있다. 수십 년 동안 과학자들은 페루 연안의 구아노 제도에서 전 지구적 기상 유형에 관한 선구적인 연구를 수행해 왔다. 과학자들은 태평양 해류의 특이한 유형(엘니뇨와 라니냐)과 열대 전역의 기상 이변 현상을 결부시켜 연구했다.[46] 기상 이변은 1998년 중앙아메리카를 초토화한 허리케인 미치Mitch를 비롯해 자연 재해의 발생을 초래했다. 지구 온난화는 안데스 산맥 고지대와 남극의 빙하가 녹아내리는 원인이 되었다. 잠재적인 결과를 두 가지만 언급한다면, 안데스 지역에서 녹아내린 빙하는 식수와 수력 발전 사업에 필요한 동력의 공급을 위협한다. 기후 변화가 라틴아메리카 국가들에 미치는 수많은 충격을 예측하고 완화하는 연구를 수행하기 위해 기후 과학자, 지질학자, 농학자, 의학자 등 모든 분야의 과학자들이 동원되고 있다. 예를 들어 세계은행은 "안데스 열대 지역의 급속한 빙하 소멸에 대한 적응" 관련 연구 계획에 자금을 지원했다.[47] 콜롬비아와 중앙아메리카에서 커피 농학자들이 변화하는 커피 생태계에 적응할 수 있는 아라비카 품종들을 개량하고 있다. 기후 변화의 위협은 또한 온실가스를 격리시키는 환경 서비스의 제공과 같은 라틴아메리카 열대 우림의 새로운 전 지구적 역할의 가능성을 제시했다.[48]

결론

21세기 초 생태과학은 라틴아메리카에서 자연과 개발주의적 프로젝트의 틀을 잡는 가장 중요한(그리고 정치적으로 강력한) 방식 중 하나가 되었다. "생물다양성" 같은 과학적 개념들은 사회적·경제적·정치적 영역으로 들어섰다. 과학적 개념들은 자연에 대한 새로운 사고방식과 더불어 그 가치의 평가 방법을 제공했다. 지난 2세기 동안 생태과학은 라틴아메리카의 국민국가들이 천연자원에 대한 권리를 주장하고 개발하며 궁극적으로 보전하는 데 도움을 주었다. 과학자들은 그 지역이 겪은 최악의 생태 문제들을 인지하고 틀을 잡으며 그것에 맞서 싸울 수 있도록 도왔다. 환경과학은 특히 20세기 후반기에 문화적 권위를 얻었는데, 그 까닭은 이 문제들에 대해 고민할 수 있는 구체적인 도구를 제공했기 때문이다. 결국 환경과학은 더 넓은 범위의 행위자들과 연합하면서 권위를 확립했다. 국가는 과학 연구의 주된 후원자, 과학 연구자들의 주요한 고용주, 그리고 과학적 지식의 주요 소비자가 되었다. 그러나 환경과학은 20세기 후반기에 대학, 국내 기업, 초국적 기업, 국내외의 환경 관련 비정부기구, 다자간 기구, 연구소 등 다른 집단과도 제휴했다. 개발주의적 프로젝트에 대한 포메란츠의 정의로 돌아가면, 우리는 라틴아메리카에서 과학이 어떻게 다양한 방식으로 국가 건설과 천연자원의 이용에 기여했는지를 알 수 있다. 동시에 우리의 이야기는 개발주의 시대가 어쩌면 종말을 고할 수 있으리라는 가능성을 제기한다. 지속가능성에 대한 새로운 과학적·정치적 담론이 인류 역사에서 탈脫개발주의 단계의 시작을 대변하는 것인지, 아니면 개발주의 프로젝트가 대체로 수그러들지 않고 지속될지를 논하기에는 아직 너무 이르다.

스튜어트 맥쿡Stuart McCook은 캐나다 괼프 대학교의 사학과 교수이다. 1996년 프린스턴 대학교에서 박사 학위를 받았다. 『자연 상태: 에스파냐어권 카리브해 지역의 과학, 농업, 환경, 1760~1940States of Nature: Science, Agriculture, and Environment in the Spanish Caribbean, 1760~1940』(텍사스 대학교 출판부, 2002)의 저자이다. 현재 진행하고 있는 그의 연구는 커피 잎 녹병의 지구 환경사이다. 이 주제와 관련해 그는 이미 여러 편의 논문과 글을 썼고, 최근 연구서 집필을 마무리하고 있다. 더 넓게는 열대작물의 환경사와 라틴아메리카의 과학사에 관심을 기울이고 있다.

제11장

국립 공원의 파노라마

거대하고 신비한 자연, 개체 감소, 그리고 자연 보전의 운율 변화

에밀리 웨이킬드

20세기에 이어 21세기 초까지 라틴아메리카 국가들은 수천 곳에 이르는 공원과 보호 구역을 환경 보전 지역으로 확보해 두었다. 그렇게 지정된 영역은 오늘날 라틴아메리카 전체 면적의 5분의 1이 넘는데(지도 11.1 참조), 코스타리카의 해안에 조성된 16제곱킬로미터의 마누엘 안토니오Manuel Antonio 국립 공원으로부터 약 1만 5000제곱킬로미터에 달해 벨기에보다 면적이 넓은 브라질의 투무쿠마케Tumucumaque 국립 공원같이 광대한 규모까지 다양하다. 보전 지역은 잘 알려져 있듯이 라틴아메리카뿐 아니라 세계에서도 가장 넓은 열대 우림의 일부 외에 지역 내 가장 건조한 사막, 가장 높은 산맥, 가장 큰 폭포, 오지奧地의 해상 보호 구역과 도시의 일부까지 포괄한다. 정치경제적 환경, 사회적 압력, 문화적 선호, 과학적 이론, 발전의 요구, 개별적 특성 등이 라틴아메리카 국가들이 어떻게, 언제, 그리고 왜 자연을 보전하는지에 영향을 미쳤다.

정확히 보전이 무엇을 의미하는지, 그것이 누구의 관심을 불러일으키는지, 그리고 왜 그것이 정치적으로 받아들일 만한지는 시간과 장소에 따라 달랐다.

지도 11.1 라틴아메리카의 지정 보전 지역(2015년)

국립 공원
지정 자연 보호 구역

이 지도는 세계보호지역데이터베이스(WDPA)에 들어 있는 라틴아메리카 내 모든 보호 구역을 포함한다.
Ryan Dammrose, Map Lion LLC(승인을 받아 사용했다).

1920년대 칠레의 환경보전론자들은 온대 삼림을 복원하고 보호하려는 염원
을 갖고 활동했다. 반면 비슷한 시기에 아르헨티나의 국립 공원관리청은 관광
업과 국경 경비를 상위의 의제로 설정했다. 멕시코의 국립 공원 중 대다수는

1930년대 사회 혁명 시기에 지정되기 시작했던 반면, 코스타리카에서 국립 공원은 1970년대 평화롭고 계획적인 국민국가 수립 과정에서 비롯되었다. 국립 공원 구상의 개념적 단순성은 그것이 어디에나 존재하는 편재성遍在性을 이끌어냈다. 때때로 공원은 현장에서 실제적인 변화를 거의 일으키지 않은 채 단지 상징적인 수준에 머물기도 했다. 예컨대 1956년에 과테말라는 지속적인 효과가 거의 없이 단순히 모든 화산을 국립 공원으로 지정했다. 보전은 식민 시대의 경계선을 따라 이식된 관계를 포함해 내부의 권력 위계를 반영하면서 항상 이의가 제기될 수밖에 없는 쟁점이다. 그러나 라틴아메리카에서 국립 공원들이 "전 지구적 차원의 환경 보전 귀족이 부과한 외부로부터의 창작품"[1]이었다고 믿을 이유는 거의 없다. 더 정확하게 말하면, 보전은 둘 사이의 밀접하게 뒤얽힌 관계를 한층 더 발전시키면서 사회를 자연 쪽으로 굴절시키는 메아리의 역할을 담당했다. 국립 공원들은 단지 사회로부터 멀리 떨어진 자연의 한 조각을 에워싸지 않았다. 특정 공간을 국가적 또는 국제적 보호 구역의 일부로 지정함으로써 자연 경관은 사회적 활동을 통해 다른 생태적 궤도 위에 놓이게 되었다. 다른 장소가 아닌 어느 한 장소를 선택하는 일은 그 과정에서 인간과 비인간 공동체의 진화 방향을 바꾸었다. 이는 보전 지역이 과거, 현재, 그리고 미래의 유물을 구성한다는 것을 의미한다.

보전을 단지 20세기의 현상으로만 보는 것은 자연 경관과 문화 모두에 미치는 역사의 영향을 오해하는 일이다. 어떤 점에서는 머나먼 옛날, 특히 수만 년 전 홍적세(최신세) 시기의 멸종이 자연의 역동적인 경로의 모양새를 만들고 무엇을 계속 보전해야 하는지를 결정했다. 대형 동물의 대량 멸종은 인류의 도래와 함께 발생했고 다른 여러 결과들 중에서 무엇보다도 대초원을 숲으로 탈바꿈시켰다. 다른 것들의 부재 역시 그것들을 보전하는 자연 경관과 문화에 중요했다. 500년 전 다른 인간 집단이 도착했을 때, 그들이 가져온 질병과 폭력은 아메리카의 원주민들을 몰살시켰고 사회적으로, 환경적으로 폭포와 같은 변화를 초래했다. 묵은 땅에서 숲이 소생하고, 더 이상 사람들이 불을 지르지 않게 된 곳에서 새로운 생물 종種들이 생겨났다. 이런 변화들은 자연을 새로운 진로로 향하게 했다. 자연 하나만으로 보전을 결정하지는 않는다. 보전의 윤곽은 숲이나 사막이 특별한 가치를 지니는지 아닌지 또는 어떤 장소들이 상업의 범위를 넘어 존재할 만한 가치가 있는 신성한 속성을 보유하는지에 대한 인간의 이해에 의해 촉발된다. 어떻게 이것이 발생했는지 설명하기 위해 이 장章은 거대하고 난해한 멸종의 역사와 (이 지역이) 공유하는 식민주의의 경험이 어떤 방식으로 얼마간 자연에 영향을 미쳐 특정한 모습을 만들어냈는지 탐구할 것이다. 그다음에 이 장은 국립 공원의 네 가지 가능한 출발점에 관해 이야기한 뒤 20세기의 자연 보전 활동을 요약하는 개략적인 연대기를 제공할 것이다.

거대하고 신비한 자연, 1만 6500년 전부터 1만 년 전까지

아메리카에 사람들이 살기 시작한 시기에 대한 대체적인 윤곽은 흔히 잘 알려져 있다. 그러나 그 구체적이고 명확한 시기는 새로운 기술과 발견에 따라 바뀌었고 여전히 논쟁의 여지가 있다. 필시 인간들의 무리가 빙하의 팽창에 의해 해수면이 낮게 유지된 시기에 베링 해협을 건넜다고 추정된다. 그 뒤 사람들이 동물들을 좇아 북아메리카의 내륙으로 들어가거나 북아메리카를 가로지르는 동안 사냥하면서 클로비스 유적지 같은 실마리를 남겼거나 남쪽으로는 칠레에 이르기까지 먹을거리가 풍부한 태평양 해안가를 따라 내려갔을 것이다.[2] 대륙 곳곳으로 흩어지면서 그들이 무엇을 했는지는 여전히 논란거리이지만, 이런 이주가 자연 경관을 바꿨다는 것은 분명하다. 홍적세 말기에는 100파운드가 넘는 포유류들의 개체 수는 70퍼센트 이상 줄어들었고 상대적으로 몸집이 작은 종들만이 살아남았다.[3] 기후 변화, 질병, 그리고 다른 요인들이 역할을 담당했지만, 아메리카 대륙에서 대형 포유류들은 이미 상대적으로 쇠약해졌고 이런 멸종이 동물군을 더욱 격감시켰을 확률이 크다. 빙결氷結, 인간의 분포, 대형 동물 멸종 등이 결합해 수천 년에 걸쳐 특정한 자연의 윤곽을 빚어냈다.

이런 20세기 자연 보전의 과정들이 빚어낸 결과는 크게 동떨어져 보일 수 있지만, 대량 멸종의 연속적인 영향들은 자연을 개조했다. 묘목들을 뜯어먹고 (천연비료로) 들판을 비옥하게 만드는 대형 초식동물들이 없는 상태에서 초원은 숲으로 변했다. 흰입술페카리, 개미핥기, 카피바라 같은 중간 규모의 동물들은 열대 삼림으로 숨어들어 먹이를 찾고 씨앗을 퍼뜨리면서 숲의 구성을 바꿨다. 진화는 생물 종 상호 간에, 그리고 생물 종과 그들을 둘러싼 환경 간의 상호 작용을 통해 수 세대에 걸쳐 발생하는 과정이기 때문에 홍적세의 멸종은 동식물 진화의 경로를 변모시켰다. 그 결과 공원들은 땅나무늘보(밀로돈Mylodon) 나 자동차만 한 크기의 아르마딜로(글립토돈트Glyptodont, 조치수彫齒獸) 같은 거대한 동물보다 조류와 원숭이들을 보호한다. 마찬가지로 맹수 사냥은 보전 지역의 설치에 아주 작게만 영향을 미쳤다. 이는 사하라 사막 이남 아프리카의 보전 궤적과는 사뭇 달랐다.[4]

홍적세는 인간과 동물 간의 과거 상호 작용보다 더 중요하다. 그것은 보전 프로그램을 추진한 과학적 이론들을 구체화한 셈이다. 홍적세의 기온은 오늘날보다 훨씬 더 낮아 시원한 편이었고 열대 지방에서는 강우량이 필시 감소했을 것이다. 오늘날 열대 우림 지역의 대부분이 당시에는 지금보다 더 낮은 강수량 탓에 사바나(대초원) 지역을 이루고 있었다. 일부 지역들은 숲으로 뒤덮여 있었다. 1970년대에 과학자들은 피신이 아마존 지역 생태계의 높은 종 다양성을 설명하는 데 도움이 된다는 이론을 제시하면서 이 장소들을 "홍적세 피신처"로 간주하기 시작했다. 1969년 독일의 석유 화학 기사 위르겐 하페르Jürgen Haffer가 처음 발표하고 브라질의 동물학자 파울루 반졸리니Paulo Vanzolini 가 발전시킨 이 이론은 피신처가 생물 종들(특히 특정 식물, 조류, 나비, 도마뱀) 이 강수량의 감소 시기 동안 개체 수를 유지한 장소였다고 단정했다.[5] 기온이 상승하고 강우량이 회복되자, 동식물군이 피신처로부터 새로운 적소適所로 바

갈쪽으로 움직이면서 새로운 종 분화種分化의 물결이 일었다. 오늘날에는 대체로 오류로 입증된, 너무 단순하기는 하지만 매력적인 이론, 즉 홍적세 피신처 개념은 그럼에도 1970년대 말 브라질에서 다양성이 높은 지역과 고유지역固有地域을 결정하는 방식으로서 보전 계획을 추진하는 데 기여했다. 특정 영역이 이 자연적 피신처를 제공하는 것처럼 보였기 때문에 수백만 헥타르의 공원이 지정되었다. 홍적세는 아메리카의 자연이 어떻게 변하는지, 그리고 어떻게 사회가 그 자연을 보전하기 위해 머나먼 과거에 대한 이해를 활용하는지와 관련해 매우 중요했다.

식민 시대의 배경

인간들의 무리가 아메리카에 정확히 어떻게, 그리고 언제 도착했는지에 대해 일치된 견해가 존재하지 않는 것처럼, 1492년에 아메리카에 얼마나 많은 이들이 살고 있었는지도 확실하지 않다. 인간 집단들이 거의 모든 생물군계와 거주지에서 생계, 생존, 정교화의 방식을 발견하고 만들어냈다는 것은 분명하다.[6] 훔볼트 해류로부터 단백질을 뽑아낸 페루 아스페로의 고대 문명에서 호반의 대도시 테노치티틀란의 메뚜기와 도마뱀들을 마음껏 먹은 메시카의 전사들까지 원주민들은 자연을 활용하는 복잡한 전략들을 채택했다. 농업 기술은 옥수수, 호박, 감자의 품종들을 만들어냈고 경작의 생산성은 특히 메소아메리카와 페루에서 수천만 명의 인구를 부양했다. 동물들은 거의 길들여지지 않았기 때문에 식물들이 원주민 농사 관행의 기반으로서 두드러졌다. 세계 곳곳의 비옥한 계곡에서 그랬듯이 농업과 정주定住 사회의 발전은 자연의 모양새를 만들어냈다. 그러나 아메리카를 눈에 띄게 만든 것은 그런 과정 자체라기보다 식민 지배에 따른 이 과정의 중단이었다.

유럽인들의 도래는 생태적으로 볼 때 천재지변과 같은 대변동이었다. 그것은 질병과 전쟁을 통해 원주민들을 완전히 파괴했고 그 문화와 정신 체계를 혼란 속으로 밀어 넣었다. 더욱이 자연 경관에도 엄청난 영향을 미쳤다. 유럽 여러 국가들의 규모를 훨씬 능가하는 거대한 생태계가 그 자체의 독자적인 과정에 맡겨졌다. 농사의 중단과 불 사용의 감소는 18세기 중엽에 이르러 5000만 헥타르 이상의 숲, 나무가 우거진 사바나, 초원의 재생을 이끌었다.[7] 오늘날의 "노숙림老熟林"은 최소한 부분적으로는 인간이 배제될 때 어떻게 자연이 소생했는지를 보여주는 결과물이다. 식민 시대의 인구 감소는 많은 종들이 수 세기 동안 인간들과 거의 상호 작용하지 않게 되는 상황을 보장함으로써 자연의 번성을 더 가능하게 만들었다. 그렇다면 야생의 자연, 풍부한 동물, 먹이가 풍족한 숲을 식민 지배의 산물이라고 말하는 것은 과연 무엇을 의미하는가? 이는 눈부시게 빛나는 자연을 인간이 자초한 재앙의 산물로 만든다.

환경 보전에 관한 최근의 많은 문헌들이 그런 경향을 보이듯이 보전을 식민주의적 개념으로 상상하는 것은 라틴아메리카에서 식민 지배와 환경 보전이 시기적으로 일치하지 않았다는 사실을 지나치게 단순화한다. 제한적이지만 효과적이지 않았던 포르투갈의 임업 정책 사례를 포함해 식민 통치자들이 때때로 환경 보전에 관여하기는 했지만, 공식적인 식민 당국은 그들이 남아프리카나 남아시아에서 그랬던 것처럼 남아메리카 최초의 자연 보호 구역을 법제화하지 않았다.[8] 이런 불일치는 환경 보전 활동가들의 자주권이나 의도에 대한 질문들에 중요하다. 전 지구적 종합을 시도하면서 학자들은 "1960년 이전 보호 지역의 급속한 증가가 어느 정도는 권력을 상실하기 전에 토지를 확보해 놓으려 한 식민 지배자들의 염려 덕분"[9]이라고 주장했다. 식민 지배 세력은 자연과 사회의 틀을 만들었으나 이 지역에서 보전이란 무엇인지 규정하지 않았고 심지어 보전 작업을 시작하지도 않았다. 환경 보전의 영역에서 라틴아메리카의 여러 독립 국가들의 활동을 간과하거나 일축하는 것은 정치적·경제적 자치권과 자율성을 얻고자 지속해 온 민족주의적 투쟁을 무시하는 것과 마찬가지이다. 그런 주장은 식민주의적 사고방식을 비판하기보다 부활시킨다.

전 지구적 맥락에서 라틴아메리카의 식민 시대 경험은 다른 지역에 비해 더 일렀고 더 길었으며 더 깊었고 더 체계적이었기 때문에 곳곳에 흩어진 조각들을 남겨놓았다. 그러나 독립 역시 시기적으로 더 일렀고 더 격렬했으며 여러 계층들이 뒤섞이고 계급을 가로지르며 권력과 권위를 얻으려는 대중적 투쟁이나 지식인들의 호소로 가득 차 있었다.[10] 공식적인 식민 지배와 국립 공원 프로그램 사이의 시간적 거리 — 수십 년부터 한 세기가 넘는 기간까지 — 는 여러 국가들이 자연을 관리할 수 있는 국가 체제의 발전과 씨름하고 국가적 정체성의 명료화를 통해 투쟁하는 데 수십 년이 걸렸다는 것을 의미했다. 특히 미국과 연계된 국제적 구상과 규범들은 많은 공원들을 구체화하고 독려하게 되었다. 그러나 이 지역의 자연 보호는 식민주의적 강요나 미국으로부터의 직접적 수입이라기보다 일관성이 없는 속도로 진행되었고, 단일한 목표를 향한 진전이 없이 고르지 못한 잡동사니 같은 공원들을 남겨놓았다. 많은 경우에 공원 조성 계획들은 공식 지정에 지대한 영향력을 행사하는 특정 개인이나 소집단의 카리스마와 약속에 달려 있었다.[11]

다양한 범세계적 뿌리

여러 문화권들이 다양한 시기에 환경 보전에 착수한 반면, 라틴아메리카에서는 국립 공원의 역사를 시작하기에 알맞은 최소한 네 지역이 존재한다. 아르헨티나, 브라질, 칠레와 멕시코이다. 국립 공원 제안 가운데 첫 사례는 1876년에 브라질 군의 기사이자 노예해방론자인 안드레 헤보우사스André Rebouças가 두 곳에 국립 공원 설치를 권고한 것에서 찾을 수 있다. 그는 아라과이아강의 바나날섬과 이과수 폭포 근처 파라나강의 '일곱 폭포'를 국립 공원 후보지로 추천했다.[12] 미국을 여행하는 동안 헤보우사스는 옐로스톤 국립 공원에 대해 듣게 되었고 주로 관광업에 정당성을 부여하고자 브라질에 유사한 공원을 설치할 계획을 구상했다.[13] 브라질은 1937년 최초의 공식 공원인 이타티아이아 Itatiáia를 조성했고 헤보우사스의 구상은 1959년 아라과이아 국립 공원의 창설로 결실을 맺었다.

그 무렵 멕시코는 많은 국립 공원을 조성했다. 19세기 말에 삼림 파괴에 대한 우려 때문에 과학적 방식을 지향해서 이른바 "과학파científicos"로 알려진 정치적 보좌관들은 자연환경 보전에 관심을 기울였다. 미겔 앙헬 데 케베도Miguel Ángel de Quevedo는 이들 가운데 가장 두드러진 인물로서 유럽식 교육과 엘리트 훈육에 힘입어 "나무의 사도"라는 별명을 얻기도 했다. 케베도는 비록 혁명(1910~1940)의 초기 국면에 멕시코를 떠났지만, 환경 보전을 위한 그의 옹호는 멕시코 최초의 국립 공원인 '사자들의 사막Desierto de los Leones'에 영향을 미쳤다. 그것은 새로운 헌법이 제정된 1917년에 인기가 있는 도시의 숲 주위에 지정되었다. 그리고 1930년대 중반에 1917년 헌법의 사회적 목표가 최대한으로 수행되었을 때, 케베도는 사회 정의라는 혁명적 이상과 연계된 일련의 공원 건립을 감독하게 될 터였다.[14]

또 다른 시작은 1903년 프란시스코 P. 모레노Francisco P. Moreno가 아르헨티나 정부에 약 3제곱리그(에스파냐어식 표현은 레구아legua로서 지적地積의 단위, 약 9제곱마일의 면적 − 옮긴이)의 토지를 기증하면서 그곳이 남부의 국립 공원에 포함되어야 한다고 분명하게 요구했을 때로 볼 수 있다. 그의 기증은 즉각 받아들여졌으나 현재 나우엘 우아피Nahuel Huapi로 불리는 공식적인 국립 공원은 1922년에야 그곳에 설립되었고 실제 관리 업무는 그 지역에 다른 몇 군데의 공원들이 제안되고 창설된 1930년대 중반에 자리 잡게 되었다.[15] 네 번째 출발점은 칠레 정부가 최초의 국립 공원을 조성해야 한다고 주장한 산림 감독관 페데리코 알베르트Federico Albert의 요구이다. 칠레 최초의 국립 공원은 산비탈을 벌목과 침식으로부터 막고자 창설되었는데, 지식인 벤하민 비쿠냐 막켄나Benjamin Vicuña Mackenna의 이름을 따서 명명했다. 그 공원은 1925년에 서류상으로 창설되었지만 토지 보유권을 둘러싼 갈등 탓에 1929년에 취소되었다. 1926년 칠레 정부는 모레노가 아르헨티나에 기증한 땅의 인접 지역에 척식拓殖의 책임을 맡은 자국 공무원의 이름을 따서 비센테 페레스 로살레스Vicente Pérez Rosales 국

자료 11.1 2013년 6월 국제 빙하 포럼 기간에 페루 우아라스의 중앙 광장에서 즐거운 시간을 보내는 한 가족

국가 보호 지역 체제 내에 존재하는 빙하의 역할을 설명하는 대형 옥외 게시판이다. 저자 에밀리 웨이킬드가 촬영한 사진이다.

립 공원을 조성했다.[16]

그렇다면 라틴아메리카에서 환경 보전의 창시자로 인정받을 만한 자격이 있는 인물은 누구인가? 브라질에서 흑인 노예의 아들로 태어나 자연을 소중하게 여기면서 끊임없이 국내외를 여행한 인물인가? 멕시코가 세계의 다른 어느 국가보다 더 많은 국립 공원을 창설할 때까지 40년 동안 여러 정권을 거치면서 열심히 활동한 멕시코의 과학파 엘리트인가? 공원을 조성할 수 있도록 사유지를 국가에 기증한 변경의 탐험가, 박물관장이자 세 가지 언어에 능통한 아르헨티나의 과학자인가? 독일로부터 이주한 뒤 귀화한 국가에서 환경 보전 포고령과 법률을 이끄는 데 평생을 바친 칠레 최초의 공식 산림 감독관인가? 이들 각각은 환경 보전의 다양하고 범세계적인 뿌리를 시사한다. 한 가지는

분명하다. 단 하나의 영웅이나 다른 공원들의 모델을 제시한 이 지역 원산의 '옐로스톤'은 없다는 사실이다. 이 인물들과 나중에 등장하는 일부 여성들은 환경 보전의 역사가 지니는 보편성과 공통점뿐 아니라 다양성을 드러내준다. 라틴아메리카에서 국립 공원들은 먼저 뚜렷이 다른 경험과 성향의 대변자로 자처한 카리스마 넘치는 개인들에 의해 추진되었다. 출발점에 관한 몇 가지 이야기들이 보여주듯이 자연 보전 활동의 연대표는 결코 간단하지 않다. 국가마다 리듬이 불규칙했지만 그들의 연결된 운율 변화는 곧이어 분명히 설명하게 될 이 지역의 가능한 연대표를 드러내준다. 나는 다른 학자들이 더 많이 알게 되면서 나중에 이 연대기를 확대하고 재정립하며 그것과 경쟁을 벌이기를 희망한다.

시사적인 연속적 사건들

거대하고 신비한 자연의 윤곽, 식민 통치의 특징, 옹호자 개개인의 특성 등을 고려해 볼 때, 20세기에 라틴아메리카에서 전개된 환경 보전 활동의 개략적인 연대기는 지역의 동향을 이해하는 데 유용한 수단을 제공할 수 있다. 일반적인 연대표는 두 차례의 급증과 그 사이의 소강상태로 이뤄진다. 이 연대표를 간단히 설명하기 위해 사용된 양적 데이터에 대한 몇 가지 주의사항은 적절하다. 환경 보전의 통계는 수집과 편집이 힘들기로 악명 높지만, 국제자연보전연맹(IUCN)과 유엔 환경 프로그램의 공동 프로젝트인 세계보호지역데이터베이스(WDPA)는 전 지구적 정보를 매월 수집하고 갱신한다.[17] 이는 시간상으로 지연될 수 있는 개별 국가들의 보고에 궁극적으로 의존하고 있지만, 기본적인 날짜, 장소, 규모 등의 정보를 모으는 가장 신뢰할 만한 방식이다. 이 데이터베이스는 국립 공원, 삼림 보호 구역, 습지, 동물 보호 구역, 그 밖에 다수 지역 등을 비롯해 보고하는 국가에 의해 (182개의 다른 명칭을 지닌) 환경 보전 단위로 간주되는 어떤 영역이라도 포함한다. 이 데이터베이스는 어떤 지

도표 11.1 라틴아메리카에서 매년 생겨나는 보전 지역의 총계

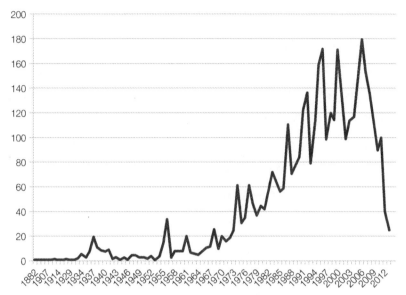

세계보호지역데이터베이스(WDPA)의 자료를 근거로 편집했다. 2015년에 승인을 받아 사용한 것으로 자료는 www.protectedplanet.net에서 입수할 수 있다. 도표는 저자 에밀리 웨이킬드가 만든 것으로, 2010년부터의 감소는 보전 지역의 중지(中止)가 아니라 보고의 시차 때문이라는 점에 유의하기 바란다.

역이 이중으로 지정될 경우 한 번 이상 집계되는 경향이 있다. 예컨대 어떤 람사르 습지는 국립 공원 내에 존재할 수도 있기 때문에 이중으로 목록에 오를 수 있다. 더욱이 이 데이터는 대다수 국가 또는 지역 차원의 보전 지역을 포함하지 않는다. 그렇지만 그것은 분명히 일반적인 추세를 보여준다.

연대표에서는 세 시기가 돋보인다. 조금씩 꾸준히 이어지는 보전 지역들이 20세기 초 라틴아메리카 곳곳에 흩어져 나타났다. 환경 보전이라는 쟁점은 1930년대에 일부 국가들이 공원들을 농림부 같은 행정 관료 기구 계열에 배치하기 시작했을 때 부상하게 되었다. 이 초기 단계는 강렬한 민족주의 시대로 간주될 수 있을 텐데, 이때 여러 국가들은 환경 보전을 시험적으로 실시했다. 옹호자들은 어딘가 다른 곳에서도 환경 보전 프로그램에 관해 듣거나 그 필요성을 인식했고 그것을 시험해 볼 수 있는 자율성을 갖고 있었다. 이런 흐름은

1940년에 이르러 둔화되었고 1956년 과테말라의 화산 국립 공원 지정과 같은 일종의 광란을 예외로 하면 1960년대 말까지 공원 조성은 최소한에 그쳤다. 두 번째 시기는 휴지기로 표현될 수 있을 텐데, 이때 환경 보전은 거의 지지를 받지 못한 채 허공을 맴돌았고 자연의 파괴를 가속화하면서 개발주의(개발의 논리)가 신속하게 확산되었다. 세 번째 시기는 1968년 국제기구들의 세련화, 열대 환경에 대한 새로운 관심의 증대와 결부된 빠른 팽창에서 비롯되었다. 이 시기의 특징은 국제적 전환(국제적 상황에 대한 인식 증대, 전 지구적 추세와의 동조)과 표준화한 환경 보전 원칙의 강화라고 할 수 있다. 이 빠른 속도는 20세기 말까지 몇 년에 한 번꼴로 가속되었다. 향후 연구는 21세기의 최신 추세를 포착하게 될지도 모른다.

민족주의 국면의 자연: 환경 보전의 도래, 1920~1940

환경 보전을 위한 첫 번째 주요 국면은 대략 1920년부터 1940년까지로서 주로 토지 보호라는 개념에 관한 호기심과 더불어 환경의 질적 저하에 대한 우려에 반응한 시기였다. 행동을 정당화하는 사유는 주로 자연 경관과 관광 가능성에 대한 엘리트의 구상, 과학적 연구 필요성에 대한 지식인들의 제안 또는 민족주의적 권리 주장에 따른 변방 지대의 확보 전략 등을 포함했다. 말하자면 희소성, 경관, 안전보장이 환경 보전을 위한 초창기 접근방식의 틀을 빚어냈다. 일반적으로 온대와 고산 지형의 침엽수림, 산악 지대, 빙하가 보호를 위해 우선시되면서 이런 경관을 지닌 국가들은 일찍부터 보전 지역을 창설했다. 보통 열대와 온대의 경관을 모두 지닌 국가들은 더 높고 시원하며 숲이 더 울창한 지역을 먼저 보호했다. 멕시코나 브라질 같은 일부 국가들에서 이 지역들은 가장 많은 인구를 끌어들였다. 예컨대 멕시코시 ― 반박의 여지가 없는 멕시코의 정치경제적 중심지 ― 주변의 소나무와 전나무 숲은 초기 환경 보전론자들에게 보호받을 가치가 있을 뿐 아니라 보호가 필요한 상태라고 여겨졌다.

칠레와 아르헨티나의 파타고니아에서 산악과 삼림 지대는 정착지가 거의 없고 인구가 희박하며 멀리 떨어져 있는 변방이었고 여전히 그렇다. 사실 아르헨티나 인구의 5퍼센트 정도만 국토 면적의 3분의 1 이상을 차지하는 그 지역에 거주한다. 아르헨티나 최초의 공원관리청장인 에세키엘 부스티요Exequiel Bustillo는 "원래 상태 그대로의 자연을 보전하고 아름다운 경관을 보존하며 일반인들의 신속한 출입이 가능하도록 만들기 위해"[18] 중앙 정부의 권한을 신뢰했다. 그는 파타고니아를 우선시하면서 도로와 관광업을 위한 편의 시설의 정비에 노력을 기울였다. 공원들은 대체로 영토 소유권을 확립하고자 국경선을 따라 늘어섰다. 아르헨티나인들이 안보에 집착했다면, 칠레인들은 다른 동기를 지니고 있었다. 1920년대 칠레의 공원들은 마찬가지로 한 변방 지대를 차지하고 있었으나 앞서 이 지역에서는 밀 재배를 위한 주민들의 이주 계획이 처참하게 실패한 바 있었다. 그 결과가 초래한 삼림 벌채와 토지 침식은 중앙 정부 내에서 우려를 불러일으켰고, 그리하여 정부는 일종의 산업으로서 삼림 관리로 방향을 돌렸다. 토지 침식에 대한 염려 탓에 공원들은 공개적인 자연 경관의 전시장이라기보다 삼림을 보증하는 전략으로 기능하게 되었다.[19] 조림造林, 국영 묘목장, 삼림 보호 구역, 그리고 국립 공원들은 환경 보전이라는 책임 아래 국가의 의도에 따라 고안되고 운영되는 가능한 합의의 명세표를 구성했다. 이런 자극은 세계 경제와의 연결에 의해 분명히 영향을 받았으나 국내적 의제 또한 이를 구체화하기도 했다. 멕시코 계곡과 파타고니아 안데스는 최초의 국립 공원 중 일부로 헌정되었다. 이는 고산 지형에 대한 지역적 선호를 반영하는 것이기도 했다.

독특하고 경치가 좋으며 경제적으로 자립하기 어려운 지역들이 흔히 가장 먼저 환경 보전 대상으로서의 지위를 획득했다. 이과수/이구아수 폭포 국립 공원의 창설은 대단한 자연 경관에 관한 논의를 확고하게 만든 전형적인 사례였다. 브라질과 아르헨티나는 폭포를 보호하고 공원을 만들려는 각기 다른 이유를 지니고 있었으나 양국 모두에게 상징적인 명소로서 폭포의 거대함은 분명한 명분을 제공했다. 아르헨티나가 먼저 움직였다. 1934년 10월 9일 아우구스틴 후스토Augustín Justo 대통령은 농업부 내에 국립 공원관리국을 창설하는 법에 서명했다. 그 법은 새로운 정부 기관의 직무, 재정, 권한을 상세히 설명하고 공식적으로 (모레노가 기증한 땅을 나우엘 우아피 국립 공원으로 공식화하는 동시에) 이과수 국립 공원을 조성했다.[20] 아르헨티나 영토 내에 공원이 창설된 뒤 브라질 정부의 관리들은 아르헨티나 정착민들의 쇄도를 두려워하며 경제 발전과 영토 통제를 주변부 지역을 통합시키는 방식으로 판단했다. 브라질은 1939년 이과수 국립 공원을 창설했는데, 이는 아르헨티나, 파라과이 양국과 국경을 맞댄 지역의 국유화 조치 시행 이후 50년이 넘게 지속된 변화의 정점에 해당하는 조치였다. 아르헨티나와 브라질 양국에서 내륙 배후지로의 주민 이주와 정착을 통한 정부 주도의 발전 구상이 그랬던 것처럼 군부는 공원 창설 과정에서 전략적으로 중요한 역할을 담당했다.[21] 양국이 공원은 무엇이고 그것이 무엇을 할 수 있을지 바삐 구상하기 시작함에 따라 대단한 과시와 경쟁이 두 개의 유사한 공원을 구체화하는 정책을 추진하도록 몰아갔다.

공원의 창설은 안정적인 국가 기관의 확대와 관계가 있는 것처럼 보인다. 공식적인 환경 보전 계획은 관리와 타당성을 위해 그런 기관들에 의존하기 때문이었다.[22] 공원들은 중요한 사회경제적 변화, 특히 정치적 민족주의의 출현과 대공황의 영향을 반영했다. 이는 라틴아메리카의 경제 대국들이 수출 위주의 생산 모델에서 벗어나 수입대체산업화(ISI) 정책으로 변화하는 과정을 보여주었다. 미국과 영국 자본의 실패 및 철수와 더불어 국가 성장의 여지가 생겼고 더 강력한 관료제가 발전했다. 직원, 예산, 그리고 (도로, 표지판, 지도 같은) 유형有形의 기반시설이 공식적인 포고령을 실제의 공원으로 탈바꿈시켰다. 브라질, 아르헨티나, 칠레, 멕시코 등지에서 민족주의적·포퓰리스트적 정치 전략의 확대는 국립 공원 구상에 관심을 갖고 그것을 자국의 체제에 맞게 적응시키는 지지자들의 증대를 의미했다. 국가 기구가 더 발전할수록 국립 공원 구상을 수용하고 충분한 공간을 제공하기는 더 쉬워졌다. 일부 국가들은 농업

부 내에 공원 관련 관료 조직을 마련하거나 임업부 같은 기관에 배치했다. 반면 다른 국가들에서 공원 관련 조직은 관광부에 소속되었다. 흔히 묵살되거나 무시된 이 초창기의 공원들과 그들이 대변하는 전망들은 다양한 뿌리들을 확인하는 데 도움이 되는 역사적 이력을 제공한다.

휴지기: 환경 보전에 대한 개발주의의 우위, 1942~1968

민족주의적 정치와 수입대체산업화 정책의 명료화는 환경 보전의 문을 열었으나 이런 정책의 실행은 경쟁적인 요구들을 만들어냈다. 경제 발전의 약속이 지배한 두 번째 시기는 1942년 즈음에 시작되었다. 산업화를 독려하는 견해와 상충되었기 때문에 이 시기에 공원들은 거의 조성되지 않았고 관련 행정은 대체로 약화되었다. 그 기간에 (한 해에) 스무 곳이 넘는 보호 지역이 지정된 것은 2년에 지나지 않았고 다른 해에는 대부분 다섯 곳 이하가 지정되었을 뿐이다. 대다수 국가에서 정치가들은 산업화, 사회 기반시설 구축, 새롭게 조직되고 강력한 집단(도시 노동자, 중간계급 전문직 종사자 등)들을 정치 체제 내로 통합하는 일에 주력했다. 환경 보전이 어느 정도 대중적 관심을 끌었지만, 그것은 라틴아메리카에서 과학의 제도적 역할을 강화하려는 지식인들과 더 많이 결부되었다. 공원들은 이 기간에 의미 있는 수만큼 지정되지 않았으나 향후 환경 보전을 관리하게 될 기관들에 대해 얼마간 투자가 이뤄졌다. 예컨대 과학적 연구와 사회적 연구를 결합한 두 곳의 국내 연구소, 즉 브라질의 국립아마존연구소와 칠레의 파타고니아연구소가 이 휴지기에 설립되었고 이를 통해 공식적인 과학적 사고와 연구의 부단한 진화를 보여주었다.[23]

아마도 휴지기에 가장 어울리는 사례들 가운데 하나는 1940년에 개최된 범아메리카자연보호총회의 미미한 영향력과 더불어 역내 국가들의 절반이 처음에 관련 협약을 비준하거나 수용하는 데 실패했다는 사실일 것이다.[24] 「런던협약」과 같은 야생생물 관련 조약을 본보기로 삼은 「범아메리카협약」은 부분적으로는 제2차 세계대전의 시작과 더불어 미국의 위세로부터 독립적임을 보여주고 그런 상태를 입증하려는 라틴아메리카 정치가들의 열망 때문에 그 영향력이 줄어들었다.[25] 이렇게 활력 넘치는 자율성의 또 다른 사례는 미국의 과학자 윌리엄 보그트William Vogt의 역할이다. 페루의 구아노 위원회에 관여한 마지막 생물학자 중 한 명으로서 보그트는 라틴아메리카에서 수십 년간 경험을 쌓은 뒤 범아메리카연합에 라틴아메리카 대표로 파견되어 여러 국가들에 국립 공원의 창설을 설득하는 활동에 나섰다.[26] 노련하고 왕성하게 저술 활동을 펼쳤던 보그트였지만, 이 과업에서 성공을 거두지 못했다. 그는 곧 침식과 토양 보존 같은 쟁점으로 방향을 바꿨고 라틴아메리카 국가들은 1960년대 말에서야 주로 국제기구의 자문 위원들을 초빙함으로써 외부로부터의 국립 공원 창설 요구에 반응하기 시작했다.[27] 외부의 요구와 환경 보전 모델이 엄청난 영향력을 발휘했다면, 필시 그것이 확대되고 팽창한 시기에 그랬을 것이다.

제2차 세계대전과 수입대체산업화의 성공은 환경 보전을 뒷전으로 미루는 모순적인 결과를 낳았다. (라틴아메리카의) 자원에 대한 미국의 수요는 일부 지역이 특히 목재, 섬유, 연료 등의 수출 주도 활동으로 복귀하도록 부추겼다. 산업화 정책은 농촌으로부터 주의를 돌려 노동자들을 경제 정책의 중심으로 만들었다. 도시 생활을 촉진하기 위해 식료품 가격은 저렴하게 유지될 필요가 있었고 식량 생산에 대한 국가의 개입이 환경 보전의 노력을 가로막았다. 이 기간에 인구는 급증했고 토지 수요가 늘어났으며 정치적 우선순위도 바뀌었다. 더 연구해 볼 가치가 있는 몇 가지 예외적 사례가 있지만, 환경 보전은 개발주의 속에서 대체로 자취를 감췄다. 예컨대 과테말라의 독재자 카스티요 아르마스Castillo Armas는 1956년 많은 화산들을 보호하고자 32곳의 보전 지역을 지정했다. 이런 조치들이 토지 개혁의 노력에 대한 대비책, 즉 엘리트층의 요구 사항의 표현이거나 미수에 그친 포퓰리스트 정책이었는지는 확실하지 않다.

이 기간에 공원 설립이 지체되기는 했지만 보전 지역의 실제적 이용이 늘어났다고 말할 수 있는 몇 가지 증거가 존재한다. 후안 페론Juan Perón 대통령 시기의 아르헨티나는 국립 공원들을 통합하는 대규모의 관광업을 발전시켰다. 페론은 일부 새로운 공원들을 추가했으나 더욱 중요하게 나우엘 우아피와 이과수로의 여행을 장려할 목적으로 국고보조금의 지급을 개시했다. 이 계획이 정점에 도달한 1948년에 주로 노동자와 학생들이 주축이 된 2600명 이상의 주민이 여행에 동참했다. 모레노의 토지 기증을 기념하는 공식적인 '국립 공원의 날' 같은 민족주의적 경축 행사는 환경 보전 운동을 강화했고, 페론은 국내적 위신뿐 아니라 국제적 명망을 높이는 데 그 공원들을 활용했다.[28] 자연 보호와 관광업의 발전은 엘리트층, 중간계급, 노동계급 지지자들에게 각기 다른 방식들로 호소하면서, 요컨대 보호의 전경全景을 다양화함으로써 잘 공존하는 것처럼 보였다.

국제적 전환: 전 지구적 추세의 증폭, 1970~2000

1970년대 초에 이르러 국제기구들은 솔선해서 전 세계의 환경 보전 운동을 조직하고 표준화했다. 환경 보전은 전 지구적 우선 과제이자 개발의 요구에 대한 반응으로서 다시 떠올랐다. 예컨대 자연 보전 단체 '네이처 컨저번시Nature Conservancy(TNC)'는 유럽에서 태어나 교육받은 뒤 아르헨티나에서 거주하고 있던 마리아 부힝거Maria Buchinger의 끈질긴 요청에 따라 1966년 '라틴아메리카 데스크'를 개관했다. 부힝거는 데스크(라틴아메리카 부서)가 정보 센터의 역할을 담당하고 대중의 이해를 증진하며 유사한 조직의 설립을 도와야 한다고 주장했다.[29] 라틴아메리카 최초의 국제 환경 보전 회의는 모레노가 아르헨티나 최초의 국립 공원을 제안했던 장소에서 1968년 3월 말에 개최되었다. 그 회의는 국제자연보전연맹이 조직하고 유엔교육과학문화기구(UNESCO)와 유엔식량농업기구(FAO)가 후원했다.[30] 155명이 회의에 참석했는데, 그중에 라틴아메리카 13개국의 대표들이 포함되어 있었다. 미국, 영국, 그리고 후원 기관들의 대표가 많았다. (유엔식량농업기구와 국제자연보전연맹의 대표 중 라틴아메리카 국가 출신이 얼마나 많았는지는 말하기 어렵다.) 회의의 참석자들은 유명한 과학자, 산림 감독관, 야생생물 전문가들이었는데 대부분은 향후에 출신 국가의 환경 보전 체제를 이끄는 길고 화려한 경력을 지속적으로 쌓게 될 터였다. 회의 주제들은 환경 보전법과 교육에서 조경계획造景計劃과 관광에 이르기까지 다양했다. 삼림 관리와 열대림 같은 주제가 결여되었다는 점이 두드러졌지만, 철새, 바다거북, 영장류, 비쿠냐(야생 야마의 일종 - 옮긴이), 흡혈박쥐 등이 행사 내용을 구성했다. 환경 보전 활동을 조정하기 위해 역내 합의를 구축하는 데 가장 오랜 시간이 걸렸다. 1940년에 여러 국가들이 환경 보전에 전념하기를 꺼렸다면, 1968년에는 새로운 세대의 환경 보전론자들이 행동에 나설 채비를 갖추고 있었다. 포괄적인 합의 대신에 대다수 국가들은 독자적인 국가적 전략을 추진했다. 회의 참가자들은 특히 국가의 관리자들 및 과학자들과 국제기구 사이의 조정 작업을 통해 라틴아메리카의 환경 보전을 위한 새로운 관계를 제시하고자 과거와 미래에 유의했다.

회합은 역사적 표준들을 제공한다. 그것은 어떻게 사람들이 특정 주제를 놓고 의견을 교환했는지에 관해 식견을 제공하는 교환의 순간이다. 이를테면 케냐에서 태어난 영국의 과학자 이언 그림우드Ian Grimwood는 영국을 대표해 회의에 참석했으나 당시 페루 리마에서 주로 활동하고 있었다. 그는 리마에서 라몰리나 지역의 국립농업대학 교수들의 자문 위원으로 일했다. 어떤 해석은 아프리카 환경 보전의 맥락을 고려할 때 이를 식민주의적 관계로 파악할지도 모르겠으나 라몰리나의 교수이자 국립 공원들을 관리하는 페루의 삼림 관리와 동물相動物相 책임자 마르크 도우로헤아니Marc Dourojeanni 같은 이들에게 그림우드와 다른 전문가들은 이미 페루인들에게 알려진 것을 단순히 확인해 주는 반가운 협력자이자 종합적 관점의 원천이었다.[31] 회의에는 환경 보전 분야에서 활동하는 전문직 종사자들이 100명 이상 참석함으로써 라틴아메리카에 풍부한 지식과 경험이 쌓였다는 사실을 입증했다. 그들은 틀림없이 회의에서 처음 만났을 공산이 크고, 후속 회의들과 활동 과정에서 친교를 다지고 영향을 주고받기 시작했다. 전 지구적 조직들이 회의를 재정적으로 후원했지만 실제로 그 회의는 라틴아메리카 내의 연계를 구축하는 데 도움을 주었다.

국제적 지원과 과학적 관심이 국가 정책의 변화와 결합된 덕분에 이 시기에 환경 보전의 족적이 극적으로 늘어났다. 코스타리카는 전형적인 모범 사례이다. 1969년 「삼림관리법」은 코스타리카의 환경 보전 역사에서 획기적인 이정표로서 총괄삼림관리이사회를 설치했고 그 내부에 국립 공원 체계를 마련했다.[32] 그 뒤 수십 년 동안 몇 차례 수정되었지만, 이 법은 환경 문제에 대한 환경 보전론자들의 대응에서 일종의 주춧돌이었고 동식물상을 보호할 뿐 아니라 여가활동과 휴양, 관광업, 과학적 연구를 장려하기 위한 장소로서 국립 공원들의 윤곽을 드러냈다. 1970년 코스타리카에는 국립 공원이나 보호 지역이 전혀 없었으나 6년 뒤에 유엔에 의해서 동식물상의 보호 계획을 어떻게 수립할 것인지의 본보기로 활용되었다. 1972년에 거의 10만 명에 이르는 주민들이 최초의 공원들을 방문했고 그 인기는 코스타리카인들의 정체성과 경제 발전 전략의 핵심 요소를 구성하면서 오늘날까지 지속되고 있다. 전문 관리인, 국제적 자문 위원, 보이스카우트 단원부터 평화봉사단원까지 자원 봉사자들은 코스타리카가 환경 보전 전략의 최첨단에 설 수 있도록 만든 공원들의 급증에 기여했다. 1980년 코스타리카는 미국보다 더 큰 비율의 영토를 대상으로 환경 보전을 추진하게 되었다.[33]

환경 보전에 영향을 미친 가장 광범위한 이데올로기적 변화는 아마 열대 자연을 생태학의 명확한 하위 분야로 연구하려는 과학적 체계의 창출이었을 것이다. 훔볼트Alexander von Humboldt 이래 과학자들은 열대의 거대한 삼림에 관심을 기울여왔지만, 일반적으로 특정 장소에 존재하는 생명체의 범위를 지칭하는 생물 다양성이라는 개념은 1970년대 말에 공식적으로 출현했다. 이는 과학적 연구의 가치가 큰 장소로서 열대 지역에 새로운 힘을 부여했다. 데이비드 타카스David Takacs가 언급했듯이, "생물 다양성"이라는 용어의 등장과 전파는 사람들이 자연을 바라보는 방식을 바꾸려는 의도에서 비롯되었다.[34] 1980년대에 하나의 학문 분야로서 출현한 보전생물학은 환경 보전의 노력에 생물학을 적용하기 위해 고안되었고, 생물 다양성은 보전 지역의 창설을 위한 이론적 근거이자 그것을 촉진하기 위한 자부심의 원천이 되었다. 이런 발상이 황무지라는 더 오래된 개념보다 환경 보전을 정당화하는 데 더 광범위한 영향력을 발휘한 듯하다.

더 많은 공원들이 지정됨으로써 대부분의 보전 지역 내에 사람들이 거주하는 상황이 발생했다.[35] 이 사람들이 누구인지와 그들이 어떻게 사는지는 지속적인 토론의 주제이지만, 축출보다 동거가 일반적인 표준이었다. 틀림없이 – 때로는 토지 교환을 통해, 대체로 토지 교환 없이 – 축출이 이뤄지기는 했지만, 세계의 다른 지역들에 비해 덜 빈번히 발생한 것처럼 보인다. 공원들은 강탈의 수단만큼이나 분배의 수단으로 인식되어야 한다. 공원들은 (지역과 그 외의) 주민들에게 석유 시추, 금 채굴이나 벌목 대신에 손상되지 않은 원래대로의 자연과 그들의 생활 영역을 같이할 수 있는 대안을 제공했다. 어떤 경우에 보전 지역 내 거주민들은 국가에 대해 분명한 요구사항을 제시했고 고무 수액樹液 채취자 같은 일부 집단들은 방대한 토지에서 생계유지의 권리를 행사하는 데 환경 보전론자들의 담론을 전용轉用했다. 1978년에 페루는 「밀림지대법」의 공포를 통해 페루 아마존 지역의 원주민들이 자신의 영역에서 천연자원을 사용할 수 있는 권리를 인정했다.[36] 이는 브라질의 채굴 보류지와 비슷한 유용한 관리 수단, 즉 공용 보호 구역의 창설로 이어졌다.

1970년대에 여러 국가들은 예전의 시도들에서 제외된 지역들에 특별히 주목하면서 특정 환경에 초점을 맞추기 시작했다. 페루는 태평양 연안, 산맥, 밀림 등 각각의 지역을 전시한 주요 국립 공원의 조성 계획을 수립했다. 브라질은 정치적으로 기민하고 단호하게 실행하는 마리아 테레자 조르즈 파두아María Tereza Jorge Pádua의 지휘 아래 열대 아마존 지역에 보전 지역을 구획하는 계획에 착수해서 결국 아마존 지역의 공원 내에 거의 1100만 헥타르의 부지를 보호하게 되었다.[37] 홍적세 피신처라는 개념에 근거한 그 계획은 아마 가장 유망한 환경 보전 대상지를 찾아내고자 시도하는 데 생물학 문헌을 종합적으로 활용한 세계 최초의 사례였을 것이다. 여러 가지 측면에서 아마존 전역을 가로지르는 이 공원들의 설치 계획은 과학과 더불어 관료 기구들을 넘나드는 협업이 영향을 미치는 환경 보전의 새로운 시대를 집약적으로 보여주었다.

경제적 재편과 정치적 변화 역시 환경 보전의 확대에 영향을 미쳤다. 멕시코에서는 신자유주의 정책의 실행과 국영 기관들의 감축으로 정평이 난 카를로스 살리나스 데 고르타리Carlos Salinas de Gortari 대통령의 임기(1988~1994) 동안 공원의 조성이 급증했다. 북부의 사막과 남부의 열대 삼림을 포함해 새롭게 가치를 인정받은 자연 경관들이 이 시기에 보호 대상으로 지정되었다. 많은 신설 공원들이 내국인보다는 외국인 관광객들을 염두에 두고 계획됨에 따라 신자유주의의 효과는 모순적이었다. 1990년대에 거주민들과 환경 보전에 대한 관심이 커졌고 국내의 여러 학자들은 환경 보전의 정당화 논리로서 오염되지 않은 원래 그대로의 자연이라는 개념을 비판적으로 논평했다.[38]

토지의 생물학적 가치를 측정하는 과학적 개념의 창안과 더불어 공원 내 거주민들을 위한 사회적 관심은 바뀌기 쉬운 신자유주의적 경제 상황 속에서 출현했다. 코스타리카 같은 일부 국가들에서 이런 기세는 자연 보호를 기회로 삼은 국가적 정체성으로 혼합될 수 있었다. 다른 곳에서 보전 지역은 위험할 정도로 빠르게 전개되는 자연 경관의 전환을 감추는 이질적인 파편들에 지나지 않았다. 라틴아메리카 국가들이 환경 보전 활동을 확대했을 때, 대다수는 멀고 오랜 — 조율되거나 포괄적이지는 않더라도 — 과거에 의지해야 했다.

결론

라틴아메리카의 환경 보전의 역사는 세계 다른 지역들과 연결되어 있는 동시에 뚜렷이 구별된다. 롭 닉슨Rob Nixon은 남아프리카의 환경 보전 체제가 생물 다양성이라는 "따분한" 미학 대신에 구경거리가 될 만한 대형 동물의 수익성이 좋고 용이한 판매에 의해 추진되었다고 주장한다.[39] 그곳에서 대형 동물들은 자연 보호 구역을 자국의 친숙한 자연 경관이라면 질색하는 외국인 관광객들의 욕구에 맞춰 정착시켰다. 구경거리가 될 만한 대형 동물들이 홍적세에 사라진 라틴아메리카 대부분의 지역에서 생물 다양성은 1980년대에 환경 보전을 추진하게 만드는 요인 중 하나가 되었다. 이는 자연 보호의 장소와 지속성뿐 아니라 그것과 지역·국가·국제 공동체 사이의 관계에 영향을 미쳤다. 생물 다양성은 기념물 노획을 위한 야생동물 사냥에 비해 지루해 보일지 모르지만, 결국 표준으로 남게 된 공원 내 주민들과 다른 동물들의 공생에 기여했을 것이다. 공원 내에서 생활하는 이들의 광범위한 경험, 그리고 공원들과 공인된 원주민 구역 간의 밀접한 영토적·이데올로기적 관계는 공원들을 중첩된 요구들과 의미로 겹겹이 쌓인 자연 경관의 일부로 만들었다. 환경 보전은 환경사가들이 다루는 가장 고전적이고 전통적인 주제 가운데 하나이지만, 우리는 여전히 거의 모든 개별 국가들의 자연 보전의 사회적·문화적·정치적 윤곽을 명확히 이해하지 못하고 있다.[40] 각국은 독자적인 환경 보전의 문화를 지니고 있지만, 전 지구적 비교의 맥락에서 지역적 관점은 중요하다. 국립 공원에 대한 아르헨티나인들의 접근방식은 영토 상실의 두려움이 빚어낸 것이었다. 멕시코인들은 사회 혁명을 명확히 밝히는 과업의 일환으로 공원들을 창설했다.[41] 코스타리카인들은 그들의 "녹색 공화국"을 당당하게 자랑하며 페루인들은 자국의 공원들이 세계 최고 수준의 생물 다양성을 지니고 있다고 말한다.[42] 국립 공원들은 흔히 카리스마 넘치는 창설자를 갖고 있으며, 환경 보전의 운율 변화는 지역뿐 아니라 그것을 넘어 순환하는 힘들을 규정하는 데 도움이 되는 특징들과 연관되어 있다.

에밀리 웨이킬드Emily Wakild는 미국 아이다호주 보이시 주립대학교의 사학과 교수로서 라틴아메리카 역사와 환경사를 연구하며 가르치고 있다. 웨이킬드 교수는 1999년 오리건주 세일럼의 월래밋 대학교에서 학사 학위를 받고 2007년 애리조나 주립대학교에서 역사학 박사 학위를 취득했다. 대표적인 저서로는 『혁명의 공원: 환경 보전, 사회 정의, 멕시코의 국립 공원Revolutionary Parks: Conservation, Social Justice, and Mexico's National Parks』(애리조나 대학교 출판부, 2011)이 있고, 미셸 K. 베리와 함께 『환경사 교육 입문A Primer for Teaching Environmental History』(듀크 대학교 출판부, 2018)을 집필했다.

전 지구적 관점에서 본 라틴아메리카의 환경사

존 R. 맥닐

이 책은 현재까지 축적된 라틴아메리카 환경사 분야의 연구 성과를 이용하기 쉬운 한 권에 담는 데 일익을 담당하게 될 것이다. 결론에 해당하는 이 장은 라틴아메리카의 경험을 더 넓은 맥락 속에 자리매김하는 데 조금이나마 힘을 보태고자 한다. 두 가지 관련된 방식으로 그리할 텐데, 우선 라틴아메리카 환경사를 심화시키거나 넓힐 수 있는 추가적인 후속 연구를 위해 중요한 사항을 제시하는 환경사 연구의 사례들과 세계 다른 지역들에 관한 관점에 의존할 것이다. 다음으로 내가 라틴아메리카 환경사 연구의 가장 중요한 두 가지 특성이라고 평가하는 것을 확인하고 제한적인 범위에서나마 탐구할 것이다. 그 특성은 각각 물리적 영역과 문화적 영역에서 비롯된 것이다. 세계 모든 지역은 어떤 점에서는 특이하고 기묘하다. 라틴아메리카 역시 그 점에서 다른 지역들과 별반 다르지 않다.[1] 에필로그의 집필 목적은 라틴아메리카의 전문가들을 초대해 그들의 주제를 세계 다른 지역들의 문제와 비교하고 견주면서 숙고하도록 권유하려는 것이다. 또한 이제 막 라틴아메리카 연구에 발을 디딘

독자들을 초대해 어떻게 라틴아메리카의 경험이 어느 다른 지역에 대한 선행 연구를 통해 그들이 익숙해진 역사의 양식에 잘 들어맞을 수 있는지를 살피도록 돕는 것이다.

기회

개설서이든 개관槪觀이든 어떤 한 권의 책도 모든 것을 할 수는 없다.[2] 라틴아메리카 환경사같이 풍부한 주제에 대해 가능한 범위에서 몇 가지를 제외하고 어떤 것에 관해 언급할 수 있는 책은 없다. 이 책은 라틴아메리카 내의 하위 지역들에 관해 지리적으로 결합된 네 가지 개요를 제공한다. 추측하건대, 이 개요들이 특히 학생들에게 매우 유용하리라는 점은 입증될 것이다. 그들은 중앙아메리카나 남아메리카 원뿔꼴 지역의 광활한 초원에 대해 비슷하게 치밀한 개요들을 기꺼이 받아들일지도 모른다. 일곱 가지 주제와 관련된 장들은 대체로 라틴아메리카 전역을 폭넓게 언급하는 훌륭한 교차편집식 시론試論들을 제시한다. 여기에 포함되지 않은 여러 가지 흥미로운 주제들에 대해서 나는 일부만 거론할 것이다.

근현대사의 전개 양상은 전근대의 선례에 달려 있다. 라틴아메리카의 경우 전근대는 관례상 거의 3세기에 걸친 식민 시대와 수천 년 동안 지속된 콜럼버스의 항해 이전 시기로 나뉜다. 이 책의 여러 장 가운데 일부는 라틴아메리카 근현대 환경사에서 식민 시대의 유산이 차지하는 중요성을 인정한다. 그중 하나인 에밀리 웨이킬드의 글은 콜럼버스 항해 이전의 먼 옛날이 어떤 의미를 지니는지 흥미로운 방식으로 천착한다. 홍적세 말기 수많은 대형 동물 종의 멸종이 어떻게 라틴아메리카 근현대의 생태에 영향을 미쳤는지, 그리고 특히 공원들이 어떻게, 왜, 언제, 어디에 조성되었는지를 강조하면서 웨이킬드는 더 머나먼 과거의 관련성에 대한 다른 질문들로 이르는 길을 열어준다. 세계의 주요 지역 가운데 라틴아메리카는 (이 점에서 북아메리카에 크게 뒤처지지 않았지만) 가장 뒤늦게 인간이 거주하게 된 곳이었다. 그리하여 라틴아메리카의 동식물상은 뉴질랜드나 마다가스카르 같은 섬들을 제외하고 인간의 방해를 감수하는 법을 배우기에는[3] 다른 어느 지역보다 시간이 짧았다. 라틴아메리카의 생태계는 단지 약 1만 4000년에 걸쳐 인간의 활동들이 초래한 압력들에 적응해야 했다. 이에 비해 오스트레일리아의 생태계는 5만 년, 유라시아의 생태계는 6만 년에서 10만 년, 그리고 아프리카의 생태계는 20만 년 이상의 시간이 있었다.[4] 라틴아메리카의 일부는 인간이 거주한 역사가 훨씬 더 짧다. 특히 자메이카 같은 지역은 서기 600년 무렵까지 무인도로 남아 있었다.[5] 웨이킬드의 본보기는 독자들에게 라틴아메리카의 더 머나먼 과거와 상대적으로 짧은 인간 거주의 역사가 지역의 근현대 환경사에 어떻게 영향을 미쳤는지 질문하도록 영감을 준다.

독자들은 대략 9000년 전 최초의 농부들로부터 안데스와 (중부) 멕시코의 대제국에 이르기까지 1만 년이 넘는 시기 동안 콜럼버스 항해 이전의 많은 주민들이 수행한 환경적 개조와 변형의 현대적 영향에 대해서도 동일하게 탐색할지 모른다.[6] 최근 몇십 년간 고고학자들은 콜럼버스 항해 이전 라틴아메리카 역사의 주목할 만한 파편들을 발굴해 왔다. 그들이 더 많이 찾아낼수록 고대인들이 광범위하고도 집약적으로 환경을 변형시켰다는 인상은 더 뚜렷해진다. 웨이킬드의 사냥 사례는 농경을 포함하는 다른 사례들에 필적한다. 천 년 또는 수천 년까지 거슬러 올라가는 이런 아주 오래된 충격 가운데 일부는 더 최근의 환경사, 예컨대 안데스의 계단식 산비탈이나 아마존 지역의 수많은 흑토terra preta 구획의 형성, (벨리즈와 과테말라의) 마야 저지대에 만들어진 방대한 저수 지형 조직망 등에 영향을 미쳤다.[7]

두 번째 기회, 그리고 고생태학 교육을 요구하지 않는 기회는 해양환경사이다. 일부 장소, 특히 에워싸인 바다와 만灣에서 해양환경사는 논리상 개체군個體群 문제에 초점을 맞춘다. 그리하여 환경사가들은 발트해, 흑해, 황해, 그리고 현대에 들어서 개체군의 과부하에 시달린 다른 바다들을 탐사할 이유를 찾아냈다. 라틴아메리카에서는 과나바라만과 마라카이보 호수가 유사한 관심을 불러 모았다.[8] 그러나 대부분의 장소에서 해양환경사는 어류와 해양포유류들에 초점을 맞춘다. 이 점에서 학술상을 받은 제프리 볼스터Jeffrey Bolster의 메인만에 관한 단행본같이 해양동물개체군의 역사(HMAP) 기획에 협조하는 역사가들의 저작은 본보기라고 할 만하다.[9] 20세기에는 주로 어업과 포경업을 통한 인간의 해양 생태계 침입이 대대적으로 발생했는데, 그 완전한 영향은 오늘날에도 여전히 지속되고 있다. 여기에서 사실 라틴아메리카 환경사의 좋은 기회가 적잖이 존재한다.

남아메리카의 서부 해안을 스치는 훔볼트 해류는 세계에서 가장 풍족한 어로수역을 부양한다. 차가운 용승湧昇 수역은 엄청난 양의 용존溶存 산소를 실어 나르고, 안데스 산맥 서사면의 짧고 가파르며 침식성의 강에서 굴러 떨어지는 유기물로 풍요로워진다. 이런 조건들은 식물성 플랑크톤에 단단히 기반을 두고 유례없이 밀집한 어류 개체군을 유지시키면서 두툼하고 뒤얽힌 먹이그물을 낳는다. 연안 해역은 전갱이, 정어리, 멸치가 풍부해서 페루, 칠레, 그리고 때로는 에콰도르의 해안에서 서식지를 마련하는 해양포유류(특히 바다표범)와 바닷새들에게 오랫동안 먹이를 공급해 왔다.[10] 최근 몇십 년간 대략 전 세계 해양 어획량의 5분의 1이 이 해역에서 나왔다. 물론 어민들과 포경선들은 브라질과 아르헨티나 해안이나 카리브해의 포경수역捕鯨水域과 같이 다른 해역에서도 작업했다.[11] 최근 칠레에서 떠오르는 연어과 어류(주로 대서양 연어와 무지개 송어를 의미함) 수산 양식은 더 많이 주목받을 만한 해양환경사의 또 다른 차원이다. 2008년 세계 금융 위기로 초래된 심각한 침체 이전에 칠레는 전 세계 양식 연어과 어류 가운데 약 3분의 1을 생산했다.[12] 아직 쌓아 올린 것이 거의 없기 때문에 물론 충분히 이해할 만하지만,[13] 맥쿡이 집필한 제10장의 짧은 언급과 구아노 채취에 관한 산티아고의 논의(제9장)를 제외하고 이 책에서 해양환경사의 가능성은 언급되지 않은 채 넘어간다.

세 번째 기회는 전쟁의 환경사이다. 이는 요즘에 특히 활기찬 하위 분야이지만, 사실상 그에 속한 어떤 저작도 라틴아메리카에 주의를 기울이지 않는다.[14] 그 까닭은 라틴아메리카에서 전쟁이 부족했기 때문이 아니다. 오히려 19세기 라틴아메리카는 전쟁으로 가득 차 있었다. 20세기는 (멕시코의 경우는 두드러진 예외였지만) 비교적 평화로웠던 반면, 라틴아메리카에서 대규모 전쟁들은 자원, 특히 고무, 석유, 보크사이트, 구리 채굴의 가속화를 통해 직접적으로 환경에 영향을 미쳤다. 예컨대 삼국동맹 전쟁(1865~1870)이나 멕시코 혁명(1910~1920) 같은 라틴아메리카 근현대사의 치열한 충돌 가운데 하나 또는 그 이상에 대한 환경사 연구는 접근하기 어렵더라도 매력적인 시도일 것이다.[15]

매력적으로 보이는 기회들의 목록은 길다. 나는 세밀한 손질을 시도하지 않고 단지 몇 가지만 더 언급할 것이다. 젠더를 반영한 환경사는 일부 다른 지역보다 라틴아메리카에서 더 부족한 듯하다. 기후사 역시 그렇다. 이 책의 프롤로그뿐 아니라 리지 세지레스와 헤지나 오르타 두아르치가 함께 집필한 제6장이 모두 비공식적 정착지(파벨라, 바리오 등)들의 역사에 주목하고 있지만, 내가 아는 한 이는 대단히 흥미로운 주제임에도 환경사가들의 많은 관심을 끌어 모으지 못했다. 도시 환경사는 비공식적 정착지가 보기 드문 북아메리카와 유럽에서 융성했지만, 이스탄불의 빈민촌 무허가 건물(게제콘두gecekondu)에서 (마다가스카르) 안타나나리보의 날림집 동네bidonvilles에 이르기까지 무질서하게 뻗어나가는 세계의 임시변통의 공동체들은 대체로 도외시되었다. 라틴아메리카는 21세기에 위험할 정도로 빠르게 도시화한 지역 가운데 하나로서 비공식적 정착지의 출현을 촉진한 환경이 조성되었고 빈민가 판자촌들은 여전히 숱하게 많다.

특이성

이 대목에서 나는 라틴아메리카 환경사의 독특한 특징 가운데 두 가지에 대한 의견을 제시하고자 한다. 그중 하나는 물리적 영역에서, 다른 하나는 문화적 영역에서 도출한 것으로 두 가지 모두 광범위한 주제이다. 첫 번째 주제는 라틴아메리카의 에너지 (관리) 체제energy regime의 역사이다. 세계 대부분의 지역과 달리 라틴아메리카는 석유와 수력 발전에 의존하기 전까지 생물량에 의지해 왔다. 한 세기 전 멕시코는 라틴아메리카 제일의 석탄 생산국이었으나 그 생산량은 인도의 생산량의 8퍼센트(그리고 미국의 생산량의 0.2퍼센트)에 지나지 않았다.[16] 오늘날 라틴아메리카 전체를 종합하면 대략 인도 생산량의 15퍼센트와 중국 생산량의 3퍼센트를 산출한다. 오직 콜롬비아만 전 세계 상위 20위권에 속한다. 주로 지질학의 우연 때문에 라틴아메리카 역사에는 석탄 시대가 없었고, "산업계의 왕좌를 차지하는 석탄king coal"(1910년대 미국 서부 석탄 광산업의 열악한 노동 조건을 묘사한 업턴 싱클레어Upton Sinclair의 소설로 1917년 출판됨 − 옮긴이)도 존재하지 않았다.

장작과 작물 잔여물 같은 생물량은 1950년까지 세계 대부분의 지역에서보다 라틴아메리카의 에너지 체제에서 더 큰 역할을 담당했다. 철도는 장작을 폭넓게 사용했다. 브라질 철강업은 대부분 목탄을 연료로 사용했다. 도처에 있는 설탕 제조용 보일러들은 생물량을 활용했다. 1900년 이후 곧 값싼 석유가 사용되기 시작하자 석탄 기반의 분야와의 경쟁은 거의 없었다. 라틴아메리카는 석탄 기반시설에 투입된 투자금액이 아주 적었기 때문에 더 순조롭게 석유로 선회할 수 있었다. 그리고 석탄 연소 공장을 통한 발전發電이라는 전통이 강력하지 않은 라틴아메리카는 더 순조롭게 기꺼이 수력 발전으로 선회했다(오늘날 수력은 라틴아메리카의 전력 중 50~65퍼센트를 차지하며 브라질의 경우는 70~80퍼센트에 이른다. 이에 비해 전 세계 전력 중 수력의 비중은 16퍼센트 정도이다).[17] 일부 라틴아메리카 국가들은 19세기 말부터 별로 많지 않은 양의 석탄을 수입했으나 석유를 이용할 수 있게 되자 조기에 신속하게 전환할 수 있었다.

그리하여 시기적으로 이르고 신속한 석유의 이용은 라틴아메리카의 특징이 되었다. 라틴아메리카 국가들에서 석유가 주된 화석 연료로서 석탄을 영구적으로 대체한 시기는 두 가지 사례 외에 모두 1896년부터 1928년 사이였다

[뒤처지고 지체된 사례는 브라질(1940년)과 칠레(1953년)였다]. 이런 전환은 석유의 우위가 더 늦었던 ─ 각국에서 석유가 석탄을 영구적으로 능가한 시기는 1951년(미국)부터 1971년(영국) 사이에 몰려 있다 ─ 유럽과 북아메리카의 이력과 뚜렷한 대조를 이룬다. 일단 시작된 전환의 기간은 라틴아메리카에 비해 수십 년이 더 오래 걸렸다. 그것은 1925년에 석탄이 주요한 에너지 소비의 90퍼센트 이상을 차지한 아프리카와 아시아의 이력과도 대비된다. 당시 라틴아메리카에서 석탄은 에너지 수요의 단지 37퍼센트만을 충족시켰다. 요컨대 라틴아메리카는 결코 석탄에 맞춰 경제, 사회, 공공 기반시설을 건설하지 않았고 그리하여 석유로 일찍 신속하게 전환했다. 아이티, 엘살바도르같이 더 가난한 라틴아메리카 국가들에서는 에너지 전환이 생물량에서 석유로 즉시 이뤄졌는데, 이는 전 세계 표준에 견준다면 흔치 않은 궤적이었다.[18]

이 독특한 에너지 (이용) 경로는 단지 지질학의 우연 탓만은 아니었다. 정치적 고려 역시 중요했다. 19세기의 최대 석탄 수출국은 영국이었다. 영국 정부와 기업들은 그들이 라틴아메리카의 독립국들에서 성취할 수 있었던 것보다 더 효과적으로 영국령 식민지들이 석탄에 의존하게 되도록 부추겼다. 제1차 세계대전의 에너지 정치 역시 한몫했다. 멕시코, 미국, 베네수엘라에서 생산된 저렴한 석유를 이용하게 되었을 때 영국의 석탄 수출은 사실상 중단되었다.

라틴아메리카의 독특한 에너지 경로는 몇 가지 결과를 낳았는데, 나는 그 중 두 가지를 기술할 것이다.[19] 첫째, 1950년 무렵까지 라틴아메리카 도시들의 대기의 질, 즉 청정도는 흔치 않게 좋았다. 멕시코시같이 오늘날 대기 오염으로 악명 높은 도시들조차 한 세기 전에는 맑은 공기와 멀리까지 내다보이는 전망으로 유명했다. 독일, 일본, 영국, 미국, 그리고 다른 수십 개 국가 ─ 모두 다량의 석탄을 연소하는 ─ 에서 도시 주민들이 대기 오염이 초래한 폐 질환에 시달리고 있었을 때, 라틴아메리카인들은 마음껏 호흡했다. 영국이나 독일처럼 철저하게 석탄에 투자한 곳에서는 매년 수만 명에 이르는 도시 주민들이 석탄 매연이나 석탄 가루가 유발하거나 악화시킨 호흡기 질환으로 사망했다(오늘날

중국에서 석탄이 내뿜는 매연은 매년 약 36만 6000명의 목숨을 빼앗는다).[20]

브루스 포도브닉Bruce Podobnik이나 티모시 미첼Timothy Mitchell의 분석 연구를 받아들인다면, 두 번째 결과는 정치적이다.[21] 철저하고도 폭넓게 석탄으로 전환한 국가들은 차츰 비교적 민주적인 제도들과 정치 체제를 갖췄다. 그들에게는 선택의 여지가 없었다. 탄광 광부들은 국가 경제에 대해 너무 많은 권력을 획득했다. 그들이 파업을 선택한다면, 경제생활은 몇 주 내에 서서히 멈추게 될 것이었다. 만일 그들이 전시에 그랬다면, 국가 안보는 금세 위기에 처했을 것이다. 따라서 광부들이 파괴적인 방식으로 정치적 위력을 과시하지 않도록 엘리트들이 노동계급과 권력을 나눠 가져야 했다는 주장이 제기된다.

이런 정치적 동력은 석탄이 많지 않은 국가들로 확대되지 않았다. 1880년경부터 1925년까지 영국에서 전체 가구의 약 10~15퍼센트가 원하는 때에 언제라도 영국의 교통과 산업을 멈출 수 있는 탄광 광부였던 반면, 라틴아메리카의 노동자들 중 어느 누구도 이런 종류의 힘과 권한을 갖지 못했다. 어느 누구도 사업주들에게 더 높은 임금을 지불하도록 강요하거나 정부를 압박해서 대중에게 투표권을 인정하도록 할 수 없었다.

이런 분석에서 석유는 상이한 정치적 영향을 유지했다. 달리 말해 민주주의에 덜 유리했다. 석유를 에너지 체제의 핵심으로 삼은 사회는 대규모 대중 조합들에 좌우되지 않았다. 석유 노동자들은 비교적 소수에 지나지 않았고 만일 그들이 파업을 시작해 국가 경제(나 안보)를 위협했다면 진압당하거나 더 큰 충격 없이 밀려났을 것이다. 단지 일부 가구들만 그 영향을 감지했을 것이고, 다른 시민들은 예전과 다름없이 일상생활을 지속했을 것이다. 포도브닉이나 미첼에 따르면, 이는 엘리트들이 자유재량을 덜 누리고 국민 정치의 형태를 갖추도록 광범위하게 양보하지 않을 수 없는 석탄 기반의 사회들과 무척 달랐다.

이 주장이 라틴아메리카의 정치사를 이해하는 데 설득력을 지니는지는 독자들의 판단에 맡기도록 하겠다. 어떤 이는 석탄 매장량이 풍부한 폴란드가 석유가 풍부한 노르웨이보다 더 민주적이었는지 의문을 제기하면서 이 주장에 반대할 수 있다. 그러나 만일 누군가가 이 주장을 수용한다면, 라틴아메리카의 독특한 에너지 경로는 그 지역의 정치적 경험을 이해할 수 있는 열쇠 중 일부가 될지도 모른다. 그 결과와 효력의 범위가 무엇이든지, 라틴아메리카가 세계의 기준에 견줘 특이한 에너지 경로를 개척했다는 사실은 여전히 남아 있다.

문화적 영역으로 넘어간다면, 라틴아메리카 환경사는 세계 여러 지역 가운데 아마 동남아시아만 필적할 수 있는 또 다른 특징을 갖고 있다.[22] 자연에 대한 라틴아메리카인들의 견해와 태도, 그리고 인간과 자연의 적절한 관계는 세 가지 넓은 문화적 전통, 즉 아메리카 원주민, 이베리아반도, 아프리카(또는 더 정확히는 대서양 아프리카) 전통에 의해 형성되었다. 이 각각의 문화적 전통은 물론 실제로 그 자체가 매우 다양할지 모르는 더 많은 지역적 전통들의 합성물이었다. 1510년경부터 1860년까지 아메리카로 향한 수백만 명의 노예들의 고향인 대서양 아프리카는 세네감비아(세네갈강과 감비아강 사이의 지역 — 옮긴이)부터 앙골라까지 뻗어 있었다. 사실 18세기에 라틴아메리카로 이동한 노예 중에는 모잠비크와 마다가스카르 출신도 있었다. 파타고니아부터 캘리포니아까지 아메리카 원주민들의 문화적 전통은 아마 마찬가지로 다양했을 것이다(그런 것들을 측정하고 평가할 어떤 좋은 방법이 있지는 않다). 이베리아의 문화적 전통은 덜 다양했다고 볼 수 있을 듯하다. 이베리아반도가 상대적으로 더 작은 장소이고 근대 초기 에스파냐와 포르투갈 가톨릭교회의 문화적 헤게모니가 막강했기 때문이다. 그러나 19세기와 20세기에 이탈리아, 독일, 그 밖의 다른 곳으로부터 이주민들이 대거 유입된 덕분에 이베리아적 요소는 가톨릭교회의 주도권에 맞서 유럽의 전통 중 하나로 확대되었다.

자연스럽게 근현대 라틴아메리카에서 모든 요소의 문화유산은 대부분 상호 작용과 대응을 통해 시간이 흐르면서 진화했다. 그리고 19세기 말 이래 쿠바, 페루, 브라질뿐 아니라 더 작은 규모로 다른 곳에서도 중국과 일본 출신 이주민들이 유입된 결과 문화적 모자이크는 한층 더 복잡해졌다. 인정하건대 일부 국가들에서, 예컨대 볼리비아에서는 아프리카적 요소가 아주 약하고, 다른 곳, 예컨대 바베이도스에서는 토착적 또는 아메리카 원주민의 요소가 미미하다. 하지만 지역 전체로서는 문화적 복잡성이 극심하고 식민 시대 이래로 그 정도는 전 세계를 통틀어 볼 때 매우 보기 드문 것이었다.[23]

더욱이 환경에 관한 구상과 실천은 이주와 관계없이 특정한 과학적 전망의 형식으로 그 이상의 영향력을 받아들였다. 19세기에 영향력 있는 구상과 실천은 보통 독일, 프랑스 또는 영국에서 비롯되었고 예컨대 세균병원설germ theory of disease(질병, 특히 전염병이 세균에 의해 발생한다는 학설, 달리 말해 미생물이 병의 원인이라는 학설 — 옮긴이)과 그에 수반하는 공중위생의 우선권을 포함했다.[24] 1900년 이후 석유로의 빠른 전환에서 뚜렷이 나타난 미국의 과학과 기술의 위세와 영향력이 그런 혼합에 추가되었다. 나중에 20세기에 들어서 이는 유전자 조작에 의해 생성된 종자, 살충제, 화학비료, 그리고 녹색 혁명으로 알려진 농기계 등의 일괄 대책에서 잘 드러났다.[25]

이 모든 것 — 인간과 구상들의 라틴아메리카 이주와 유입, 그리고 라틴아메리카 내의 이동 — 은 환경에 관한 구상과 실천의 풍성한 메뉴와 프로그램들을 제공해 주었다. 라틴아메리카인들은 수 세대에 걸쳐 그들의 특정한 기회와 제약制約들에 적합하도록 이 메뉴로부터 뽑아내고 선택하며 결합하고 다시 연결할 수 있었다.

환경에 관한 구상과 실천들은 다소의 차이가 있을지라도 보통 종교적 배경과 감각을 반영한다.[26] 라틴아메리카에서 그것은 주로 해방신학을 포함해 가톨릭교의 변종을 의미했다. 그것은 이따금 환경주의적 색조를 띠고 아마 특히 안데스 지역에서는 강력한 신성성神聖性의 관념을 지닌 원주민 종교를 취하기도 한다. 가톨릭교 하나만으로도 다수의 모순적인 형편과 태도를 수용했다.[27]

환경에 대한 견해와 활동과 관련된 문화적 전통은 또한 토지에 대한 뚜렷이 다른 관념들, 그리고 숲, 강이나 주석으로 가득 찬 언덕으로 무엇인가를 할 권리를 누가 갖고 있는지를 포함했다. 관점과 견해들의 범위는 경건한 환경 보호주의부터 열렬한 탐욕스러움까지 포괄했고 후자의 전통은 최근에 라틴아메리카의 상품을 겨냥한 유력한 중국의 시장에 의해 강화되었다.[28]

따라서 라틴아메리카 전통의 엄청난 문화적 다양성은 지역 내 환경에 대한 사고방식과 윤리에 영향을 미치는 수많은 개념들에 풍미를 더하는 데 도움을 주었다. 단지 어떻게 그리 도움을 주었는지는 지역에 따라 각기 달랐다. 안데스 지역에서 원주민 전통과 가톨릭교의 사회사상의 침투 혼합, 그리고 계급적 정체성과 종족적 정체성의 중첩은 조안 마르티네스 알리에르Joan Martinez Alier가 "빈민층의 환경 보호주의"라고 명명해 영향력을 떨치는 상황을 빚어냈다.[29] 18세기 말 이래 여러 가닥의 환경주의 사상이 출현한 브라질에서 문화적·사회적 상황은 뚜렷이 달랐다. 그곳의 엘리트 지주들은 대체로 교육에 관여하면서 유럽의 사회과학과 접촉하게 되었고, 그것을 자신의 환경에 창의적으로 적용했다. 환경에 대한 그들의 사고방식에는 흔히 노예제 같은 사회적 쟁점에 대한 관심이 스며들었다.[30] 이 두 가지 사례는 라틴아메리카에서 환경주의의 문화사, 이념사, 정치사, 사회사로 할 수 있는 많은 일들 가운데 극히 일부, 비유하건대 양동이 속의 물 한 방울일 뿐이다.

라틴아메리카 환경사에는 다른 특이성들도 존재하며 다른 도전 과제들도 숱하게 많다. 이 책은 그중 일부를 다룰 뿐이고 이 에필로그는 그저 몇 가지에 대해서만 논의한다. 라틴아메리카 환경사는 여전히 신흥 분야이며 활기차고 생기발랄한 영역이므로 이런 도전들 가운데 많은 것과 아직 상상할 수 없었던 다른 도전들이 곧 충족되리라 기대한다. 그런 다음 우리는 라틴아메리카의 환경사가 어떤 측면에서 특이하고 어떤 점에서 전 지구적 양식에 일치했는지에 관해 더 확실한 생각을 갖게 될 것이다. 현존하는 과거는 활기 넘치는 미래를 준비한다.

존 R. 맥닐John R. McNeill은 조지타운 대학교 석좌교수다. 풀브라이트 상을 두 차례 수상했고 구겐하임, 맥아더, 우드로 윌슨 센터에서 연구비를 받았다. 그의 저서 중『지중해의 산맥들The Mountains of the Mediterranean』(1992), 『해 아래 새로운 것Something New Under the Sun』(2000)은 두 차례의 수상작으로서 (과학책이 아님에도) ≪더타임스≫가 선정한 최고의 과학도서 10권에 올랐으며 아홉 개의 언어로 번역되었다.『인간의 연결망The Human Web』(2003)은 일곱 개의 언어로 번역되었고, 『모기 제국Mosquito Empires』(2010)은 미국역사학회의 베버리지 상을 받았다. 또한 2016년에는『거대 가속The Great Acceleration』을 출간했다. 2010년에 그는 "인류에 대한 학문적·공적 기여"를 인정받아 토인비 상을 받았다.

주

프롤로그 라틴아메리카 환경사에서 '라틴아메리카적인 것'을 발견하기

1　Javier Auyero and Déborah Swistun, "Flammable: Environmental Suffering in an Argentine Shantytown," *American Sociological Review* 73, no. 3(2008): 357~379, 366.

2　Javier Auyero and Déborah Alejandra Swistun, *Flammable: Environmental Suffering in an Argentine Shantytown*(Oxford: Oxford University Press, 2009).

3　Nicolás Gadano, *Historia del petróleo en la Argentina, 1907~1955: Desde los incios hasta la caída de Perón*(Buenos Aires: Edhasa, 2006).

4　María Alejandra Cousido, "Contaminación de cuencas con residuos industriales: Estudio del caso Matanza Riachuelo, Argentica," *Revista CENIC. Ciencia Químicas* 41(2010): 1~11.

5　José Augusto Pádua, "As bases teóricas da história ambiental," *Estudos Avançados* 24(2011): 81~101(영어본은 같은 잡지의 웹사이트에서 구해볼 수 있다); John R. McNeill, "The State of the Field of Environmental History," *The Annual Review of Environment and Resources* 35(2010): 345~374.

6　그 사례로는 Sérgio Buarque de Holanda, *Visão do paraíso: Os motivos edênicos no descobrimento e colonização do Brasil*(Rio de Janeiro: Editora José Olympio, 1959)과, Gilberto Freyre, *Nordeste: Aspectos da influência da cana sobre la vida e paisagem do nordeste do Brasil*(Rio de Janeiro: Editora José Olympio, 1937)이 있다. 미국의 주요 성과물로는 Alfred Crosby, *The Columbian Exchange: Biological and Cultural Consequences of 1492*(Westport, CT: Greenwood Press, 1972)와, 버클리 소재 캘리포니아 주립대학교 지리학부(Berkeley School of Geography)에 의해 수행된 연구들로서 Kent Mathewson and Martin S. Kenzer, eds., *Culture, Land, and Legacy: Perspective on Carl Sauer and Berkeley School Geography*(Boston Rouge: Louisiana State University Geoscience Publication, 2003)와, Claudia Leal, "Robert West: un geógrafo de la escuela de Berkeley," prologue to Robert West, *Las tierras bajas del Pacífico colombiano*(Bogotá: Instituto Colomiano de Antropología e Historia, 2000) 등이 있다.

7　그 가운데 두드러진 성과물로는 Nicolo Gligo and Jorge Morello, "Notas para una historia ecológica de América Latina," in *Estilos de Desarrollo y Medioambiente en América*

Latina, ed. Nicolo Gligo and Osvaldo Sunkel(Mexico City: Fondo de Cultura Económica, 1980); B. Mateo Martinic, "La ocupación y el impacto del hombre sobre el territorio," in *Transecta botánica de la Patagonia Austral*, ed. O. Boelcke, David M. Mooren, and E. A. Roig(Buenos Aires: Consejo Nacional de Investigaciones Científicas y Técnicas, 1985); Fernando Ortiz Monasterio, *Tierra profanada. Historia ambiental de México*(Mexico City: Instituto Nacional de Atropología e Historia, Secretaía de Desarrollo Urbano y Ecología, 1987); José Augusto Pádua, ed., *Ecologia e política no Brasil*(Rio de Janeiro: Espaço & Tempo/IUPERJ, 1987); Fernando Mires, *El discurso de la naturaleza: Ecología y política en America Latina*(San José: Departamento Ecuménico de Investigaciones, 1990); Antonio E. Brailovsky and Dina Foguelman, *Memoria verde: Historia ecológica de la Argentina*(Buenos Aires: Editorial Sudamericana, 1991); Elinor Melville, *A Plague of Sheep: Environmental Consequences of the Conquest of Mexico*(Cambridge: Cambridge University Press, 1994); Guillermo Castro Herrera, *Los trabajos de ajuste y combate: Naturaleza y sociedad en la historia de América Latina*(La Havana: Casa de las Américas, Colcultura, 1995); Warren Dean, *With Broadax and Firebrand: The Destruction of Brazil's Atlantic Forest*(Berkeley: University of California Press, 1995); 그리고 Alejandro Tortolero Villaseñor, ed., *Tierra, agua y bosques: Historia y medio ambiente en el México Cental* (Mexico City: Potreilklos Editores, 1996) 등이 있다.

8   이 같은 발전의 개관으로는 '라틴아메리카·카리브해 지역 환경사학회'의 웹페이지를 참조하라(http://solcha.org/). 이 학회를 형성하는 데 기여한 출판물로는 다음을 참조하라. *Estudios sobre historia y ambiente en América*, vol. 1, *Argentina, Bolivia, México, Paraguay*, ed. Bernardo García Martínez and Alba González Jácome(Mexico City: Instituto Panamericano de Geografía e Historia, El Colegio de México, 1999); *Estudios sobre historia y ambiente en América*, vol. 2, *Norteamérica, Sudamérica y el Pacífico*, ed. Bernardo García Martínez and María del Rosario Prieto(Mexico City: El Colegio de México, 2002); *Naturaleza en declive: Miradas a la historia ambiental de América Latina y el Caribe*, ed. Reinaldo Funes Monzote(Valencia: Centro Francisco Tomás y Valiente UNED Alzira-Valencia, Fundación Historia Social, Colección Biblioteca Historia Social, 2008)을 참조하라. 또 라틴아메리카와 미국의 다음과 같은 여러 잡지들의 특별호를 참조하기 바란다. *Revista Theomai* 1(Quilmes, Argentina, 2000); *Varia Historia* 26, ed. by Regina Horta Duarte(Belo Horizonte, Brazil, 2002); *Diálogos: Revista Electrónica de Historia* 4, ed. by Rony Viales H.(San José, Costa Rica); 2003~2004; *Nómadas* 22, ed. by Stefania Gallini(Bogotá, Colombia, 2005); *Revista de Historia* 59~60, ed. by Carlos Hernández Rodríguez and Anthony Guebel McDermott (Heredia, Costa Rica, 2009); *Latin American Research Review* 46(USA, 2001); *Hispanic American Historical Review* 92(Durham, NC, 2012); *Revista de Historía de Historia Iberoamericana* 7(Santiago, Chile, 2014).

9   특히 식민 시대에 대해 강점을 가진 간결한 종합으로는 Shawn Miller, *An Environmental History of Latin America*(Cambridge: Cambridge University Press, 2007)가 있다. 이 방면

의 개관으로는 Mark Carey, "Latin American Environmental History: Current Trends, Interdisciplinary Insights, and Future Directions," *Environmental History* 14(April, 2009): 221~252; Stefania Gallini, "Historia, ambiente, política: El camino de la historia ambiental en América Latina," *Nómadas* 30(2009): 92~102; Patricia Clare, "Un balance de la historia ambiental latinoamericana," *Revista de Historia*(2009): 185~201; Lise Sedrez, "Latin American Environmental History: A Shifting Old/New Field," in *The Environment and World History*, ed. Edmund Burke III and Edward Pomeranz(Berkeley: University of California Press, 2009) 등이 있다.

10   Dean, *With Broadax and Firebrand*; Reinaldo Funes Monzote, *From Rainforest to Cane Field in Cuba: An Environmental History since 1492*(Chapel Hill: University of North California Press, 2008[2004]).

11   José Augusto Pádua, *Um sopro de destruição: Pensamento político e crítica ambiental no Brasil escravista, 1786~1888*(Rio de Janeiro: Jorge Zahr, 2002); John McNeill, *Mosquito Empires: Ecology and War in the Greater Caribbean, 1620~1914*(Cambridge: Cambridge University Press, 2010); Germán Palacio, *Fiebre de tierra caliente: Una historia ambiental de Colombia 1850~1930*(Bogotá: Universidad Nacional de Colombia, 2006); Eunice Sueli Nodari and João Klug(eds.), *História ambiental e migrações*(São Leopoldo: Oikos, 2012); John Soluri, *Banana Cultures: Agriculture, Consumption, and Environmental Change in Honduras and the United States*(Austin: University of Texas Press, 2005); Daviken Studnicki-Gizbert and David Schecter, "The Environmental Dynamics of a Colonial Fuel-Rush: Silver Mining and Deforestateon in New Spain 1522~1810," *Environmental History* 15(January 2010): 94~119.

12   Shawn Miller, *Fruitless Trees: Portuguese Conservation and Brazil's Colonial Timber* (Stanford: Stanford University Press, 2000); Claudia Leal and Eduardo Restrepo, *Unos bosques sembrados de aserríos: Historia de la extracción maderera en el Pacífico colombiano* (Medellín: Universidad de Antioquia, Universidad Nacional desde Medillín, Instituto Colombiano de Antropología e Historia, 2003); Pablo Camus, *Ambiente, bosques y gestión forestal en Chile, 1541~2005*(Santiago: Centro de Investigaciones Barros Arana de la Dirección de Bibliotecas, Archivos y Museos, Lom Editores, 2006); Anthony Goebel, "Los bosques del 'progreso': Explotación forestal y régimen ambiental en Costa Rica: 1883~1955" (Ph.D.diss., University of Costa Rica, 2013); Adrián Gustavo Zarrilli, "El oro rojo. La industria del tanino en la Argentica(1890~1950)," *Silva Lusitana* 16(2008); 239~259.

13   칠레에서 활동한 한 두드러진 유럽인 숲 전문가에 관한 연구로는 Fernando C. Hartwig, *Federico Albert: Prionero del desarrollo forestal en Chile*(Tacla: Editorial Universidad de Tacla, 1999)가 있다. 인도의 숲에 관한 역사 연구는 많은 편인데, 대표적인 것으로는 S. Ravi Rajan, *Modernizing Nature: Forestry and Imperial Eco-Development, 1800~1950*(Oxford: Oxford University Press, 2006), K. Sivaramakrishnan, *Modern Forests: Statemaking and Environmental Change in Colonial Eastern India*(Stanford: Stanford University Press, 1999)

를 들 수 있다. 미국의 숲에 관한 연구도 방대한 편인데, 대표적인 것으로는 Thomas R. Cox, *The Lumberman's Frontier: Three Centuries of Land Use, Society, and Change in America's Forests*(Corvallis, OR: University of Oregon Press, 2010)와 Char Miller, *Gifford Pinchot and the Making of Modern Environmenalism*(Washington, DC: Island Press, 2004) 이 있다.

14   Christoper Boyer, *Political Landscapes: Forests, Community, and Conservation in Mexico* (Durham: Duke University Press, 2015) and Thomas Klubock Miller, *La Frontera: Forests and Ecological Conflict in Chile's Frontier Territory*(Durham: Duke University Press, 2014). Lise Sedrez, "Rubber, Trees and Communities: Rubber Trappers in the Brazilian Amazon in the Twentieth Century," in *A History of Environmentalism*, ed. Marco Armiero and Lise Sedrez(London: Bloomsbury Academic, 2014) and Claudia Leal, *Landscapes of Freedom: Building a Postemancipation Society in the Rainforests of Western Colombia*(Tucson, AZ: University of Arizona Press, 2018).

15   Funes Monzote, *From Rainforest*; Soluri, *Banana Cultures*; Adrián Gustavo Zarrilli, "Capitalism, Ecology and Agrarian Expansion in the Pampean Region(1890~1950)," *Environmental History* 6(2002): 560~583; Sterling Evans, *Bound in Twine: The History and Ecology of the Henequen-Wheat Complex for Mexico and the American and Canadian Plains, 1880~1950*(College Station: Texas A&M University Press, 2007); Stefania Gallini, *Una historia ambiental del café en Guatemala: La Costa Cuca entre 1830 y 1902*(Guatemala: Asociación para el Avance de las Ciencias Sociales en Guatemala, 2009); Rony Viales Hurtado and Andrea Montero Mora, "Una apromaxión al impacto ambiental del cultivo del banano en el Atlántico/Caribe de Costa Rica(1870~1930)," in *Costa Rica: Cuatro ensayos de historia ambiental*, ed. Ronny J. Viales Hurtado and Anthony Goebel McDermott (Costa Rica: Sociedad Editora Alquimia 2000, 2001), 85~124; Stuart McCook, "Las epidemias liberales: Agricultura, ambiente y globalización en Ecuador, 1790~1930," in *Estudiois sobre historia y ambiente en América Latina*, vol. 2, *Norteamérica, Sudamérica, y el Pacífico*, ed. Bernardo García Martínez and María del Rosario Prieto(Mexico City: El Colegio de México/Instituto Panamericano de Geografía e Historia, 2002), 223~246.

16   Myrna Santiago, *The Ecology of Oil: Environment, Labor, and the Mexican Revolution, 1900~1938*(Cambridge: Cambridge University Press, 2006); Gregory Cushman, *Guano and the Opening of the Pacific World*(Cambridge: Cambridge University Press, 2013); Jó Klanovicz, "Artificial Apple Production in Fraiburgo, Brazil, 1958~1989," *Global Environment* 5(2010): 39~70; Shawn Van Ausdal, "Pasture, Power, and Profit: An Environmental History of Cattle Ranching in Colombia, 1850~1950," *Geoforum* 40(2009): 707~719; idem, "Productivity Gains and the Limits of Tropical Ranching in Colombia, 1850~1950," *Agricultural History* 86, no. 3(2012): 1~32; Robert Wilcox, *Cattle in the Backlands: Matto Frosso and the Evolution of Ranching in the Brazilian Tropics*(Austin: University of Texas Press, 2017); Daniel Renfrew, "New Hazards and Old Disease: Lead Contamination and the

Uruguayan Battery Industry," in *Dangerous Trade: Histories of Industrial Hazard Across an Globalizing World*, ed. Christopher Sellers and Joseph Melling(Philadelphia: Temple University Press, 2012): 99~111.

17   이 변화와 관련된 분야에서 나타난 새로운 방향의 예로는 Natalia Milanesio, "Liberating the Flame: Natural Gas Production in Peronist Argentina," *Environmental History* 18, no. 3(2013): 499~522; 그리고 Mikael Wolfe, *Watering the Revolution: An Environmental and Technological History of Agrarian Reform in Mexico*(Durham: Duke University Press, 2017)가 있다.

18   Lane Simonian, *Defending the Land of the Jaguar: A History of Conservation in Mexico* (Austin: University of Texas Press, 1995); Sterling Evans, *The Green Republic, A Conservation History of Costa Rica*(Austin: University of Texas Press, 1999); Seth Garfield, "A Nationalist Environment: Indians, Nature, and the Construction of the Zingu National Park in Brazil," *Luso-Brazilian Review* 41, no. 1(2004): 139~167; Gregory Cushman, " 'The Most Valuable Birds in the World': International Conservation Science and the Revival of Perú's Guano Industry," *Environmental History* 10(2005): 477~509; José Augusto Drummond and José Luiz Andrade Franco, *Proteção à natureza e identidade nacional no Brasil, anos 1920~1940*(Rio de Janeiro: Ed. Fiocruz, 2009); Emily Wakild, *Revolutionary Parks: Conservation, Social Justice, and Mexico's National Parks, 1910~1940*(Tucson: The University of Arizona Press, 2011); Federico Freitas, "A Park for the Borderlands: The Creation of Iguacu Nacional Park in Southern Brazil, 1880~1940," *Revista de Historia Iberoamericana* 7, no. 2(2014); Claudia Leal, "Conservation Memories: Vicissitudes of a Biodiversity Conservation Project in the Rainforests of Colombia, 1992~1998," *Environmental History* 20(2015): 368~395.

19   Regina Horta Duarte, *Activist Biology: The National Museum, Politics and Nation Building in Brazil*, trans. Diane Grosklaus Whitty(Tucson: the University of Arizona Press, 2016); Camilo Quntero, *Birds of Empire, Birds of Nation: A History of Science, Economy, and Conservation in United States-Colombian Relations*(Bogotá: Ediciones Uniandes, 2012).

20   Stuart McCook, *States of Nature: Science, Agriculture, and Environment in the Spanish Caribbean, 1760~1940*(Austin: University of Texas Press, 2000).

21   보고타와 멕시코시는 다른 도시들보다 더 많은 관심을 받았다. 콜롬비아에서 작업은 대개 학자들에 의해 수행되었다: María Lucía Guerrero Farías, "Pintando de Verde a Bogotá: Visiones de la naturaliza a través de los parques del Centenario y de la Independencia, 1880~1920," *HALAC* 1, no. 2(2012); María Clara Torres Latorre, "El alcantarillado subterráneo como respuesta al problema sanitario de Bogotá, 1886~1938," and Laura C. Felacio Jiménez, "Los problemas ambientales en torno a la provisión de agua para Bogotá, 1886~1938," in *Semillas de historia ambiental*, ed. Stefania Gallini(Bogotá: Jardín Botánico de Bogotá, Universidad Nacional de Colombia, 2015). 메데인(Medellín)에 대해서는 Bibiana Preciado, Canalizar para industrializar: La domesticació del río Medelliín en la primera mitad del

siglo XX(Bogotá: Ediciones Uniandes, 2015)를 참조. 미국인들은 멕시코시에 관한 연구를 이끌고 있다. Vera Candiani, *Dreaming of Dry Land: Environmental Transformation in Colonial Mexico City*(Palo Alto: Stanford University Press, 2014) and Mathew Vitz, "The Lands with Which We Shall Struggle: Land Reclamation, Revolution, and Development in Mexico's Lake Texcoco Basin, 1910~1950," *Hispanic American Historical Review* 92, no. 1(2012): 41~71.

22 일부 두드러진 예외로는 Mark Carey, *In The Shadow of Melting Glaciers: Climate Change and Andean Society*(New York: Oxford University Press, 2010); Micheline Cariño and Mario Monteforte, *El primere Emporio perlero sustentable del mundo: La Compañía Criadora de Concha y Perla de la Baja California S.A., y sus perspectivas para Baja California Sur*(México: UABCS, SEP, FONCA-CONACULTA, 1999); Molly Warsh, *American Baroque: Pearls and Nature of Empire 1492~1700*(Chapel Hill: UNC Press, forthcoming); 그리고 Mikael D. Wolfe, *Watering the Revolution*이 있다.

23 Rafael Cabral Cruz and Demétrio Luis Gudagnin, "Uma pequena história ambiental do Pampa: Proposta de uma abordagem baseada na relação entre perturbação e mudança," in *A sustentabilidades da região da Campanha-RS: Prácticas e teorias a respeito das relações entre ambiente, sociedade, cultura e políticas públicas*, ed. Benhur Pinós da Costa, João Henrique Coos and Mara Eliana Fraeff Dickel(Santa María: Ed. UFSM, 2010), 155~179; 그리고 Adrián Gustavo Zarrilli, "Capitalism, Ecology and Agrarian Expansion in the Pampean Region, 1890~1950," *Environmental History* 6(Oct. 2001): 561~583을 참조.

24 건조한 환경에 대해서는 Cynthia Radding, *Wandering Peoples: Colonialism, Ethnic Spaces, and Ecological Frontiers in Northwestern Mexico, 1700~1850*(Durham: Duke University Press, 1997)과, Micheline Cariño, Aurora Breceda, Antonio Ortega and Lorella Castorena, eds., *Evocando al edén: Conocimiento, valoración y problemática del Oasis de los Comondú* (Mexico City: Conacyt: Barcelona: Icaria, 2013)를 참조.

25 Andrew Sluyter, "Recentism in Environmental History on Latin America," *Environmental History* 10(Jan. 2005): 91~93; John R. McNeill and Peter Engelke, *The Great Acceleration: An Environmental History of the Anthropocene since 1945*(Cambridge, MA: Harvard University Press, 2016).

26 Candiani, *Dreaming of Dry Land*; and Barbara Mundy, *The Death of Aztec Tenochtitlán: The Life of Mexico City*(Austin: University of Texas Press, 2015). 그 이전의 업적으로는 Rosalva Loreto, *Una vista de ojos a una ciudad novohispana: Puebla de los Ángeles en el siglo XVIII*(Puebla: CNONACYT, 2008); Studnicki-Gizbert and Schecter, "The Environmental Dynamics of a Colonial Fuel-Rush"가 있다. 식민 시대 페루에 대해서는 Gregory T. Cushman, "The Environmental Contexts of Guaman Poma: Interethnic Conflict over Forest Resources and Place in Huamanga, 1540~1600," in *Unlocking the Doors to the Worlds of Guaman Poma and His Nueva Crónica*, ed. Rolena Adorno and Ivan Voserup (Copenhagen: Museum Tusculanum Press, 2015)를 참조할 수 있고, 식민 시대 브라질에

대해서는 Diego Cabral, *Na presença da floresta: Mata Atlântica e história colonial*(Rio de Janeiro: Garamond, 2014)이 있다.

27   Joana Bezerra, *The Brazilian Amazon: Politics, Science and International Relations in the History of the Forest*(New York: Springer, 2015); William Denevan, "The Pristine Myth: The Landscape of the Americas in 1492," *Annals of the Association of American Geographers* 82(1992): 369~385; Shawn Milller, *An Environmental History of Latin America*.

28   Paul Sutter, "Reflections: What Can U.S. Environmental Historians Learn from Non U.S. Environmental Historiography?" *Environmental History* 8(Jan 2003): 109~129.

29   Alcida Ramos, *O papel político das epidemias: O caso Yanomani*, Série Antropologia, no. 153(Brasília: Universidade de Brasília, 1993); Mateo Marninic, *Historia de la Región Magallánica, Punta Arenas*(Chile: Universidad de Magallanes, 1992); Libby Robin, "Australia in Global Environmental History," in *A Companion to Global Environmental History*, ed. J. R. McNeill and E. S. Mauldin(Oxford: Wiley-Blackwell, 2012): 182~195; Libby Robin and Tom Griffiths, "Environmental History in Australasia," *Environment and History* 10, no. 3(2004): 439~474.

30   Nicholas A. Robbins, *Mercury, Mining, and Empire: The Human and Ecological Cost of Colonial Silver Mining in the Andes*(Bloomington: Indiana University Press, 2011); Carlos Serrano Bravo, *Historia de la minería andina boliviana, siglos XVI-XX*(Potosí, 2004), http://www.unesco.org.uy/phi/biblioteca/files/orginal/370d6afed30afdca14156f9b55e6a 15e.pdf(2017년 10월 6일 검색).

31   Studnicki-Gizbert and Schecter, "The Environmental Dynamics of a Colonial Fuel-Rush".

32   John McNeill, *Mosquito Empires*; David Watts, *The West Indies: Patterns of Development, Culture and Environmental Change since 1492*(Cambridge: Cambridge University Press, 1987); Shawn Miller, "Fuelwood in Colonial Brazil: The Economic and Social Consequences of Fuel Depletion for the Bahian Recôncavo, 1549~1820," *Forest and Conservation History* 38(1994): 181~192.

33   Candiani, *Dreaming of Dry Land*.

34   Crosby, *The Columbian Exchange*; Martha Few and Zeb Tortorici, *Centering Animals in Latin American History*(Durham: Duke University Press, 2013).

35   Adrian Franklin, *Animal Nation: The True Story of Animals and Australia*(Sydney: University of New South Wales Press, 2006).

36   Yadvinder Malhi, Toby A. Gardner, Gregory R. Foldsmith, Miles R. Silman, and Przemyslaw Zelazovski, "Tropical Forests in the Anthropocene," *Annual Review of Environment and Resources* 39(2014): 129~159; Michael Williams, "A New Look at Global Forest Histories of Land Clearing," *Annual Review of Environment and Resources* 33(2008): 345~367.

37   이 추정은 Food and Agriculture Organization of the United Nations(FAO), *State of the World's Forests*(Rome, 2011)와 Michael Williams, *Deforesting the Earth: From Prehistory*

to Global Crisis(Chicago: University of Chicago Press, 2002), 335, 397에 근거했다.

38   Marcy Norton, "The Chicken or the Iegue: Human-Animal Relationships and the Columbian
      Exchange," *American Historical Review* 120, no. 1(2015): 28~60; Rebecca Earle, "If You
      Eat Their Food⋯: Diets and Bodies in Early Colonial Spanish America," *American Historical
      Review* 115(2010): 688~713.

39   Eduardo Gudynas, "Buen Vivir: Germinando alternativas al desarrollo," *América Latina
      en Movimento* 462(2011): 1~20; idem, "Buen Vivir: Today's Tomorrow," *Development*
      54, no. 4(2011): 441~447.

40   James E. Sanders, *The Vanguard of the Atlantic World*(Durham: Duke University Press,
      2014).

41   Camilo Quintero, *Birds of Empire, Birds of Nation*.

42   Santiago, *The Ecology of Oil*.

43   Mathew Kelly, Claudia Leal, Emily Wakild, and Wilko Graf von Hardenberg, "Introduction,"
      in *The Nature State, Rethinking the History of Conservation*, ed. Wilko Graf von Hardenberg,
      Matthew Kelly, Claudia Leal, and Emily Wakild(London: Routledge, 2017).

44   Case Wakins, "African Oil Palms: Colonial Socioecological Change and the Making of an
      AfroBrazilian Landscape in Bahia, Brazil," *Environment and History* 21(2015): 13~42;
      Judith A. Carney and Nicolas Rosomoff, *In the Shadow of Slavery: Africa's Botanical
      Legacy in the Atlantic World*(Berkeley: University of California, 2009).

45   John Soluri, "Something Fishy: Chile's Blue Revolution: Commodity Diseases and the
      Problem of Sustainability," *Latin American Research Review* 46(2011): 55~81; Stuart McCook
      and John Vandermeer, "The Big Rust and the Red Queen: Long-term Perspectives on
      Coffee Rust Research," *Phytopathology Review* 105, No. 9(2015): 1164~1173.

46   Warren Dean, "The Green Wave of Coffee: Beginning of Agricultural Research in Brazil
      (1885~1900)," *Hispanic American Historical Review* 69(1989): 91~115; Stuart McCook,
      States of Nature; Soluri, *Banana Cultures*.

47   Mauricio Folchi, "Una aproximación a la historia ambiental de las labores de beneficio
      en la minería del cobre en Chile, siglos XIX y XX"(Ph.D.diss., Universidad Autónoma
      de Barcelona, Bellaterra, 2003); Christoper F. Jones, *Routes of Power: Energy and Modern
      America*(Harvard: Harvard University Press, 2014).

48   비열대성 생물군계들에는 반건조 사막 지역(11.3퍼센트), 온대 초원 지역(7.9퍼센트), 그리
      고 온대 숲 지역(2퍼센트)이 포함되어 있다. 역사적 관점에서 볼 때, 이 생물군계들은 극히
      중요했다. 예를 들어 매우 깊고 비옥한 토양이 특징인 방대한 온대 초지는 아르헨티나를
      20세기 초 세계에서 가장 부유한 국가 가운데 하나로 만들었던 농목축업 경제의 기반을 이
      루고 있다.

49   United Nations Environment Program, State of Biodiversity in Latin America and the
      Caribbean, 2010.

50   Nancy Lee Stepan, *Picturing Tropical Nature*(London: Breaktion Books, 2001), 17~18; 그리고 David Arnold, *The Problem of Nature: Environment, Culture, and European Expansion*(Cambridge: Blakwell, 1996)도 참조하라.

51   John McNeill, *Mosquito Empires*.

52   Glenn A. Chambers, *Race, Nation, and West Indian Immigration to Honduras, 1890~1940* (Baton Rouge: Louisiana State University Press, 2010); Aviva Chomsky and Aldo Laurie-Santiago, eds., *Identity and Struggle at the Margins of the Nation-State: The Laboring Peoples of Central America and the Hispanic Caribbean*(Durham: Duke University Press, 1998).

53   Shawn Van Ausdal, "Reimagining the Tropical Beef Frontier and Nation in the Early Twentieth Century Colombia," in ed. Gordon M. Winder and Andreas Dix, *Trading Environments: Frontiers, Commercial Knowledge, and Environmental Transformation, 1750~1990*(New York: Routledge, 2016).

54   인류세에 대한 연구는 급속히 증가하고 있다. 영어로 된 연구서 가운데 가장 널리 인용되고 있는 것은 Dipesh Chhakrabarty, "The Climate of History: Four Theses," *Critical Inquiry* 35(Winter 2009), 197이 있고, 라틴아메리카적 관점을 갖고 있는 연구로는 Astrid Ulloa, "Dinámicas ambientales y extractivas en el siglo XXI: ¿es la época del antropoceno o capitaloceno en Latinoámerica?" *Desacatos* 54(May-Aug. 1017): 58~73과, José Augusto Pádua, "Brazil in the History of the Anthropocene," in *Brazil in the Anthropocene: Conflicts between Predatory Development and Environmental Policies*(London: Routledge, 2017) 참조.

제1장 멕시코의 생태 혁명

1   Carolyn Merchant, *Ecological Revolutions: Nature, Gender, and Science in New England*, 2nd ed.(Chapel Hill: University of North Carolina Press, 2010).

2   Rafael Ortega-Paczka, "La diversidad del maíz en México," in *Sin maíz no hay país*, ed., C. Esteva and C. Marielle(Mexico City: Consejo Nacional para la Cultura y las Artes, Dirección General de Culturas Populares e Indígenas, 2003), 123~154.

3   Jerome O. Nriagu, "Mercury Pollution from the Past Mining of Gold and Silver in the Americas," *The Science of the Total Environment* 149(1994): 167~181; Daviken Studnicki-Gizbert and David Schecter, "The Environmental Dynamics of a Colonial Fuel-Rush: Silver Mining and Deforestation in New Spain, 1522 to 1810," *Environmental History* 15(2010): 94~119.

4   Robert C. West, *The Mining Community in Northern New Spain: The Parral Mining District*, University of California Publication in Ibero-Americana, vol. 30(Berkeley University Press, 1949).

5   Eric Van Young, *The Other Rebellion: Popular Violence, Ideology, and the Mexican Struggle*

for *Independence, 1810~1821*(Stanford: Stanford University Press, 2001), 433~444.

6   David Brading, *Haciendas and Ranchos in the Mexican Bajío: León 1700~1860*(Cambridge: Cambridge University Press, 1978); Margaret Chowing, *Wealth and Power in Provincial Mexico: Michoacan from the Late Colony to the Revolution*(Stanford: Stanford University Press, 1999), 286~306; 그리고 Luis González y González, *Pueblo en vilo: Microhistoria de San José de Garcia*(Maxico City: El Colegio de México, 1986).

7   Heather L., McCrea, *Diseased Relations: Epidemics, Public Health, and State-Building in Yucatán, Mexico, 1847~1924*(Albuquerque: University of New Mexico Press, 2011).

8   Jan de Vos, *Oro verde: La conquista de la Selva Lacandona por los madereros tabasqueños* (Mexico City: Fondo de Cultura Económica, 1988), 202~227.

9   Brian DeLay, *War of a Thousand Deserts: Indian Raids and the U.S-Mexican War*(New Haven: Yale University Press, 2009), 86~113.

10   Raúl Benítez Zenteno, *Análisis demográfico de México*(Mexico City: Instituto de Investi-gaciones Sociales de la UNAM, 1961), appendix A.

11   John H. Coatsworth, *Growth against Development: The Economic Impact of Railroads in Porfirian Mexico*(DeKalb: Northern Illinois University Press, 1981), 174; 149~174 참조.

12   Luiz Carregha Lamadird, "Tierra y agua para ferrocarriles en los partidos del Oriente potosino, 1878~1901)," in *Entretejiendo el mundo rural en el "oriente" de San Luis Potosí, siglos XIX y XX*, ed. Antonio Escobar Ohmstede and Ana María Gutiérrez Rivas(San Luis Potosí and Mexico City: El Colegio de San Luis/CIESAS, 2009), 177~204.

13   Christopher R. Boyer, *Political Landscapes: Forests, Conservation, and Community in Mexico*(Durham, NC: Duke University Press, 2015).

14   José Napoleón Guzmán Ávila, *Michoacán y la inversión extranjera, 1880~1900*(Morelia: Universidad Michoacan de San Nicolás de Hidalgo, 1982), 39~67; José Juan Juárez Florez, "Besieged Forests at Century's End: Industry, Speculation, and Dispossession in Tlaxcala's La Malintzin Woodlands, 1861~1910," in *A Land Between Waters: Environmental Histories of Modern Mexico*, ed. Christopher R. Boyer(Tucson: University of Arizona Press, 2012), 100~123.

15   Micheline Cariño, *Historia de las relaciones hombre/naturaleza en Baja California Sur 1500~1940*(La Paz, Mexico: UABCS-SEP, 1996).

16   Samuel Truet, *Fugitive Landscapes: The Forgotten History of the U.S.-Mexico Borderlands* (New Haven: Yale University Press, 2008); John Mason Hart, *The Silver of the Sierra Madre: John Robinson, Boss Shepherd, and the People of the Canyons*(Tucson: University of Arizona Press, 2008).

17   이런 상황은 정부가 이계론강의 물을 과다 판매했다는 점을 고려할 때에만 이해할 수 있다.

18   Alejandro Tortolero, "Water and Revolution in Morelos, 1850~1915," in *A Land Between Waters: Environmental Histories of Modern Mexico*, ed. Christopher R. Boyer(Tucson:

University of Arizona Press, 2012), 124~149; Alfredo Pureco Ornelas, *Empresarios lombardos en Michoacán: La familia Cusi entre el Porfiriato y la postrevolución (1883~1938)*(Zamora: El Colegio de Michacán, 2010).

19   Manuel Perló Cohen, *El paradigma porfiriano: Historia del desagüe del valle de México* (Mexico City: Porrúa, 1999); Matthew Vitz, "'The Lands with Which We Shall Struggle': Land Reclamation, Revolution, and Development in Mexico's Lake Texcoco Basin, 1910~1950," *Hispanic American Historical Review* 92, No. 1(2012): 41~71.

20   Alejandro Tortolero, *De la coa a la máquina de vapor: Actividad agrícola e innovación tecnológica en las haciendas de la región central de México, 1880~1914*(Mexico City: Siglo XXI, 1995).

21   농업사에 대한 개괄적 연구로는 Antonio Escobar Ohmstede and Matthew Butler, "Transitions and Closures in Nineteenth-and Twentieth-Century Mexican Agrarian History," in *Mexico y sus transiciones: Reconsideraciones sobre la historia agraria mexicana, siglo XIX y XX*, ed. A. Escobar Ohmstede and M. Butler(Mexico City: CIESAS, 2013), 38~76를 참조하라.

22   Sterling Evans, *Bound in Twine: The History and Ecology of the Henequen-Wheat Complex for Mexico and the American and Canadian Plains, 1880~1950*(College Station: Texas A&M University Press, 2007).

23   Micheline Cariño and Mario Monteforte, *El primer emporio perlero sustentable del mundo: La compañía Criadora del Concha y Perla de Baja California, S.A., y perspectivas para Baja California Sur*(La Paz: UABCS, 1999).

24   Robert McCaa, "Missing Millions: The Demographic Costs of the Mexican Revolution," *Mexican Studies/Estudios Mexicanos* 19, no. 2(2003): 367~400.

25   Gene C. Wiken, *Good Farmers: Traditional Agricultural Resource Management in Mexico and Central America*(Berkeley: University of California Press, 1987).

26   Joseph Cotter, *Troubled Harvest: Agronomy and Revolution in Mexico, 1880~2002*(Westport, CT: Praeger, 2003), 45~123.

27   Gonzalo Aguirre Beltrán, *Regiones de refugio*(Mexico City: Instituto Indígena Inter-americano, 1967).

28   Christopher R. Boyer, "Revolutión y paternamismo ecológico: Muguel Ángel de Quevedo y la política forestal, 1926~1940," *Historia Mexicana* 57, No. 1(2007): 91~138.

29   Myrna Santiago, *The Ecology of Oil: Environment, Labor, and the Mexican Revolution, 1900~1938*(Cambridge: Cambridge University Press, 2007).

30   Christopher R. Boyer and Emily Wakild, "Social Landscaping in the Forests of Mexico: An Environmental Interpretation of Cardenismo, 1934~1940," *Hispanic American Historical Review* 92, no. 1(2012): 73~106.

31   United Nations, *World Population Prospects: The 2012 Revision*, vol. 1, Comprehensive Tables(New York: United Nations, 2012), table S2, 58; Instituto Nacional de Estadística y

Geografía, http://www3.inegi.org.mx/sistemas/temas/default.aspx?s=est&c=17484(2013 년 5월 5일 검색).

32   Rodolfo Stavengagen, "Capitalism and the Peasantry in Mexico," *Latin American Perspectives* 5, no. 3(1978): 27~37.

33   Roger Bartra, *Campesinado y poder político en México*(Mexico City: Ediciones Era, 1982).

34   Synthia Hewitt de Alcántara, *Modernizing Mexican Agriculture: Socioeconomic Implications of Technological Change, 1940~1970*(Geneva: United Nations Research Institute for Social Development, 1976), 148~171.

35   Angus Wright, *The Death of Ramón González: The Modern Agricultural Dilemma*, rev. ed.(Austin: University of Texas Press, 2005)

36   Emilio Kourí, *Un pueblo dividido: Comercio, propiedad y comunidad en Papantla, México* (Mexico City: Fondo de Cultura Económica, 2013).

37   José Antonio Ramírez Guerrero, "La experiencia de UCIRI en México," in *Producción, Comercialización y certificación de la agricultura orgánica en América Latina*, ed. Gómez Cruz et al.(Mexico City: UACH-CIESTSAAM, AUNA), 119~132.

38   Arcelia Amaranta Moreno Unda, "Environmental Effects of the National Tree Clearing Program, Mexico, 1972~1982"(석사논문, Universidad Autónoma de San Luis Potosí/Cologne University of Applied Sciences, 2011).

39   Lisa Breglia, *Living with Oil: Promises, Peaks, and Declines on Mexico's Gulf Coast* (Austin: University of Texas Press, 2013).

40   멕시코시의 지진에 대해 가장 잘 알려진 설명으로는 Elena Poniatowska, *Nada, nadie. Las voces del temblor*(Mexico City: Ediciones Era, 1988)가 있다. 이 사건에 관한 환경사(또는 사회사) 연구는 거의 없다. 다만 Louise E. Walker, "Economic Fault Lines and Middle-Class Fears: Tlatelolco, Mexico City, 1985," in *Aftershocks: Earthquakes and Popular Politics in Latin America*, ed. J. Buchenau and L. L. Johnson(Albuquerque: University of New Mexico Press, 2009), 184~220을 참조할 수 있다.

41   Leticia Merino Pérez, *Conservación o deterioro. El impacto de las políticas públicas en las instituciones comunitarias y en las prácticas de uso de los recursos forestales*(Mexico City: SEMARNAT/INE/CCMSS, 2004), 194~211.

42   Lane Simonian, *Defending the Land of the Jaguar: A History of Conservation in Mexico* (Austin: University of Texas Press, 1995), 212~215.

43   Víctor Toledo, *Ecología, espritualidad y conocimiento: De la sociedad del riesgo a la sociedad sustentable*(Mexico City: PNUMA, Universidad Iberoamericana, 2003).

44   많은 다른 원주민과 메스티소 공동체들의 경우, 구성원들이 댐과 수로의 건설이나 엄청난 유독성 광산에 의해 위협받고 있는 자신의 영역이 몰수되지 않도록 주 정부에 맞서고 있다.

제2장 대카리브해 지역과 열대성의 변화

1 좀 더 넓은 정의는 멕시코만 지역을 포함하거나 아프리카계 아메리카 같은 개념에서 시작한다. 이 책은 매우 유사한 경제적·사회적·환경적 과정들을 지닌 카리브해 연안 지역만을 언급한다. 멕시코 방면의 카리브해는 포함되지 않는다. Antonio Gaztambide-Géigel, "La invención del Caribe a partir de 1898(Las definicioines del Caribe como problema histórico, geopolítico y metodológico)," in *Tan lejos de Dios ··· Ensayos sobre las relaciones del Caribe con Estados Unidos*(San Juan: Ediciones Callejón, 2006), 29~58을 참조하라.

2 John McNeill, *Mosquito Empires: Ecology and War in the Greater Caribbean, 1620~1914* (Cambridge: Cambridge University Press, 2010).

3 Louis A. Pérez Jr., *Winds of Change: Hurricanes and the Transformation of Nineteenth-Century Cuba*(Chapel Hill: North Carolina University Press, 2001); Stuart B. Schwartz, *Sea of Storms: A History of Hurricanes in the Greater Caribbean from Columbus to Katrina* (Princeton: Princeton University Press, 2015).

4 Manuel Valdés-Pizzini, *Una mirada al mundo de los pescadores en Puerto Rico: Una perspectiva global*(Puerto Rico: Centro Interdisciplinario de Estudios del Litoral, 2011).

5 Frank Moya, *Historia del Caribe. Azúcar y plantaciones en el mundo atlántico*(Santo Domingo: Ediciones Ferilibro, 2008).

6 Barry Higman, "The Sugar Revolution," *The Economic History Review* 2(2000): 213~236.

7 David Watts, *The West Indies: Patterns of Development, Culture and Environmental Change since 1492*(Cambridge: Cambridge University Press, 1987).

8 Richard Grove, *Green Imperialism: Colonial Expansion, Tropical Island Edens and the Origins of Environmentalism, 1600~1800*(Cambridge: Cambridge University Press, 1995).

9 Sidney Mintz, *Sweetness and Power: The Place of Sugar in Modern History*(New York: Viking-Penguin, 1985).

10 Reinaldo Funes Monzote, *From Rainforest to Cane Field in Cuba: An Environmental History since 1492*, transl. Alex Martin(Chapel Hill: University of North Carolina Press, 2008), ch. 3.

11 Fernando Picó, "Deshumanización del trabajo y cosificación de la naturaleza: los comienzos de café en Utuado," *Cuadernos de la Facultad de Humanidades* 2(1979): 55~70.

12 Richard P. Tucker, *Insatiable Appetite: The United States and the Ecological Degradation of the Tropical World*(Berkeley: University of California Press, 2000).

13 William C. Gorgas, "The Conquest of the Tropics for the White Man," *The Journal of The American Medical Association* LII, no. 25(June 1909): 1967~1969.

14 César Ayala, *American Sugar Kingdom: The Plantation Economy of the Spanish Caribbean, 1898~1934*(Chapel Hill: University of North Carolina Press, 1999).

15 Frederick U. Adams, *Conquest of the Tropics: The Story of the Creative Enterprises Conducted by the United Fruit Company*(New York: Garden City, 1914).

16 John Soluri, *Banana Cultures: Agricultures, Consumption, and Environmental Change in Honduras and United States*(Austin: University of Texas Press, 2005).

17 Shawn Van Ausdal, "Labores ganaderas en el Caribe colombiano, 1850~1950," in *Historia Social del Caribe Colombiano: Territorios, indigenas, trabajadores, cultura, memoria e historia*, ed. José Acuña and Sergio Solano(Medellín: La Carreta Editores, Universidad de Cartagena, 2011), 123~161.

18 Jonathan Brown and Peter Linder, "Oil," *The Second Conquest of Latin America: Coffee, Henequen, and Oil during the Export Boom, 1850~1930*, ed. Steven Topik and Allen Wells(Austin: University of Texas Press, 1998), 125~187.

19 Peter Clegg, *The Caribbean Banana Trade: From Colonialism to Globalization*(New York: Palgrave MacMillan, 2002).

20 Ronny Viales, *Después del encalve: Un estudio de la región atlántica costarricense, 1927~1950*(San José: Editorial de la Universidad de Costa Rica, 1998).

21 Bonham Richardson, *The Caribbean in the Wider World, 1492~1992: A Regional Geography* (New York: Cambridge University Press, 1992).

22 Donald MacPhail, "Puerto Rican Dairying: A Revolution in Tropical Agriculture," *Geographical Review* 53, no. 2(April, 1936): 224~246.

23 Tucker, *Insatiable Appetite*, 323~332.

24 Richardson, *The Caribbean in the Wider World*, 118~120.

25 Tania Lópes-Marrero and Nancy Willanueva, *Atlas ambiental de Puerto Rico*(San Juan: Universidad de Puerto Rico, 2006).

26 Edwin Irizarry, *Fuentes energéticas: Luchas comunitarias y medioambiente en Puerto Rico*(San Juan: Universidad de Puerto Rico, 2012).

27 Julio Muriente, *Ambiente y desarrollo en el Puerto Rico contemporáneo: Impacto ambiental de la Operación Manos a la Obra en la región Norte de Puerto Rico: Análisis geográfico-histórico*(Rio Piedras: Publicaciones Gaviota, 2007).

28 Héctor Pérez-Brignoli, *Breve historia de Centroamérica*(Madrid: Alianza, 1990), 112.

29 Eros Salinas, *Geografía y turismo: Aspectos territoriales del manejo y gestión del turismo* (La Habana: Editorial Si-Mar, 2003): 224~225.

30 Robert Goddard, "Tourism, Drugs, Offshore Finance, and the Perils of Neoliberal Development," in *the Caribbean: A History of the Region and Its People*, ed. Stephan Palmié and Francisco Scarano(Chicago: University of Chicago Press, 2011), 571~582.

31 David Duval, "Trends, and Circumstances in Caribbean Tourism," in *Tourism in the Caribbean: Trends, Development, Prospects*, ed. David T. Duval(London: Routledge, 2004),

3~22.

32   Mimi Sheller, "Natural Hedonism: The Invention of Caribbean Islands as Tropical Playgrounds," in *Tourism in the Caribbean: Trends, Development, Prospects*, ed. David T. Duval(London: Routledge, 2004), 23~38.

33   Marian A. Miller, "Paradise Lost: Jamaica's Environment and Culture in the Tourism Marketplace," in *Beyond Sun and Sand: Caribbean Environmentalism*, ed. Sherrie L. Baver and Barbara Deutsch Lynch(New Brunswick: Rutgers University Press, 2006), 35~43.

34   Robert Wood, "Global Currents: Cruise Ships in the Caribbean Sea," in *Tourism in the Caribbean: Trends, Development, Prospects*, ed. David T. Duval(London: Routledge, 2004), 152~171.

35   Duncan McGregor, "Contemporary Caribbean Ecologies: The Weight of History," in *The Caribbean: A History of the Region and Its People*, 39~51.

36   Roberick Nash, "The Exporting and Importing of Nature: Nature Appreciation as a Commodity, 1850~1980," *Perspectives in American History* 12(1979): 517~560.

37   Marian A. Miller, "Paradise Sold, Paradise Lost: Jamaica's Environment and Culture in the Tourism Marketplace," 36~38.

38   Sterling Evans, *The Green Republic: A Conservation History of Costa Rica*(Austin: University of Texas Press, 1999).

39   Tamara Budowski, "Ecoturismo a la tica," in *Hacia una Centroamérica verde: Seis casos de conservación*, ed. Stanley Heackdon et al.(San José, Costa Rica: DEI, 1999), 73~92.

40   Monique Bégot, P. Buléon, and P. Roth, *Caribe emergente. Una gergrafía política*(Paris: Hrmattan, 2013), 39.

41   이 구역에는 과테말라의 티그레 국립 공원, 온두라스의 리오 플라타노 생물권 보호 구역, 니카라과의 카요스 미스키토스 해양·해안 보호 구역, 코스타리카의 토르투게로 국립 공원, 파나마의 다리엔 국립 공원 등이 속해 있다. Anthony G. Coates, ed., *Paseo pantera, Una historia de la naturaleza cultura de Centroamérica*(Washington: Smithsonian Books, 2003).

42   Fernando Funes-Aguilar, *Sustainable Agriculture and Resistance: Transforming Food Production in Cuba*(Oakland: Food First Books, 2002).

제3장 안데스 열대 지역 원주민들의 자취와 흔적

이 논문의 초고와 수정본에 대해 자세하게 조언해 준 클라우디아 레알, 존 솔루리, 주제 아우구스투 파두아에게 감사드린다. 또한 이 연구 계획을 지원해 준 레이철카슨환경사회센터뿐 아니라 크리스 보이어, 빅토르 브레튼, 미첼리네 카리뇨, 프란시스코 쿠에스타, 레이날도 푸네스, 세바스티안 그란다, 숀 케네스 반 오스달, 스튜어트 맥쿡, 라미로 로하스, 미르나 산티아고, 리지 세지레스, 로버트 윌콕스, 아드리안 사리이, 그리고 버간 북스(Berghahn Books)의 독자들이 이런 생각에 대해 중요한 의견을 제시하고 비평을 전해준 데 사의를 표한다.

1   Víctor Bretón, David Cortez, and Fernando García, "En busca del sumak Kawsay," *Íconos* 48(2014): 9~24, 17~18.

2   Víctor Bretón, *Toacazo: En los Andes equinocciales tras la reforma agraria*(Quito: FLACSO Ecuador, Abya Yala and Universidat de Lleida, 2012), 384.

3   Víctor M. Toledo, "¿Por qué los pueblos indígenas son la memoria de la especie?," *Papeles* 107(2009): 27~38, 28.

4   Carmen Josse et al., *Ecosistemas de los Andes del Norte y Centro: Bolivia, Colombia, Ecuador, Perú y Venezuela*(Lima: Secretaría General de la Communidad Andina, 2009). 생태계의 78퍼센트가 자연 지역이기 때문에, 다음과 같은 점을 고려해야 한다. (1) 그 지역의 지도 제작의 정보는 2008년으로 거슬러 올라가며, 지난 몇 년 동안 산기슭 지역에서 이뤄진 삼림 벌채를 포함하고 있지 않다. (2) 그것은 비쿠냐들이 풀을 뜯어먹는 페루와 볼리비아의 푸나(puna, 안데스 산악 지역의 목초지 − 옮긴이) 지역과 식생피복(植生被覆, 경사지와 같이 침식이 발생할 위험이 있는 지역에 식물들을 심어 침식을 방지하는 것 − 옮긴이)이 정기적으로 불에 타는 북부 파라모(páramo, 안데스 산악 지역의 고산 툰드라 지대 − 옮긴이) 지대를 포함한다. 그곳들의 식생 구역에 관한 믿을 만한 수치들은 없다[2015년 9월 15일 프란시스코 쿠에스타(Francisco Cuesta)와의 개인적 연락].

5   Russell A. Mittermeier, Cristina Goettsch, and Patricio Robles, *Megadiversidad: Los países biológicamente más ricos del mundo*(México: CEMEX, 1997).

6   Kurt Rademaker et al., "Paleoindian Settlement of the High-Altitude Peruvian Andes," *Science* 346, no. 6208(2014): 466~469.

7   대규모 병행(mass parallelism), 다순환(multicycle) 농업 또는 생산, 생산 지역.

8   John V. Murra, "El control vertical de un máximo de pisos ecológicos en la economía de las sociedades andinas," in *El mundo andino: Población, medio ambiente y economía*, ed., John V. Murra(Lima: Pontificia Universidad Católica del Perú e Instituto de Estudios Peruanos, 2002/1972), 85~125. 이 체제에 관한 과거의 보고서들을 찾는 한편, 식물들의 경사면 배열을 담은 프란시스코 호세 데 칼다스(Francisco José de Caldas)의 소묘들을 살펴볼 필요가 있다. 안데스 고산 지대의 주민들이 갖고 있었고, 무엇보다 훔볼트의 식물의 지리학에 중요한 영감을 주었을 지식의 증거로는 Mauricio Nieto, *La obra cartográfica de Francisco José de Caldas*(Bogotá: Ediciones Uniandes, 2006)와 Jorge Cañizares-Esguerra, *Nature, Empire, and Nation, Explorations of the History of Science in the Iberian World* (Stanford: Stanford University Press, 2006)를 참조하라.

9   Frank Salomon, *Los señores étnicos de Quito en la época de los incas*, 2nd ed.(Quito: Instituro Metropolitano de Partimonio and Universidad Andina Simón Bolívar, 2011).

10   Guerrero(1977), quoted in Bretón, *Toacazo*, 49.

11   Mark Thurner, "Políticas campesinas y haciendas andinas en la transión hacia el capitalismo: una historia etnográfica," in *Etnicidades*, ed. Andrés Guerrero(Quito: FLACSO Ecuador, 2000), 349.

12   Olivier Dollfus, *El reto del espacio andino*(Lima: Instituto de Estudios Peruanos, 1981), 114.

13   그 사례로 차칼타야(Chacaltaya) 화산과 안티사나(Antisana) 화산을 들 수 있다. Bernard Francou et al., "Glacier Evolution in the Tropical Andes during the Last Decades of the 20th Century: Chacaltaya, Bolivia, and Antizana, Ecuador," *Ambio: A Journal of the Human Environment* 29(2004): 416~422.

14   Fander Falconí and María Cristina Vallejo, "Transiciones socioecológicas en la región andina," *Revista Iberoamericana de Economía Ecológica* 18(2012): 53~71, 65, 69.

15   Andrés Etter, Clive McAlpine, and Hugh Possingham, "Historical Patterns and Drivers of Landscape Change in Colombia since 1500: A Regionalized Spatial Approach," *Annales of the Association of American Geographers* 98: 2~23.

16   Alexander Herrera and Maurizio Ali, "Paisajes del desarrollo: La ecología de las tecnoligías andinas," *Antípoda. Revista de Antropología y Arqueología* 8(2009): 169~194.

17   Robert Hofstede, Pool Segarra, and Patricio Mena Vásconez, "Presentación," in *Los Páramos del mundo*, ed. Robert Hofstede et al.(Quito: Global Peatland Initiative, NC-IUCN and EcoCiencia, 2003), 11~13.

18   Juan Montalvo, "Capítulo XVI-De la casi aventura que casi tuvo don Quijote ocasionada pro un viejo de los ramplones de su tiempo," in *Capítulos que se olvidaron a Cervantes* (Ambato: Letras de Tunguranhua, 1895/1999).

19   Andreu Viola, "Crónica de un fracaso aunciado: Coca y desarrollo alternativo en Bolivia," in *Los límites del desarrollo: modelos "rotos" y modelos "por construir" en América Latina y África*, ed. Víctor Bretón et al.(Barcelona: Icaria, 1999), 161~203.

20   Germán A. Palacio, *Fiebre de tierra caliente: Una hisotria ambiental de Colombia, 1850~1930* (Bogotá: ILSA, 2006).

21   Nicolás Cuvi, "The Cinchona Program(1940~1945): Science and Imperialism in the Exploita-tion of a Medicinal Plant," *Dynamis* 31(2011): 183~206.

22   Raj Patel, "The Long Green Revolution," *The Journal of Peasant Studies* 40, no. 1(2012): 1~63.

23   Tristan Platt, *Estado boliviano y ayllu andino: Tierra y tributo en el norte de Potosí*(Lima: Insituto de Estudios Peruanos 1982), 14~15.

24   Luciano Martínez, *Economía política de las comunidades indígenas*(Quito: ILDIS, Abyq-Yala, OXFAM and FLACSO Ecuador, 2002), 9.

25   Jürgen Golte, *Cultura, racionalidad y migración andina*(Lima: Instituto de Estudios Peruanos, 2001), 16.

26   Ramiro Rojas, *Estado, terrirorialidad y etnia andinas: Lucha y pact en la construcción de la nación boliviana*(La Paz: Universidad Mayor San Andrés, 2009), 232.

27   Karl S. Zimmerer, *Changing Fortunes: Biodeiversity and Peasant Liverlihood in the Peruvian Andes*(Berkeley: University of California Press, 1996).

28   Peigne(1994), *Rojas, Estado, territorialidad y etnias andinas*, 187~188에서 재인용.

29   Neus Martí, "La multidimensionalidad de los sistemas locales de alimentación en los Andes peruanos: los chalayplasa del Valle de Lares(Cusco)"(Ph.D. dissertation, Universitat Autònoma de Barcelona, 2005).

30   John Earls, *La agricultura andina ante una globalización en desplome*(Lima: Pontificia Universidad Católica del Perú, 2006), 153.

31   "Potato," International Potato Center, http://cipotato.org/potato/(2014년 3월 10일 검색).

32   Óscar Blanco G., "Tecnología agrícola andina," in *Evolución y tecnología de la agricultura andina*, ed. A. M. Fries(Cuzco: Instituto Indigenista Interamericano 1983), 17~29.

33   Zimmerer, *Changing Fortunes*.

34   Golte, *Cultura, racionalidad y migración andina*.

35   Earls, *La agricultura andina*, 157.

36   Alexander Herrera W., *La recuperación de tecnologías indígenas: Arqueología, tecnología y desarrollo en los Andes*(Bogotá: Uniandes, CLACSO, Instituto de Estudios Peruanos, and PUNKU, 2011).

37   Herrera and Ali, "Paisajes del desarrollo."

38   Earls, *La agricultura andina*.

39   Efraín Gonzáles and Carolina Trivelli, *Andenes y desarrollo sustentable*(Lima: IEP and CONDESAN, 1999).

40   Daniel Cotlear, *Desarrollo campesino en los Andes: Cambio tecnológico y transformación social en las comunidades de la sierra del Perú*(Lima: Instituto de Estudios Peruanos, 1989).

41   Herrera, *La recuperación de tecnologías*, 58~60.

42   Herrera, *La recuperación de tecnologías*, 58~60.

43   Gary Urton, *En el cruce de rumbos de la Tierra y el Cielo*(Cusco: Centro Bartolomé de las Casas, 2006).

44   Erick Pajares and Jaime Llosa, "Relational Knowledge Systems and Their Impact on Management of Mountain Ecosystems: Approaches to Understanding the Motivations and Expectations of Traditional Farmers in the Maintenance of Biodiversity Zones in 90 Indigenous Imprints and Remnants in the Tropical Andes the Andes," *Management of Environmental Quality: An International Journal* 22, no. 2(2010): 213~232.

45   Herrera and Ali, *Paisajes del desarrollo*.

46   모든 생태권으로부터 에너지와 물질을 가져왔다가 그것 모두를 훼손된 형태로 다시 생태권으로 돌려준다는 의미에서 도시 중심지들은 퇴화되었다. William Rees and Mathis Wackernagel,

"Urban Ecological Footprints: Why Cities Cannot Be Sustainable — and Why They Are a Key to Sustainability," *Environmental Impact Assessment Review* 16, no. 4~6(1996): 223~248 을 보라.

47   Christian Gros, *Políticas de la etnicidad: Identidad, estado y modernidad*(Bogotá: Instituto Colombiano de Antropología e Historia, 2000).

48   Sichra, *Andes*.

49   *La Razón*(1927), Esteban Ticona A., "Pueblos indígenas y Estado boliviano: La larga historia de conflictos," *Gazeta de antropología* 19(2003)에서 재인용.

50   Toledo, "¿Por qué los pueblos indígenas···," 38.

51   Herrera and Ali, *Paisajes del desarrollo*.

52   Raúl H. Asensio and Martín Cavero Castillo, *El parque de la papa de Cusco: Claves y dilemas para el escalamiento de innovaciones rurales en los Andes*(1998~2011)(Lima: Instituto de Estudios Peruanos, Centro Internacional de Investigaciones para el Desarrollo and Fondo Internacional de Desarrollo Agrícola, 2013).

제4장 "찬란한 요람"의 딜레마: 브라질 건설 과정의 자연과 영토

1   Fernand Braudel, *Ensaio sobre o Brasil do século XVI*(unpublished manuscript, 1943), Luís Corrêa Lima, *Fernand Braudel e o Brasil*(São Paulo: Editora da Universidade de São Paulo, 2009), 172에서 재인용.

2   Milton Santos and Maria Laura Silveira, *O Brasil: Território e sociedade no início do século XXI*(Rio de Janeiro: Record, 2004), 12.

3   "Country Comparison: Population"(Demographics: Population density), Index Mundi, http://www.indexmundi.com/g/r.aspx?t=0&v=21000&l=en(2017년 10월 8일 검색).

4   José Augusto Pádua, "As bases teóricas da história ambiental," *Estudos Avançados* 24, no. 68(2010): 95.

5   Thereza Santos and João Câmara, eds., *Geo Brasil 2002: Perspectivas do meio ambiente no Brasil*(Brasília: IBAMA, 2002), 32; Olivier Dabène and Fréderic Louault, *Atlas du Brésil*(Paris: Autrement, 2013), 38.

6   IBGE(Instituto Brasileiro de Geografia e Estática), *Mapa de biomas do Brasil*(Brasília: IBGE, 2004); Conservation International, *Biomas brasileiros: Retratos de um país plural*(Rio de Janeiro: Casa da Palavra, 2012).

7   Antonio Robert de Moraes, *Geografia histórica do Brasil*(São Paulo: Annablume, 2011), 77.

8   "Povos indígenas isolados e de recente contato," Fundação Nacional do Índio, Ministério da Justiça, http://www.funai.gov.br/index.php/nossasacoes/povos-indigenas-isolados-

e-de-recente-contato(2017년 10월 8일 검색).

9 Antonio Robert de Moraes, *Geografia histórica do Brasil*(São Paulo: Annablume, 2011), 87.

10 Darcy Ribeiro, *The Brazilian People: The Formation and Meaning of Brazil*(Miami: University Press of Florida, 2000), ch. 4.

11 Nísia Lima, *Um sertão chamado Brasil*(São Paulo: HUCITEC, 2013).

12 Candice Vidal e Souza, *A pátria geográfica: Sertão e litoral no pensamento social brasileiro* (Goiânia: Editora da UFG, 1997).

13 José Augusto Pádua, "European Colonialism and Tropical Forest Destruction in Brazil," in *Environmental History: As If Nature Existed*, ed. John R. McNeill, José Augusto Pádua, and Mahesh Rangarajan(New Delhi: Oxford University Press, 2010).

14 Arquivo diplomático da independência(Brasília: Ministério da Educação e Cultura, 1972), 1, 47, Cid Valle, *Risonhos lindos campos: Natureza tropical, imagem nacional e identidade brasileira*(Rio de Janeiro: Senai, 2005), 156에서 재인용.

15 José Murilo de Carvalho, *Teatro de sombras: A política imperial*(Rio de Janeiro: Vértice, 1988), ch. 1.

16 Renato Peixoto, *A máscara de Medusa: A construção do espaço nacional brasileiro através das corografias e da cartografia no século XIX*(Ph.D. diss., História Social, UFRJ, 2005); Lilia Schwarcz, *The Emperor's Beard: Dom Pedro II and the Tropical Monarchy of Brazil* (New York: Hill and Wang, 2004).

17 Warren Dean, *With Broadax and Firebrand: The Destruction of the Brazilian Atlantic Forest* (Berkeley: University of California Press, 1995), ch. 2; Berta Ribeiro, *O indio na cultura brasileira*(Rio de Janeiro: Revan, 1991).

18 John Monteiro, "Rethinking Amerindian Resistance and Persistence in Colonial Portuguese America," in *New Approaches to Resistance in Brazil and Mexico*, ed. John Gled hill and Patience Schell(Durham: Duke University Press, 2012); Manuela Cunha, ed., *História dos indios no Brasil*(São Paulo: Companhia das Letras, 1992).

19 Diogo Cabral, *Na presenca da fl oresta: Mata Atlântica e história colonial*(Rio de Janeiro: Garamond, 2014), 125.

20 Warren Dean, *With Broadax and Firebrand*, 263; Bert Barickman, *A Bahian Counterpoint: Sugar, Tobacco, Cassava and Slavery in the Recôncavo, 1780~1860*(Palo Alto: Stanford University Press, 1998).

21 Warren Dean, *With Broadax and Firebrand*, ch. 8; Steven Topic and Allen Wells, *Global Markets Transformed: 1870/1945*(Cambridge: Belknap Press, 2012), 224.

22 José Augusto Pádua, *Um sopro de destruição: Pensamento político e crítica ambiental no Brasil escravista*(Rio de Janeiro: Jorge Zahar, 2002).

23 Guilherme Capanema, *Agricultura: Fragmentos de um relatório dos comissários brasileiros à exposição universal de Paris*(Rio de Janeiro, 1858), 4.

24 Christian Brannstrom, "Coffee Labor Regimes and Deforestation on a Brazilian Frontier, 1915~1965," *Economic Geography* 76, no. 4(2000).

25 Zuleika Alvim, "Imigrantes: A vida privada dos pobres do campo," in *História da vida rivada no Brasil*, vol. 3, ed. Nicolau Sevcenko(São Paulo: Companhia das Letras, 2001), 220.

26 Silvio Correa and Juliana Bublitz, *Terra de promissão: Uma introdução à eco-história do Rio Grande do Sul*(Passo Fundo: Editora da Universidade de Passo Fundo, 2006).

27 Warren Dean, *With Broadax and Firebrand*, ch. 5; Robert Wilcox, "The Law of the Least Effort: Cattle Ranching and the Environment in the Savanna of Mato Grosso, Brazil, 1900~1980," *Environmental History* 4, no. 3(1999), 338~368.

28 Warren Dean, *With Broadax and Firebrand*, 249; Regina Duarte, *Activist Biology: The National Museum, Politics and Nation Building in Brazil*(Tucson: The University of Arizona Press, 2016).

29 Marcos Gerhardt, "Extrativismo e transformação na Mata Atlântica meridional," in *Metamorfoses florestais: Culturas, ecologias e as transformações históricas da Mata Atlântica*, ed. Diogo Cabral and Ana Bustamante(Curitiba: Prismas, 2016).

30 Warren Dean, *Brazil and the Struggle for Rubber*(Cambridge: Cambridge University Press, 1987); Barbara Weinstein, *The Amazon Rubber Boom: 1850/1920*(Palo Alto: Stanford University Press, 1983).

31 José Augusto Pádua, "Biosphere, History and Conjuncture in the Analysis of the Amazon Problem," in *The International Handbook of Environmental Sociology*, ed. Michael Redclift and Graham Woodgate(Cheltenham: Edward Elgar, 1997).

32 IBGE, *Tendências demográficas*(Rio de Janeiro: IBGE, 2001); IBGE, *Sinopse do censo demográfico*(Rio de Janeiro: IBGE, 2011).

33 Jorge Barbosa, "Olhos de ver, ouvidos de ouvir: Os ambientes malsãos da capital da república," in *Natureza e sociedade no Rio de Janeiro*, ed. Mauricio Abreu(Rio de Janeiro: Biblioteca Carioca, 1992); Janes Jorge, *Tietê: O rio que a cidade perdeu — São Paulo, 1890~1940*(São Paulo: Senac, 2006).

34 Antonio Leite, *A energia do Brasil*(Rio de Janeiro: Campus, 2015), ch. 2.

35 Martine Droulers, *Brésil: Une Géohistoire*(Paris: PUF, 2001), chs. 5 and 6.

36 Christian Brannstrom, *Coffee Labor Regimes*, 327.

37 John R. McNeill and Peter Engelke, *The Great Acceleration*(Cambridge: Belknap Press, 2014).

38 João Maia, Estado, *território e imaginação espacial: O caso da Fundação Brasil Central*

(Rio de Janeiro: Fundação Getúlio Vargas, 2012).

39   Martine Droulers, *Brésil*, 254; Hervé Théry, "Retrato cartográfico e estatístico," in *Brasil: Um século de transformações*, ed. Ignacy Sachs, Jorge Wilheim e Paulo Pinheiro(São Paulo: Companhia das Letras, 2000); Departamento Nacional de Trânsito, Frota de veículos 2016, http://www.denatran.gov.br/estatistica/261-frota-2016(2017년 10월 8일 검색).

40   Christian Brannstrom, "Was Brazilian Industrialisation Fuelled by Wood? Evaluating the Wood Hypothesis, 1900~1960," *Environment and History* 11(2005).

41   *Resenha energética brasileira*(Brasília: Ministério de Minas e Energia, 2015); Comitê Brasileiro de Barragens, Sistema informatizado do Cadastro Nacional de Barragens Brasil, http://www.cbdb.org.br/5-69/Cadastro%20Nacional%20de%20Barragens(2017년 10월 8일 검색); Carlos Vainer, "Águas para a vida, não para a morte: Notas para uma história do Movimento de Atingidos por Barragens no Brasil," in *Justiça Ambiental e cidadania*, ed. Henri Acserald, Selene Herculano and José Augusto Pádua(Rio de Janeiro: Relume-Dumará, 2004).

42   Site Reforma Agrária em Dados, Agricultura familiar, http://www.reformaagrariaem-dados.org.br/realidade/1-agricultura-familiar(2017년 10월 8일 검색).

43   Sandro Dutra e Silva, José Pietrafesa, José Franco, José Drummond, and Giovana Tavares, eds., *Fronteira Cerrado: Sociedade e natureza no oeste do Brasil*(Goiânia: Editora da PUC-Goiás, 2013).

44   2017년 8월 농업부, 농업 경제의 기본 통계와 자료, http://www.agricultura.gov.br/assuntos/politica-agricola/todas-publicacoes-de-politica-agricola/estatisticas-e-dados-basicos-de-economiaagricola/PASTADEAGOSTO.pdf(2017년 10월 8일 검색); Companhia Brasileira de Abastecimento, *Acompanhamento da safra brasileira: grãos*(Brasília, Conab, 2015).

45   Raquel Rigotto, Dayse Vasconcelos, and Mayara Rocha, "Uso de agrotóxicos no Brasil e problemas para a saúde pública," *Cadernos de Saúde Pública* 30, no. 7(2014).

46   Alfredo Sirkis, *Ecologia urbana e poder local*(Rio de Janeiro: TIX, 2010).

47   Susanna Hecht and Alexander Cockburn, *The Fate of The Forest: Developers, Destroyers and Defenders of the Amazon*(Chicago: Chicago University Press, 2010).

48   Fundação SOS Mata Atlântica and INPE(Instituto Nacional de Pesquisas Espaciais), *Atlas dos remanescentes florestais da Mata Atlântica*(São Paulo, 2014); Antonio Nobre, *O futuro climático da Amazônia*(São José dos Campos: ARA, INPE, INPA, 2014); Robert Buschbacher, Expansão agrícola e perda da biodiversidade do Cerrado(Brasília: WWF-Brasil, 2000).

49   Kathryn Hochstetler and Margaret Keck, *Greening Brazil: Environmental Activism in State and Society*(Durham: Duke University Press, 2007); Angela Alonso and Débora Maciel, "From Protest to Professionalization: Brazilian Environmental Activism after Rio-92," *The Journal of Environment and Development* 19, no. 3(2010); José Augusto Pádua, "Environmentalism in Brazil: A Historical Perspective," in *A Companion to Global Environmental*

History, ed. John R. McNeill and Erin Mauldin(Oxford: Wiley-Blackwell, 2012).

50   Joan Martinez Alier, *The Environmentalism of the Poor*(Cheltenham: Edward Elgar, 2003).

51   Clinton Jenkins and Lucas Joppa, "Expansion of the Global Terrestrial Protected Area System," *Conservation Biology* 142(2009).

52   José Drummmond, José Franco, and Daniela de Oliveira, "Uma análise sobre a história e a situação das unidades de conservação no Brasil," in *Conservação da biodiversidade: Legislação e políticas públicas*, ed. Roseli Ganem(Brasília: Edições Camara dos Deputados, 2011); José Augusto Pádua, "Tropical Forests in Brazilian Political Culture: From Economic Hindrance to Ecological Treasure," in *Endangerment, Biodiversity and Culture*, ed. Fernando Vidal and Nélia Dias(London: Routledge, 2015).

53   Instituto Trata Brasil, Situação do saneamento no Brasil, http://www.tratabrasil.org.br/saneamento-no-brasil(2017년 10월 8일 검색).

54   Instituto Brasileiro de Mineração, *Information and Analyses on the Brazilian Mineral Economy*, 7th edition(Brasília: IBRAM, 2012).

제5장 위협하는 정글에서 위협받는 정글로

1   Rainforest Alliance, *Protecting Our Planet: Redesigning Land-Use and Business Practices — 25 years of Impacts*, 17 September 2012, http://issuu.com/rainforest-alliance/docs/anniversary_120917_b/3?e=3062032/2615611(2015년 5월 27일 검색).

2   Rhett Butler, "Why Are Rainforests Important?" Mongabay, 24 June 2004, http://kids.mongabay.com/elementary/401.html#FJXsBMH92ZxaKpBZ.99(2015년 5월 27일 검색).

3   José Eustacio Rivera, *The Vortex*, trans. E. K. James(Bogotá: Panamericana Editorial, 2001), 155~156.

4   Lúcia Sá, *Rain Forest Literatures: Amazonian Texts and Latin American Culture*(Minneapolis: University of Minnesota Press, 2004), 72~73.

5   Agustín Nieto Caballero, "Nota sobre el autor"(Note about the author), in *La vorágine*, by José Eustacio Rivera(Bogotá: Biblioteca Popular de Cultura Colombiana, 1924)에서 재인용. 고딕체는 저자의 강조.

6   Eduardo Neale-Silva, *Horizonte humano: Vida de José Eustacio Rivera*(Mexico City: Fondo de Cultura Económica, 1960).

7   Susanna B. Hecht, *The Scramble for the Amazon and the "Lost Paradise" of Euclides da Cunha*(Chicago: University of Chicago Press, 2013), 374에서 재인용.

8   José Vasconcelos, *The Cosmic Race: A Bilingual Edition*, trans. Didier T. Jaen(Baltimore: Johns Hopkins University Press, 1997), 25.

9   Robert Pogue Harrison, *Forests: The Shadow of Civilization*(Chicago: University of Chicago Press, 1993).

10   Johannes Lehmann, Dirse C. Kern, Bruno Glaser, and William I. Woods eds., *Amazonian Dark Earths: Origin, Properties, Management*(Dordrecht: Kluwer Academic Publishers, 2003).

11   Karl H. Offen, "The Geographical Imagination: Resource Economies and Nicaraguan Incorporation of the Mosquitia, 1838~1909," in *Territories, Commodities, and Knowledges: Latin American Environmental History in the Nineteenth and Twentieth Century*, ed. Christian Brannstrom(London: Institute of Latin American Studies, 2004).

12   David Cleary, "An Environmental History of the Amazon: From Prehistory to the Nineteenth Century," *Latin American Research Review* 36, no. 2(2001): 64~96.

13   Dauril Alden, "The Significance of Cacao Production in the Amazon Region during the Late Colonial Period: An Essay in Comparative Economic History," *Proceedings of the American Philosophical Society* 120, no. 2(1976): 103~135.

14   Claudia Leal, *Landscapes of Freedom: Building a Postemancipation Society in the Rainforests of Western Colombia*(Tucson: University of Arizona Press, 2018).

15   Leal, *Landscapes of Freedom*.

16   Norman B. Schwartz, *Forest Society: A Social History of Petén, Guatemala*(Philadelphia: University of Pennsylvania Press, 1990).

17   Lara Putnam, *The Company They Kept: Migrants and the Politics of Gender in Caribbean Costa Rica, 1870~1960*(Chapel Hill: University of North Carolina Press, 2002); O. Nigel Bolland, *Colonialism and Resistance in Belize: Essays in Historical Sociology*(Benque Viejo del Carmen: Cubola Productions, 2003[1988]); Jan de Vos, *Oro verde: La conquista de la Selva Lacandona por los madereros tabasqueños, 1822~1949*(Mexico City: Fondo de Cultura Económica, 1988).

18   Peter Boomgaard, *Southeast Asia: An Environmental History*(Santa Barbara: ABC-CLIO, 2007).

19   Barbara Weinstein, *The Amazon Rubber Boom, 1850~1920*(Stanford: Stanford University Press, 1983).

20   Warren Dean, *With Broadax and Firebrand: The Destruction of the Brazilian Atlantic Forest* (Berkeley: University of California Press, 1995), 79.

21   Thomas D. Rogers, *The Deepest Wounds: A Labor and Environmental History of Sugar in Northeast Brazil*(Chapel Hill: University of North Carolina Press, 2010).

22   Dean, *With Broadax and Firebrand*.

23   Carolyn Hall, Héctor Pérez Brignoli, and John V. Cotter, *Historical Atlas of Central America* (Norman: University of Oklahoma Press, 2003); Stan Ridgeway, "Monoculture, Monopoly,

and the Mexican Revolution: Tomás Garrido Canabal and the Standard Fruit Company in Tabasco(1920~1935)," *Mexican Studies* 17, no. 1(2001): 143~169.

24   Putnam, *The Company They Kept*; Ronny Viales Hurtado, "La colonización agrícola de la región atlántica (Caribe) costarricense entre 1870 y 1930. El peso de la política agraria liberal y de las diversas formas de apropiación territorial," *Anuario de Estudios Centro-americanos* 27, no. 2(2001): 57~100.

25   Myrna Santiago, "The Huasteca Rainforest: An Environmental History," *Latin American Research Review Special Issue* 46(2011): 32~54.

26   André Vasques Vital, "A força dos varadouros na Amazônia: O caso da comissão de obras federais do território do Acre e as estradas de rodagem(1907~1910)," *Fronteiras: Journal of Social, Technological and Environmental Science* 6, no. 1(2017): 23~44.

27   John Soluri, *Banana Cultures: Agriculture, Consumption, and Environmental Change in Honduras and the United States*(Austin: University of Texas Press, 2006).

28   Stuart McCook, "Las epidemias liberales: Agricultura, ambiente, y globalización en Ecuador, 1790~1930," in *Estudios sobre historia y ambiente en América Latina*, vol. 2, *Norteamérica, Sudamérica, y el Pacífico*, ed. Bernardo García Martínez and María del Rosario Prieto (Mexico City: El Colegio de México, Instituto Panamericano de Geografía e Historia, 2002), 223~246.

29   Flávio dos Santos Gomes, "A 'Safe Haven': Runaways Slaves, Mocambos, and Borders in Colonial Amazônia, Brazil," *The Hispanic American Historical Review* 82, no. 3(2002): 469~498; Leal, *Landscapes of Freedom*; Richard Price, *First-Time: The Historical Vision of an Afro-American People*(Baltimore: Johns Hopkins University Press, 1983).

30   Margarita Serje, *El revés de la nación: Territorios salvajes, fronteras y tierras de nadie* (Bogotá: Ediciones Uniandes, 2005); Germán Alfonso Palacio, "An Eco-Political Vision for an Environmental History: Toward a Latin American and North American Research Partnership," *Environmental History* 17, no. 4(2012): 725~743.

31   Alfredo Molano, Darío Fajardo, and Julio Carrizosa, *Yo le digo una de las cosas ⋯ La colonización de la Reserva La Macarena*(Bogotá: Fondo FEN Colombia y Corporación Araracuara, 1989): 17~19.

32   이 수치들은 북부 지역(아크리주, 아마파주, 아마조나스주, 파라주, 혼도니아주, 호라이마주, 토칸친스주)에 해당한다.

33   John O. Browder and Brian J. Godfrey, *Rainforest Cities: Urbanization, Development and Globalization of the Brazilian Amazon*(New York: Columbia University Press, 1997).

34   Shelton Davis, *Victims of the Miracle*(Cambridge: Cambridge University Press, 1977).

35   Teófilo Vásquez, *Territorios, conflicto armado y política en el Caquetá: 1900~2010*(Bogotá: Ediciones Uniandes, 2015).

36   Thomas K. Rudel, *Tropical Deforestation: Small Farmers and Land Clearing in the Ecuadorian*

Amazon(New York: Columbia University Press, 1993).

37 Claudia Leal, *A la buena de Dios: Colonización en La Macarena, ríos Duda y Guayabero* (Bogotá: Fescol-Cerec, 1995).

38 Mary Pamela Lehmann, "Deforestation and Changing Land Use Patterns in Costa Rica," in *Changing Tropical Forests: Historical Perspectives on Today's Challenges in Central and South America*, ed. Harold K. Steen and Richard P. Tucker(Durham: Forest History Society, 1992).

39 Susanna Hecht and Alexander Cockburn, *The Fate of the Forest: Developers, Destroyers and Defenders of the Amazon*(New York: Harper Perennial, 1990); Marianne Schmink and Charles H. Wood, *Contested Frontiers in Amazonia*(New York: Columbia University Press, 1992).

40 Claudia Leal and Eduardo Restrepo, *Unos bosques sembrados de aserríos: Historia de la extracción maderera en el Pacífico colombiano*(Medellín: Universidad de Antioquia, Universidad Nacional sede Medellín, Instituto Colombiano de Antropología e Historia, 2003).

41 Esteban Payán and Luis A. Trujillo, "The Tigrilladas in Colombia," *CAT News* 44(2006): 25~28.

42 David Cleary, *Anatomy of the Amazon Gold Rush*(Iowa City: University of Iowa Press, 1990).

43 브라질 과학기술혁신부의 프로지스 프로젝트(Prodes Project)에 따르면, 2004년부터 2014년까지 모두 12만 1990제곱킬로미터에 달한다.

44 Philip M. Fearnside, "Deforestation in Brazilian Amazonia: History, Rates, and Consequences," *Conservation Biology* 19, no. 3(2005): 680~688.

45 Boomgaard, *Southeast Asia*.

46 Germán Castro Caycedo, *Mi alma se la dejo al diablo*(Bogotá: Plaza y Janés, 1982).

47 Candace Slater, *Entangled Edens: Visions of the Amazon*(Berkeley: University of California Press, 2002), 41.

48 Nancy Leys Stepan, *Picturing Tropical Nature*(London: Reaktion Books, 2002).

49 이는 각국의 국립 공원 시설의 웹사이트에 근거한 추정치이다.

50 "Amazonia 2016 Protected Areas & Indigenous Territories," RAISG: Amazon Geo-Referenced Socio-Environmental Information Network, Amazonia SocioAmbiental, http://raisg.socioambiental.org/en/mapas/#areas_protegidas(2017년 10월 2일 검색).

51 Kathryn Hochstetler and Margaret E. Keck, *Greening Brazil: Environmental Activism in State and Society*(Durham: Duke University Press, 2007); José Augusto Pádua, "The Politics of Forest Conservation in Brazil: A Historical View," *Nova Acta Leopoldina* 114, no. 390(2013): 65~80.

52 Hochstetler and Keck, *Greening Brazil*.

53 RAISG, http://raisg.socioambiental.org/en/mapas/#areas_protegidas(2017년 10월 2일 검색).

54 Jan de Vos, *Una tierra para sembrar sueños: Historia reciente de la Selva Lacandona, 1950~2000*(Mexico City: Fondo de Cultura Económica, 2002).

55 "Nicaragua" and "Honduras," Portal Territorio Indígena y Gobernanza, sponsored by the Right and Resources Institute and HELVETAS Swiss Intercooperation, http://www.territorio-indigenaygobernanza.com/(2016년 2월 15일 검색).

56 Gabriel García Márquez, *Love in the Time of Cholera*, trans. Edith Grossman(New York: Alfred A. Knopf, 1999), 336, 348.

57 Food and Agriculture Organization of the United Nations, *State of the World's Forests* (Rome: FAO of the UN, 2011); Michael Williams, *Deforesting the Earth: From Prehistory to Global Crisis*(Chicago: University of Chicago Press, 2002).

제6장 담쟁이덩굴과 벽: 도시화된 대륙의 환경 서사

저자들은 이 장을 영어로 번역한 에이미 채즈켈을 비롯해 편집자들, 익명의 심사자들, 브라질 과학·기술·혁신·커뮤니케이션부(CNPq)의 지원에 감사한다. 헤지나 오르타 두아르치 역시 미나스제라이스주 연구개발 기관의 후원에 사의를 표한다.

1 Mike Davis, *Planet of Slums*(London: Verso, 2006), 8.

2 Alfred Crosby, *Ecological Imperialism*(Cambridge: Cambridge University Press, 2004), 44.

3 Pierre Villar, *A History of Gold and Money, 1450 to 1920*(Atlantic Highlands, NJ: Humanities Press, 1976), 112~133.

4 Rosalva Loreto, *Una vista de ojos a una ciudad Novohispana*(Puebla: BUAP/CONACYT, 2008), 19~33.

5 Fania Fridman, "Breve história do debate sobre a cidade colonial brasileira," in *Ciudades latino-americanas*, ed. Maurício de Abreu and Fania Fridman(Rio de Janeiro: FAPERJ/Casa da Palavra, 2010), 43~73. 멘도사와 물 공급에 관해서는 Jorge Ponte, "Historia del regadio: las acequias de Mendoza, Argentina," *Scripta Nova* 10, no. 218(2006)을 참조하라, http://www.ub.edu/geocrit/sn/sn-218-07.htm(2017년 6월 20일 검색).

6 스튜어트 슈워츠는 메타 서사를 "나로 하여금 긴 역사의 흐름 속에서 해당 지역의 과거를 검토하도록 허용해 주는, 종합적인 조직화 주제"로 규정한다. Stuart Schwartz, *Sea of Storms* (Princeton: Princeton University Press, 2015): xi, 33~69.

7 Charles Walker, *Shaky Colonialism*(Durham: Duke University Press, 2008).

8 Vera Candiani, *Dreaming of Dry Land: Environmental Transformation in Colonial Mexico City*(Palo Alto: Stanford University Press, 2014), "Note" and ch. 8, Kindle edition.

9 Ángel Rama, *The Lettered City*(Durham: Duke University Press, 1996).

10	Stuart McCook, "The Neo-Columbian Exchange: The Second Conquest of the Greater Caribbean, 1720~1930," *Latin American Research Review* 46, no. 4(2011): 11~31.
11	Candiani, *Dreaming of Dry Land*.
12	Richard Morse, "The Development of Urban Systems in the Americas in the Nineteenth Century," *Journal of Interamerican Studies and World Affairs* 17, no. 1(1975): 4~26.
13	Germán Palacio, "Urbanismo, naturaleza y territorio en la Bogotá Republicana, 1810~1910," in *Ciudad y naturaleza: tensiones ambientales en Latinoamérica, siglos XVIII~XXI*, ed. Rosalva Loreto(Puebla, Mexico: ICSyH/BUAP, 2012), 165~187.
14	James Scobie, "The Growth of Latin American Cities, 1870~1930," in *The Cambridge History of Latin America*, vol. 4, ed. Leslie Bethell(Cambridge: Cambridge University Press, 1986), 233~266.
15	Ramón Gutiérrez, "Refl exões sobre o urbanismo do século XIX," in *Cidades do Novo Mundo: Ensaios de urbanização e história*, ed. Fania Fridman(Rio de Janeiro: Garamond, 2013), 139~162. Henry Lawrence, *City Trees: A Historical Geography from the Renaissance through the Nineteenth Century*(Charlottesville: University of Virginia Press, 2006), 250~253 도 참조하라.
16	Maria Lopes, "Cooperação científica na América Latina no final do século XIX," *Interciencia*, 25, no 5(2000): 228~233; Leon López-Ocón, "La exhibición del poder de la ciencia: La América Latina en el escenario de las Exposiciones Universales del siglo XIX," in *O mundo ibero-americano nas Grandes Exposições*, J. Mourão ed.(Evora: Vega, 1998), 67~89. 또한 Beatriz González and Jen Anderman eds., *Galerias del progreso*(Rosário: Beatriz Viterbo Editora, 2006)를 참조하라.
17	Christian Brannstrom, "Was Brazilian Industrialization Fuelled by Wood? Evaluating the Wood Hypothesis, 1900~1960," *Environment and History* 11, no. 4(2005): 395~430.
18	Antonio Brailovsky, *Historia ecológica de la ciudad de Buenos Aires*(Buenos Aires: Kaicron, 2012), 195.
19	Leonardo dos Santos, "Zona, sertão ou celeiro? A constituição do cinturão verde da cidade do Rio de Janeiro e seus impasses, 1890~1956," In *História urbana: memória, cultura e sociedade*, ed. Gisele Sanglard, Carlos Araújo, and José Siqueira(Rio de Janeiro, RJ: FGV Editora, 2013), 251~278.
20	Victor Genaro Luna Fernández, Mario Aliphat Fernández, and Laura Caso Berrera, "La transformación rural-urbana de la región de Atlixco, Puebla del periodo prehispánico al siglo XX," in *Ciudad y naturaleza: tensiones ambientales en Latinoamérica, siglos XVII~XXI*, ed. Rosalva Loreto(Puebla, Mexico: ICSyH/BUAP, 2012), 121.
21	Claudia Leal, "Un Puerto en la selva: Naturaleza y raza en la creación de la ciudad de Tumaco, 1860~1940," *Historia Crítica* 30(2005): 39~66.
22	Fernández, Genaro, Aliphat, and Caso, "La transformación rural-urbana"; Palacio, "Urbanismo,

naturaleza y territorio en la Bogotá republicana," 167; Francisco Hardman, *Trem fantasma* (São Paulo: Cia das Letras, 1988), 117~153.

23   Dora Dávila, *Caracas y la gripe española de 1918*(Caracas: Universidad Catolica Andrés Bello, 2000), 34~40; Adrián Arboneti, "Historia de una epidemia olvidada: La pandemia de gripe española en la argentina, 1918~1919," *Desacatos* 32(2010): 159~174; Liane Bertucci, *Influenza, a medicina enferma*(Campinas: Unicamp 2004).

24   Graciela Silvestri, *El color del río: historia cultural del paisaje del Riachuelo*(Buenos Aires: Universidad Nacional de Quilmes, 2003), 173.

25   Nicolau Sevcenko, *A Revolta da Vacina*(São Paulo: Brasiliense, 1984); Dilene Nascimento, "La llegada de la peste al estado de São Paulo en 1899," *Dynamis* 31, no. 1(2011): 65~83.

26   John Soluri, *Banana Cultures*(Austin: University of Texas Press, 2005).

27   Lise Sedrez and Andrea Maia, "Narrativas de um dilúvio carioca: Memória e natureza na grande enchente de 1966," *Revista História Oral* 14, no. 2(2011): 221~254.

28   보고타의 재식림(再植林) 과정에서 유칼립투스를 선택한 조치는 그 지역에 물리적 손상을 입혔다. Luis Jiménez, "Unas montañas al servicio de Bogotá: imaginarios de naturaleza en la reforestación de los cerros orientales 1899~1924"(Master's thesis in history, Universidad de Los Andes, Bogotá, 2011), 36~57; Julián Osorio, "Los cerros y la ciudad," *Anuario de Ecología, Cultura y Sociedad* 5, no. 5(2005): 129~142.

29   Claudia Heynemman, *Floresta da Tijuca: natureza e civilização no século XIX*(Rio de Janeiro: Prefeitura do Rio de Janeiro, 1995). 인간의 활동과 환경 회복 사이의 동반상승 효과에 대해서는 José Augusto Pádua, "Tempo de oportunidades," *Revista de Historia da Biblioteca Nacional do Rio de Janeiro* no. 82(2012): 55~61를 참조하라.

30   Matthew Vitz, "La ciudad y sus bosques: La conservación forestal y los campesinos en el Valle del México, 1900~1950," *Estudios de historia moderna y contemporánea de México* 43(2012): 135~172.

31   Maria Lucía Guerrero, "Pintando de verde Bogotá: Visiones de la naturaleza a través de los parques del Centenário y de la Independencia, 1880~1920," *HALAC* 1, no. 2(2012): 112~139.

32   Emily Wakild, "Parables of Chapultepec: Urban Parks, National Landscapes and Contradictory Conservation in Modern Mexico," in *A Land Between Waters: Environmental Histories of Modern Mexico*, ed. Christopher Boyer(Tucson: University of Arizona Press, 2014), 192~217.

33   Marcos Martins, "A política florestal, os negócios de lenha e o desmatamento, Minas Gerais, 1890~1950," *HALAC* 1, no. 1(2008): 33~48; Brannstrom, "Was Brazilian Industrialization Fuelled by Wood?," 397.

34   Fernando Ramírez, "Pestilencia, olores y hedores en el Santiago del Centenario," *HALAC* 1, supp.(2012), 58~59.

35   Lise Sedrez, "The Bay of All Beauties: State and Environment in Guanabara Bay, Rio de Janeiro, Brazil, 1875~1975"(Ph.D. dissertation, Stanford University, 2004).

36   Brailovsky, *Historia ecológica*, 225.

37   Reinaldo Funes, "Los orígenes del asociacionismo ambientalista en Cuba," in *Naturaleza en declive*, ed. Reinaldo Funes(Valencia: Centro Francísco Tomás y Vaiente, 2008), 267~310. 예컨대 1896년에 카라카스에서 창간된 잡지 ≪베네수엘라의 동물 애호가≫나 1919년에 창간된 잡지 ≪상파울루의 동물 애호가≫를 참조하라.

38   Orlandina Oliveira and Bryan Roberts, "Urban Growth and Urban Social Structure in Latin America, 1930~1990," in *The Cambridge History of Latin America*, vol. 4, ed. Leslie Bethell(Cambridge: Cambridge University Press: 1994), 253~324.

39   John McNeill and Peter Engelke, *The Great Acceleration: An Environmental History of the Anthropocene since 1945*(Cambridge: Harvard University Press, 2016).

40   Davis, *Planet of Slums*, 28.

41   Carolina Riveros, "El problema de la contaminación atmosférica en Santiago de Chile, 1960~1972"(Master's thesis, Pontifícia Universidad Católica, Santiago de Chile, 1997), 75~84, 137~142.

42   Biblioteca Nacional de Chile, "La contaminación atmosférica de Santiago," *Memoria Chilena*, 2014, http://www.memoriachilena.cl/602/w3-article- 3507.html(2017년 6월 20일 검색).

43   Humberto Bravo, "Variation of Different Pollutants in the Atmosphere of Mexico City," *Journal of the Air Pollution Control Association* 10, no. 6(1960): 447~449; N. Henry, "Polluted Air: A Growing Community Problem," *Public Health Reports* 68, no. 9(1953): 859; J. Kretzschmar, "Particulate Matter Levels and Trends in Mexico City, São Paulo, Buenos Aires and Rio de Janeiro," *Atmospheric Environment* 28, no. 19(1994): 3188; Ricardo Haddad and John Bloomfield, "La contaminación atmosférica en América Latina," *Boletín de la OSP* 57, no. 3(1964): 241~249; John Bloomfield, "La Ingenieria santiaria frente al proceso de industrialización," *Boletín de la OSP* 65, no. 6(1968): 549~561; Honório Botelho, *O ensino de engenharia sanitária da UFMG*(Belo Horizonte: Ed. Engenharia, 1972), 34.

44   *Seminario Latinoamericano de contaminación del aire*(Washington, DC: OPAS, 1970), 2~3.

45   REDPANAIRE, *Resultados obtenidos Junio 1967~Diciembre 1970*(Lima: Centro Panamericano de Ingenieria Sanitaria y Ciencias del Ambiente, Série Técnica, 1971), 10; REDPANAIRE, *Report 1967~1974*(Lima: Pan American Center for Sanitary Engineering and Environmental Sciences, 1976).

46   Regina Duarte, "'Turn to pollute': poluição atmosférica e modelo de desenvolvimento no 'milagre' brasileiro(1967~1973)," *Tempo* 21, no. 37(2015): 64~87.

47   John McNeill, *Something New under the Sun: An Environmental History of the Twentieth-Century World*(New York, London: WW Norton & Company, 2001), 82; Lúcia Ferreira,

Os Fantasmas do Vale: questão ambiental e cidadania(Campinas: Ed. Unicamp, 1993).

48   "Chile Declares First Environmental Emergency since 1999 over Air Pollution," *Time*, 22 June 2015, http://time.com/3930737/santiago-air-pollution-emergency/(2017년 6월 20일 검색).

49   Adriana Premat, "State Power, Private Plots and the Greening of Havana's Urban Agriculture Movement," *City & Society* 21(2009): 28~57. 또한 다음을 참조하라. Catherine Murphy, *Cultivating Havana: Urban Agriculture and Food Security in the Years of Crisis*(Oakland: Food First Institute, 1999); Fernando Funes et al., *Sustainable Agriculture & Resistance* (Oakland: Food First Books, 2002).

50   Aparecido Gonçalves et al., "Dezoito anos catando papel em Belo Horizonte," *Estudos Avançados* 22(2008): 231~238.

51   Regina Duarte, "'It Does Not Even Seem Like We Are in Brazil': Country Clubs and Gated Communities in Belo Horizonte, Brazil, 1951~1964," *Journal of Latin American Studies* 44(2012): 435~466.

52   Carlos Porto-Gonçalves, "Água," in *Enciclopedia Contemporânea da América Latina e do Caribe*, ed. Emir Sader et. al.(São Paulo: Boitempo, 2006), 55~59.

53   Wakild, "Parables of Chapultepec," 216.

제7장 가정 요리: 농민, 요리, 농업 다양성

1   Marco Palacios, *El café en Colombia, 1850~1870. Una historia económica, social y política* (México: El Colegio de México/El Ancora Editores, 1983[1979]).

2   C. Levis, F. R. C. Costa, F. Bongers, M. Peña-Carlos, et al., "Persistent Effects of Pre-Columbian Plant Domestication on Amazonian Forest Composition," *Science* 355(3 March 2017): 925~931; Karl S. Zimmerer, "Conserving Agrodiversity Amid Global Change, Migration, and Nontraditional Livelihood Networks: The Dynamic Uses of Cultural Landscape Knowledge," *Ecology and Society* 19(2014): 1; Stephen B. Brush, "The Issues of In Situ Conservation of Crop Genetic Resources," in *Genes in the Field: On-Farm Conservation of Crop Diversity*, ed. Stephen B. Brush(Boca Raton, FL: Lewis Publishers, 2000), 3~28.

3   John Vandermeer and Ivette Perfecto, *Breakfast of Biodiversity: The Truth about Rain Forest Destruction*(Oakland: Food First Books, 1995), 130~136. "농업 다양성"이란 용어가 학자들 사이에 유행한 것은 1990년대이다. Harold Brookfield and Michael Stocking, "Agrodiversity: Definition, Description and Design," *Global Environmental Change* 9(1999): 77~80; David Wood and Jillian M. Lenné, "The Conservation of Agrobiodiversity On-Farm: Questioning the Emerging Paradigm," *Biodiversity and Conservation* 6(1997): 109~129를 보라.

4   Bradley J. Cardinale, J. Emmett Duffy, Andrew Gonzalez, David U. Hooper, Charles

Perrings, Patrick Venail, et al., "Biodiversity loss and its impact on humanity," *Nature*, 486(7 June 2012): 59~67; Marta Astier, Erika N. Speelman, Santiago López-Ridaura, Omar R. Masera, and Carlos E. Gonzalez-Esquievel, "Sustainability Indicators, Alternative Strategies and Trade-offs in Peasant Agroecosystems: Analyzing 15 Case Studies from Latin America," *International Journal of Agricultural Sustainability* 9(2011): 409~422; and V. Ernesto Méndez, Christopher M. Bacon, Meryl Olson, Katlyn S. Morris, and Annie Shattuck, "Agrodiversity and Shade Coffee Smallholder Livelihoods: A Review and Synthesis of Ten Years' Research in Central America," *The Professional Geographer* 62, no. 3(2010): 357~376.

5　브라질에서는 농민을 뜻하는 포르투갈어 '캄포니스(camponês)'가 다양한 의미를 지니고 있다. Cliff Welch, *The Seed Was Planted: The São Paulo Roots of Brazil's Rural Labor Movement 1924~1964*(University Park: Pennsylvania State University Press, 1999), 8.

6　Luís Bertola and José Antonio Ocampo, *The Economic Development of Latin America since Independence*(Oxford: Oxford University Press, 2012), 99~100.

7　Bertola and Ocampo, *The Economic Development of Latin America*, 139.

8　*Peasant Agriculture in Latin America and the Caribbean*(Santiago, Chile: ECLAC/FAO, 1986), 13~14.

9　1970년대 인구 조사 자료는 브라질(52퍼센트), 콜롬비아(47퍼센트), 코스타리카(60퍼센트), 에콰도르(45퍼센트), 칠레(44퍼센트), 파나마(80퍼센트)의 농민들이 옥수수 생산의 주축을 이루고 있음을 보여준다. *Peasant Agriculture in Latin America and the Caribbean*, 18~19.

10　Thomas C. Wright, "The Politics of Provisioning in Latin American History," in *Food, Politics and Society in Latin American History*, ed. John C. Super and Thomas C. Wright (Lincoln, NE: University of Nebraska Press, 1985), 24~45; Enrique C. Ocha, *Feeding Mexico: the Political Uses of Food since 1910*(Wilmington: Scholarly Resources, 2010), 9; and Paulo Drinot, "Food, Race, and Working-Class Identity: Restaurantes Populares and Populism in 1930s Peru," *The Americas* 62(2005): 245~270.

11　Sandra Aguilar-Rodríguez, "Cooking Modernity: Nutrition Policies, Class, and Gender in 1940s and 1950s Mexico City," *The Americas* 64(2007): 177~205.

12　Stephen B. Brush, *Farmers Bounty: Locating Crop Diversity in the Contemporary World* (New Haven: Yale University Press, 2004), 87; and "Maize: From Mexico to the World," International Maize and Wheat Improvement Center(CIMMYT), http://www.cimmyt.org/maize-from-mexico-to-the-world/(2017년 4월 7일 검색).

13　Simon Miller, "The Mexican Hacienda between the Insurgency and the Revolution: Maize Production and Commercial Triumph on the Temporal," *Journal of Latin American Studies* 16(1984): 309~336.

14　Ochoa, *Feeding Mexico*, 41.

15　Ochoa, *Feeding Mexico*, 99~126 and 157~176; and John Richard Heath, "Constraints on Peasant Maize Production: A Case Study from Michoacan," *Mexican Studies/Estudios*

Mexicanos 3(1987): 263~286.

16   Roger Barta, *Agrarian Structure and Political Power in Mexico*, trans. Stephen K. Ault (Baltimore: Johns Hopkins University Press, 1993), 93.

17   Brush, *Farmers Bounty*, 168.

18   Jeffrey Pilcher, *¡Qué vivan los tamales!: Food and the Making of Mexican Identity* (Albuquerque: University of New Mexico Press, 1998), 163~164.

19   Dominique Louette, "Traditional Management of Seed and Genetic Diversity: What is a Landrace?" in *Genes in the Field*, ed. Stephen B. Brush(Ottawa, Canada: International Development Research Center Books, 2000), 109~142.

20   Mauricio R. Bellon, "The Ethnoechology of Maize Variety Management: A Case Study from Mexico," *Human Ecology* 19(1991): 389~418.

21   Bellon, "The Ethnoecology of Maize"; and Mauricio R. Bellon and Stephen Brush, "Keepers of Maize in Chiapas, Mexico," *Economic Botany* 48(1994): 196~209.

22   Arturo Warman, *El campo mexicano en el siglo XX*(Mexico: Fondo de Cultura, 2001), 128~129.

23   Alder Keleman and Jonathan Hellin, "Specialty Maize Varieties in Mexico: A Case Study in Market-Driven Agro-Biodiversity Conservation," *Journal of Latin American Geography* 8(2009): 147~174.

24   Rita Schwentesius and Manuel Ángel Gómez, "Supermarkets in Mexico: Impacts on Horticulture Systems," *Development Policy Review* 20(2002): 487~502; Nelly Velázquez, *Modernización Agrícola en Venezuela: Los valles altos andinos 1930~1999*(Caracas: Fundación Polar, 2004); Aníbal Arcondo, *Historia de la alimentación en Argentina*(Córdoba: Ferreya Editor, 2002); Pierre Ostiguy and Warwick Armstrong, *La evolución del consumo alimenticio en la Argentina(1974~1984)*(Buenos Aires: Centro Editor de América Latina, 1987).

25   Brush, *Farmers Bounty*, 105.

26   Karl S. Zimmerer, *Changing Fortunes: Biodiversity and Peasant Livelihood in the Peruvian Andes*(Berkeley: University of California Press, 1996), 60.

27   Vincent C. Peloso, "Succulence and Sustenance: Region, Class, and Diet in Nineteenth-Century Peru," in *Food, Politics and Society in Latin America*, ed. John C. Super and Thomas C. Wright(Lincoln: University of Nebraska Press, 1985), 46~64.

28   Zimmerer, *Changing Fortunes*, 59.

29   Zimmerer, *Changing Fortunes*, 61.

30   Zimmerer, *Changing Fortunes*, 77~84; Sarah A. Radcliffe, "Gender Relations, Peasant Livelihood Strategies and Migration: A Case Study from Cuzco, Peru," *Bulletin of Latin American Research* 5(1986): 29~47.

31 존 뮤라는 1970년대 초에 생태적 수직성이라는 개념을 만들어냈다. 비판적 논의를 위해 Enrique Mayer, *The Articulated Peasant: Household Economies in the Andes*(Boulder, CO: Westview press, 2002), 239~277을 참조하라.

32 Brush, *Farmers Bounty*, 102~103.

33 Pierre Morlon, A. Hibon, D. Horton, M. Tapia, and F. Tardieu, "Qué tipo de mediciones y qué criterios para la evaluación?," in *Comprender la agricultura campesina en los Andes Centrales: Peru-Bolivia*, ed. Pierre Morlon(Lima: IFEA and CBC, 1996), 276~319.

34 Zimmerer, *Changing Fortunes*, 84.

35 Brush, *Farmers Bounty*, 108~109.

36 Mary Weismantel, *Food, Gender and Poverty in the Ecuadorean Andes*(Philadelphia: University of Pennsylvania Press, 1988).

37 Morlon et al., "Qué tipo de mediciones y qué criterios para la evaluación?," 297.

38 Marília Lobo Burle, Jaime Robert Fonseca, Maria José del Peloso, Leonardo Cunha Melo, Steve R. Temple, and Paul Gepts, "Integrating Phenotypic Evaluations with a Molecular Diversity Assessment of a Brazilian Collection of Common Bean Landraces," *Crop Science*, 51(2011): 2668~2680; and M. I. Chacón, S. B. Pickersgill, and D. G. Debouck, "Domestication Patterns in Common Bean(Phaseolus vulgaris L.) and the Origin of the Mesoamerican and Andean Cultivated Races," *Theoretical and Applied Genetics* 110(2005): 432~444.

39 Carlos Alberto Dória, "Beyond Rice Neutrality: Beans as Patria, Locus, and Domus in the Brazilian Culinary System," in *Rice and Beans: A Unique Dish in a Hundred Places*, ed. Richard Wilk and Livia Barbosa(London: Bloomsbury Academic, 2012), 127~130.

40 Dória, "Beyond Rice Neutrality: Beans as Patria, Locus, and Domus in the Brazilian Culinary System," 124~126.

41 W. J. Broughton, G. Hernández, M. Blair, S. Beebe, P. Gepts, and J. Vanderleyden, "Beans(Phaseolus ssp.): Model Food Legumes," *Plant and Soil* 252(2003): 55~128.

42 Marília Lobo Burle et al., "Integrating Phenotypic Evaluations"; and Fábio de Oliveira Freitas, "Evidências genético-arqueológicas sobre a origem do feijão comum no Brasil," *Pesquisa agropecuária brasileira*, 41(2006), 온라인판은 다음을 참조하라. https://seer.sct.embrapa.br/index.php/pab/article/view/7265(2017년 6월 12일 검색).

43 Livia Barbosa, "Rice and Beans, Beans and Rice: The Perfect Couple," in *Rice and Beans: A Unique Dish in a Hundred Places*, ed. Richard Wilk and Livia Barbosa(London: Bloombury Academic, 2012), 103.

44 Livia Barbosa, "Rice and Beans, Beans and Rice," 104에서 재인용.

45 Francisco Vidal Luna and Herbert S. Klein, *Slavery and the Economy of São Paulo, 1750~1850*(Palo Alto: Stanford University Press, 2003), 97~102; Elizabeth Anne Kuznesof,

Household Economy and Urban Development: São Paulo, 1765~1836(Boulder: Westview Press, 1986), 135.

46   Francisco Vidal Luna, Hebert Klein, and William Summerhill, "The Characteristics of Coffee Production and Agriculture in the State of São Paulo in 1905," *Agricultural History* 90(2016): 22~50.

47   Afranio Garcia and Moacir Palmeira, "Traces of the Big House and the Slave Quarters: Social Transformation in Rural Brazil during the Twentieth Century," in *Brazil: A Century of Change*, ed. Ignacy Sachs, Jorge Wilheim, and Paulo Sérgio Pinheiro, trans. Robert N. Anderson(Chapel Hill: University of North Carolina Press, 2009), 33~46.

48   Clibas Vieira, *O Feijoeiro comum, cultura, doenca e melhoramento*(Vicosa: Universidade Federal de Vicosa, 1967).

49   John O. Browder, "Surviving in Rondonia: The Dynamics of Colonist Farming Strategies in Brazil's Northwest Frontier," *Studies in Comparative International Development* 29 (1994): 45~69.

50   Maurício Borges Lemos and Valdemar Servilha, *Formas de organizaçâo de arroz e feijão no Brasil*(Brazilia: BINAGRI, 1979), 40.

51   Instituto Brasileiro de Geografia e Estatística, *Censo agropecuário*, 2006.

52   Lemos and Servilha, *Formas de orgnização de arroz e feijão no Brasil*, 53.

53   N. L. Johnson, Douglas Pachico, and O. Voysest, "The Distribution of Benefits from Public International Germplasm Banks: The Case of Beans in Latin America," *Agricultural Economics* 29(2003): 277~286.

54   Marília Lobo Burle, Jaime Fonseca, James A. Kami, and Paul Gepts, "Microsatellite Diversity and Genetic Structure among Common Bean (*Phaseolus vulgaris* L.) Landraces in Brazil, a Secondary Center of Diversity," *Theoretical and Applied Genetics* 121, no. 5(2010): 801~813; Marília Lobo Burle et al., "Integrating Phenotypic Evaluations with a Molecular Diversity Assessment of a Brazilian Collection of Common Bean Landraces."

55   Lobo Burle et al., "Microsatellite Diversity and Genetic Structure."

56   Lemos and Servilha, *Formas de organização de arroz e feijão no Brasil*, 53; Lobo Burle et al., "Integrating Phenotypic Evaluations with a Molecular Diversity," 2678.

57   John Soluri, *Banana Cultures: Agriculture, Consumption and Environment Change in Honduras and the United States*(Austin: University of Texas Press, 2005); Steve Striffler, *In the Shadows of State and Capital: The United Fruit Company, Popular Struggle, and Agrarian Restructuring in Ecuador, 1900~1995*(Durham: Duke University Press, 2002); Fe Iglesias García, *Del ingenio al central*(Havana: Editorial de Ciencias Sociales, 1999); and Gillian McGillivray, *Blazing Cane: Sugar Communities, Class, and State Formation in Cuba 1868~1959*(Durham, NC: Duke University Press, 2009).

58   Louis A. Pérez, Jr., *Winds of Change: Hurricanes and the Transformation of Nineteenth-*

Century Cuba(Chapel Hill: University of North Carolina Press, 2001), 44~46.

59   Stanley J. Stein, *Vassouras: A Brazilian Coffee County, 1850~1900*(Princeton, NJ: Princeton University Press, 1985[1958]), 33~36, 173~178.

60   Judith Carney and Nicolas Rosomoff, *In the Shadow of Slavery: Africa's Botanical Legacy in the Atlantic World*(Berkeley: University of California Press, 2009).

61   Thomas Holloway, *Immigrants on the Land: Coffee and Society in São Paulo, 1886~1934* (Chapel Hill: University of North Carolina Press, 1980), 90, 132.

62   Holloway, *Immigrants on the Land*, 87~94; Christian Brannstrom, "Coffee Labor Regimes and Deforestation on a Brazilian Frontier, 1915~1965," *Economic Geography* 76(2000): 326~346.

63   Verena Stolcke, "The Labors of Coffee in Latin America: The Hidden Charm of Family Labor and Self-Provisioning," in *Coffee, Society and Power in Latin America*, ed. William Roseberry, Lowell Gudmundson, and Mario Samper Kutschbach(Baltimore: Johns Hopkins University Press, 1995), 65~93.

64   Wilson Picado Umaña, Rafael Ledezma Díaz, and Roberto Granados Porras, "Territorio de coyotes, agroecosistemas y cambio tecnológico en una región cafetalera de Costa Rica," *Revista Historia* 59~60(2009): 119~165.

65   Lowell Gudmundson, "Peasant, Farmer, Proletarian: Class Formation in a Smallholder Coffee Economy, 1850~1950," in *Coffee, Society and Power in Latin America*, 136~138.

66   William Roseberry, "The Rise of Yuppie Coffees and the Reimagination of Class in the United States," *American Anthropologist*, 98(1996): 762~775; Daniel Jafee, *Brewing Justice: Fair Trade Coffee, Sustainability and Survival*(Berkeley: University of California, 2007); and Andrés Guhl, *Café y cambio del paisaje en Colombia, 1970~2005*(Medellín, Colombia: Universidad EAFIT, 2008).

67   V. Ernesto Méndez et al., "Agrobiodiversity and Shade Coffee Smallholder Livelihoods: A Review and Synthesis of Ten Years' Research in Central America."

68   Ivette Perfecto and Inge Armbrecht, "The Coffee Agroecosystem in the Neotropics: Combining Ecological and Economic Goals," in *Tropical Agroecosystems*, ed. John H. Vandermeer(Boca Raton, FL: CRC Pres, 2002), 157~192.

69   Warren Dean, *With Broadax and Firebrand: The Destruction of Brazil's Atlantic Forest* (Berkeley: University of California Press, 1995); Stefania Gallini, *Una historia ambiental del café en Guatemala: La Costa Cuca entre 1830 y 1902*(Guatemala: Asociación para el Avance de las Ciencias Sociales en Guatemala, 2009); Brannstrom, "Coffee Labor Regimes and Deforestation on a Brazilian Frontier, 1915~1965."

70   Anapaula Iacovino Davila, *O pequeno produtor de café no Brasil e na Colombia*(São Paulo: Annablume, 2009), 23~24.

71   *Censo agrícola, ganadero y forestal 2007*(Mexico: INEGI).

72   Bertola and Ocampo, *The Economic Development of Latin America since Independence*; Victor Bulmer-Thomas, *The Economic History of Latin America since Independence*, 3rd ed.(Cambridge: Cambridge University Press, 2014).

73   이 연구 기관들은 국제농업연구자문그룹(CGIAR)의 회원이다. 국제농업연구협의단 홈페이지의 '우리 연구소들'을 참조하라. https://www.cgiar.org/about-us/research-centers(2017년 4월 4일 검색).

74   Brookfield and Stocking, "Agrodiversity: Definition, Description and Design," 77~80.

제8장 발굴 자국: 목축과 경관의 변화

1   James Parsons, "Forest to Pasture: Development or Destruction?," in *Hispanic Lands and Peoples: Selected Writings of James J. Parsons*, ed. William Denevan(Boulder: Westview Press, 1989), 278.

2   Alfred Crosby, *The Columbian Exchange: Biological and Cultural Consequences of 1492* (Westport, CT: Greenwood press, 1972), 76, 85~92.

3   Domingo Faustino Saramiento. Horacio Giberti, *Historia económica de la ganadería argentina*(Buenos Aires: Ediciones Solar, 1961), 73에서 재인용.

4   Elinor Melville, *A Plague of Sheep: Environmental Consequences of the Conquest of Mexico* (Cambridge: Cambridge University Press, 1994).

5   Karl Butzer and Elizabeth Butzer, "The sixteenth-Century Environment of the Central Mexican Bajío: Archival Reconstruction from Colonial land Grants and the Question of Spanish Ecological Impact," in *Culture, Form and Place*, ed. Kent Mathewson(Baton Rouge: Louisiana State University, 1993), 89~124; Andrew Sluyter, *Colonialism and Landscape: Postcolonial Theory and Applications*(Lanham: Rowman & Littlefield Publishers, 2002).

6   하지만 작물 포식과 짓밟기를 통해 새로운 유제류(발굽 동물)가 원주민들에게 미친 영향은 대개 대단히 파괴적이었다. León García Garagarza, "The Year the People Turned to Cattle: The End of the World in New Spain, 1558," in *Centering Animals in Latin American History*, ed. Martha Few and Zeb Tortorici(Durham: Duke University Press, 2013), 31~61을 참조하라.

7   파라(Brachiaria mutica), 기네아(Panicum maximum), 야라과 또는 포르투갈어로 자라과 (Hyparrhenia rufa)라고 알려진 이 목초들의 도입과 확산에 대해서는 James J. Parsons, "Spread of African Pasture Grasses to the American Tropics," *Journal of Range Management* 25, no. 1(1972): 12~17을 보라.

8   Shawn Van Ausdal, "Pasture, Power, and Profit: An Environmental History of Cattle Ranching in Colombia, 1850~1950," *Geoforum* 40, no. 5(2009): 712.

9   Marc Edelman, *The Logic of the Latifundio: The Large Estates of Northwestern Costa Rica since the Late Nineteenth Century*(Palo Alto: Stanford University Press, 1992), 75에

서 재인용.

10   Shawn Van Ausdal, "Productivity Gains and the Limits of Tropical Ranching in Colombia, 1850~1950," *Agricultural History* 86, no. 3(2012): 10.

11   Louis Striffler, *El río San Jorge*(Barranquilla: Gobernación del Atlántico, 1994[1886]), 103.

12   Éric Léonard, "Ganadería y construcción de la propiedad territorial en el trópico seco mexicano. Raíces y fracasos de una reforma agraria," in *Historia ambiental de la ganadería en México*, ed. Lucina Hernández(Xalapa, México: Instituto de Ecología, A. C., and L'Institut de Recherche pour le Développement, 2001), 199.

13   P. de Lima Corrêa. G. M. Roseveare, *The Grasslands of Latin America*(Aberystwyth, UK: Imperial Bureau of Pastures and Field Crops, 1948), 115에서 재인용; Samuel H. Work and Leo R. Smith, "The Livestock Industry of Nicaragua," *Foreign Agricultural Report* 12 (1946): 10.

14   United Nations, *Livestock in Latin America: Status, Problems and Prospects*, vol. 1, *Colombia, Mexico, Uruguay and Venezuela*(New York: United Nations, 1962), 36.

15   Dimas Badel, *Diccionario histórico-geográfico de Bolívar*(Bogotá: Gebernación de Bolívar, Instituto Internacional de Estudios del Caribe, Carlos Valencia Editores, 1999[1943]), 304; United Nations, *Livestock*, 14.

16   Daniel Janzen, "Dry Tropical Forests: The Most Endangered Major Tropical Ecosystem," in *Biodiversity*, ed. E. O. Wilson(Washington, DC: National Academy Press, 1988), 130.

17   Osvaldo Barsky and Julio Djenderedjian, *Historia del capitalismo agrario pampeano*, vol. 1, *La expansión ganadera hasta 1895*(Buenos Aires: Siglo XXI Editories Argentina, 2003), 144.

18   Barsky and Djenderedjian, *La expansión ganadera*, 338~339; Andrew Slyuter, "The Hispanic Atlantic's Tasajo Trail," *Latin American Research Review* 45, no. 1(2010): 100; Samuel Amaral, *The Rise of Capitalism on the Pampas: The Estancias of Buenos Aires, 1785~1870* (Cambridge: Cambridge University Press, 1998), 123, 126.

19   Hilda Sabato, *Agrarian Capitalism and the World Market: Nuenos Aires in the Pastoral Age, 1840~1890*(Albuquerque: University of New Mexico Press, 1990), 26.

20   Amaral, *The Rise of Capitalism*, 240~241.

21   Barsky and Djenderedjian, *La expansión ganadera*, 330; Roseveare, Grasslands, 18.

22   Carmen Sesto, *Historia del capitalismo agrario pampeano*, vol. 2, *La vanguardia ganadera bonaerense(1856~1900)*(Buenos Aires: Siglo XXI Editores Argentina, 2005), 제5장.

23   Roseveare, *Grasslands*, 22.

24   Stephen Bell, *Campenha Gaúcha: A Brazilian Ranching System, 1850~1920*(Palo Alto: Stanford University Press, 1998), 128~132.

25   Roseveare, *Grasslands*, 36에서 재인용.

26   Roseveare, *Grasslands*, 28.

27   Robert W. Wilcox, "Cattle and Environment in the Pantanal of Mato Grosso, Brazil, 1870~1970," *Agricultural History* 66, no. 2(1992): 243~244.

28   Robert W. Wilcox, "'The Law of the Least Effort': Cattle Ranching and the Environment in the Savanna of Mato Grosso, Brazil, 1900~1980," *Environmental History* 4, no. 3(1999): 352; Roseveare, *Grasslands*, 123에서 체이스가 재인용.

29   Francis W. Pennell, "A Botanical Expedition to Colombia," *Journal of the New York Botanical Garden* 19, no. 222(1918): 134.

30   Roseveare, *Grasslands*, 114, 135.

31   Wilcox, "Law of Least Effort," 357~358.

32   Robert W. Wilcox, *Cattle in the Backlands: Mato Grosso and the Evolution of Ranching in the Brazilian Tropics*(Austin: University of Texas Press, 2017), 152~153.

33   William Cronon, *Nature's Metropolis: Chicago and the Great West*(New York: W.W. Norton, 1991), 249~250.

34   Andrew Sluyter, *Black Ranching Frontiers: African Cattle Herders of the Atlantic World, 1500~1900*(New Haven: Yale University Press, 2012), 183.

35   라틴아메리카의 도축장을 다룬 글은 아직까지 거의 없다. 다음 두 가지 자료는 예외에 속하며 중요하다. Jeffrey Pilcher, *The Sausage Revolution: Public Health, Private Enterprise, and Meat in Mexico City, 1890~1917*(Albuquerque: University of New Mexico Press, 2006), Maria-Aparecida Lopes, "Struggles over an 'Old, Nasty, and Inconvenient Monopoly': Municipal Slaughterhouse and the Meat Industry in Rio de Janeiro, 1880~1920s," *Journal of Latin American Studies* 47, no. 2(May 2015): 349~376.

36   Robert C. Williams, *Export Agriculture and the Crisis in Central America*(Chapel Hill: University of North Carolina Press, 1986), 204.

37   David Kaimowitz, *Livestock and Deforestation in Central America in the 1980s and 1990s: A Policy Perspective*(Jakarta: Center for International Forestry Research, 1996), 11~12.

38   Kaimowitz, *Livestock and Deforestation*, 6, 12.

39   Norman Myers, "The Hamburger Connection: How Central America's Forests Become North America's Hamburgers," *Ambio* 10, no. 1(1981): 2~8.

40   FAOSTAT(Food and Agriculture Organization of the United Nations), "Food Balance-Food Supply-Livestock and Fish Primary Equivalents," http://faostat3.fao.org/faostat-gateway/go/to/download/FB/CL/E(2014년 5월 21일 검색).

41   Susanna B. Hecht, "Cattle Ranching in Amazonia: Political and Ecological Considerations," in *Frontier Expansion in Amazonia*, ed. Marianne Schmink and Charles H. Wood(Gainesville: University Press of Florida, 1984), 368~371.

42   Instituto Brasileira de Geografia e Estatística, Conselho Nacional de Estatística, Serviço Nacional de Recenseamento, *Série nacional*, vol. 2, *Brasil, censo agrícola*(Rio de Janeiro:

IBGE, 1956), 49.

43 Sergio Margulis, *Causes of Deforestation of the Brazilian Amazon*, World Bank Working Paper No. 22(Washington, DC: The World Bank, 2004), 6, 10.

44 Mauro Augusto dos Santos, Alisson Barbiei, José Alberto Magno de Carvalho, and Carla Jorge Machado, *O cerrado brasileiro: notas para estudo*(Belo Horizonte: UFMG/Cedeplar, 2010), 6, 8; Carlos A. Klink and Ricardo B. Machado, "A conservaço do Cerrado brasileiro," *Magadiversidade* 1, no. 1(2005): 149.

45 이들 각각의 원어는 다음과 같다. Empresa Brasileira de Pesquisa Agropecuária; Instituto Nacional de Investigaciones Forestales, Agrícolas y Pecuarias; Centro Internacional de Agricultura Tropical.

46 A. da S. Mariante, M. do S. M. Albuquerque, A. A. do Egito, and C. McManus, "Advances in the Brazilian Animal Genetic Resources Conservation Programme," *Animal Genetic Resources Information* 25(1999): 107~121.

47 Robert W. Wilcox, "Zebu's Elbows: Cattle Breeding and the Environment in Central Brazil, 1890~1960," in *Territories, Commodities and Knowledges: Latin American Environmental History in the Nineteenth and Twentieth Centuries*, ed. Christian Brannstrom(London: Institute for the Study of the Americas, 2004), 218~246.

48 Hugo H. Montaldo, Eduardo Casas, José Bento Sterman Ferraz, Vicente E. Vega-Murillo, and Sergio Iván Román-Ponce, "Opportunities and Challenges from the Use of Genomic Selection for Beef Cattle Breeding in Latin America," *Animal Frontiers* 2, no. 1(2012), 23. 저자들은 이 수치가 전 세계 소 사육 두수의 29퍼센트에 해당한다고 언급한다.

49 Richard Slatta, *Cowboys of the Americas*(New Haven: Yale University Press, 1990), 40에서 재인용.

50 Domingo Faustino Sarmiento, *Facundo: Civilization and Barbarism*, trans. Kathleen Ross (Berkeley: University of California Press, 2003).

51 플랜테이션 경제에서 짐수레를 끄는 소의 중요성을 간과해서는 안 된다. 온두라스에서 유나이티드프루트사가 소유한 바나나 플랜테이션 토지 ― 삼립지가 아닌 ― 의 5분의 1은 방목지였고, 대규모 콜롬비아 커피 농장에서 목초지는 커피 재배지와 대등하거나 그보다 두 배쯤 넓었다. 황소는 철도 노선이 확대된 뒤에도 쿠바의 설탕 생산에서 매우 중요했다. John Soluri, *Banana Cultures: Agriculture, Consumption, and Environmental Change in Honduras and the United States*(Austin: University of Texas Press, 2006), 50; Marco Palacios, *Coffee in Colombia, 1850~1970: An Economic, Social, and Political History*(Cambridge: Cambridge University Press, 1980), 35, 94; Reinaldo Funes, "Animal Labor and Protection in Cuba," in *Centering Animals in Latin American History*, ed. Martha Few and Zeb Tortorici(Durham: Duke University Press, 2013), 212~219 등을 참조하라.

52 Rafael Ospina Pérez, "Elección del ganado vacuno seleccionado para mejorar el antioqueño," *Boletín Agrícola* 1, no. 9(1918): 345.

53   Sally Humphries, "Milk Cows, Migrants, and Land Markets: Unraveling the Complexities of Forest-to-Pasture Conversion in Northern Honduras," *Economic Development and Cultural Change* 47, no. 1(1998): 95~124.

54   Shawn Van Ausdal, "Un mosaico cambiante: notas sobre una geografía histórica de la ganadería en Colombia, 1850~1950," in *El poder de la carne. Historias de ganaderías en la primera mitad del siglo XX*, ed. Alberto Flórez(Bogotá: Universidad Javeriana, 2008), 81~94.

55   Alejandro Reyes, "Entrevista con James Parsons," *Estudios Sociales* 1(1986): 210.

56   Claudio Lomnitz-Adler, *Exits From the Labyrinth: Culture and Ideology in the Mexican National Space*(Berkeley: University of California Press, 1992), 170. 또 Peter Rivière, *The Forgotten Frontier: Ranchers of North Brazil*(New York: Holt, Rinehart and Winston, 1972), 89~92를 참조하라.

57   Rockefeller Archives(Sleepy Hollow, NY), Record Group 2, Series C, Box 113, Folder 855, Jesse Knight to Lawrence Rockefeller, May 3, 1943.

58   James Nations, "Terrestrial Impacts in Mexico and Central America," in *Development or Destruction: The Conversion of Tropical Forest to Pasture in Latin America*, ed. Theodore Downing, Susanna B. Hecht, H. A. Pearson, and Carmen Garcia Downing(Boulder: Westview Press, 1992), 194.

59   Susanna Hecht, "Environment, Development, and Politics: Capital Accumulation and the Livestock Sector in Eastern Amazonia," *World Development* 13, no. 6(1985): 678.

60   Robert Walker et. al., "Ranching and the New Global Range: Amazônia in the 21st century," *Geoforum* 40, no. 5(2009): 737.

61   Walker et. al., "New Global Range," 238.

62   Alexander von Humboldt and Aimé Bonpland, *Personal Narrative of Travels to the Equinoctial Regions of America during the Years 1799~1804*, vol. 3(London: George Bell & Sons, 1908), http://www.gutenberg.org/files/7254/old/qnct310.txt(2015년 4월 6일 검색).

63   Roger Horowitz, Jeffery M. Pilcher, and Sydney Watts, "Meat for the Multitudes: Market Culture in Paris, New York City, and Mexico City over the Long Nineteenth Century," *The American Historical Review*, 109, no. 4(2004): 1066; Enriqueta Quiroz, "El consumo de carne en la ciudad de México, siglo XVIII," Online paper, Instituto de Investigaciones Dr. José María Luis Mora, Mexico, D.F.(no date), 13, http://www.economia.unam.mx/amhe/memoria/simposio08/Enriqueta%20QUIOZ.pdf(2017년 9월 22일 검색).

64   Barsky and Djenderedjian, *La expansión ganadera*, 357.

65   Shawn Van Ausdal, "When Beef was King: Or Why Do Colombians Eat So Little Pork?" *Revista de Estudios Sociales* 29(2008): 97.

66   Benjamin Orlove, "Meat and Strength: The Moral Economy of a Chilean Food Riot," *Cultural Anthropology* 12, no. 2(1997): 1~35.

67   Shawn Van Ausdal, "Reimagining the Tropical Beef Frontier and the Nation in Early Twentieth Century Colombia," in *Trading Environments: Frontiers, Commercial Knowledge and Environmental Transformation, 1820~1990*, ed. Gordon Winder and Andreas Dix (London: Routledge, 2016), 166~192.

68   Lovell Jarvis, *Livestock Development in Latin America*(Washington, DC: The World Bank, 1987), 3.

69   FAOSTAT, "Production-Live Animals" and "Trade-Crops and Livestock products," http://faostat3.fao.org/faostat-gateway/go/download/T/*/E(2014년 6월 11일 검색).

70   FAOSTAT, "Production-Live Animals," http://faostat3.fao.org/faostat-gateway/go/to/download/Q/QA/E(2014년 5월 23일 검색).

71   FAOSTAT, "Inputs-Land," http://faostat3.fao.org/faostat-gateway/go/to/download/R/RL/E (2014년 5월 23일 검색).

72   Thomas Rudel, *Tropical Forests: Paths of Destruction and Regeneration*(New York: Columbia University Press, 2005), 46.

73   T. Mitchell Aide et al., "Deforestation and Reforestation of Latin America and the Caribbean (2001~2010)," *Biotropica* 45, no. 2(2013): 5.

74   Susanna B. Hecht, "The New Rurality: Globalization, Peasants and the Paradoxes of Landscapes," *Land Use Policy* 27, no. 2(2010): 161~169.

75   FAOSTAT, "Inputs-Land," http://faostat3.fao.org/faostat-gateway/go/to/download/R/R"/E (2014년 5월 23일 검색).

76   Aide et al., "Deforestation and Reforestation," 5.

77   Daniel Nepstad et al., "Slowing Amazon Deforestation through Public Policy and Interventions in Beef and Soy Supply Chains," *Science*, 344, no. 6188(2014): 1118~1123.

78   FiBL and IFOAM, *The World of Organic Agriculture: Statistics and Emerging Trends*, https://www.fibl.org/fileadmin/documents/shop/1636-organic-world-2014.pdf(2015년 3월 5일 검색).

79   Claus Deblitz, "Feedlots: A New Tendency in Global Beef Production?" Agri Benchmark, Beef and Sheep Network, working paper 2/2011, 2012년 7월 수정, p. 2, PDF, http://www.agribenchmark.org/beef-and-sheep/publications-and-projects/working-paper-series.html(2017년 2월 17일 검색); Derrell S. Peel, Kenneth H. Mathews, Jr., and Rachel J. Johnson, "Trade, the Expanding Mexican Beef Industry, and Feedlot and Stocker Cattle Production in Mexico," *Economic Research Service*, U.S. Department of Agriculture, August 2011, 1~24, PDF, https://www.ers.usda.gov/webdocs/publications/ldpm20601/6818_ldpm20601.pdf(2017년 2월 17일 검색); Danilo Domingues Millen, Rodrigo Dias Lauritano Pacheco, Paula M. Meyer, Paulo H. Mazza Rodrigues, and Mario De Beni Arrigoni, "Current Outlook and Future Perspectives of Beef Production in Brazil," *Animal Frontiers* 1, no. 2(2011), 46, 47.

80   A. R. García, S. N. Fleite, D. Vazquez Pugliese, and A. F. de Iorio, "Feedlots and Pollution: A Growing Threat to Water Resources of Agro-Production Zone in Argentina," *Environmental Science and Technology* 47, no. 21(2013): 11932~11933; "Is Feedlot Beef Bad for the Environment?" *The Wall Street Journal*, 12 July 2015, http://www.wsj.com/articles/is-feedlot-beef-bad-for-the-environment-1436757037(2017년 2월 17일 검색); Natalia Amigo, Elsa Mercado, Adriana Bentancor, Pallavi Singh, Daniel Vilte, Elisabeth Gerhardt, Elsa Zotta, Cristina Ibarra, Shannon D. Manning, Mariano Larzábal, and Angel Cataldi, "Clade 8 and Clade 6 Strains of Escherichia coli O157:H7 from Cattle in Argentina have Hypervirulent-Like Phenotypes," *PloS ONE* 10, no. 6(June 1, 2015): 1~17, PDF, http://journals.plos.org/plosone/article/file?id=10.371/journal.pone.0127710&type=printable (2017년 2월 27일 검색).

81   Henning Steinfeld, Pierre Gerber, Tom Wassenaar, Vincent Castel, Mauricio Rosales, and Cees de Haan, *Livestock's Long Shadow: Environmental Issues and Options*(Rome: Food and Agriculture Organization of the United Nations, 2006): xxi~xxiii.

제9장 채굴의 역사: 광업과 석유 산업의 노동자, 자연, 공동체

1   Gregorio Iriarte, *Los mineros: Sus luchas, frustraciones y esperanzas*(La Paz, Bolivia: Ediciones Puerta del Sol, 1982), 30~31에서 재인용.

2   June Nash, *We Eat the Mines and the Mines Eat Us: Dependency and Exploitation in Bolivian Tin Mines*(New York: Columbia University Press, 1979), 259, 280~281.

3   Kendall W. Brown, *A History of Mining in Latin America from the Colonial Era to the Present*(Albuquerque: University of New Mexico Press, 2012)를 참조하라.

4   José Miguel Sánchez C. and Sara María Enríquez B., "Impacto ambiental de la pequeña y mediana minería en Chile"(1996년 12월의 세계은행에 제출된 논문); Leonardo Güiza, "La pequeña minería en Colombia: Una actividad no tan pequeña," *Dyna* 80, no. 181 (October 2013): 109~117을 보라.

5   Sebastião Salgado, *Workers: An Archaeology of the Industrial Age*(New York: Aperture Foundation and Eastman Kodak Company, 1993), 300~319을 보라.

6   Alberto Flores Galindo, *Los mineros de la Cerro de Pasco, 1900~1930*(Lima: Pontificia Universidad Católica del Peru, 1974); Héctor Lucena R., *Las relaciones laborales en Venezuela: el movimiento obrero petrolero: proceso de formación y desarrollo*(Caracas: Ediciones Centauro, 1982); Thomas Miller Klubock, *Contested Communities: Class, Gender, and Politics in Chile's El Teniente Copper Mine 1904~1951*(Durham: Duke University Press, 1998); Lief S. Adleson, "Historia social de los obreros industriales de Tampico, 1906~1919"(박사 학위논문, El Colegio de México, 1982); Thomas C. Greaves and William Culver, eds., *Miners and Mining in the Americas*(Dover, NH: Manchester University Press,

1985)를 참조하라.

7   Nikolas Kozloff, "Maracaibo Black Gold: Venezuelan Oil and Environment during the Juan Vicente Gómez Period, 1908~1935"(박사 학위논문, Oxford University, 2002); Mauricio Folchi, "Historia ambiental de las labores de beneficio en la minería del cobre en Chile, siglos XIX y XX"(박사 학위논문, Universidad Autónoma de Barcelona, 2006); Daviken Studnicki-Gizbert and David Schecter, "The Environmental Dynamics of a Colonial Fuel-Rush: Silver Mining and Deforestation in New Spain, 1522 to 1810," *Environmental History* 15, no. 1(2010): 94~119; Micheline Carino and Mario Monteforte, "De la sobreexplotación a la sustentabilidad: Nácar y perlas en la historia mundial," *El Periplo Sustentable* 12(May 2007): 81~131; Myrna I. Santiago, *The Ecology of Oil: Environment, Labor, and the Mexican Revolution*(Cambridge University Press, 2006).

8   Michael T. Klare, *Resource Wars: The New Landscape of Global Conflict*(New York: Henry Holt and Company, 2002)를 참조하라.

9   Anthony Bebbington and Jeffrey Bury, eds., *Subterranean Struggles: New Dynamics of Mining, Oil, and Gas in Latin America*(Austin: University of Texas Press, 2013)를 참조하라.

10   Edward D. Melillo, "The First Green Revolution: Debt Peonage and the Making of the Nitrogen Fertilizer Trade, 1840~1930," *American Historical Review* 117, no. 4(October 2012), 1037~1038에서 재인용.

11   Peter Findell Klarén, *Peru: Society and Nationhood in the Andes*(Oxford: Oxford University Press, 2000), 160.

12   Melillo, "The First Green Revolution," 1041; Gregory T. Cushman, *Guano and the Opening of the Pacific World: A Global Ecological History*(Cambridge: Cambridge University Press, 2013), 55.

13   Melillo, "The First Green Revolution," 1039; Cushman, *Guano and the Opening of the Pacific World*, 55.

14   Cushman, *Guano and the Opening of the Pacific World*, 55; Melillo, "The First Green Revolution," 1039, 1042.

15   Klarén, *Peru: Society and Nationhood in the Andes*, 175, 180~181; Brian Loveman, *Chile: The Legacy of Hispanic Capitalism*(New York: Oxford University Press, 1979), 197.

16   Melillo, "The First Green Revolution," 1042.

17   Klarén, *Peru: Society and Nationhood in the Andes*, 159, 162, 172, 178.

18   Armando Tejeda Gomez, "Canción con todos," 1969, http://www.cancioneros.com/nc/173/0/cancion-con-todos-armando-tejada-gomez-cesar-isella(2015년 5월 31일 검색).

19   Klubock, *Contested Communities*, 86에서 재인용.

20   Simon Collier and William F. Sater, *A History of Chile, 1908~1994*(Cambridge: Cambridge University Press, 1996), 144.

21   Collier and Sater, *A History of Chile*, 163.

22   Loveman, *Chile*, 198.

23   Loveman, *Chile*, 209.

24   Collier and Sater, *A History of Chile*, 196.

25   Hobart A. Spalding, Jr., *Organized Labor in Latin America: Historical Case Studies of Urban Workers in Dependent Societies*(New York: Harper & Row, 1977), 32.

26   Folchi, "Historia Ambiental de las labores," 311, 320, 330, 341.

27   Folchi, "Historia ambiental de las labores," 262에서 재인용.

28   Klubock, *Contested Communities*, 21~22에서 재인용.

29   Klubock, *Contested Communities*, 28, 30.

30   Folchi, "Historia ambiental de las labores," 292.

31   Folchi, "Historia ambiental de las labores," 364~366, 383~386.

32   Klubock, *Contested Communities*, 134; Joanna Swanger, "Defending the Nation's Interest: Chilean Miners and the Copper Nationalization," in *Workers' Control in Latin America, 1930~1979*, ed. Jonathan C. Brown(Chapel Hill: University of North Carolina Press, 1997), 274.

33   Klubock, *Contested Communities*, 88.

34   Swanger, "Defending the Nation's Interest," 276.

35   Collier and Sater, *A History of Chile*, 254, 268.

36   Collier and Sater, *A History of Chile*, 359~360에서 재인용.

37   Collier and Sater, *A History of Chile*, 376.

38   Román Piña Chan, "El desarrollo de la tradición huasteca," in *Huaxtecos y Totonacos: Una antología histórico-cultural*, ed. Lorenzo Ochoa(Mexico City: Consejo Nacional para la Cultura y las Artes, 1990), 172.

39   Santiago, *The Ecology of Oil*, 129~130.

40   *El Mundo*, 2 June 1929.

41   구글 어스(Google Earth)의 이미지(2010년 12월 15일 검색), 21°31'59.37"N 97°37'13.30"W.

42   Santiago, *The Ecology of Oil*, 231~232.

43   Santiago, *The Ecology of Oil*, 197~199.

44   Mario Roman del Valle and Rosario Segura Portillo, "La huelga de 57 días en Poza Rica," *Anuario* 5(1988): 77~83.

45   Angelina Alonso Palacios and Roberto López, *El sindicato de trabajadores petroleros y sus relaciones con PEMEX y el estado, 1970~1985*(Mexico City: El Colegio de Mexico, 1986), 30.

46   Edwin Lieuwen, *Petroleum in Venezuela: A History*(New York: Russell & Russell, 1967),

52에서 재인용.

47   Kozloff, "Maracaibo Black Gold," 242, 251, 282.

48   Kozloff, "Maracaibo Black Gold," 77, 92~93, 121~122, 126, 147, 236~237, 243.

49   Kozloff, "Maracaibo Black Gold," 195에서 재인용.

50   Fernando Coronil, *The Magical State: Nature, Money, and Modernity in Venezuela*(Chicago: University of Chicago Press, 1997), 107.

51   Edwin Lieuwen, "The Politics of Energy in Venezuela," in *Latin American Oil Companies and the Politics of Energy*, ed. John D. Wirth(Lincoln: University of Nebraska Press, 1985), 50.

52   Miguel Tinker Salas, *The Enduring Legacy: Oil, Culture, and Society in Venezuela*(Durham: Duke University Press, 2009), 122~123.

53   Wolfgang Hein, "Oil and the Venezuelan State," in *Oil and Class Struggle*, ed. Petter Nore and Terisa Turner(London: Zed Press, 1980), 231, 233; Jesús Prieto Soto, *Luchas proletarias populares y petroleras: ¿Ocaso de PDVSA? Quinta edición*(Maracaibo: Imprenta Internacional, 2004), 31, 37, 45, 61, 72.

54   Coronil, *The Magical State*, 183, 630.

55   Tinker Salas, *The Enduring Legacy*, 243.

56   Lieuwen, "The Politics of Oil in Venezuela," 73; Hein, "Oil and the Venezuelan State," 244.

57   Arne Jernelöv and Olof Lindén, "Ixtoc I: A Case Study of the World's Largest Oil Spill," *Ambio* 10, no. 6, The Caribbean(1981): 299~306.

58   Lou Dematteis and Kayana Szymczak, *Crude Reflections / Cruda Realidad: Oil, Ruin and Resistance in the Amazon Rainforest / Petróleo, devastación y resistencia en la Amazonía* (San Francisco: City Lights, 2008), 18~26, 46~47, 60~61, 84~85.

59   Paul Sabin, "Searching for a Middle Ground: Native Communities and Oil Extraction in the Northern and Central Ecuadorian Amazon, 1967~1993," *Environmental History* 3, no. 2(1998): 144~168; Judith Kimerling, "Oil, Lawlessness, and Indigenous Struggles in Ecuador's Oriente," in *Green Guerrillas: Environmental Conflicts and Initiatives in Latin America and the Caribbean*, ed. Helen Collinson(London: Latin American Bureau, 1996), 61~73.

60   Dematteis and Szymczak, *Crude Reflections / Cruda Realidad*, 30~45, 49~59.

61   "Supreme Court Won't Consider Blocking $18B Judgment against Chevron," CNN, 2012년 10월 24일, http://www.cnn.com/2012/10/10/world/amricas/chevron-ecuador-lawsuit (2013년 6월 3일 검색).

62   Paul M. Barrett, "Chevron's Lawyers at Gibson Dunn Get Tough in Ecuador Pollution Case," *Bloomberg Businessweek*, 2013년 4월 18일, http://www.businessweek.com/articles/ 2013-04-18/chevrons-lawyers-at-gibson-dunn-get-tough-in-ecuador-pollution-case(2013

년 6월 3일 검색).

63   Clifford Krauss, "Big Victory for Chevron over Claims in Ecuador," *The New York Times*, 2014년 3월 4일, http://www.nytimes.com/2014/03/05/ business/federal-judge-rules-for-chevron-in-ecuadorean-pollution-case.html?_r=0(2014년 4월 12일 검색).

64   Bebbington and Bury, *Subterranean Struggles*, passim.

65   Liisa North, Timothy David Clark, and Viviana Patroni, eds., *Community Rights and Corporate Responsibility: Canadian Mining and Oil Companies in Latin America*(Toronto: Between the Lines, 2006).

66   Oxford Business Group, *The Report: Peru 2012*(Oxford: Oxford Business Group, 2012), 111.

67   Mariana Walter and Joan Martínez-Alier, "How to be Heard When Nobody Wants to Listen: Community Action against Mining in Argentina," *Canadian Journal of Development Studies* 30, no. 1~2, Special Issue, Rethinking Extractive Industry: Regulation, Dispossession, and Emerging Claims(2010), 290.

68   Timothy David Clark, "Canadian Mining in Neo-Liberal Chile: Of Private Virtues and Public Vices," in *Community Rights*, 94.

69   José de Echave, "Mining and Communities in Peru: Constructing a Framework for Decision-Making," in *Community Rights*, 26.

70   J. Budds and L. Hinojosa, "Restructuring and Rescaling Water Governance in Mining Contexts: The Co-Production of Waterscapes in Peru," *Water Alternatives* 5, no. 1(2012): 127, 131.

71   "Fracking Fights Loom Large in Mexico," 2014년 7월 9일, fnsnews.nmsu.edu/fracking-fights-loom-large-in-mexico/(2015년 6월 29일 검색); Richard A. Oppel, Jr., and Michael Wines, "Industry Blamed as Earthquakes Jolt Oklahoma," *New York Times*, 2015년 4월 4일.

72   에콰도르 헌법의 자연권, http://therightsofnature.org/wp-content/uploads/pdfs/Rights-for-Nature-Articles-in-Ecuadors-Constitution.pdf(2015년 6월 29일 검색); CNN Mexico, "Bolivia crea una ley que considera a la madre tierra un sistema viviente," 2012년 10월 15일, http://mexico.cnn.com/planetacnn/2012/10/15/bolivia-crea-una-ley-que-considera-a-la-madre-tierra-unsistema-viviente(2015년 6월 29일 검색); Dinah Shelton, "Human Rights, Environmental Rights, and the Right to Environment," *Stanford Journal of International Law* 28(1991): 103.

73   라틴아메리카의 증거와 교훈(ELLA), ella.practicalaction.org(2015년 6월 29일 검색); Environmental Justice Organizations, Liabilities and Trade, "Mapping Environmental Justice," www.ejolt.org(2015년 6월 29일 검색); Environmental Justice Atlas, https://ejatlas.org/ (2015년 6월 29일 검색).

1   Kenneth Pomeranz, "Introduction: World History and Environmental History," in *The Environment and World History*, ed. Edmund Burke III and Kenneth Pomeranz(Berkeley: University of California Press, 2009), 7.

2   Pomeranz, "World History and Environmental History," 7.

3   19세기와 20세기의 라틴아메리카 경제사에 대해서는 V. Bulmer-Thomas, *The Economic History of Latin America since Independence*(Cambridge: Cambridge University Press, 1994)를 참조하라.

4   Peter J. Bowler, *The Norton History of the Environmental Sciences*(New York: W.W.Norton, 1993), 1~7. 또 다른 훌륭한 환경과학사 입문서로는, 비록 유럽과 북아메리카에 초점을 맞춘 것이기는 하지만, 프랭크 이거턴(Frank N. Egerton)의 고전적 논문 두 편이 있다. "The History of Ecology: Achievements and Opportunities, Part One," *Journal of the History of Biology* 16, no. 2(1983): 259~310, 그리고 "The History of Ecology: Achievements and Opportunities, Part Two," *Journal of the History of Biology* 18, no. 1(1985): 103~143. 첫 번째 논문은 순수 생태학의 역사에, 두 번째는 응용 생태학의 역사에 초점을 맞췄다.

5   Bowler, *History of the Environmental Sciences*, 204~211.

6   Regina Horta Duarte, "Between the National and the Universal: Natural History Networks in Latin America in the Nineteenth and Twentieth Centuries," *Isis* 104, no. 4(December 2013): 777~787.

7   Rick A. López, "Nature as Subject and Citizen in the Mexican Botanical Garden, 1787~1829," in *A Land between Waters: Environmental Histories of Modern Mexico*, ed. Christopher R. Boyer(Tucson: University of Arizona Press, 2012), 73~99.

8   Maria Margaret Lopes and Irina Podgorny, "The Shaping of Latin American Museums of Natural History, 1850~1990," *Osiris* 15(1 January 2000): 108~118; Maria Margaret Lopes, "A formação de museus nacionais na América Latina independente," *Anais Museu Histórico Nacional* 30(1998): 121~145.

9   Frank Safford, *The Ideal of the Practical: Colombia's Struggle to Form a Technical Elite* (Austin: University of Texas Press, 1976); Ana Waleska P. C. Mendonça, "A universidade no Brasil," *Revista brasileira de educação* 14(August 2000): 131~150.

10   Leida Fernández Prieto, "Islands of Knowledge: Science and Agriculture in the History of Latin America and the Caribbean," *Isis* 104, no. 4(1 December 2013): 790~791.

11   Stuart McCook, *States of Nature: Science, Agriculture, and Environment in the Spanish Caribbean, 1760~1940*, 1st ed.(Austin: University of Texas Press, 2002), 11~20; Lopes, "A formação de museus nacionais."

12   McCook, *States of Nature*, 제2장.

13   José Augusto Pádua, *Um sopro de destruição: pensamento político e crítica ambiental*

no Brasil escravista, 1786~1888(Rio de Janeiro: Jorge Zahar Editor, 2002); José Augusto Pádua, "A profecia dos desertos da líbia: conservação da natureza e construção nacional no pensamento de José Bonifácio," *Revista Brasileira de Ciências Sociais* 15, no. 44 (October 2000): 119~142.

14   Warren Dean, "The Green Wave of Coffee: Beginnings of Tropical Agricultural Research in Brazil(1885~1900)," *Hispanic American Historical Review* 69, no. 1(1989): 91~115.

15   Warren Dean, *Brazil and the Struggle for Rubber: A Study in Environmental History* (Cambridge: Cambridge University Press, 1987); John Soluri, *Banana Cultures: Agriculture, Consumption, and Environmental Change in Honduras and the United States*(Austin: University of Texas Press, 2005); Stuart McCook, "The Neo-Columbian Exchange: The Second Conquest of the Greater Caribbean, 1720~1930," *Latin American Research Review* 46, special issue(2011): 11~31; 일차산품 질병에 대해서는 John Soluri, "Something Fishy: Chile's Blue Revolution, Commodity Diseases, and the Problem of Sustainability," *Latin American Research Review* 46(2011): 55~81 참조.

16   Gregory T. Cushman, *Guano and the Opening of the Pacific World: A Global Ecological History*(Cambridge: Cambridge University Press, 2012), 47.

17   Dean, "Green Wave of Coffee."

18   Leida Fernández Prieto, *Espacio de poder, ciencia y agricultura en Cuba: El Círculo de Hacendados, 1878~1917*(Madrid: CSIC, 2009), ch. 3.

19   McCook, *States of Nature*, 77~104.

20   Stuart McCook, "Las epidemias liberales: Agricultura, ambiente y globalización en Ecuador(1790~1930)," in *Estudios sobre historia y ambiente en América*, vol. 2, ed. Bernardo García Martínez and María del Rosario Prieto(Mexico, DF: Instituto Pan-americano de Geografía e Historia, 2002), 223~246; Dean, *Brazil and the Struggle for Rubber.*

21   A. L. Olmstead and P. Rhode, *Creating Abundance: Biological Innovation and American Agricultural Development*(Cambridge: Cambridge University Press, 2008), 62.

22   J. R. McNeill, *Mosquito Empires: Ecology, Epidemics, Empires and Revolution in the Greater Caribbean, 1640~1914*(Cambridge: Cambridge University Press, 2010).

23   Mariola Espinosa, *Epidemic Invasions: Yellow Fever and the Limits of Cuban Independence, 1878~1930*(Chicago: University of Chicago Press, 2009); Eric D. Carter, *Enemy in the Blood: Malaria, Environment, and Development in Argentina*(Tuscaloosa: University of Alabama Press, 2012).

24   Mariola Espinosa, "Globalizing the History of Disease, Medicine, and Public Health in Latin America," *Isis* 104, no. 4(December 2013): 798~806.

25   David S. Parker, "Civilizing the City of Kings: Hygiene and Housing in Lima, Peru," in *Cities of Hope: People, Protests, and Progress in Urbanizing Latin America, 1870~1930*, ed. Ronn F. Pineo and James A. Baer(Boulder, CO: Westview Press, 1998), 153~178;

Espinosa, *Epidemic Invasions*; Nancy Stepan, *Beginnings of Brazilian Science: Oswaldo Cruz, Medical Research and Policy, 1890~1920*(New York: Science History Publications, 1976); Jeffrey D. Needell, "The Revolta Contra Vacina of 1904: The Revolt against 'Modernization' in Belle-Époque Rio de Janeiro," *Hispanic American Historical Review* 67, no. 2(1987): 233~269.

26   Hebe M. C. Vessuri, "Academic Science in Twentieth-Century Latin America," in *Science in Latin America: A History*, ed. Juan José Saldaña(Austin: University of Texas Press, 2006), 197~230.

27   Adriana Feld, "Planificar, gestionar, investigar. Debates y conflictos en la creación del CONACYT y la SCONACYT(1966~1969)," *Eä-Journal of Medical Humanities & Social Studies of Science and Technology*, 2, no. 2(December 2010), http://www.ea-journal.com/en/numeros-anteriores/62-vol-2-n-2-diciembre-2010/570-planificar-gestionar-investigar-debates-y-conflictos-en-la-creacion-delconacyt-y-la-seconacyt-1966-1970(2017년 10월 4일 검색); Mendonça, "A universidade no Brasil"; S. Motoyama, "A gênese do CNPq," *Revista da Sociedade Brasileira de História da Ciência* 3(1985): 27~46; Vessuri, "Academic Science in Twentieth-Century Latin America."

28   Regina Horta Duarte, "Passaros e cientistas no Brasil: Em busca de proteção, 1894~1938," *Latin American Research Review* 41, no. 1(2006): 3~26; Regina Horta Duarte, *A biologia militante: o Museu Nacional, especialização científica, divulgação do conhecimento e práticas políticas no Brasil, 1926~1945*(Belo Horizonte: Editora UFMG, 2010); Camilo Quintero, *Birds of Empire, Birds of Nation: A Place for Science and Nature in U.S.-Colombia Relations*(Bogota: Universidad Nacional de Colombia, 2012); Lane Simonian, *Defending the Land of the Jaguar: A History of Conservation in Mexico*(Austin: University of Texas Press, 1995).

29   McCook, *States of Nature*, 30~31.

30   Quintero, *Birds of Empire, Birds of Nation*, 17.

31   메건 레이비(Megan Raby)는 생물 다양성 과학(biodiversity science)이 카리브해 지역에 대한 미국 헤게모니의 확대와 동시에 발전했다고 주장한다. 이에 대해서는 Megan Raby, *American Tropics: The Caribbean Roots of Biodiversity Science*(Chapel Hill: University of North Carolina Press, 2017)를 참고하라.

32   Duarte, "Passaros e cientistas no Brasil"; Duarte, *A biologia militante*; Quintero, *Birds of Empire, Birds of Nation*.

33   Sterling Evans, *The Green Republic: A Conservation History of Costa Rica*, 1st ed. (Austin: University of Texas Press, 1999), 7~11.

34   녹색 혁명에 대한 사려 깊은 사례 연구는 윌슨 피카도(Wilson Picado)의 코스타리카 쌀 생산량 향상 연구, "Las buenas semillas. Plantas, capital genético y Revolución Verde en Costa Rica," *Historia Ambiental Latinoamericana y Caribeña* 2, no. 2(20 February 2013)

를 참조하라. http://www.fafich.ufmg.br/halac/index.php/periodico/article/view/61(2013년 2월 20일 검색).

35   Humberto Bravo A., "Variation of Different Pollutants in the Atmosphere of Mexico City," *Journal of the Air Pollution Control Association* 10, no. 6(1960): 447~449; Talli Nauman, "Mexico City's Battle for Cleaner Air," *Contemporary Review* 281, no. 1642(November 2002): 279ff.

36   Ronald A. Foresta, *Amazon Conservation in the Age of Development the Limits of Providence*(Gainesville: University of Florida Press, Center for Latin American Studies, 1991), 14; José Drummond and José de Andrade Franco, "Nature Protection: The FBCN and Conservation Initiatives in Brazil, 1958~1992," *Historia Ambiental Latinoamericana y Caribeña* 2, no. 2(2013): 351.

37   Michael E. Soulé, "What Is Conservation Biology?," *BioScience* 35, no. 11(December 1985): 727~734; Raby, *American Tropics*.

38   Emily Wakild, "Parables of Chapultepec: Urban Parks, National Landscapes, and Contradictory Conservation in Modern Mexico," in *A Land between Waters: Environmental Histories of Modern Mexico*, ed. Christopher R. Boyer(Tucson: University of Arizona Press, 2012), 201; Quintero, *Birds of Empire, Birds of Nation*.

39   Earth Council, *The Earth Summit, Eco 92: Different Visions*(San Jose, Cost Rica: Earth Council, Inter-American Institute for Cooperation on Agriculture, 1994).

40   Patricia Romero Lankao, "How Do Local Governments in Mexico City Manage Global Warming?," *Local Environment* 12, no. 5(2007): 519~535; Luisa T. Molina and Mario J. Molina, *Air Quality in the Mexico Megacity: An Integrated Assessment*(Dordrecht: Kluwer Academic Publishers, 2002); OECD, *OECD Environmental Performance Reviews: Mexico 2013*(Paris: Organisation for Economic Co-operation and Development, 2013), http://www.oecd-ilibrary.org/content/book/9789264180109-en(2014년 6월 9일 검색).

41   Miguel A. Altieri, *Agroecology: The Science of Sustainable Agriculture*(Boulder, CO: Westview Press, 1995); Efraím Hernández Xolocotzi, *Agroecosistemas de México: contribución a la enseñanza, la investigación y la divulgación agrícola*(Chapingo: Colegio de Postgraduados, 1977).

42   Peter Rosset and Medea Benjamin, *The Greening of Cuba: A National Experiment in Organic Farming*(San Francisco: Global Exchange, 1994).

43   Margarida Cassia Campos, "Modernização da agricultura, expansão da soja no Brasil e as transformações socioespaciais no Paraná," *Revista Geografar* 6, no. 1(30 June 2011): 161~191.

44   Soluri, "Something Fishy."

45   Andrés Guhl, *Café y cambio de paisaje en Colombia, 1970~2005*(Medellín: Banco de la República and Fondo Editorial Universidad EAFIT, 2008).

46 Cushman, *Guano and the Opening of the Pacific World*.

47 Mark Carey, *In the Shadow of Melting Glaciers: Climate Change and Andean Society* (New York: Oxford University Press, 2010).

48 Philip M. Fearnside, "Deforestation in Brazilian Amazonia: History, Rates, and Consequences," *Conservation Biology* 19, no. 3(1 June 2005): 680~688.

제11장 국립 공원의 파노라마: 거대하고 신비한 자연, 개체 감소, 그리고 자연 보전의 운율 변화

저자는 이 출판 기획에 기고할 수 있도록 초대해 준 데 대해 이 책의 편집자들, 클라우디아 레알, 주제 아우구스투 파두아, 존 솔루리에게 사의를 표한다. 편집자들은 리사 브래디(Lisa Brady), 닉 밀러(Nick Miller)와 더불어 이 장(章)을 수정하고 개선하는 데 크게 도움이 되는 조언을 아끼지 않았다. 전국과학재단 학자상(#1230911)과 국립인문재단 연구비(2015~2016)는 이 연구와 집필에 필요한 지원을 제공했다.

1 Mark Dowie, *Conservation's Refugees: The Hundred-Year Conflict between Global Conservation and Native Peoples*(Cambridge, MA: MIT Press, 2009), xxvii.

2 Brian Kemp et al., "Genetic Analysis of Early Holocene Skeletal Remains from Alaska and Its Implications for the Settlement of the Americas," *American Journal of Physical Anthropology* 132(2007): 605~621; Antonio Arnaiz-Villena et al., "The Origin of Amerindians and the Peopling of the Americas according to HLA Genes: Admixture with Asian and Pacific People," *Current Genomics* 11, no. 2(2010): 103~114.

3 이에 관한 고전적인 논문은 Paul S. Martin, "Pleistocene Overkill," *Nature History* 76, no. 10(1967)이다. 최근의 연구로는 A. D. Barnosky et al., "Assessing the Causes of Late Pleistocene Extinctions on the Continents," *Science* 306(2004): 70~75 참조. 대형 동물들의 수는 어디에서나 줄어들었으나 멸종의 속도와 비율은 아메리카와 오스트레일리아에서 가장 두드러졌다.

4 Jane Carruthers, *The Kruger National Park: A Social and Political History*(Pietermaritzburg: University of Natal Press, 1995); William M. Adams, *Against Extinction: The Story of Conservation*(London: Earthscan, 2004).

5 Jürgen Haffer, "Speciation in Amazonian Forest Birds," *Science* 165, no. 3889(1969): 131~137. 최근의 비판에 관해서는 Paul Colinvaux, *Amazon Expeditions: My Quest for the Ice-Age Equator*(New Haven: Yale University Press, 2007)를 참조하라. David Cleary, "Extractivists, Indigenes and Protected Areas: Science and Conservation Policy in the Amazon," in Anthony Hall, ed., *Global Impact, Local Action: New Environmental Policy in Latin America*(London: Institute for the Study of the Americas, 2005), 199~216, 특히 204~210의 논의를 참조하라.

6 문헌의 유용한 요약을 위해서 Charles Mann, *1491: New Revelations of the Americas before Columbus*(New York: Vintage, 2005)를 참조하라.

7   J. O. Kaplan et al., "Holocene Carbon Emissions as a Result of Anthropogenic Land Cover Change," *Holocene* 21(2001): 775~791; Simon L. Lewis and Mark A. Maslin, "Defining the Anthropocene," *Nature* 519, no. 7542(2015): 171~180. 저자들은 이 식물의 성장에 따른 대기 중 이산화탄소의 감소가 지난 2000년에 걸쳐 산업화 단계 이전 대기의 기록(남극 빙핵)에서 가장 두드러진 특징이라고 언급한다.

8   Shawn William Miller, *Fruitless Trees: Portuguese Conservation and Brazil's Colonial Timber*(Palo Alto: Stanford University Press, 2000).

9   Dan Brockington, Rosaleen Duffy, and Jim Igoe, *Nature Unbound: Conservation, Capitalism and the Future of Protected Areas*(London: Earthscan, 2008): 32; Mac Chapin, "A Challenge to Conservationists," *World Watch Magazine*(2004).

10   John Charles Chasteen, *Americanos: Latin America's Struggle for Independence*(New York: Oxford University Press, 2009).

11   José Luiz de Andrade Franco and José Drummond, "Nature Protection: The FBCN and Conservation Initiatives in Brazil, 1958~1992," *HALAC* 2, no. 1(2013): 338~367, and "História das preocupações com o mundo natural no Brasil: da proteção à natureza à conservação da biodiversidade," in José Luiz de Andrade Franco, Sandro Dutra e Silva, José Augusto Drummond, and Giovana Galvão Tavares, eds., *História ambiental: Fronteiras, recursos naturais e conservação da natureza*(Rio de Janeiro: Garamond, 2012), 333~366.

12   André Rebouças, "Notas e considerações geraes pelo engenheiro André Rebouças, Excursão ao Salto do Guayra," *Revista Trimensal de História e Geographia ou Jornal do Instituto Histórico e Geográphico Brasileiro* 61, no. 1(1898[1876]): 74~87.

13   José Augusto Pádua, *Um sopro de destrucáo: pensamento político e critica ambiental no Brasil escravista, 1786~1888*(Rio de Janeiro: Jorge Zahar Editor, 2002), 270.

14   Emily Wakild, *Revolutionary Parks: Conservation, Social Justice, and Mexico's National Parks, 1910~1940*(Tucson: University of Arizona Press, 2011); Christopher R. Boyer, *Political Landscapes: Forests, Conservation, and Community in Mexico*(Durham: Duke University Press, 2015).

15   Eduardo V. Moreno, ed., *Reminiscencias de Francisco P. Moreno: Versión propia*(Buenos Aires: Plantié Talls. Gráficos, 1942); Eduardo Miguel E. Bessera, "La nacionalización de las fronteras patagónicas. Los Parques Nacionales como herramienta estatal de ocupación e integración territorial," in Graciela Maragliano Sebastián Valverde, Marcelo Impemba, and Florencia Trentini, eds., *Procesos históricos, transformaciones sociales y construcciones de fronteras: Aproximaciones a las relaciones interétnicas*(Buenos Aires: Universidad de Buenos Aires, 2012), 67~88.

16   칠레는 앞서 1908년과 1912년에 이 국립 공원들과 대체로 같은 지역에 각각 마예코(Malleco)와 비야리카(Villarica) 삼림 보호 구역을 창설했다. Gary Bernard Wetterberg, "The History and Status of South American Parks and an Evaluation of Selected Management Options"

(Ph.D. dissertation, University of Washington, 1974), 37~42; 그리고 Ministerio de Agricultura, Corporación Nacional Forestal, Décima Región de Los Lagos, *Plan de manejo parque nacional Vicente Pérez Rosales*(Chile: Ministerio de Agricultura, Gobierno de Chile, 1994), 217.

17 국가별 정보를 입수할 수 있는 www.protectedplanet.net 참조. 이 글을 쓰고 있는 시점 (2016년 9월 9일)에는 라틴아메리카의 환경 보전 단체 4861개가 해당 목록에 포함되어 있다.

18 Salvador San Martin, "Preface," in Exequiel Bustillo, *El despertar de Bariloche*, 2nd ed. (Buenos Aires: Casa Pardo, 1971).

19 Thomas Klubock, *La Frontera: Forests and Ecological Conflict in Chile's Frontier Territory* (Durham: Duke University Press, 2014), 20, 72; Pablo Camus Gayán, *Ambiente, bosques, y gestión forestal en Chile 1541~2005*(Santiago: Dirección Bibliotecas, Archivos y Museos, 2006), 150.

20 Dirección de Parques Nacionales, *Ley de Parques Nacionales*(Buenos Aires, Argentina, 1935).

21 Frederico Freitas, "A Park for the Borderlands: The Creation of the Iguaçu National Park in Southern Brazil, 1880~1940," *Revista de Historia IberoAmericana* 7, no. 2(2014).

22 Claudia Leal, "Behind the Scenes and Out in the Open: Making Colombian National Parks in the 1960s and 1970s," in Wilko Graf von Hardenberg, Matthew Kelly, Claudia Leal, and Emily Wakild, eds., A*The Nature State: Rethinking the History of Conservation* (London: Routledge, 2017), 135~156.

23 국립아마존우림지대연구소는 1952년에, 파타고니아협회(연구소)는 1969년에 창설되었다.

24 그것의 공식 명칭은 "서반구(아메리카)의 자연 보호와 야생생물 보존 협약"이었다. 조약의 원문과 비준 일자에 관해서는 http://www.oas.org/juridico/english/sigs/c-8.html을 참조 하라. 간단한 논의에 관해서는 Marc Cioc, *Game of Conservation: International Treaties to Protect the World's Migratory Animals*(Athens, OH: Ohio University Press, 2009), 94~97 을 참조하라.

25 Juan Carlos Godoy in IUCN, *Proceedings of the Latin American Conference on the Conservation of Renewable Natural Resources*(San Carlos de Bariloche, Argentina: International Union for Conservation of Nature and Natural Resources, 1968), 416.

26 William Vogt Papers and Annette L. Flugger Papers, Conservation Collection, Denver Public Library, Denver, CO, USA.

27 1970년대에 콜롬비아, 칠레, 브라질에서 공원 설립을 조언한 유엔식량농업기구의 미국 출 신 자문 위원으로는 켄튼 밀러(Kenton Miller)와 게리 웨터버그(Gary Wetterberg)의 사례 를 들 수 있다.

28 Eugenia Scarzanella, "Las bellezas naturales y la nación: Los parques nacionales en Argentina en la primera mitad del siglo XX," *Revista Europea de Estudios Latinoamericanos y del Caribe/European Review of Latin American and Caribbean Studies* 73(2002): 5~21, 특히

17쪽.

29   Maria Buchinger, "Why the Latin American Desk"(1966), Conservation Collection, Denver
        Public Library.

30   IUCN, 회의록.

31   Marc J. Dourojeanni, *Crónica forestal del Perú*(Lima: Universidad Nacional Agraria, La
        Molina: Editorial San Marcos, 2009), 136~141.

32   Sterling Evans, *Green Republic: A Conservation History of Costa Rica*(Austin: University
        of Texas Press, 1999), 71; 「삼림관리법」은 오랜 산림 벌채의 역사 끝에 탄생했다. Anthony
        Goebel McDermott, *Los Bosques del "Progreso" explotación forestal y régimen ambiental
        en Costa Rica: 1883~1955*(San José, Costa Rica: Editorial Nuevas Perspectivas, 2013)를
        참조할 것.

33   Evans, *Green Republic*, 7. 1999년 무렵 코스타리카는 영토 면적의 25퍼센트에 걸쳐 환경
        보전을 시행하고 있었다.

34   David Takacs, *Idea of Biodiversity: Philosophies of Paradise*(Baltimore: Johns Hopkins
        University Press, 2003), 2, 35.

35   스테판 어멘드(Stephan Amend)와 소라 어멘드(Thora Amend)의 연구는 국립 공원 내에서
        사람들이 거주하는 비율을 85퍼센트로 추산했다. Stephan Amend and Thora Amend, *National
        Parks without People? The South American Experience*(Gland, Switzerland: IUCN,
        1995); Janis B. Alcorn, "Noble Savage or Noble State?: Northern Myths and Southern
        Realities in Biodiversity Conservation," *Ethnoecologica* 2, no. 3(1994). 다른 이들은 국립
        공원 내 거주민들의 퇴거나 이동이 좀처럼 발생하지 않는다고 주장한다. Alejandro Velazquez
        and David Bray, "From Displacement-Based Conservation to Place-Based Conservation,"
        Conservation and Society 7, no. 1(2009): 11~14를 참조할 것.

36   Peru, Decreto Ley No. 20653 of 24 July 1978, Ley de Comunidades Nativas y de
        Promoción Agropecuaria de la Regiones de Selva y Ceja de Selva. Dourojeanni, *Crónica*,
        108의 논의를 참조하라.

37   Gary Bernard Wetterberg, Maria Teresa Jorge Padua, Celso Soares de Castro, and José
        Manuel Carvalho de Vasconcelos, *An Analysis of Nature Conservation Priorities in the
        Amazon*, Technical Series No. 8(Brasilia: Forestry Development and Research Project,
        UNDP/FAO/IBDF/Bra-545, 1976); José Augusto Drummond, "From Randomness to Planning:
        The 1979 Plan for Brazilian National Parks," in Adrian Howkins, Jared Orsi, and Mark
        Fiege, eds., *National Parks beyond the Nation: Global Perspectives on "America's Best
        Idea"*(Norman: University of Oklahoma Press, 2016).

38   Antônio Carlos Sant'Ana Diegues, *O mito moderno da natureza intocada*(São Paulo:
        NUPAUB, 1994); Arturo Gómez-Pompa and Andrea Kaus, "From Pre-Hispanic to Future
        Conservation Alternatives: Lessons from Mexico." *Proceedings of the National Academy
        of Sciences of the United States of America* 96, no. 11(1999): 5982~5986.

39	Rob Nixon, *Slow Violence and the Environmentalism of the Poor*(Cambridge, MA: Harvard University Press, 2011), 197.
40	Mark Carey, "Latin American Environmental History: Current Trends, Interdisciplinary Insights, and Future Directions," *Environmental History* 14, no. 2(2009): 221~252.
41	Scarzanella, "Las bellezas naturales," 6.
42	Evans, *Green Republic*; Enrique Ortiz, "Una joya del mundo en el Perú," *El Comerico*, Lima, 26 May 2013.

에필로그 전 지구적 관점에서 본 라틴아메리카의 환경사

1	나는 다른 저작들에서 중국과 서아시아의 환경이 지닌 역사적 특이성을 다루고자 시도했다. "The Eccentricity of the Middle East and North Africa's Environmental History," in Alan Mikhail, ed., *Water on Sand: Environmental Histories of the Middle East and North Africa*(New York: Oxford University Press, 2012), 27~50; 그리고 "Chinese Environmental History in World Perspective," in Mark Elvin and Ts'ui-jung Liu, eds., *Sediments of Time: Environment and Society in Chinese History*(New York: Cambridge University Press, 1998), 31~52.
2	가장 입수하기 쉽고 이해하기 쉬운 개관으로는 출판된 지 이미 10년이 넘었지만, Shawn Miller, *An Environmental History of Latin America*(New York: Cambridge University Press, 2007)를 참조할 것.
3	"배우기"라는 표현으로 나는 장기간에 걸쳐 생존과 생식에 도움이 되는 특성들을 구체화하는 유전자의 선택을 통한 적응뿐 아니라 그것이 가능한 일부 종들에게 이뤄지는 문화적 의미의 학습, 두 가지 모두를 의미한다.
4	만일 선행 인류인 원인(原人)을 포함시킨다면, 아시아와 아프리카의 적응 기간은 훨씬 더 길다고 할 수 있다. 이 모든 기간은 근사치일 뿐이다.
5	1655년 영국의 정복 이래 자메이카의 역사는 흔히 라틴아메리카의 일부가 아니라 카리브해 지역의 일부로 간주된다고 할지라도 푸네스가 제2장에서 자메이카를 (라틴아메리카에) 포함하기 때문에 나 역시 그렇게 분류한다.
6	여기서 영감을 주는 것은 더 머나먼 과거의 현대적 영향에 동조하는 오스트레일리아 환경사가들의 저작이다. Tim Flannery, *The Future Eaters: An Ecological History of the Australasian Lands and People*(Chatswood, NSW: Reed Books, 1994); Bill Gammage, *The Biggest Estate on Earth: How Aborigines Made Australia*(Sydney: Allen & Unwin, 2011); Tom Griffiths, "Environmental History, Australian Style," *Australian Historical Studies* 46, no. 2(2015): 157~173. 장기적인 화재 상황과 산림 남벌이 칠레에서 숲의 현대적 활용을 어떻게 제한해 왔는지에 대해 판단하기 위해서는 Juan J. Armesto, Daniela Ilona Manuschevich, Alejandra Mora, and Pablo A. Marquet, "From the Holocene to the Anthropocene: A Historical Framework for Land Cover Change in Southwestern South America in the Past

15,000 Years," *Land Use Policy* 27(2010): 148~160을 참조하라.

7   C. Cagnato, "Underground Pits (Chultunes) in the Southern Maya Lowlands: Excavation Results from Classic Period Maya Sites in Northwestern Petén," *Ancient Mesoamerica* 28, no. 1(2017): 75~94.

8   Lise Sedrez, "'The Bay of All Beauties': State and Environment in Guanabara Bay, Rio de Janeiro, Brazil, 1875~1975"(Ph.D. diss., Stanford University, 2004); Nikolas Kozloff, "Maracaibo Black Gold: Venezuelan Oil and Environment during the Juan Vicente Gómez Period, 1908~1935"(Ph.D. diss., Oxford University, 2002).

9   해양동물개체군의 역사(HMAP) 기획에 관해서는 http://www.comlsecretariat.org/research-activities/history-of-marine-animal-populations-hmap/; Jeffrey Bolster, *The Mortal Sea: Fishing the Atlantic in the Age of Sail*(Cambridge, MA: Harvard University Press, 2012)을 참조하라. 또한 Micah Muscolino, *Fishing Wars and Ecological Change in Late Imperial and Modern China*(Cambridge, MA: Harvard University Press, 2009); Ryan T. Jones, *Empire of Extinction: Russians and the North Pacific's Strange Beasts of the Sea*(New York: Oxford University Press, 2015)를 참조하라. 1990년 즈음에 붕괴된 가재 어장에 대해서는 Françoise Pencalet-Kerivel, *Histoire de la pêche langoustière: Les "Mauritaniens" dans la tourmente du second XXe siècle*(Rennes: Presses Universitaires de Rennes, 2008)를 참조하라.

10   구아노 착취는 학술상을 받게 된 창의적인 환경사 저작에 영감을 주었다. Greg Cushman, *Guano and the Opening of the Pacific World: A Global Ecological History*(New York: Cambridge University Press, 2013).

11   현대 아르헨티나 어업에 관해서는 환경에 그리 주의를 기울이지 않는다고 할지라도 참고할 만한 역사 저술이 존재한다. Raúl Ricardo Fermepín and Juan Pedro Villemur, *155 Años de la pesca en el mar argentino*(Buenos Aires: Instituto de Publicaciones Navales, 2004). 20세기 초 아르헨티나 해역의 포경업에 관해서는 M. L. Palomares, E. Mohammed, and D. Pauly, "European Expeditions as a Source of Historic Abundance Data on Marine Organisms," *Environmental History* 11(2006): 835~847; Randall R. Reeves, J. A. Khan, R. R. Olsen, S. L. Swarz, and T. D. Smith, "History of Whaling in Trinidad and Tobago," *Journal of Cetacean Research and Management* 3(2001): 45~54; Aldemaro Romero and Joel Creswell, "Deplete Locally, Impact Globally: Environmental History of Shore-Whaling in Barbados," *The Open Conservation Biology Journal* 4(2010): 19~27을 참조하라. 환경적 관점을 최소한으로 고려하는 더 오래된 저작으로는 Myriam Ellis, *A baleia no Brasil colonial*(São Paulo: Editora da USP/Melhoramentos, 1969)이 있다. 이 마지막 문헌을 알려준 브루누 비아제투(Bruno Biasetto)에게 사의를 표한다.

12   우선 Pablo Camus and Fabían Jaksic, *Piscicultura en Chile: entre la productividad y el deterioro ambiental, 1856~2008*(Santiago: Pontificia Universidad Católica de Chile, 2009); John Soluri, "Something Fishy: Chile's Blue Revolution, Commodity Diseases and the Problem of Sustainability," *Latin American Research Review* 46(2011): 55~81을 참조하라.

13   라틴아메리카 해역의 진주조개 채취와 진주 생산은 일부 저작에 영감을 주기 시작했다. Micheline Cariño and Mario Monteforte, *El primer emporio perlero sustentable del mundo: la Compañía Criadora de Concha y Perla de la Baja California S. A., y sus perspectivas para Baja California Sur*(Mexico: UABCS, SEP, FONCA-CONACULTA, 1999); 식민 시대에 관해서는 Molly A. Warsh, "A Political Ecology in the Early Spanish Caribbean," *The William and Mary Quarterly* 71(2014): 517~548; Warsh, *American Baroque: Pearls and the Nature of Empire 1492~1700*(Chapel Hill: UNC Press, 2018)을 참조하라.

14   이 주제에 관해 리처드 터커(Richard Tucker)의 저작이 중추적이다. Tucker and Edmund Russell, eds., *Natural Enemy, Natural Ally: Towards An Environmental History of Warfare* (Corvallis: Oregon State University Press, 2004); 또 크리스 보이어가 멕시코 삼림에 관해 집필한 장(章)을 포함하고 있는 Simo Laakkonen, Richard Tucker, and Timo Vuorisalo, eds., *The Long Shadows: A Global Environmental History of the Second World War* (Corvallis: Oregon State University press, 2017)를 참조하라. 개념적으로 새로운 접근방식에 대해서는 Micah Muscolino, *The Ecology of War in China: Henan Province, the Yellow River, and Beyond, 1938~1950*(New York: Cambridge University Press, 2014)을 참조하라. 방향 설정을 위해서는 Chris Pearson, "Researching Militarized Landscapes: A Literature Review on War and the Militarization of the Environment," *Landscape Research* 37(2012): 115~133 참조.

15   전쟁, 환경, 농업이 어떻게 놀랄 만한 방식으로 합쳐질 수 있는지의 사례로는 Erin Stewart Mauldin, *Unredeemed Land: Confronting the Ecological Legacies of War and Emancipation in the U.S. South, 1840~1880*(New York: Oxford University Press, 2018)을 참조하라.

16   위키피디아에 발표된 1911년판 브리태니커 백과사전(Encyclopedia Britannica) 참조. https://en.wikipedia.org/wiki/History_of_coal_mining(2017년 5월 27일 검색).

17   Ramón Espinasa and Carlos G. Sucre, "What Powers Latin America?" *ReVista: The Harvard Review of Latin America*(Fall 2015), https://revista.drclas.harvard.edu/book/what-powers-latin-america(2017년 5월 27일 검색); the International Energy Agency, https://www.iea.org/topics/renewables/subtopics/hydropower/(2017년 5월 27일 검색). 누구나 예상하듯이, 라틴아메리카 내의 가변성은 상당하다. 카리브해의 작은 섬들이나 벨리즈는 수력 발전이 거의 없는 반면에, 파라과이는 거의 모든 전력을 수력에서 얻는다.

18   이 단락의 수치들은 M. de Mar Rubio, César Yañez, Mauricio Folchi, and Albert Carreras, "Energy as an indicator of Modernization in Latin America, 1890~1925," *Economic History Review* 63(2010): 769~804; M de. Mar Rubio and Mauricio Folchi, "Will Small Energy Consumers Be Faster in Transition? Evidence from the Early Shift from Coal to Oil in Latin America," *Energy Policy* 50(2012): 50~61에서 인용한 것이다. 전 지구적 관점을 위해서는 Vaclav Smil, *Energy and Civilization: A History*(Cambridge, MA: MIT Press, 2017)를 참조하라. 1925년 아프리카와 아시아에 해당하는 수치들은 전반적으로 낮은 수준의 에너지 이용과 더불어 남아프리카와 벵골 같은 지역에서 석탄 연소 산업의 고립 지대(주위에서 고립된 이질적인 지대)가 존재한다는 사실을 반영한다.

19   내가 기술하지 않을 또 다른 사항은 석탄의 결핍과 (주로) 영국산 수입품 의존에 대응해서
      뒤늦게 추진된 산업화일 것이다. 20세기 중엽에 일부 라틴아메리카 국가, 특히 멕시코, 브
      라질, 그리고 아르헨티나는 역내 자유 시장 산업화의 속도에 대한 실망에 의해 유발된 '수
      입대체산업화'를 후원했다.

20   Michael Bauer, "Poor Air Quality Kills 5.5 Million Worldwide Annually," Institute for Health
      Metrics and Evaluation(원래 브리티시컬럼비아 대학교에서 2016년 2월 12일에 출판),
      http://www.healthdata.org/news-release/poor-air-quality-kills-55-million-wordlwide-
      annually(2017년 5월 27일 검색).

21   Bruce Podobnik, *Global Energy Shifts*(Philadelphia: Temple University Press, 2005); Timothy
      Mitchell, *Carbon Democracy: Political Power in the Age of Oil*(London: Verso, 2013).

22   동남아시아는 다양한 원주민 집단들의 문화유산을 주된 특징으로 꼽을 수 있으며, 수 세기
      동안 중국 남부와 벵골부터 타밀 나두(독립 이전에 벵골, 봄베이와 더불어 3대 행정구를 이
      루었던 인도 남부의 주. 주도는 마드라스 – 옮긴이)까지 인도 동부로부터 유입된 이주민 공
      동체들의 영향력이 컸다. 종교적인 측면에서 동남아시아는 (일부 주민들이 하나의 종교로
      여기는) 유교 이데올로기는 물론이고 여기저기 산재한 소수의 그리스도교인과 더불어 힌두
      교, 불교, 이슬람교의 일부 집단들을 포함했다.

23   더 작은 규모에서 볼 때, 일부 도시들은 멀리 떨어진 곳이나 가까운 곳에서 이주민들을 끌
      어들인 덕분에 오랫동안 문화적 복잡성의 섬으로 비쳤다.

24   유용한 개론서로는 Marcos Cueto and Steven Palmer, *Medicine and Public Health in Latin
      America: A History*(New York: Cambridge University Press, 2014), 그리고 Christopher Abel,
      "Health, Hygiene and Sanitation in Latin America, c. 1870 to 1950," University of London
      Institute of Latin American Studies Research Papers 42(1996), http://sas-space.sas.ac.uk/
      3408/1/B24_Health,_Hygiene_and_Sanitation_in_Latin_America_c1870_to_c1950.pdf를
      참조하라.

25   멕시코 북부는 초창기 녹색 혁명의 실험실이 되었다. Pamela Matson, ed., *Seeds of Sustain-
      ability: Lessons from the Birthplace of the Green Revolution*(Washington, DC: Island
      Press, 2012)을 보라. 그것이 건강에 미친 결과에 대한 생생한 논의는 Angus Wright, *The
      Death of Ramon Gonzalez*(Austin: University of Texas Press, 1990)와 Noriega Orozco
      Blanca Rebeca, *Revolución Verde(1944~2008): Modernidad y tecnociencia en Sonora*
      (Madrid: Editorial Académica Española, 2013)를 참조하라.

26   Mark Stoll, *Inherit the Holy Mountain: Religion and the Rise of American Environmen-
      talism*(New York: Oxford University Press, 2015)은 특히 프로테스탄트적(개신교도의) 감
      각의 영향을 검토하면서 이에 관한 미국의 사례를 제시한다.

27   가톨릭교회와 정교회의 영적 수장들이 목소리를 높여 공공연히 환경 보호주의를 지지했을
      때는 종교의 역사에서 진기한 순간이었다. 프란치스코 교황과 바르톨로메오스(콘스탄티노
      폴리스) 총대주교는 자본주의의 결과를 신의 창조에 대한 모욕이라고 여기고, 성(聖) 프란
      체스코의 전통에 따라 시급히 더 환경 친화적으로 경의를 표하는 행동에 나설 것을 권고한

다. Kevin Mongrain, "The Burden of Guilt and the Imperative of Reform: Pope Francis and Patriarch Bartholomew Take Up the Challenge of Re-Spiritualizing Christianity in the Anthropocene Age," *Horizons* 44(2017): 80~107.

28   환경에 대한 견해와 사고방식의 다양성에 대해서는 예컨대 F. Estenssoro Saavedra, *Historia del debate ambiental en la política mundial 1945~1992: La perspectiva latinoamericana* (Santiago de Chile: Instituto de Estudios Avanzados, Universidad de Santiago de Chile, 2014); Joan Martinez-Alier, Michiel Baud, and Héctor Sejenovich, "Origins and Perspectives of Latin American Environmentalism," in Fábio de Castro, Barbara Hogenboom, Michiel Baud, eds., *Environmental Governance in Latin America*(Dordrecht: Springer, 2016), 29~57 을 참조하라.

29   Joan Martinez-Alier, *The Environmentalism of the Poor: A Study of Ecological Conflicts and Valuation*(Cheltenham, UK: Edward Elgar, 2002).

30   José Augusto Pádua, *Um sopro de destruição: Pensamento político e crítica ambiental no Brasil escravista(1786~1888)*(Rio de Janeiro: Zahar, 2002).

찾아보기

옮긴이 소개

김원중(프롤로그, 제1장)은 서울대학교 서양사학과에서 석사 학위, 마드리드 콤플루텐세 대학교에서 역사학으로 박사 학위를 받았으며, 현재 서울대학교와 서울과학기술대학교에서 강사로 재직하고 있다. 주요 연구 활동 분야는 에스파냐 근현대사와 식민 시대 라틴아메리카사이다. 저서로는 『대항해 시대의 마지막 승자는 누구인가?』, 『세계의 과거사 인식』(공저), 『인물로 본 문화』(공저) 등이 있고, 역서로는 『대서양의 두 제국』, 『라틴아메리카의 역사』, 『코르테스의 멕시코 제국 정복기』, 『히스패닉 세계』, 『스페인 내전』, 『스페인사』 등이 있다. 그 외에도 에스파냐 근대사에 관한 여러 편의 논문이 있다.

김윤경(제2장, 제3장)은 서울대학교에서 문학 석사, 문학 박사 학위를 받았다. 현재 한국외국어대학교 중남미연구소 HK+ 사업단 연구교수로 재직 중이다. 주요 연구 활동 분야는 원주민의 역사, 여성사, 종교사이다. 저서로는 『다민족 다인종 국가의 역사 인식』(공저), 『여성의 삶과 문화』(공저), 『라틴아메리카 명저 산책』(공저), 역서로는 『라틴아메리카, 만들어진 대륙』(공역), 『라틴아메리카 신좌파』(공역) 등이 있다. 이 밖에도 멕시코사, 원주민 사회운동, 여성, 안데스 원주민 공동체, 가톨릭과 원주민의 관계 등에 관한 다수의 학술 논문이 있다.

하상섭(제4장)은 영국 버밍엄 대학교에서 국제정치학 석사, 리버풀 대학교에서 라틴아메리카 지역학으로 박사 학위를 받았다. 현재 한국외국어대학교 중남미연구소 HK+ 사업단 연구교수로 재직 중이다. 주요 연구 활동 분야는 국제정치, 라틴아메리카 환경 정치이다. 저서로는 『국제정치의 신패러다임: 존재론·인식론·방법론적 고찰』(공저), 공동 역서로는 『현대 카리브의 삶과 문화』, 『21세기 라틴아메리카 기후변화에 대한 새로운 도전: 저탄소 성장을 향한 대응과 적응』 등이 있다. 이 밖에도 라틴아메리카 관련 국제정치, 정치·사회, 환경 정치 분야에서 다수의 학술 논문이 있다.

이은해(제5장, 제6장)는 에스파냐 마드리드 자치주 대학교 근대사학과에서 에스파냐 종교재판소 연구로 박사 학위를 받았다. 현재 한국외국어대학교, 이화여자대학교, 서울대학교에서 강사로 재직 중이다. 주요 연구 분야는 에스파냐와 에스파냐어권 역사 문화, 에스파냐 종교재판소 등이다. 공동으로 집필한 저서로는 『스페인 글로벌 문화관광 지식사전』, 『스페인어권 용어사전』, 『세계의 지속가능 도시재생』 등이 있다. 이 밖에도 에스파냐 역사, 문화, 예술, 종교 재판소 분야를 다룬 다수의 학술 논문이 있다.

황보영조(제7장, 제8장)는 서울대학교 서양사학과를 졸업하고 박사 과정을 수료한 뒤, 마드리드 콤플루텐세 대학교에서 에스파냐 현대사 연구로 박사 학위를 받았다. 현재 경북대학교 사학과 교수로 재직 중이다. 주요 연구 활동 분야는 에스파냐 내전과 프랑코 정권, 아나키즘이다. 저서로는『순례의 인문학: 산티아고 순례길, 이냐시오 순례길』,『토지와 자유: 에스파냐 아나키즘 운동의 역사』,『기억의 정치와 역사』,『토지, 정치, 전쟁』, 공동으로 집필한 저서로는『세계 각국의 역사논쟁』,『스페인 문화 순례』,『세계화 시대의 서양현대사』,『역사가들』,『꿈은 소멸하지 않는다』,『대중독재』 등이 있고, 역서로는『인류의 발자국』,『세계사 특강』,『전쟁의 패러다임』,『정보와 전쟁』,『대중의 반역』, 공동 역서로는『피와 불 속에서 피어난 라틴아메리카』,『현대 라틴아메리카』,『아메리카노』,『스페인사』 등이 있다. 이 밖에도 에스파냐 현대사 분야에 관한 다수의 학술 논문이 있다.

최해성(제9장, 제10장)은 서울대학교 서어서문학과를 졸업하고, 마드리드 콤플루텐세 대학교에서 에스파냐 문학 석사, 같은 대학에서 역사학으로 박사 학위를 받았다. 현재 고려대학교 스페인·라틴아메리카연구소에서 연구교수로 재직 중이다. 주요 연구 분야는 라틴아메리카 현대사, 지역통합, 환경과 평화 등이다. 저서로는『라틴아메리카의 형성: 교환과 혼종』(공저),『글로벌 리더 국가의 빛과 그림자』(공저) 등이 있으며, 역서로는『브라질의 역사』,『미국 라티노의 역사』(공역),『아메리카노: 라틴아메리카의 독립투쟁』(공역) 등이 있다. 그 외에도 에스파냐, 라틴아메리카의 역사, 정치, 국제관계 등에 관한 다수의 학술 논문이 있다.

박구병(제11장, 에필로그)은 서울대학교 서양사학과에서 학사 학위와 석사 학위를 받고, 미국 로스앤젤레스 소재 캘리포니아 주립대학교(UCLA) 사학과에서 멕시코 정치의 탈군사화 과정 연구로 박사 학위를 받았다. 현재 아주대학교 사학과 교수로 재직 중이다. 주요 연구 분야는 멕시코 혁명을 비롯한 20세기 라틴아메리카 정치사, 미국과 라틴아메리카의 관계이다. 저서로는『세계화 시대의 서양현대사』(공저),『글로벌 냉전과 동아시아』(공저),『제3세계의 역사와 문화』(공저),『디코딩 라틴아메리카』(공저) 등이 있고, 역서로는『아메리카노: 라틴아메리카의 독립투쟁』(공역),『현대 라틴아메리카』(공역),『변화하는 라틴아메리카: 세계화와 근대성』,『근대세계체제 IV』 등이 있다. 그 밖에 20세기 라틴아메리카 정치사에 관한 다수의 학술 논문을 집필했다.

한울아카데미 2353
생태문명총서 3

과거는 살아 있다 라틴아메리카 환경사

엮은이 존 솔루리·클라우디아 레알·주제 아우구스투 파두아
지은이 존 솔루리·클라우디아 레알·주제 아우구스투 파두아·크리스 보이어·마르타 미첼리네 카리뇨 올베라·레이날도 푸네스 몬소테·니콜라스 쿠비·리지 세지레스·헤지나 오르타 두아르치·숀 반 오스달·로버트 W. 윌콕스·미르나 I. 산티아고·스튜어트 맥쿡·에밀리 웨이킬드·존 R. 맥닐
옮긴이 김원중·김윤경·하상섭·이은해·황보영조·최해성·박구병
펴낸이 김종수 ┊ **펴낸곳** 한울엠플러스(주) ┊ **편집책임** 조일현
초판 1쇄 인쇄 2022년 1월 21일 ┊ **초판 1쇄 발행** 2022년 1월 28일
주소 10881 경기도 파주시 광인사길 153 한울시소빌딩 3층
전화 031-955-0655 ┊ **팩스** 031-955-0656 ┊ **홈페이지** www.hanulmplus.kr
등록번호 제406-2015-000143호

Printed in Korea.
ISBN 978-89-460-7353-1 93950 (양장)
　　　978-89-460-8183-3 93950 (무선)

※ 책값은 겉표지에 표시되어 있습니다.
※ 무선제본 책을 교재로 사용하시려면 본사로 연락해 주시기 바랍니다.

이 책은 2019년 대한민국 교육부와 한국연구재단의 지원을 받아 연구되었음(NRF-2019S1A6A3A02058027).